Deutsch

Berlitz Languages, Inc.
Princeton, NJ
USA

Berlitz Trademark Reg. U.S. Patent Office and other countries
Marca Registrada

Illustrations
Tony Cove
Gail Piazza
Jim Woodend

Cover photo
Michael Brodersen / German Information Center

ISBN 978-2-8315-2164-0

17th Printing – November 2010
Printed in China

Reflects the new spelling rules adopted by German-speaking countries in August 1998.

Berlitz Languages, Inc.
400 Alexander Park
Princeton, NJ 08540
USA

INHALTSVERZEICHNIS

Vorwort xi

Kapitel 1

Dialog	**Ein zufälliges Wiedersehen**	1
Übung 1	Fragen zum Dialog	2
Richtig gesagt!	**Sich vorstellen**	3
Grammatik	Das Perfekt	4
Übung 2	Übung zum Perfekt	4
Übung 3	Perfekt oder Präsens?	5
Text	**Zeitverschiebung**	6
Übung 4	Wie steht es im Text?	7
Grammatik	Der Genitiv	8
Übung 5	Übung zum Genitiv	8
Übung 6	Präpositionen	9

Kapitel 2

Dialog	**Die Zimmerreservierung**	11
Übung 7	Fragen zum Dialog	12
Richtig gesagt!	**Sich bedanken**	13
Grammatik	Das Futur	14
Übung 8	Übung zum Futur	14
Übung 9	Präsens oder Futur?	15
Text	**Kneipenbummel**	16
Übung 10	Fragen zum Text	17
Grammatik	Die Deklination des Adjektivs	18
Übung 11	Übung zur Deklination	18
Übung 12	Redewendungen	19

Kapitel 3

Dialog	**Auf Geschenksuche**	2
Übung 13	Fragen zum Dialog	22
Richtig gesagt!	**Sich nach dem Weg erkundigen**	23
Grammatik	Das Imperfekt	24
Übung 14	Übung zum Imperfekt	24
Übung 15	Vom Präsens ins Imperfekt	25
Text	**Fußgängerzonen**	26
Übung 16	Wie steht es im Text?	27
Grammatik	Die Deklination des Adjektivs	28
Übung 17	Sätze zur Deklination	28
Übung 18	Wortbildung	29

Kapitel 4

Dialog	**Morgens im Büro**	31
Übung 19	Fragen zum Dialog	32
Richtig gesagt!	**Um Erlaubnis bitten**	33
Grammatik	Modale Hilfsverben	34
Übung 20	Wie heißt das Hilfsverb?	34
Übung 21	Umformung mit Hilfsverben	35
Text	**Ein neues Umweltbewusstsein**	36
Übung 22	Wie steht es im Text?	37
Grammatik	Trennbare und nicht trennbare Verben . . .	38
Übung 23	Trennbar oder nicht trennbar?	38
Übung 24	Wortfamilien	39

Kapitel 5

Dialog	**Sonst noch etwas, der Herr?**	41
Übung 25	Fragen zum Dialog	42
Richtig gesagt!	**Sich entschuldigen**	43
Grammatik	Die Anrede mit *du / ihr / Sie*	44
Übung 26	*du, ihr,* oder *Sie*?	44
Übung 27	*dein / euer • dir / dich*	45
Text	**Du oder Sie?**	46
Übung 28	Wie steht es im Text?	47
Grammatik	*Wissen Sie, was ...?* (ob- und w- Anschlüsse)	48
Übung 29	Übung zu den *ob-* und *w*-Anschüssen	48
Übung 30	Präpositionen	49

Kapitel 6

Dialog	**Das Jackett im Sonderangebot**	51
Übung 31	Fragen zum Dialog	52
Richtig gesagt!	**Hilfe anbieten**	53
Grammatik	*Wenn*-Sätze: Indikativ	54
Übung 32	Übung zu den *wenn*-Sätzen	54
Übung 33	Das Verb *lassen*	55
Text	**Die Welt der Mode**	56
Übung 34	Wie steht es im Text?	57
Grammatik	Relativsätze	58
Übung 35	Übung zu den Relativsätzen	58
Übung 36	Redewendungen	59

Kapitel 7

Dialog	**Eine Marketingkonferenz**	61
Übung 37	Fragen zum Dialog	62
Richtig gesagt!	**Einen Rat geben**	63
Grammatik	Reflexive Verben mit Akkusativ	64
Übung 38	Sätze zu den reflexiven Verben	64
Übung 39	Reflexive Verben mit Hilfsverben	65
Text	**Fußballfieber**	66
Übung 40	Wie steht es im Text?	67
Grammatik	Das Passiv: Präsens und Imperfekt	68
Übung 41	Präsens oder Imperfekt?	68
Übung 42	Redewendungen	69

Kapitel 8

Dialog	**Ärger mit der Autowerkstatt**	71
Übung 43	Fragen zum Dialog	72
Richtig gesagt!	**Um etwas bitten**	73
Grammatik	Präpositionen + Dativ oder Akkusativ	74
Übung 44	Dativ oder Akkusativ?	74
Übung 45	*setzen / legen / stellen*	75
Text	**Daumen drücken und das Beste hoffen**	76
Übung 46	Wie steht es im Text?	77
Grammatik	Komparative und Superlative	78
Übung 47	Sätze zu den Komparativen und Superlativen	78
Übung 48	Präpositionen	79

Kapitel 9

Dialog	**Telefongespräch aus Zürich**	81
Übung 49	Fragen zum Dialog	82
Richtig gesagt!	**Sich vergewissern**	83
Grammatik	*Wenn*-Sätze: Konjunktiv II	84
Übung 50	Übung zu den *wenn*-Sätzen	84
Übung 51	Konjunktiv II mit Hilfsverben	85
Text	**Schweizerdeutsch**	86
Übung 52	Fragen zum Text	87
Grammatik	Infinitiv mit oder ohne zu?	88
Übung 53	Übung zum Infinitiv	88
Übung 54	Wortfamilien	89

Kapitel 10

Dialog	**Der geeignete Mann**	91
Übung 55	Fragen zum Dialog	92
Richtig gesagt!	**Begeisterung ausdrücken**	93
Grammatik	Reflexive Verben mit Dativ	94
Übung 57	Dativ oder Akkusativ?	95
Text	**Sind Sie gegen Werbung immun?**	96
Übung 58	Wie steht es im Text?	97
Grammatik	Doppelte Objektpronomen	98
Übung 59	Übung zu den doppelten Objektpronomen	98
Übung 60	Zeitausdrücke	99

Kapitel 11

Dialog	**Man muss seine Prioritäten setzen**	101
Übung 61	Fragen zum Dialog	102
Richtig gesagt!	**Etwas mitteilen**	103
Grammatik	Indirekt Rede: Konjunktiv I	104
Übung 62	Umformung in die indirekte Rede	104
Übung 63	Indirekte Rede ohne *dass*	105
Text	**Eine Landesspezialität**	106
Übung 64	Wie steht es im Text?	107
Grammatik	Indirekte Rede: Konjunktiv II statt I	108
Übung 65	Übung zur indirekten Rede	108
Übung 66	Präpositionen	109

Kapitel 12

Dialog	**Ein verlängertes Wochenende**	111
Übung 67	Fragen zum Dialog	112
Richtig gesagt!	**Anteilnahme ausdrücken**	113
Grammatik	Präpositionen + Relativpronomen	114
Übung 68	Sätze zu den Relativpronomen	114
Übung 69	Umformung in Relativsätze	115
Text	**Burgromantik**	116
Übung 70	Wie steht es im Text?	117
Grammatik	Indefinitpronomen: *man, jemand, niemand* usw.	118
Übung 71	Übung zu den Indefinitpronomen	118
Übung 72	Redewendungen	119

Kapitel 13

Dialog	**Die neue Sekretärin**	121
Übung 73	Fragen zum Dialog	122
Richtig gesagt!	**Zustimmung ausdrücken**	123
Grammatik	Das Passiv	124
Übung 74	A. Präsens oder Perfekt? / B. Futur oder Imperfekt?	124
Übung 75	Übung zum Passiv	125
Text	**Bewerbungsschreiben**	126
Übung 76	Fragen zum Test	127
Übung 77	deren / dessen	128
Übung 78	Wortbildung	129

Kapitel 14

Dialog	**Ein ausgesprochener Glückstag**	131
Übung 79	Fragen zum Dialog	132
Richtig gesagt!	**Widerspruch erheben**	133
Grammatik	darauf, dass / daran, dass usw.	134
Übung 80	Umformung zu darauf, dass usw.	134
Übung 81	Sätze mit darauf, dass usw.	135
Text	**Die Kutsche zum Laufen gebracht**	136
Übung 82	Wie steht es im Text?	137
Grammatik	als / wenn / wann	138
Übung 83	Nebensätze mit als, wenn, wann	138
Übung 84	Gegenteile	139

Kapitel 15

Dialog	**Besuch aus Berlin**	141
Übung 85	Fragen zum Dialog	142
Richtig gesagt!	**Überraschung ausdrücken**	143
Grammatik	Indirekte Rede: Konjunktiv Plusquamperfekt	144
Übung 86	Übung zum Konjunktiv	144
Übung 87	Umformung in die indirekte Rede	145
Text	**Ich fahre lieber mit dem Rad**	146
Übung 88	Fragen zum Text	147
Grammatik	Präpositionen + Genitiv	148
Übung 89	Übung zu Präpositionen + Genitiv	148
Übung 90	Redewendungen	149

Kapitel 16

Dialog	**Und das bei dem Wetter!**	151
Übung 91	Fragen zum Dialog	152
Richtig gesagt!	**Besorgnis ausdrücken**	153
Grammatik	Das Plusquamperfekt	154
Übung 92	Übung zum Plusquamperfekt	154
Übung 93	Imperfekt oder Plusquamperfekt?	155
Text	**Eine deutsche Tradition**	156
Übung 94	Wie steht es im Text?	157
Grammatik	Konstruktionen mit *es*	158
Übung 95	Sätze mit *es*-Konstruktionen	158
Übung 96	Wortfamilie	159

Kapitel 17

Dialog	**Ein geschickter Schachzug**	161
Übung 97	Fragen zum Dialog	162
Richtig gesagt!	**Komplimente machen**	163
Grammatik	Indirekte Rede: Futur	164
Übung 98	Umformung in die indirekte Rede	164
Übung 99	Konjunktiv: Wiederholung	165
Text	**Typ A oder Typ B**	166
Übung 100	Wie steht es im Text?	167
Grammatik	Erweitertes Partizip Perfekt	168
Übung 101	Übung zum Partizip	168
Übung 102	Präpositionen	169

Kapitel 18

Dialog	**Keine Franken mehr?**	171
Übung 103	Fragen zum Dialog	172
Richtig gesagt!	**Gewissheit ausdrücken**	173
Grammatik	Passiv mit Hilfsverben	174
Übung 104	A. Präsens oder Imperfekt? / B. Perfekt oder Futur?	174
Übung 105	Umformung ins Passiv	175
Text	**Geteiltes Leid ist halbes Leid**	176
Übung 106	Fragen zum Text	177
Grammatik	Erweitertes Partizip Präsens	178
Übung 107	Übung zum Partizip	178
Übung 108	Präpositionen	179

Kapitel 19

Dialog	**Das Erfolgserlebnis**	181
Übung 109	Fragen zum Dialog	182
Richtig gesagt!	**Sich beschweren**	183
Grammatik	Indirekte Rede mit Hilfsverben	184
Übung 110	Übung zur indirekten Rede	184
Übung 111	Umformung in die indirekte Rede	185
Text	**Wie lebt man bloß gesund?**	186
Übung 112	Wie steht es im Text?	187
Grammatik	Präpositionen + *deren / dessen*	188
Übung 113	Übung mit *deren / dessen*	188
Übung 114	Redewendungen mit *gehen*	189

Kapitel 20

Dialog	**Der Einbruch**	191
Übung 115	Fragen zum Dialog	192
Richtig gesagt!	**Jemanden warnen**	193
Grammatik	Infinitiv Perfekt	194
Übung 116	Übung zu den Infinitiven	194
Übung 117	Infinitiv nach Präpositionen	195
Text	**Steht's in den Sternen?**	196
Übung 118	Wie steht es im Text?	197
Grammatik	*wer, was, wie, wann auch immer* usw.	198
Übung 119	Sätze mit *... auch immer*	198
Übung 120	Wortbildung	199

Kapitel 21

Dialog	**So viel Geld!**	201
Übung 121	Fragen zum Dialog	202
Richtig gesagt!	**Ärger ausdrücken**	203
Übung 122	Genitive: Überblick	204
Grammatik	*um zu / ohne zu / anstatt zu*	205
Übung 123	Sätze mit *um zu, ohne zu, anstatt zu*	205
Text	**Scherben bringen Glück**	206
Übung 124	Wie steht es im Text?	207
Grammatik	Präfixe und ihre Bedeutungen	208
Übung 125	*zer-, an-, aus-, vor-, ab-?*	208
Übung 126	Verben mit Präpositionen	209

Kapitel 22

Dialog	**Viel zu viel Überstunden**	211
Übung 127	Fragen zum Dialog	212
Richtig gesagt!	**Sich verabschieden**	213
Grammatik	Futur II	214
Übung 128	Übung zum Futur II	214
Übung 129	Perfekt oder Futur II?	215
Text	**Die Swissmetro**	216
Übung 130	Fragen zum Text	217
Grammatik	Wunschsätze	218
Übung 131	Übung zu den Wunschsätzen	218
Übung 132	Redewendungen	219

Kapitel 23

Dialog	**Berufsberatung**	221
Übung 133	Fragen zum Dialog	222
Richtig gesagt!	**Jemanden unterbrechen**	223
Grammatik	Doppelte Infinitive in Nebensätzen: Perfekt	224
Übung 134	Sätze mit doppeltem Infinitiv	224
Übung 135	Umformung ins Perfekt	225
Text	**Eliteschule für zukünftige Manager**	226
Übung 136	Wie steht es im Text?	227
Grammatik	*als / als ob / als wenn*	228
Übung 137	Sätze mit *als, als ob, als wenn*	228
Übung 138	Präfixe	229

Kapitel 24

Dialog	**Sekt im Büro**	231
Übung 139	Fragen zum Dialog	232
Richtig gesagt!	**Zweifel ausdrücken**	233
Grammatik	*Wenn*-Sätze: Konjunktiv Plusquamperfekt	234
Übung 140	Übung zu den *wenn*-Sätzen	234
Übung 141	Umformung in *wenn*-Sätze	235
Text	**Leider nicht erreichbar!**	236
Übung 142	Wie steht es im Text?	237
Grammatik	*Sobald, so viel* usw.	238
Übung 143	Sätze zu *sobald, so viel* usw.	238
Übung 144	Deklinationen im Rückblick	239

Lösungsschlüssel	. . . .	240
Anhang	. . . .	268
Tonbandtexte	. . . .	294

VORWORT

Deutsch Stufe 5-8 ist für den Schüler der Aufbaustufe gedacht und nur in Verbindung mit dem Unterricht an den Berlitz-Schulen zu benutzen.

Das Unterrichtsprogramm besteht aus einem Schülerarbeitsbuch, einem Lehrerhandbuch und sechs Audio-Kassetten mit einer Spieldauer von je einer Stunde.

Das Programm ist in 24 Kapitel unterteilt. Jedes Kapitel setzt sich aus einem Dialog, einem Prosatext und Übungen zusammen, die Wortschatz, Satzstellung und den Gebrauch von Redewendungen beim Schüler festigen sollen.

Der Schüler der Aufbaustufe sollte Grundkenntnisse in der Sprache bereits mitbringen. Hauptziel des Unterrichts soll sein, diese Kenntnisse zu erweitern und zu vertiefen, damit der Schüler die Sprache in kürzester Zeit meistert.

Wir freuen uns, *Deutsch Stufe 5-8* dem Angebot des von Berlitz verwendeten Lehrmaterials hinzufügen zu können.

KAPITEL

1

EIN ZUFÄLLIGES WIEDERSEHEN

Die Firma ULTRASPORT hat ihre Hauptgeschäftsstelle in Frankfurt am Main. Günter Meinrat, der Marketingdirektor der Schweizer Filiale, ist zu Besprechungen mit seinem Chef, Helmut Siebert, nach Frankfurt gekommen. Er ist gerade mit der Maschine aus Zürich auf dem Frankfurter Flughafen gelandet. Auf dem Weg zum Ausgang entdeckt er plötzlich einen alten Bekannten.

COINCIDENTAL   SUDDEN

Meinrat:	Hallo! Herr Korte! Das ist aber eine Überraschung!
Korte:	Guten Tag, Herr Meinrat. Na, so ein Zufall! Wir haben uns ja ewig nicht gesehen.

LANG

Meinrat:	Was machen Sie denn hier? Sind Sie auch gerade angekommen?
Korte:	Ja, ich bin vor ungefähr einer Stunde aus Wien eingetroffen. Nun warte ich noch auf einen Kollegen aus Zürich, aber seine Maschine hat wohl Verspätung.
Meinrat:	Meinen Sie zufällig die Swissair-Maschine? Die ist eben gelandet. Ich bin als erster durch die Passkontrolle gegangen.
Korte:	Na, wunderbar! Ich habe anscheinend den Aufruf überhört. Wie war denn Ihr Flug?

obviously
scheme Wille

Meinrat: Ach, eigentlich ganz angenehm. Wir sind allerdings etwas verspätet abgeflogen, da das Wetter ziemlich schlecht war. Unterwegs kamen wir dann durch einige Turbulenzen, aber damit muss man wohl rechnen.

Korte: Ich hatte einen herrlichen Flug. Das Wetter war ausgezeichnet und die Sicht ganz klar. Aber dann habe ich fast eine Stunde auf meinen Koffer gewartet. Ich verstehe gar nicht, warum das diesmal so lange gedauert hat.

Meinrat: (Er zeigt auf sein Fluggepäck.) Den Ärger habe ich zum Glück nicht gehabt. Für zwei Tage Aufenthalt passt alles in meinen kleinen Bordkoffer. Den kann ich dann mit ins Flugzeug nehmen und brauche dann nicht am Gepäckband zu warten.

Korte: Ja, ja, Sie machen das richtig! Sagen Sie, Herr Meinrat, Sie sind doch oft in Frankfurt und können mir vielleicht einen Tipp geben. Ich möchte heute Abend mit einem Kollegen essen gehen und habe an die Alte Kanzlei gedacht. Kennen Sie die?

Meinrat: Die Alte Kanzlei? Da haben Sie eine gute Wahl getroffen. Dort ist das Essen immer erstklassig.

Korte: Na, prima! Aha, da kommt ja mein Kollege! ... Herr Meinrat, darf ich vorstellen: Das ist mein Schweizer Kollege Herr Berger ... Herr Berger, das ist Herr Meinrat, ein früherer Mitarbeiter von mir.

Meinrat: Sehr angenehm, aber Herr Berger und ich kennen uns schon. Er hat nämlich im Flugzeug neben mir gesessen.

ÜBUNG 1

1. Warum ist Herr Meinrat nach Frankfurt gekommen?

2. Wo im Flughafen hat er seinen alten Bekannten Korte getroffen?

3. Warum sind sie überrascht, sich zu treffen?

4. Warum hat Herr Korte nicht gewusst, dass die Swissair-Maschine schon gelandet ist?

5. Warum hat Herr Meinrat keinen ruhigen Flug gehabt?

6. Woher ist Herr Korte gekommen?

7. Wie lange bleibt Herr Meinrat in Frankfurt?

8. Wer kennt sich in Frankfurt besser aus, Herr Korte oder Herr Meinrat?

9. Wo in Frankfurt ist das Essen erstklassig?

10. Wen stellt Herr Korte Herrn Meinrat vor?

Richtig gesagt!

SICH VORSTELLEN

> „Herr Meinrat, darf ich vorstellen: Das ist mein Schweizer Kollege Herr Berger."

- Gestatten [ALLOW ME] Sie, dass ich mich vorstelle: Mein Name ist Wagner.
- Borchert. Es freut mich sehr, Sie kennen zu lernen, Herr Wagner.
- Mich ebenfalls, Herr Borchert.

- Frau Arendt, darf ich Ihnen Herrn Grothe vorstellen?
- Sehr angenehm, Herr Grothe.
- Die Freude ist ganz auf meiner Seite, Frau Arendt.

- Darf ich mich vorstellen: Beate Leiffert. Ich bin die neue Angestellte. [EMPLOYEE]
- Sehr erfreut, Frau Leiffert. Alfred Schürmann.

- Renate, das ist Peter Theiss, mein neuer Kollege. Peter, das ist meine Frau Renate.
- Schön, Sie endlich kennen zu lernen, Herr Theiss.
- Ganz meinerseits. Ich habe schon viel von Ihnen gehört.

- Guten Abend. Ich glaube, wir kennen uns noch nicht: Ich heiße Dieter.
- Ich bin Susanne, und das hier ist meine Schwester Gerda.

- Helga, kennst du meinen alten Freund Stefan?
- Nein, ich hatte noch nicht das Vergnügen. [PLEASURE] Freut mich, Stefan.
- Hallo, Helga, wie geht's?

> „Er **hat** nämlich im Flugzeug neben mir **gesessen**."

mit *haben*:
Der Zollbeamte **hat** alles **durchsucht**.
Sie **haben** eine gute Wahl **getroffen**.

mit *sein*:
Sind Sie auch gerade **eingetroffen**?
Herr Reuter **ist** eben **gelandet**.

siehe Anhang S. 268

ÜBUNG 2

Beispiele: Herr Korte __hat__ den Aufruf __überhört__ . (überhören)

Wann __sind__ Sie __gelandet__ ? (landen)

1.   Ich __~~hatte~~ bin__ pünktlich um 11 Uhr __angekommen__. (ankommen)

2.   Die Gäste __~~hat~~ haben__ für 17 Uhr einen Tisch __bestellt__. (bestellen)

3.   Wir __haben__ zusammen ein Taxi in die Stadt __genommen__. (nehmen)

4.   Es ist schon 10 Uhr, und ich __habe__ noch nicht __gefrühstückt__. (frühstücken)

5.   __hat__ man Ihnen Schwierigkeiten beim Zoll __gemacht__? (machen)

6.   __ist__ Ihr Bekannter in München __~~ausge~~ ausgestiegen__? (aussteigen)

7.   In meinem letzten Urlaub __bin__ ich jeden Tag __spazieren gegangen__. (spazieren gehen)

8.   Wohin __sind__ Klaus und Monika wohl __gefahren__? (fahren)

9.   __haben__ Sie nicht die Zeitung __gelesen__? (lesen)

10.   Die Sache mit den Juwelen? Die __ist__ doch schon vor zwei Wochen __passiert__. (passieren)

ÜBUNG 3

Beispiele: Diesmal **habe** ich meinen Mantel im Flugzeug **vergessen**.
Vergessen Sie auch so oft etwas im Flugzeug?

Wann **kommt** Ihr Kollege aus dem Urlaub **zurück**?
Er _ist_ gestern _zurückgekommen_.

1. Die Maschine aus Zürich **ist** um 17 Uhr **gelandet**.
   Die Maschine aus Basel _landet_ gerade.

2. Glauben Sie, die Flugpreise **steigen** bald wieder?
   Nein, sie _sind_ doch gerade erst _gestiegen_.

3. Manchmal **trifft** man zufällig Bekannte im Flughafen.
   Gestern _habe_ ich dort eine alte Schulfreundin _getroffen_.

4. **Haben** Sie auch Ihre Verwandten in Dresden **besucht**?
   Ja, und jetzt _besuchen_ wir noch einen Freund in Jena.

5. Heute **habe** ich Schokolade **mitgebracht**.
   Sonst _bringe_ ich immer Blumen _mit_.

6. Herr Meinrat **bleibt** diesmal eine Woche in Frankfurt.
   Das letzte Mal _ist_ er nur zwei Tage dort _geblieben_.

7. Herr Huber **hat** viel Gepäck **mitgenommen**.
   Normalerweise _nimmt_ er nicht so viel Gepäck _mit_.

8. Meine Kollegin **fährt** fast immer mit dem Wagen in den Urlaub.
   Im vorigen Jahr aber _ist_ sie mit dem Zug nach Italien _gefahren_.

9. **Haben** Sie Ihre Uhr schon **vorgestellt**?
   Nein, ich _stelle_ sie immer erst nach der Ankunft _vor_.

10. Herr Korte **fliegt** sehr oft nach Wien.
    Im letzten Jahr _ist_ er zehnmal dorthin _geflogen_.

Wünschen Sie manchmal, Sie könnten Ihre innere Uhr genauso einfach umstellen wie Ihre Armbanduhr? Mir geht es jedenfalls so, besonders nach einem langen, internationalen Flug. Die Zeitverschiebung der Reise bringt den Rhythmus meines Lebens total durcheinander, so dass ich nicht mehr weiß, ob ich Hunger haben oder mich schlafen legen soll. Wenn ich dann in eine wichtige Besprechung muss, kann ich meine Augen kaum offen halten, geschweige denn zuhören.

Oder es ist genau umgekehrt: Ich komme am Ziel meiner Reise an und bin hellwach, doch dort ist es mitten in der Nacht, und keiner will sich mehr mit mir unterhalten oder etwas unternehmen. Also lege ich mich ins Bett und sehe aus Langeweile stundenlang fern, bis ich einschlafen kann.

Mit dem Essen ist es genauso: Immer bin ich zur falschen Zeit hungrig, und bei Konferenzen knurrt mir dauernd der Magen! Jedoch später im Restaurant hat er es sich dann anders überlegt. Alle essen mit Genuss, nur ich habe plötzlich keinen Appetit mehr. Spät in der Nacht wache ich natürlich vor Hunger auf und suche verzweifelt in meinem Hotelzimmer nach etwas Essbarem ...

Nach etwa fünf Tagen habe ich mich endlich an die Uhrzeit meines Besuchslandes gewöhnt. Morgens klingelt der Wecker, und ich bin gut ausgeschlafen. Es gibt Frühstück, und ich habe Appetit, wie es sich für diese Tageszeit gehört. Gott sei

Dank hat sich meine innere Uhr endlich umgestellt, und ich fühle mich wieder wie ein Fisch im Wasser. Aber, wie sollte es auch anders sein, heute ist ausgerechnet der Tag meines Rückfluges. Jetzt geht das Ganze also wieder von vorne los!

ÜBUNG 4

1.   In diesem Text geht es um Schwierigkeiten nach einem langen _____.

2.   Solche Probleme hat man wegen der _____.

3.   Die Zeitverschiebung bringt den Rhythmus des Lebens total _____.

4.   Morgens kann man nicht aufwachen, und abends kann man nicht _____.

5.   Am Abend ist man nicht müde, und beim _____ hat man keinen Hunger.

6.   Leider kann man auf Reisen seine innere Uhr nicht einfach _____.

7.   Bei wichtigen Besprechungen kann man seine Augen kaum aufhalten, _____ denn zuhören.

8.   Bei Konferenzen _____ dem Reisenden dauernd der Magen.

9.   Glücklicherweise hat man sich nach einer Woche an die neue Uhrzeit _____.

10. Gott sei Dank ist bis dahin der _____ des Lebens wieder in Ordnung.

11. Dann fühlt man sich wieder wie ein _____ im Wasser.

12. Aber am Tag des _____ geht das Ganze wieder von vorne los.

to Tam's House (handwritten)

DER GENITIV

> „Ich komme am Ziel **meiner Reise** an."

> Die Lage **des Flughafens** ist ideal.
> Kennen Sie die Meinung **dieses Herrn**?
> Sigrid ist die Tochter **eines Piloten**.
> **Werners Zug** geht um 19 Uhr.
> Wer hat die Geschichte **meiner Weltreise**
>   noch nicht gehört.

siehe Anhang S. 268

ÜBUNG 5

Beispiel: **Die Reisenden** möchten einen Tee trinken.
Das ist der Wunsch __*der Reisenden*__ .

1. Haben Sie **die Stadt** schon gesehen?
   Ja, ich habe schon einen großen Teil *Der Stadt* gesehen.

2. Wer weiß etwas über **diese Dame**?
   Ich kenne das Leben *der Dame* ganz genau! Sie ist meine Schwester.

3. Wo ist der Koffer von **Herrn Hauser**?
   Herr Hausers Koffer ist nicht hier.

4. **Meine Eltern** haben ihre Reise nicht selbst geplant.
   Ich habe die Reise *meiner Eltern* geplant.

5. Wollen Sie **diese Zeitschriften** jetzt lesen oder später?
   Drei _____ habe ich schon gelesen. Den Rest lese ich später.
   dieser C.

6. **Unsere Reise** geht nach Hawaii.
   Das Ziel *unserer* ist Hawaii.
   Reise

7. **Die Flugbegleiterin** ärgert sich über ihre Arbeitszeiten.
   Die Arbeitszeiten *der F...* sind zu lang.

8. Warum haben Sie **Ihren Freund** denn nicht angerufen?
   Das Telefon _____ ist abgestellt.
   meines freundes

PRÄPOSITIONEN

ÜBUNG 6

Beispiel: *(an / zu / mit)*
         Der Direktor kommt __*zu*__ Besprechungen nach Frankfurt.

1. *(auf / mit / an)*
   Wir sind gestern _____ der Maschine aus Zürich gelandet.

2. *(auf / durch / über)*
   Bitte, gehen Sie zuerst _____ die Passkontrolle!

3. *(an / von / auf)*
   Die Damen und Herren sind _____ der Post in den Reisebus eingestiegen.

4. *(für / an / auf)*
   Warten Sie auch immer so lange _____ Ihre Koffer?

5. *(Bei / Mit / Zum)*
   _____ Glück habe ich keinen Ärger mit meinem Gepäck gehabt.

6. *(für / vor / mit)*
   Günter sucht eine neue Armbanduhr _____ seine Frau.

7. *(Auf / Zu / Bei)*
   _____ dem Weg zum Ausgang habe ich meinen Pass verloren.

8. *(an / auf / zu)*
   Die Angestellte am Flughafen hat _____ mein Fluggepäck gezeigt.

9. *(mit / über / zu)*
   Haben Sie sich im Flugzeug gut _____ Ihrem Nachbarn unterhalten?

10. *(zum / am / vom)*
   Gestern sind wir endlich _____ Ziel unserer Reise angekommen.

KAPITEL

2

Es ist 13 Uhr. Herr Meinrat ist mit dem Taxi vom Flughafen zum Hotel gefahren. Nun steht er an der Rezeption.

Meinrat: Guten Tag. Mein Name ist Meinrat. Ich habe eine Zimmer-reservierung.

Angestellte: Guten Tag, Herr Meinrat. Einen Augenblick bitte, ich werde sofort nachschauen. Ja, hier steht Zimmer 71. Es wird aber leider erst in zwei Stunden frei sein.

Meinrat: Wirklich? Hat man Ihnen denn nicht Bescheid gesagt, dass ich schon mittags ankomme?

Angestellte: Nein, wir haben erst heute Nachmittag mit Ihnen gerechnet. Es tut mir sehr Leid.

Meinrat: Das ist aber ärgerlich. Können Sie mir dann bitte mein Gepäck aufbewahren? Oder ist vielleicht noch ein anderes Zimmer frei?

Angestellte: Ich glaube kaum, aber ich werde es kurz am Computer überprüfen. Einen Moment, bitte. *(Sie geht zum Computer.)* Oh, wir haben Glück. Die Gäste von Zimmer 24 sind früher abgereist als erwartet. Von dort haben Sie sogar einen Blick auf den Park.

Meinrat:	Ausgezeichnet! Dann ist es bestimmt auch besonders ruhig.
Angestellte:	Würden Sie sich bitte hier eintragen, Herr Meinrat? Werden Sie mit Ihrem Gepäck allein zurechtkommen, oder brauchen Sie Hilfe?
Meinrat:	Nein, danke, ich habe nur diesen leichten Koffer für die zwei Tage dabei.
Angestellte:	Gut. Noch etwas, Herr Meinrat. Heute Morgen kam ein Anruf für Sie. Sie sollen bitte gleich im Büro der Firma ULTRASPORT anrufen. Ich habe Ihnen hier die Telefonnummer aufge-schrieben.
Meinrat:	Besten Dank für Ihre Mühe. Ich werde das vom Zimmer aus erledigen. Noch eine Frage: Ab wie viel Uhr kann ich Frühstück bekommen?
Angestellte:	Ab sechs. Sie brauchen nur den Zettel an Ihrer Zimmertür auszufüllen, der Zimmerkellner wird es Ihnen dann zur gewünschten Zeit bringen. Ab 7 Uhr ist auch der Frühstücks-raum geöffnet.
Meinrat:	Sehr gut. Ich gehe dann jetzt auf mein Zimmer. Bis später.

ÜBUNG 7

1. Woher kommt Herr Meinrat gerade?

2. Wie ist er ins Hotel gekommen?

3. Warum ist sein Zimmer noch nicht frei?

4. Wo überprüft die Angestellte, ob ein anderes Zimmer frei ist?

5. Warum ist Zimmer 24 besser?

6. Wie lange wird Herr Meinrat in Frankfurt bleiben?

7. Wann kam ein Anruf für ihn?

8. Und wen soll er zurückrufen?

9. Ab wie viel Uhr ist der Frühstücksraum geöffnet?

10. Was muss Herr Meinrat tun, um Frühstück aufs Zimmer zu bekommen?

SICH BEDANKEN

„Besten Dank für Ihre Mühe!"

– Herr Kramer, ich möchte mich auch im Namen der Firma für Ihre hervorragenden Leistungen im letzten Jahr bedanken.

– Herzlichen Dank für die Anerkennung, Herr Direktor.

– Frau Helbach, wir sind Ihnen sehr dankbar, dass Sie uns letzten Samstag im Büro ausgeholfen haben.

– Keine Ursache, Herr Fürstner, das war doch selbstverständlich.

– Ich danke Ihnen sehr für die Blumen, Herr Korte. Das war doch nicht nötig.

– Ich bitte Sie, Frau Stielicke. Das war wirklich das Mindeste ...

– Vielen Dank, dass Sie mich bei diesem Wetter nach Hause bringen.

– Aber nichts zu danken. Das tue ich doch gern.

– Ich habe zwei Konzertkarten für Samstagabend, Christine. Hast du Lust?

– Das hört sich ja prima an! Na klar habe ich Lust! Danke!

– Bitte, gern geschehen. Wann soll ich dich abholen?

> „Ich **werde** sofort **nachschauen**."

Ich **werde** Frau Haas später **anrufen**.
Wen **wird** Herr Meinrat zuerst **begrüßen**?
Wir **werden** unsere Reise nie **vergessen**.

siehe Anhang S. 268

ÜBUNG 8

Bitte setzen Sie die folgenden Sätze ins Futur:

Beispiel: Das letzte Mal **sind** die Gäste um 14 Uhr **abgefahren**. *(19 Uhr)*
Dieses Mal ___*werden sie um 19 Uhr abfahren*___.

1. Voriges Jahr **habe** ich im Frankfurter Hof **gewohnt**. *(Parkhotel)*
Nächstes Jahr _____.

2. Herr Siebert **ist** am 5. August nach Madrid **geflogen**. *(Athen)*
Am 22. August _____.

3. **Hast** Du Monika noch vor der Abreise **gesehen**? *(in Paris)*
Nein, aber ich _____.

4. Auf seiner letzten Reise **hat** Klaus jeden Tag mit Christa **telefoniert**.
(nur jeden zweiten Tag)
Dieses Mal _____.

5. Diese Woche **hat** Herr Schubert jeden Tag im Restaurant **gegessen**.
(zu Hause)
Morgen _____.

6. Helga **ist** die ganze Woche um 6 Uhr **aufgestanden**. *(erst um 9 Uhr)*
Am Sonntag _____.

7. **Haben** Sie die Post schon **abgeschickt**? *(morgen früh)*
Nein, noch nicht, aber ich _____.

8. **Ist** Herr Langer schon ins Büro **gegangen**? *(in zehn Minuten)*
Nein, er frühstückt noch, aber er _____.

ÜBUNG 9

Setzen Sie Präsens oder Futur ein:

Beispiele: Was __*tun*__ Sie gerade?   *(tun)*

Im Moment __*lese*__ ich einen Artikel.   *(lesen)*

Später __*werde*__ ich zu Mittag __*essen*__ .   *(essen)*

1. *Barthe:* Was _____ Sie?   *(meinen)*

_____ das Wetter morgen schön _____?   *(sein)*

2. *Haller:* Ach, ich _____,   *(glauben)*

es _____ so schön _____ wie heute.   *(bleiben)*

Es _____ bestimmt nicht _____.   *(regnen)*

3. *Barthe:* Hm, dann _____ ich heute Abend meinen   *(besuchen)*

alten Freund Friedrich _____.

Vielleicht _____ er Lust auf eine Fahrradtour. *(haben)*

Was _____ Sie denn am Wochenende?   *(machen)*

4. *Haller:* Ich _____ endlich einmal zu meinem Freund *(fahren)*

Erich nach Köln _____!

Der _____ schon seit Jahren auf   *(warten)*

meinen Besuch.

5. *Barthe:* Oh, Köln! Da _____ Sie doch gewiss auch ins *(gehen)*

Museum Ludwig _____, oder?

6. *Haller:* Nein, das _____ wir sicher nicht _____.   *(tun)*

Mein Freund _____ Museen nicht sehr.   *(mögen)*

„Komm, wir gehen ein Bier trinken!" So ungefähr fängt bei uns oft ein fröhlicher Abend in der Altstadt an. Ich wohne und arbeite nun schon seit drei Jahren in Münster und kenne hier fast alle Wirtshäuser. Heute mache ich mit ein paar Freunden und Kollegen einen Kneipenbummel durch die Kuhstraße. Es gibt keinen besonderen Grund, aber wir alle sind uns einig: Die Luft ist mal wieder sehr trocken!

Zuerst gehen wir ins *Blaue Haus*, eine typische Studentenkneipe mit Livemusik. Leider finden wir dort aber keinen freien Tisch. Also geht's weiter zu *Pinkus Müller* auf der anderen Straßenseite. Dort ist es ruhiger und sehr gemütlich. Wir setzen uns alle an einen langen Holztisch und bestellen eine Runde Bier. Der Wirt zapft es frisch vom Fass, und es schmeckt unvergleichlich gut.

Bald ist eine lebhafte Unterhaltung im Gange. Es geht um Sport, Politik und aktuelle Ereignisse. Während ich mein kühles Bier trinke, sehe ich mich in Ruhe um. Es ist interessant, die Leute an der Theke zu beobachten. Sie stehen meist in kleineren Gruppen zusammen und unterhalten sich. Einige Gesichter erkenne ich, und ich winke kurz. Ein alter Bekannter kommt sogar zu uns herüber, trinkt ein Bier mit uns und erzählt von einem neuen Film.

Die Leute am Nachbartisch bestellen nur alkoholfreie Getränke, wie Apfelsaft und Mineralwasser. Vielleicht sind sie mit dem Auto gekommen. Das war natürlich ein Fehler! Ein richtiger Kneipenbummler geht aus Prinzip zu Fuß! Na, dann: „Prost!" und „Zum Wohl!"

ÜBUNG 10

1. In welchem Teil von Münster machen die Kollegen und Freunde einen Kneipenbummel?

2. Worin sind sich alle einig?

3. Wohin gehen sie zuerst?

4. Was für Gäste kann man dort treffen?

5. Warum sind die Freunde nicht dort geblieben?

6. Wie ist die Atmosphäre bei Pinkus Müller?

7. Wohin setzen sich die Freunde und Kollegen?

8. Warum schmeckt das Bier bei Pinkus Müller so gut?

9. Worüber unterhalten sich die Gäste normalerweise?

10. Wovon erzählt ein Bekannter, der kurz zu den Kollegen herüberkommt?

11. Warum trinken die Leute am Nachbartisch keine alkoholischen Getränke?

12. Was tut ein richtiger Kneipenbummler?

„Es gibt **keinen besonderen Anlass**."

Wir wollen **eine lange Reise** machen.
Unser neues Auto steht vor der Tür.
Kennen Sie **meinen alten Freund Dieter** schon?
Das ist heute **kein schöner Tag** gewesen!

siehe Anhang S. 268

ÜBUNG 11

Beispiel: Folgendes ist mir nach mein**em** letzt**en** Urlaub passiert:

Stellen Sie sich vor: Da komme ich also nach ein**en** angenehm**en** Flug wieder in München an. Mit mein**en** beid**en** Koffern gehe ich zum Taxistand. Ich habe kein__ groß**es** Glück: Kein__ einzig**es** Taxi ist da, nur ein**e** ganz**e** Menge Menschen, die alle auch auf ein Taxi warten. Plötzlich kommt ein__ elegant**er** schwarz**er** Mercedes angefahren. Der Fahrer springt heraus, begrüßt ein**en** grauhaarig**en** Herrn, nimmt sein**en** klein**en** Koffer und legt ihn in den Kofferraum. Ich denke: Das ist bestimmt ein__ wichtig**er** oder vielleicht sogar ein__ berühmt**er** Mann. Ich mache ein**en** gut**en** Schritt vorwärts, denn ich will das Gesicht sehen. Da sieht er mich auch an: Es gibt kein**en** ander**en** Menschen auf der Welt, der so aussieht wie mein__ alt**er** Schulfreund Heribert! Er hat immer noch ein**e** rot**e** Nase, ein**en** viel zu groß**en** Mund und ein**en** lang**en** Bart. Wir begrüßen uns herzlich, und er bietet mir an, in sein**em** luxuriös**en** Wagen Platz zu nehmen. Dann erzählt er mir, was ihn nach München bringt: Er will für die klein**en** Kinder sein**es** Bruders den Weihnachtsmann spielen. Es stimmt also: Der Mann ist wirklich ein**e** bedeutend**e** Persönlichkeit!

ÜBUNG 12

Beispiel: Sie waren gestern in dem neuen chinesischen Restaurant? Da haben Sie wirklich eine gute Wahl __*b*__ .

    a. genommen   **b. getroffen**   c. gemacht

1. Warum haben Sie mir nicht gestern __*b*__ gesagt, dass Sie schon Karten für das Mozart-konzert haben?

       a. Nachricht   b. Bescheid   c. Wissen

2. Haben Sie auch Schwierigkeiten, nach einer langen Reise Ihre innere Uhr __*b*__ ?

       a. überzustellen   b. umzustellen   c. anzustellen

3. Im Restaurant hat Herr Schneider die Rechnung erst __*c.*__ , bevor er sie bezahlt hat.

       a. überlegt   b. überhört   c. überprüft

4. Alles __*a.*__ durcheinander, weil der Computer kaputt ist.

       a. kommt   b. fällt   c. legt

5. Sehen Sie sich in Ruhe __*um*__ , bis ich den Kunden fertig bedient habe.

       a. hin   b. darum   c. um

6. Am Flughafen suchten Bergers verzweifelt __*b.*__ ihrem Gepäck.

       a. für   b. nach   c. vor

7. Beate hat keinen Hunger. Das __*c.*__ ihr wegen der Zeitverschiebung aber immer so.

       a. läuft   b. kommt   c. geht

8. Herr Korte kennt in Frankfurt kaum eine Kneipe, __*b.*__ ein gutes Restaurant.

       a. weder noch   b. geschweige denn   c. sondern auch

KAPITEL

3

Nach Besprechungen bei der Firma ULTRASPORT in Frankfurt wollte Günter Meinrat ein paar Einkäufe machen. Er ging in die *Freßgaß*, eine schicke Fußgängerzone in der Innenstadt, die er schon von seinem letzten Aufenthalt her kannte. Dort sprach er eine Passantin an:

STAT / ESPAÑA

Meinrat: Entschuldigen Sie bitte, kennen Sie sich hier aus? Ich suche einen ganz bestimmten Laden, in dem ich früher oft Geschenke gekauft habe. Nur komme ich leider nicht mehr auf den Namen. Es gab alles Mögliche dort.

Passantin: Hm, mal sehen. Wissen Sie denn noch, wie der Laden aussah?

Meinrat: Na ja, es ist schon ziemlich lange her, seitdem ich das letzte Mal hier war. Ich erinnere mich aber, dass der Eingang eine knallrote Markise hatte.

Passantin: Ah, Sie meinen bestimmt die *Schatzkammer*. Tja, der Laden musste leider vor einem halben Jahr schließen. Es gibt hier aber noch andere kleine Geschäfte. An was für ein Geschenk dachten Sie denn?

Meinrat: Ich suche etwas für meine Frau. Sie hatte nämlich gestern Geburtstag, und ich wollte ihr etwas Besonderes von meiner Geschäftsreise mitbringen.

Passantin:	In dem Fall schlage ich Ihnen die *Galerie* 13 vor. Da gibt es eine Kunstabteilung und Geschenke aller Art.
Meinrat:	Das hört sich gut an. Und wie komme ich da am besten hin?
Passantin:	Ganz einfach: An der nächsten Querstraße gehen Sie links. Dann immer geradeaus bis zur Post. Die *Galerie* 13 liegt direkt gegenüber.
Meinrat:	Also nochmal: Die nächste links bis zur Post, und dann ist das Geschäft direkt gegenüber. Richtig?
Passantin:	Genau! Sie können es gar nicht verfehlen.
Meinrat:	Na, wunderbar. Sie kennen sich ja offensichtlich gut hier aus.
Passantin:	Da haben Sie Recht. Ich wohne seit 40 Jahren hier und kannte diesen Stadtteil schon, als hier noch nicht so viel los war.
Meinrat:	Also, dann mache ich mich mal auf den Weg. Auf Wiedersehen, und haben Sie vielen Dank für Ihre Hilfe.
Passantin:	Keine Ursache. Auf Wiedersehen!

ÜBUNG 13

1. Was wollte Herr Meinrat nach den Besprechungen tun?

2. Wo findet man in Frankfurt die *Freßgaß*?

3. Wen fragte Herr Meinrat nach einem Geschenkeladen?

4. Ist es schon lange her, dass er das letzte Mal dort war?

5. Wie sah damals der Eingang aus?

6. Warum gibt es die *Schatzkammer* nicht mehr?

7. Wem möchte Herr Meinrat etwas von seiner Geschäftsreise mitbringen?

8. Warum sollte es etwas Besonderes sein?

9. In welchen Laden hat ihn die Passantin geschickt?

10. Wieso kennt sie sich in der Gegend so gut aus?

„Wie komme ich da am besten hin?"

– Entschuldigen Sie bitte, können Sie mir sagen, ob es in der Nähe eine Bank gibt?

– Ja sicher, die Kreissparkasse, nicht weit von hier. Gehen Sie die nächste Straße rechts. Nach etwa 100 Metern finden Sie sie auf der rechten Seite.

– Verzeihen Sie, wenn ich störe. Vielleicht können Sie mir helfen. Ich suche die Firma Wieshoff KG.

– Wieshoff? Nehmen Sie den Aufzug in den 12. Stock. Dann gehen Sie rechts. Die Firma Wieshoff finden Sie am Ende des Ganges.

– Verzeihung, wie komme ich bitte von hier am schnellsten zur Autobahn Frankfurt-Köln?

– Also, fahren Sie immer geradeaus. An der zweiten Ampel biegen Sie links ab. Dann halten Sie sich rechts und folgen dem blauen Hinweisschild.

– Entschuldigung, wissen Sie, wie man von hier am besten zum Zoo kommt?

– Mal sehen ... Ich glaube, die Buslinie 22 fährt dorthin. Die Haltestelle ist an der übernächsten Ecke.

– Sag mal, Rolf, kennst du eigentlich das Kino *Olympia*? Ist das hier in der Gegend?

– Ja, ganz in der Nähe. Am Schillerplatz. Aber früher hieß es *Turmpalast*.

– Ach ja, dann weiß ich, wo es ist.

DAS IMPERFEKT

„Es **gab** alle möglichen Geschenke dort."

Als ich jung **war**, **fuhr** ich gern Motorrad.
Früher **ging** ich nicht oft ins Kino, heute wohl.
Wann **verließ** Karl sein Elternhaus?
Helga **machte** das Licht aus und **ging** schlafen.

siehe Anhang S. 268

ÜBUNG 14

Bitte setzen Sie das Imperfekt ein:

Beispiel: Jutta __*schrieb*__ uns einen Brief von ihrer Reise nach Prag.
(schreiben)

1. Also, die Reise *fing* schon prima *an*. *(anfangen)*

2. Die Autofahrt *verlief* ohne Schwierigkeiten. *(verlaufen)*

3. Sogar an der Grenze *ging* alles schön schnell. *(gehen)*

4. Das Hotel *lag* ideal: mitten im Zentrum. *(liegen)*

5. Wir *bekam* ziemlich kleine Zimmer, aber der Blick auf die Dächer von Prag *machte* alles wieder gut! *(bekommen / machen)*

6. Wir *packten* schnell unsere Koffer *aus*. *(auspacken)*

7. Dann *suchten* und *fanden* wir ein gemütliches Café. *(suchen / finden)*

8. Dort war es so voll, dass wir uns mit unbekannten Leuten an einen Tisch setzen *mussten*. *(müssen)*

9. Wir *tranken* zwei Stunden lang Kaffee und *unterhielten* uns mit ihnen. *(trinken / unterhalten)*

10. Zum Schluss *verabredeten* wir uns sogar noch für den nächsten Tag!
(verabreden)

ÜBUNG 15

Ich **fahre** nach Hannover, um meine Tante zu besuchen. Am Bahnhof **fällt** mir **ein**, dass ich kein Geschenk für sie **habe**. Mit einer Schachtel Konfekt, **denke** ich, kann man nie etwas falsch machen, und selbst esse ich es ja auch sehr gern. Auf der Suche nach einem Geschäft **frage** ich einen Passanten nach dem Weg. Zufällig **will** dieser Herr auch gerade Konfekt kaufen. So **machen** wir uns zusammen auf den Weg. Wir **betreten** also ein Geschäft und **suchen** gute Mischungen **aus**. An der Kasse **stellt** der Herr **fest**, dass sein Portmonee fast leer **ist**. Also **nimmt** er seine Kreditkarte **heraus** und **hält** sie der Verkäuferin **hin**. Die aber **informiert** ihn, dass sie für eine so kleine Summe Kreditkarten leider nicht akzeptiert. Kein Problem für den Herrn: Er **kauft** einfach eine zweite Schachtel. Noch im Geschäft **öffnet** er die Packung und **bietet** auch mir daraus **an**. Es **schmeckt** so lecker, dass wir kein einziges Stückchen **übrig lassen**. Ein Glück nur, dass *meine* Schachtel so hübsch in Geschenkpapier verpackt **ist** ...

Bitte setzen Sie diesen Text ins Imperfekt:

Am vorigen Wochenende **fuhr** *ich* ...

In immer mehr deutschen Städten gibt es einen Bereich, der ausschließlich den Fußgängern vorbehalten ist. Dort dürfen weder Autos noch Busse oder Motorräder fahren. Stattdessen stehen Blumenkästen mitten auf der Straße, oft auch Kioske und Bänke, und die Leute können ungestört spazieren gehen und einkaufen. Welche moderne Großstadt möchte nicht auch so bekannte Fußgängerzonen haben wie z.B. die *Zeil* in Frankfurt, die *Kaufinger Straße* in München oder die *Hohe Straße* in Köln?

In diesen berühmten Einkaufsparadiesen ist fast alles zu Fuß erreichbar, und heute gibt es eigentlich keine Diskussion mehr über ihren Sinn und Nutzen. Fast jeder ist dafür, außer vielleicht Lieferanten und Taxifahrer, die nicht mehr wie früher jederzeit durch alle Straßen der Innenstadt fahren können. Für sie gibt es jetzt festgesetzte Zeiten, an die sie sich halten müssen. Tja, kein Fortschritt ohne Opfer.

In der verkehrsfreien Zone befinden sich nicht nur große Kaufhäuser und kleine Geschäfte, sondern auch elegante Boutiquen. Kunstgewerbeläden für jeden Geschmack, Buchhandlungen und Schuhgeschäfte. Außerdem gibt es Banken, Reisebüros und Restaurants und manchmal sogar Marktstände mit frischem Obst und Gemüse. Zwischen Einkäufen machen viele eine Pause in einer Konditorei bei Kaffee und Kuchen, oder man isst eine Kleinigkeit an einem der zahlreichen Imbiss-Stände.

aus führen

Für viele ist die Fußgängerzone auch nach Ladenschluss ein beliebter Treffpunkt. Einige führen ihren Hund aus, andere sehen sich die neue Mode in den Schaufenstern an. Im Sommer spielt sich in den autofreien Straßen besonders viel ab. Überall sitzen die Leute in den Cafés und essen Eis, hören den Straßenmusikanten zu oder beobachten einfach das bunte Treiben um sich herum.

 to action

ÜBUNG 16

1. Viele Städte haben _____ nur für Fußgänger.

    a. einen Bereich
    b. ein Kaufhaus
    c. einen Treffpunkt

2. Dort kann man _____ einkaufen.

    a. ausschließlich
    b. ungestört
    c. jederzeit

3. Die *Zeil* ist _____.

    a. ein Treffpunkt in der Fußgängerzone
    b. eine Fußgängerzone in München
    c. eine Einkaufsstraße in Frankfurt

4. Taxifahrer und Lieferanten _____.

    a. dürfen in der Fußgängerzone parken
    b. können immer durch die Innenstadt fahren
    c. müssen sich an bestimmte Zeiten halten

5. An _____ kann man Kleinigkeiten essen.

    a. Konditoreien
    b. Imbiss-Ständen
    c. Gemüseständen

6. In Fußgängerzonen findet man außer kleinen Geschäften _____.

    a. auch Banken und Bushaltestellen
    b. nur Kaufhäuser und Reisebüros
    c. auch Buchhandlungen und Schuhgeschäfte

> „Andere sehen sich **die neue Mode** in den Schaufenstern an."

> Wir bereiten uns auf **das große Fest** vor.
> Klaus ist der Sohn **des neuen Lehrers**.
> Haben Sie **diesen jungen Leuten** die Nachricht gegeben?
> Ich weiß nicht, mit **welcher neuen Freundin** Klaus kommt!

siehe Anhang S. 268

ÜBUNG 17

Beispiele: *(diese / wunderbar)*
Haben Sie auch __*diese*__ __*wunderbare*__ Nachspeise gegessen?

(das / einfach)
War der Aufenthalt in __*dem*__ __*einfachen*__ Hotel angenehm?

1. *(dieser / wichtig)*
Haben sie _den_ _wichtigen_ Artikel auch gelesen?

2. *(jeder / neu)*
Für _jeden_ _neuen_ Gast gibt es zum Empfang eine Blume.

3. *(der / herrlich)*
Möchten Sie noch etwas von _dem_ _herrlichen_ Wein?

4. *(dieser / fremd)*
Georg versteht die Sprache _des_ _fremden_ Herrn nicht. _dieses_

5. *(jedes / einzeln)*
Sagen Sie bloß, Frau Kurz hat _jedes_ _einzelne_ Kleid anprobiert!

6. *(der / verspätet)*
Herr und Frau Großmann haben nicht auf _den_ _verspäteten_ Zug gewartet.

7. *(welcher / berühmt)*
Sagen Sie, _welcher_ _berühmte_ Professor soll die Rede halten?

8. *(die / freundlich)*
Ich werde mich immer an das Gesicht _der_ _freundlichen_ Dame erinnern.

ÜBUNG 18

Beispiele: Herr Meinrat hat **Geschäfte** in Deutschland zu erledigen. Er macht
deshalb eine **Reise** nach Frankfurt. Für diese _Geschäftsreise_
reicht ein kleiner Bordkoffer.

Der **Lieferant** wird nicht durch diesen **Eingang** hereinkommen. Er wird
den _Lieferanteneingang_ benutzen.

1. In den **Straßen** der Innenstadt kann man schnell seine **Einkäufe** erledigen.
    Diese _____ hat man in vielen Städten zu Fußgängerzonen gemacht.

2. Ich komme **Ende** der **Woche** nach Hause. Ich freue mich schon aufs _____.

3. In meiner alten **Nachbarschaft** gab es viele gute **Kneipen**. Abends saß
    ich oft mit Freunden in einer dieser _____.

4. In diesem Zimmer hört man den **Lärm** der **Straße** kaum. Stört Sie
    _____ auch sehr bei der Arbeit?

5. Sind Sie ein **Mensch** mit festen **Gewohnheiten**? Als _____ lieben
    Sie bestimmt keine Überraschungen.

6. Wenn man mit einer **Gruppe** auf **Reisen** ist, dauert es meistens länger bei der
    Passkontrolle. Das ist eben bei _____ so.

7. In der **Zeitung** vom **Sonntag** stand ein guter Artikel über die neue Staatsoper.
    Haben Sie ihn gelesen? Ich habe den Kulturteil der
    _____ für Sie aufbewahrt.

8. Wenn man einen Termin mit dem Chef hat, sagt man der **Dame** am **Empfang**
    seinen Namen: Die _____ wird dann dem Chef Bescheid sagen, dass man
    wartet.

KAPITEL

4

MAY → DÜRFEN

SHALL → SOLLEN

MUST → MÜSSEN

CAN → KÖNNEN

WANT → WOLLEN

would like → möchten

Es ist acht Uhr morgens. Herr Siebert, Marketingmanager bei ULTRASPORT in Frankfurt, kommt früher als sonst in die Firma, da viel Arbeit auf ihn wartet. Auch Rolf Treppmann, sein Assistent, ist schon da. Als er das Büro seiner Sekretärin betritt, sieht er sie bereits am Schreibtisch sitzen.

Siebert: Ah, guten Morgen, Frau Köhler. Sie sind aber früh da!

Köhler: Guten Morgen, Herr Siebert. Ja, ich bin heute eine Stunde früher gekommen. Ich habe ein kleines Problem, das ich mit Ihnen besprechen möchte. Kann ich heute vielleicht schon um 16 Uhr gehen? In der Universität fängt nämlich um 17 Uhr ein Vortrag über Umweltschutz an, und den möchte ich mir gern anhören.

Siebert: Da sehe ich kein Problem. Sie haben ja in letzter Zeit einige Überstunden gemacht. Und ich muss heute am späten Nachmittag sowieso weg. Liegt sonst noch etwas an?

Köhler: *(Sie sieht auf ihren Notizblock.)* Ja, Herr Meinrat hat gestern noch angerufen. Er hat nur Bescheid sagen wollen, dass er gut aus Zürich angekommen ist. Er wird um 14 Uhr, wie vereinbart, hier sein können. Außerdem hat Frau Hansen von der Werbeagentur angerufen. Sie möchte gern mit Ihnen über die neue Werbekampagne sprechen.

urgent.

Siebert: Oh ja, das ist wichtig! Ich muss sie dringend zurückrufen.

Köhler: Soll ich versuchen, sie jetzt sofort zu erreichen?

Siebert: Nein, es ist noch zu früh. Ich möchte erst die Post von gestern *see go throug* ← durchsehen und danach mit Herrn Treppmann etwas besprechen.

(Er geht in sein Büro. Etwas später klingelt das Telefon auf Herrn Seiberts Schreibtisch. Er nimmt den Hörer ab.) ... Siebert!

Köhler: Herr Siebert, Frau Hansen ist am Apparat. Möchten Sie jetzt mit ihr sprechen?

Siebert: Selbstverständlich, danke ... Guten Morgen, Frau Hansen. Ich wollte Sie auch gerade anrufen. Es geht um die Werbeaktion, oder?

Hansen: Ja, genau. Wir sollten uns zusammensetzen. Ich möchte einige Punkte mit Ihnen besprechen, die mir am Herzen liegen.

Siebert: Ich habe einen Vorschlag. *proposal* Kennen Sie eigentlich *in fact* Herrn Meinrat, unseren Marketingdirektor aus der Schweiz? Er ist gerade für ein paar Tage zu Besprechungen hier im Hause. Vielleicht können wir uns heute ... hm ..., sagen wir um 14 Uhr, alle drei bei mir im Büro treffen?

Hansen: Das passt mir ausgezeichnet. Und Herrn Meinrat wollte ich schon seit langem kennen lernen.

Siebert: Gut, also dann bis später, Frau Hansen. *(Er legt den Hörer auf.)* Frau Köhler, schicken Sie mir doch bitte jetzt Herrn Treppmann herein.

ÜBUNG 19

1. Warum kommt Herr Siebert früher ins Büro?
2. Wer ist außer ihm noch da?
3. Hat Frau Köhler in der letzten Zeit viel gearbeitet?
4. Warum rief Herr Meinrat gestern an?
5. Wer hat außerdem noch angerufen?
6. Worüber wollte sie sich mit Herrn Siebert unterhalten?
7. Mit wem möchte Herr Siebert zuerst etwas besprechen?
8. Warum ruft Herr Siebert Frau Hansen nicht sofort zurück?
9. Was schlägt Herr Siebert vor?
10. Wer kennt Herrn Meinrat schon, und wer kennt ihn noch nicht?

UM ERLAUBNIS BITTEN

„Könnte ich heute schon um 16 Uhr gehen?"

– Herr Siebert, wäre es möglich, unseren Termin von heute
Nachmittag auf morgen zu verschieben? Mir ist etwas
Wichtiges dazwischengekommen.

– Aber selbstverständlich. Wann passt es Ihnen denn am
besten? Sagen wir wieder zur gleichen Zeit?

– Ausgezeichnet! Bis morgen dann.

– Entschuldigen Sie, darf ich mal kurz Ihr Telefon benutzen?

– Natürlich, bitte. Sie müssen aber erst die Neun wählen!

– Vielen Dank. Es ist nur ein Ortsgespräch.

– Sagen Sie, darf man hier rauchen?

– Hier leider nicht. Aber in der Eingangshalle ist es erlaubt.
Da steht sogar ein Aschenbecher.

– Manfred, kannst du mir mal fürs Wochenende dein
Videogerät leihen?

– Tut mir Leid, es ist gerade in Reparatur. Aber frag' doch
mal Ulrich. Der hat auch eins.

– Gute Idee, ich rufe ihn gleich mal an.

– Papi, Heike und ich wollen nach der Schule noch einen
Stadtbummel machen, ja?

– Aber du musst versprechen bis zum Abendessen wieder zu
Hause zu sein!

– Na klar, versprochen. Danke, Papi!

> „Ich **muss** sie dringend **zurückrufen**!"

> Als Diabetiker **darf** ich keinen Zucker **essen**.
> Der Kunde **wollte** nichts **kaufen**.
> Wann **wirst** du mehr **sagen können**?
> Ich **habe** den Kunden **besuchen müssen**.

siehe Anhang S. 268

ÜBUNG 20

Herr Schneider bekommt keine Verbindung:

Beispiel: Ich __*möchte*__ Ihnen eine Frage stellen. *(mag / möchte)*

1. _____ ich bitte mit Herrn Zander sprechen? *(Muss / Kann)*

2. _____ ich fragen, mit wem ich es zu tun habe? *(Soll / Darf)*

3. Verzeihung, ich _____ nicht unhöflich sein. Jochen Schneider von der Firma Gewohl. *(wollte / musste)*

4. Oh, Herr Schneider, Herr Zander wird Sie zurückrufen _____. Er ist in einer Konferenz. *(müssen / sollen)*

5. Hören Sie, er hat mich schon seit einer Stunde zurückrufen _____. Jetzt ist es gleich 17 Uhr. *(dürfen / wollen)*

6. Es tut mir wirklich Leid, aber es geht um technische Probleme, und da _____ ich ihn nicht stören. *(möchte / muss)*

7. Nun gut. _____ Sie ihm dann bitte ausrichten, dass ich morgen um 10 Uhr vorbeikommen werde? *(Sollen / Können)*

8. Morgen ist er nicht im Hause. Ich _____ Sie nur bitten, es vielleicht doch in einer halben Stunde noch einmal zu versuchen. *(kann / mag)*

9. Nun, vielleicht ist das besser. Ich _____ aber eigentlich noch einen Kunden besuchen. *(durfte / wollte)*

10. Aber zu dem Termin _____ ich auch später noch gehen. *(kann / muss)*

ÜBUNG 21

Bitte setzen Sie das Hilfsverb in dieselbe Zeit wie das Vollverb.

Beispiele: Ich rief Frau Mendel sofort zurück. *(können)*
           Ich **_konnte Frau Mendel sofort zurückrufen_** .

           Früher ist Volker immer um 5 Uhr aufgestanden. *(müssen)*
           Früher **_hat er immer um 5 Uhr aufstehen müssen_** .

1. Der Kunde wird schon nächste Woche kommen. *(wollen)*
   Er _____.

2. Der Kollege wird uns bald über das neue Projekt informieren. *(können)*
   Er _____.

3. Maria ging gestern schon um 8 Uhr zur Arbeit. *(müssen)*
   Sie _____.

4. Frau Eisel, haben Sie nicht diesen Brief schon gestern getippt? *(sollen)*
   Frau Eisel, _____?

5. Die Sekretärin fand die Akten gestern Abend nicht so schnell. *(können)*
   Sie _____.

6. Und Monika? Isst sie gern Fisch? *(mögen)*
   Und Monika? _____?

7. Wann kommt Ulrike heute Abend vorbei? *(sollen)*
   Wann _____?

8. Frau Köhler wird heute früher nach Hause gehen, weil sie auch früher
   angefangen hat. *(dürfen)*
   Sie _____.

9. Ich habe gestern nicht mehr mit Horst gesprochen. *(können)*
   Ich _____.

10. Sie müssen selbst zum Chef gehen, denn der Angestellte gibt die Information
    nicht heraus. *(dürfen)*
    Sie _____.

11. Gestern hat Herr Koch keine Überstunden gemacht. *(wollen)*
    Gestern _____.

12. In zwei Wochen tritt Wilhelm die neue Stellung an. *(mögen)*
    In zwei Wochen _____.

„Hier nur Altpapier!" „Nur für Altglas!" In fast jeder deutschen Stadt oder Gemeinde
findet man an den Straßenecken große Behälter mit diesen oder ähnlichen Auf-
schriften. Manche Leute haben auch neben ihren Mülltonnen kleinere Behälter für
Glas und für Papier stehen. Haben wir es hier mal wieder mit dem typisch deutschen
Sinn für Ordnung zu tun?

Nicht ganz. Eine der vielen Umweltschutzmaßnahmen ist die *Getrennte Abfall-
beseitigung*. Normaler Hausmüll wandert in große Verbrennungsanlangen und belastet
die Luft. Was davon übrig bleibt, lädt man auf riesige Halden ab, und das bringt
Platzprobleme. Glas und Papier dagegen kann man wieder aufbereiten. Deshalb ist
es wichtig, sie getrennt einzusammeln. Man reduziert dadurch den immer weiter
wachsenden Müllberg.

Aber wohin mit Abfällen wie Batterien, Farben oder Altöl? Diese giftigen Substanzen
belasten die Reinheit des Grundwassers, wenn sie nicht richtig beseitigt werden.
Glücklicherweise gibt es aber in den meisten deutschen Gemeinden die sogenannte
Sondermüllbeseitigung. Dorthin bringt man seine alten Farbtöpfe, das ausgediente
Motoröl und die verbrauchte Autobatterie.

Das Beispiel Hausmüll spiegelt ein neues Umweltbewusstsein wider, das inzwischen
immer mehr Menschen teilen. Aber auch die Industrie muss ihren Teil zum Umweltschutz beitragen: Umweltbewusste Kunden kaufen am liebsten Bioprodukte für ihre

Spül– und Waschmaschinen, Getränke in Pfandflaschen und Briefumschläge aus wieder aufbereitetem Altpapier.

Dass die Kosten, die der Umweltschutz verursacht, enorm sind, kann sich jeder vorstellen. Im Interesse einer sauberen Umwelt sind die meisten Menschen allerdings bereit, den hohen Preis zu zahlen oder einige Unbequemlichkeiten in Kauf zu nehmen.

ÜBUNG 22

Beispiel: In fast jeder Gemeinde gibt es __c__ für Glas und Papier.

        a. Mülltonne   b. Bioprodukte   **c. Behälter**

1.   Große Altpapierbehälter findet man an _____.
      a. Müllbergen   b. Straßenecken   c. Gemeinden

2.   Normaler Hausmüll wird in Verbrennungsanlagen _____.
      a. abgeladen   b. eingesammelt   c. wieder aufbereitet

3.   Der verbrannte Müll wandert anschließend _____.
      a. in Umweltanlangen   b. zum Sondermüll   c. auf Halden

4.   Durch das getrennte Einsammeln von Müll reduziert man _____.
      a. das Papier   b. den Abfallberg   c. giftige Substanzen

5.   Zum _____ gehören Farben und Altöl.
      a. Hausmüll   b. Hausabfällen   c. Sondermüll

6.   Giftige Substanzen _____ die Luft und das Grundwasser.
      a. verursachen   b. belasten   c. teilen

7.   _____ Autobatterien bringt man zum Sondermüll.
      a. Ausgediente   b. Aufbereitete   c. Belastete

8.   Das neue Umweltbewusstsein spiegelt sich im Gebrauch von _____ wider.
      a. Grundwasser   b. Bioprodukten   c. Unbequemlichkeiten

9.   Der Umweltschutz _____ enorme Kosten.
      a. beseitigt   b. erledigt   c. verursacht

10.   Fast jeder ist bereit _____ in Kauf zu nehmen.
      a. Bioprodukte   b. den hohen Preis   c. die saubere Umwelt

> „Den Rest **lädt** man auf riesigen Halden **ab**."

> Ich **sehe** die Post von gestern **durch**.
> **Haben** Sie die Notiz **aufgeschrieben**?
> **Wiederholen** Sie bitte die Adresse noch einmal!
> **Hat** Klaus eine Nachricht **hinterlassen**?

ÜBUNG 23

A. Präsens

Beispiel: Warum / Sie / mich / so / *ansehen*?
Warum sehen Sie mich so an?

1.   Herr Müller / den Vortrag / in München / *sich anhören*.

2.   Bitte / Sie / den Brief / hier / *unterschreiben*!

3.   Die Flugbegleiterin / mit dem Piloten / *sich unterhalten*.

4.   Ich / immer / in Düsseldorf / *umsteigen*.

5.   Wann / Sie / mich / dem Direktor / *vorstellen*?

6.   Was / eigentlich / die hohen Ölpreise / *verursachen*?

B. Perfekt

Beispiel: Doris / im letzten Urlaub / ein neues Hotel / *entdecken*.
Doris hat im letzten Urlaub ein neues Hotel entdeckt.

1.   Gestern Abend / Karl / den Laden / *zuschließen*.

2.   Jürgen / das Buch / ins Deutsche / *übersetzen*.

3.   Familie Schubert / alle zwei Jahre / *umziehen*.

4.   Um wie viel Uhr / Klaus und Monika / *ausgehen*?

5.   Ich / einem Freund / mein Videogerät / *verkaufen*.

6.   Wir / uns / ein Geschenk / für unsere Eltern / *überlegen*.

ÜBUNG 24

Finden Sie Wörter aus derselben Wortfamilie!

Beispiele: Gestern bin ich im Park **spazieren gegangen**. Auf dem
Spaziergang traf ich einen alten Freund.

Hören Sie auch so gerne klassische **Musik**? Gestern haben einige
Musikanten in der Fußgängerzone Mozart gespielt.

1. Ich **schlage vor**, wir gehen heute Abend ins Kino, oder hast du einen besseren
vorschlag ?

2. Herr Schneider wird das Wochenende am Meer **genießen**. Er kommt nicht oft
in den _genuss_ eines freien Wochenendes.

3. Sondermüll: **So nennt** man z.B. giftige Substanzen, die nicht zum normalen
Hausmüll gehören. Ungiftige Waschmittel dagegen gehören zu den _so genannten_ .
Bioprodukten.

4. Wie hat Ihnen der Kalbsbraten **geschmeckt**? Das Schweineschnitzel war ganz
nach meinem _geschmack_

5. Die Arbeiter **forderten** mehr Gehalt und kürzere Arbeitszeiten. Der
Firmenchef fand diese _forderung_ zu hoch.

6. Herr Meisel und Herr Seifert haben sich gestern getroffen, um ein neues
Projekt zu **besprechen**. In der _____ ging es um Kosten, Arbeitszeiten und
möglichen Profit.

7. Was für ein **langweiliges** Buch, Herbert! Ich bin vor _langeweile_ nach fünf Seiten
eingeschlafen.

8. Gestern hatte man eine besonders klare _sicht_ auf das Brandenburger Tor.
Man konnte wirklich jedes Detail **sehen**.

KAPITEL

5

Beate Köhler, Herrn Sieberts Sekretärin, hat sich mit ihrem Bruder Klaus und ihrer Freundin Elke zum Mittagessen in einem Restaurant in der Nähe des Büros getroffen. Der Ober hat gerade das Essen gebracht.

Beate: Sag mal, Klaus, was hast du denn da auf dem Teller? Hast du nicht Kalbfleisch bestellt?

Klaus: Ach so, ich habe jetzt gar nicht aufgepasst ... Also wirklich, da habe ich Schweinebraten bekommen! Herr Ober!

Ober: Ja, bitte? Hatten Sie noch einen Wunsch?

Klaus: Ich glaube, da ist Ihnen ein Fehler unterlaufen: Ich habe Kalbfleisch bestellt. Sie haben mir aber Schweinebraten gebracht!

Ober: Oh, tatsächlich! Ich bitte vielmals um Entschuldigung, mein Herr! Einmal Kalbfleisch also. Sonst noch etwas?

Elke: Bringen Sie mir bitte noch ein kleines Helles. Und Senf für meinen Braten bitte, ich esse gern scharf.

Ober: *(Er holt das Senfglas vom anderen Tisch.)* Bitte schön. Also, einmal Kalbfleisch und ein Bier. Kommt sofort.

Klaus:	Bitte, fangt schon mal an, euer Essen wird ja sonst kalt! Ich trinke inzwischen mein Bier. Der Ober wird sich ja hoffentlich beeilen. Die Mittagspause ist bald vorbei.
Elke:	*(Sie fangen an.)* Also, ich weiß ja nicht ... dieses Essen ist nur lauwarm, und der Salat sieht auch nicht gerade frisch aus.
Klaus:	Na, nun übertreib aber nicht, Elke. Dein Braten sieht doch sehr lecker aus!
Elke:	Aber er schmeckt nach nichts, und er ist kalt! Da nützt auch kein Senf. Also, ich finde, dieses Restaurant lässt viel zu wünschen übrig!
Klaus:	Sie doch nicht so negativ, Elke! Ich finde es sehr gemütlich hier. Wie schmeckt denn deine Forelle, Beate?
Beate:	Hm, es geht so. Ich habe schon bessere gegessen!
Elke:	Sag mal, gibt es das Lokal hier schon lange? Beate, du weißt doch so etwas immer.
Beate:	Bis vor kurzem war hier ein chinesisches Restaurant. Der neue Besitzer hat erst vor einem Monat eröffnet. Habt ihr die Anzeigen nicht gesehen? In der Zeitung war wochenlang ganz groß inseriert: *„Ausgezeichnete Küche, prompte Bedienung, gepflegte Atmosphäre."*
Klaus:	Nun, das mit der gepflegten Atmosphäre mag ja sein, aber gutes Essen und schnelle Bedienung? Na ja! Wo bleibt denn dieser Ober? Ich muss in einer halben Stunde wieder im Büro sein.
Beate:	Nur keine Aufregung. Da kommt er schon ... Aber was bringt er denn jetzt?
Ober:	So, einmal Kalbfleisch, ... und einen Tomatensaft für den Herrn ...

ÜBUNG 25

1. Wo haben sich Beate, Klaus und Elke getroffen?
2. Was hat Klaus zu essen bestellt?
3. Wem ist ein Fehler unterlaufen und welcher?
4. Warum bestellt Elke Senf?
5. Warum ist Klaus so in Eile?
6. Wie gefällt Klaus das Restaurant?
7. Wie hat der neue Besitzer für sein Restaurant Werbung gemacht?
8. Welches Getränk sollte der Ober bringen, und was bringt er stattdessen?

SICH ENTSCHULDIGEN

„Ich bitte vielmals um Entschuldigung."

Sie kommen zu spät zu einer Besprechung:

– Entschuldigen Sie bitte die Verspätung, meine Damen und Herren. Ich bin durch den Verkehr aufgehalten worden.

– Schon in Ordnung, Herr Danner. Bitte nehmen Sie Platz.

Sie haben jemanden angerempelt:

– Oh, Entschuldigung. Wo habe ich heute nur meine Augen ...

– Aber ich bitte Sie, es ist ja nichts passiert.

Sie haben etwas verschüttet:

– Oh Gott! Bitte entschuldigen Sie vielmals.

– Lassen Sie nur, das kann doch jedem passieren.

Sie hatten jemandem versprochen anzurufen:

– Kannst du mir nochmal verzeihen, Klaus? Ich habe total vergessen, dich anzurufen!

– Nicht so schlimm, so dringend war das auch wieder nicht.

Sie haben vergessen, etwas zu besorgen:

– Was denn, Frank, du bringst nur einen Kaffee? Und was ist mit mir?

– Oh, entschuldige. Ich wusste nicht, dass du auch einen wolltest. Moment, ich hole dir gleich eine Tasse.

– Ach nein! Lass nur! Eigentlich habe ich heute schon genug Kaffee getrunken. Ein Bier wäre mir jetzt lieber ...

DIE ANREDE MIT DU / IHR / SIE

> „Hast **du** nicht Kalbfleisch bestellt?"

Sie	*du / ihr*
Dieses Restaurant kennen Sie nicht.	Dieses Restaurant **kennst du** nicht. Dieses Restaurant **kennt ihr** nicht.
Was für Gemüse essen Sie gern?	Was für Gemüse **isst du** gern? Was für Gemüse **esst ihr** gern?
Bringen Sie einen Freund mit!	**Bring** einen Freund **mit**! **Bringt** einen Freune **mit**!

siehe Anhang S. 268

ÜBUNG 26

Beispiel: Sie brauchen nicht vor 18 Uhr hier zu sein, Herr Momberg.
  ___*Du brauchst nicht vor 18 Uhr hier zu sein*___ , Klaus!

1. Herr und Frau Dütting, wo haben Sie eigentlich vor zwei Jahren gewohnt?
    Kinder, _____?

2. Suchen Sie ein gutes Restaurant, meine Dame?
    _____, Sabine?

3. Herr Braun und Herr Ott, fahren Sie bitte voraus, wir folgen Ihnen dann.
    Heiner und Bernd, _____.

4. Auf Wiedersehen, meine Damen und Herren. Kommen Sie uns bald wieder
    besuchen!
    Auf Wiedersehen, ihr beiden. _____!

5. Werden Sie mit dem Zug nach Berlin fahren, Frau Doktor?
    _____, Tante Jutta?

6. Herr Hauser, seien Sie bitte so nett und geben Sie diesen Umschlag dem
    Chef!
    Benno, _____!

7. Man konnte Ihnen ansehen, Herr Jähne, dass Sie mit Ihrer Arbeit nicht
    zufrieden waren!
    _____, mein Junge, _____!

8. Können Sie nicht zusammen ein Taxi zum Konzert nehmen?
    _____?

Ihr / Ihnen	*dein / euer*	*dir / dich*

Ich gebe **Ihnen** sofort **Ihr Buch** zurück.	Ich gebe **dir** sofort **dein Buch** zurück.
	Ich gebe **euch** sofort **euer Buch** zurück.
Rita wird **Sie** bei **Ihrem** Arzt abholen.	Rita wird **dich** bei **deinem Arzt** abholen.
	Rita wird **euch** bei **eurem Arzt** abholen.

siehe Anhang S. 268

ÜBUNG 27

Beispiele: Du kannst deine Rechnung an der Kasse bezahlen.
Sie _**können Ihre Rechnung an der Kasse bezahlen**_ .

Haben Sie die Reise selbst ausgesucht, oder hat Ihnen jemand dabei geholfen?
Hast _**du die Reise selbst ausgesucht, oder hat dir jemand**_
**dabei geholfen** ?

1. Meine Damen, ich bitte Sie: Gehen Sie nur in Gruppen aus, und passen Sie gut auf Ihre Taschen auf!
   Kinder, _____!

2. Habt ihr euren Reiseleiter gefragt, welches Restaurant er euch empfehlen kann?
   Haben _____?

3. Kann ich Ihnen für Ihren nächsten Urlaub einen Rat geben?
   Kann ich dir _____?

4. Sagen Sie mal, haben Gaisers Sie nicht mehr angerufen, um Ihnen eine gute Reise zu wünschen?
   Sag mal, _____?

5. Ich fahre gern mit dir nach Berlin, aber lass bitte deinen Hund zu Hause!
   Ich fahre gern mit Ihnen _____!

6. Wenn Sie nicht mit Ihrem Auto in die Stadt fahren wollen, nehme ich Sie gern in meinem mit.
   Wenn du _____.

7. Ich kann dir gern bei der Arbeit helfen. Das kannst du gar nicht alleine!
   Ich kann Ihnen _____!

8. Die Flugbegleiterin hat Ihnen doch gesagt, dass Sie Ihr Gepäck unter den Sitz stellen sollen!
   Die Flugbegleiterin hat euch _____!

Jeder kennt die Situation: Sie treffen sich mit einigen Freunden in einem Café, und man stellt Ihnen jemanden vor. Wie sprechen Sie nun diese Person an, mit *Du* oder mit *Sie*? Gibt es überhaupt Regeln, wann welche Form anzuwenden ist?

Im Allgemeinen gilt, daß man Kinder duzt, ebenso enge Familienangehörige und gute Freunde. Sonst gibt es keine festen Regeln mehr: Ob Sie jemanden duzen oder siezen, hängt mehr oder weniger von der Situation ab. Am besten, Sie hören sich einmal an, wie hier die Meinungen auseinander gehen:

Barbara, 42, Bankangestellte: Ich duze nur gute Freunde. Bei der Arbeit sieze ich lieber. Ich finde die Distanz des *Sie* sehr angenehm. Zum Duzen gehört eine bestimmte Vertrautheit. Ich weiß nicht, ob ich die mit jedem haben möchte.

Christine, 17, Auszubildende: Also, mein Meister sagt immer *Du* zu mir. Ich würde mich nie im Leben trauen, ihn zu duzen. Außerdem ist er ja auch nicht mehr der Jüngste ...

Joachim, 50, Gymnasiallehrer: Na ja, ich bin mir manchmal selbst nicht so sicher. Mit manchen Kollegen bin ich seit Jahren per *Sie*. Andere Kollegen duze ich, weil wir entweder im gleichen Alter sind oder weil wir ähnliche Interessen haben ... Natürlich erwarten meine älteren Schüler von mir das respektvolle *Sie*.

Norbert, 28, Journalist: Ich duze schnell Menschen, die ich mag, auch bei der Arbeit. Das schafft eine persönliche Atmosphäre und bessere Kontakte. Die meisten Leute in meinem Alter sehen das ganz locker. Ich verstehe nicht, warum manche Menschen sich jahrelang siezen.

Jetzt wissen Sie genauestens Bescheid, oder? Ein guter Rat: Im Zweifelsfall siezen Sie lieber und warten ab, wie Ihr Gesprächspartner Sie anredet. Meistens wird dann sehr schnell klar, ob *Du* oder *Sie* angemessen ist.

ÜBUNG 28

1. Wenn einem eine Person vorgestellt wird, ...
   a. weiß man nicht immer, ob man *Du* oder *Sie* sagen soll.
   b. lernt man am besten sofort die Regeln.
   c. fragt man, welche Form anzuwenden ist.

2. Wen duzt man noch außer Familienangehörigen?
   a. Gute Freunde.
   b. Alle Kollegen.
   c. Es gibt keine Regeln.

3. Die Bankangestellte duzt an ihrem Arbeitsplatz ...
   a. alle Kollegen außer ihren Chef.
   b. nur gute Kollegen.
   c. niemanden.

4. Christine duzt ihren Meister nicht, ...
   a. weil er der Jüngste im Betrieb ist.
   b. weil er immer *Sie* zu ihr sagt.
   c. weil sie sich nicht traut.

5. Für den Journalisten Norbert schafft das Duzen ...
   a. eine persönliche Atmosphäre.
   b. jahrelange Kontakte.
   c. ein lockeres Arbeiten.

6. Im Zweifelsfall ...
   a. fragt man seinen Gesprächspartner, ob *Du* oder *Sie* angemessen ist.
   b. hört man zu, was die anderen sagen.
   c. siezt man und wartet erst einmal ab.

WISSEN SIE, WAS ...?

„Gibt es überhaupt Regeln, **wann** welche Form anzuwenden ist?"

Der Kellner fragt, **wer** den Braten bestellt hat.
Wissen Sie vielleicht, **wann** der Film beginnt?
Peter weiß noch nicht, **ob** Inge ihn besuchen kommt.

ÜBUNG 29

Beispiel: In welcher Zeitung stand die Anzeige?
Hans weiß nicht, *in welcher Zeitung die Anzeige stand* .

1. Wo befindet sich der Flughafen?
Die Touristen wissen nicht genau, _____.

2. Hat Gerda auch Hans zum Essen eingeladen?
Wir werden sehen, _____.

3. Warum inseriert Krause denn immer noch?
Weißt du, _____.

4. Wann hat die Besprechung angefangen?
Ich habe Sie gefragt, _____.

5. Wie alt ist das Auto?
Der Verkäufer weiß nicht genau, _____.

6. Mit wem wird Kurt nach Danzig fahren?
Kurt weiß noch nicht, _____.

7. Wem gehört eigentlich diese Uhr?
Wir wissen doch alle, _____.

8. Fliegt ihr nach Marokko oder nach Tunesien?
Ich möchte wissen, _____.

9. Wie viel hat die Tasche gekostet?
Können Sie mir sagen, _____.

10. Wird es morgen regnen?
Keiner weiß, _____.

11. Für wen hast du denn einen so schönen Ring gekauft?
Sag mir mal, _____.

12. Soll ich den Schlüssel abgeben?
Ich bin mir nicht sicher, _____.

ÜBUNG 30

Beispiel: *(vor / auf / für)*
Herr Treppmann kam gestern früher ins Büro, weil viel Arbeit
__*auf*__ ihn wartete.

1. *(im / am / auf)*
Der Umweltschutz lag mir schon immer besonders _____ Herzen.

2. *(in / zu / an)*
Wer in diesem Restaurant essen will, muss lange Wartezeiten _____
Kauf nehmen.

3. *(um / nach / in)*
Entschuldigen Sie, dass ich Sie jetzt nicht zum Zug bringen kann, aber ich
muss _____ einer Stunde zu einer Besprechung.

4. *(mit / am / im)*
Es wird auch _____ Interesse der Angestellten sein, wenn wir die
Sicherheitsmaßnahmen in der Firma verbessern.

5. *(im / am / für)*
Wissen Sie, ob Frau Neubert heute Mittag ins Büro kommen wird? Ich glaube,
es ist _____ besten, ich rufe sie einmal an.

6. *(von / ab / auf)*
Ich weiß noch nicht, wann wir Urlaub machen. Es hängt _____ der
Arbeit ab.

7. *(aufs / fürs / beim)*
Norbert hat dich fragen wollen, ob du ihm deinen Fotoapparat _____
Wochenende gibst.

8. *(für / bei der / zur)*
Morgen wird Herr Siebert seine Frau nicht von der Arbeit abholen können,
denn er hat seinen Wagen _____ Reparatur gebracht.

KAPITEL

6

herab =runter

Günter Meinrat betritt ein großes Geschäft für Herrenbekleidung in Frankfurt.
Plakate mit interessanten Sonderangeboten haben sein Interesse geweckt: Anzüge
sind auf die Hälfte herabgesetzt, und Jacketts und Hemden sind um 20% reduziert.

Verkäufer:	Guten Tag. Kann ich Ihnen behilflich sein? Suchen Sie etwas Bestimmtes?
Meinrat:	Hm, ja ... ein Jackett. Ein sportliches, das man zu jeder Jahreszeit tragen kann, auch auf Reisen.
Verkäufer:	Welche Größe, wenn ich fragen darf?
Meinrat:	Normalerweise trage ich 52. Das hängt aber ganz vom Schnitt ab.
Verkäufer:	Nun, wenn Sie nicht sicher sind, will ich lieber Maß nehmen. Ja, Größe 52, das kommt hin. Ich fürchte allerdings, in der Größe haben wir nicht mehr viel Auswahl. Nur noch in Grün, aber sehen Sie gern mal selbst durch.
Meinrat:	Nein, Grün kommt nicht in Frage. Das ist mir zu auffallend.

(handwritten annotations: DAVON DEPENDS; AFRAID; Flashy; clamorous)

Verkäufer: Meinen Sie wirklich? Wenn Sie es auch auf Reisen tragen wollen, ist es eigentlich sehr vorteilhaft: unempfindlich und fast knitterfrei. Aber wie würde Ihnen denn Grau gefallen? Wir haben gerade neue Jacketts bekommen, nur sind sie nicht im Angebot. Soll ich trotzdem einmal nachsehen, was wir dahaben?

Meinrat: Ja, das wäre nett von Ihnen. Ich lasse mir inzwischen die Hemden zeigen.

(Der Verkäufer verschwindet für einen Moment.)

Verkäufer: So, da habe ich drei sehr schicke graue Jacketts. Das hier ist aus Schottland, 100% Schurwolle. Probieren Sie es doch bitte einmal an. Wenn es Ihnen nicht gefällt, habe ich hier noch zwei andere. Der Spiegel steht gleich hinter Ihnen.

(Meinrat zieht das Jackett an.)

Hm, lassen Sie mich mal sehen ... steht Ihnen gut, sehr gut sogar. Und es sitzt wie angegossen.

Meinrat: Finden Sie? Ist es nicht ein bisschen weit im Rücken?

Verkäufer: Aber nein! Ganz und gar nicht! Das ist der neueste Schnitt! Man trägt die Jacketts jetzt sowieso etwas lässiger, und es ist wirklich ideal für jede Jahreszeit.

Meinrat: Bequem ist es ja, nur an den neuen Stil muss ich mich erst gewöhnen. So auf Anhieb kann ich mich nicht dazu entschließen, aber ich werde es mir überlegen. Haben Sie vielen Dank für Ihre Mühe. Vorerst nehme ich nur die beiden Hemden, die ich mir ausgesucht habe.

ÜBUNG 31

1. Was für ein Geschäft betrat Herr Meinrat?
2. Warum hat er ausgerechnet diesen Laden gewählt?
3. Welche Art von Jackett suchte Herr Meinrat?
4. Wann möchte er es tragen?
5. Welche Farbe gab es noch in Größe 52 im Sonderangebot?
6. Weshalb gefiel Herrn Meinrat die Farbe Grün nicht?
7. Was tat er, während der Verkäufer nach anderen Jacketts suchte?
8. Aus welchem Material war das schottische Jackett?
9. Wie stand Herrn Meinrat das Jackett nach Meinung des Verkäufers?
10. Und warum hat er es dann doch nicht gekauft?

HILFE ANBIETEN

„Kann ich Ihnen behilflich sein?"

- Frau Schröder, darf ich Sie zu Ihrem Hotel begleiten?
- Bitte bemühen Sie sich nicht, Herr Ranft, es ist ja nicht weit.
- Das ist doch keine Mühe, ich gehe sowieso in Ihre Richtung.
- Also gut, wenn Sie darauf bestehen. Vielen Dank.

- *(in einem Geschäft)* Guten Tag, werden Sie schon bedient, oder kann ich Ihnen helfen?
- Also, ich suche eine Krawatte für meinen Mann.
- Krawatten? Selbstverständlich. Hier entlang bitte, das dritte Regal links.

- Geben Sie mir doch den großen Koffer. Ich helfe Ihnen wirlich gern.
- Danke für das Angebot, aber ich komme schon allein zurecht.

- *(im Restaurant)* Lassen Sie mich doch heute mal die Rechnung bezahlen, Philipp. Sonst tun Sie das ja immer.
- Stimmt nicht ganz, aber ich nehme trotzdem gern an. Vielen Dank.

- Brigitte, ich gehe zum Supermarkt. Brauchst du etwas?
- Ja, du kannst mir ein Pfund Kaffee mitbringen, wenn's dir nichts ausmacht.
- Tu ich gern! In 20 Minuten bin ich wieder da.

> „**Wenn** es Ihnen nicht **gefällt, habe** ich hier noch zwei andere."

> **Wenn** Herr Zeiss vor 3 Uhr **eintrifft, rufen** Sie mich bitte **an.**
> **Bringen** Sie mir bitte Briefmarken **mit**, **wenn** Sie zur Post **gehen.**

ÜBUNG 32

Beispiele: Vielleicht passt die Jacke meinem Mann nicht.
Kann ich sie zurückbringen, wenn ***sie nicht passt*** ?

Klaus arbeitet gern am Wochenende.
Wenn er gut bezahlt wird, ***arbeitet er gern am Wochenende*** .

1. Möchtest du einen guten Fotoapparat kaufen?
   Du darfst nicht auf den Preis schauen, wenn _____.

2. Komm doch mit mir in die Oper!
   Wenn _____, lade ich dich zum Essen ein.

3. Herr Kühn wird die Jacke sofort tragen.
   Wenn er eine passende Jacke findet, _____.

4. Sie sollen diese Tabletten dreimal täglich nehmen.
   Wenn Sie Zahnschmerzen bekommen, _____.

5. Fahren Sie doch mit der U-Bahn!
   _____, wenn Sie schnell in die Stadt wollen!

6. Ich ziehe mich gern schick an.
   Wenn wir ins Theater gehen, _____.

7. Herr Ulmer braucht ein Passbild.
   Er geht zu einem Fotografen, wenn _____.

8. Vielleicht habe ich morgen Zeit.
   Wenn _____, komme ich vielleicht.

9. Die Preise sind besonders günstig.
   Viele Kunden interessieren sich für Sonderangebote, wenn _____.

10. Klaus bestellt sich gern ein kleines Helles.
    Wenn Klaus in eine Kneipe geht, _____.

> „**Lassen Sie** mich mal **sehen**."

> Der Kunde **lässt** sich die Hemden **zeigen**.
> Ich möchte mir die Jacke kürzer **machen lassen**.
> Kleists **lassen** immer das Telefon so lange **klingeln**.

ÜBUNG 33

*Bilden Sie einen vollständigen Satz, indem Sie das Verb **lassen** hinzufügen.*

Beispiele: immer / geben / eine Quittung / ich / mir
Ich lasse mir immer eine Quittung geben.

lange / der Kunde / der Verkäufer / warten / hat
Der Verkäufer hat den Kunden lange warten lassen.

1. eintreten / bitte / die Dame / Sie

2. alles alleine / die Chefin / den Angestellten / hat / machen

3. steigen / ihren Sohn / Frau Greiner / will / ins Auto / zuerst

4. reinigen / den Anzug / müssen / Sie

5. heute noch / schicken / bitte / mir / das Jackett / Sie

6. sich / die neuen Hemden / verkaufen / gut

7. die Neuigkeiten / bitte / Sie / bald / mich / wissen

8. schön / Herr Nolte / grüßen / Sie

9. die Post / nachschicken / ich / in den Urlaub / mir

10. unser Dach / können / reparieren / erst / wir / nächstes Jahr

Paris und Mailand sind, wie jeder weiß, die Metropolen der internationalen Mode.
Aber auch die deutsche Modeindustrie hat in den letzten Jahren zunehmend von sich
reden gemacht. Die CPD in Düsseldorf und die *Modewoche München*, die drei oder
vier Tage dauern, sind die bekanntesten Modemessen. Im Frühjahr und im Herbst
stellen hier die Modeschöpfer ihre neuesten Kreationen für die kommende Saison vor.

Nicht jeder, der sich für Mode interessiert, kann die Messen besuchen. Nur Aussteller und Einkäufer aus der Bekleidungsbranche, die einen Geschäftsausweis
besitzen, haben Zutritt. In den Messehallen geht es hektisch und laut zu: Musik-
gemisch, Stimmengewirr, Menschenmengen. Manche Firmen zeigen ihre Modelle
täglich mehrere Male auf dem Laufsteg, um so viele Käufer wie möglich anzulocken.
Andere Hersteller führen an ihren Ständen nur die Modelle vor, die einzelne Kunden
sehen wollen. Die Präsentationen der hochexklusiven Modeschöpfer dagegen
finden meistens nicht in den Messehallen, sondern in großen Hotels oder Kongresshallen statt.

Die Einkäufer sind oft von früh bis spät auf den Beinen, um so viele Kollektionen wie
möglich zu sehen. Sie informieren sich über Liefertermine, Preise, Qualitäten und
Modeneuheiten, bevor sie ihre Bestellungen schreiben. In nur drei bis vier Tagen
entscheidet sich der Geschäftsumsatz für die kommende Saison. Wenn ein Einkäufer
den Geschmack seiner Kunden falsch einschätzt oder Preise falsch kalkuliert, riskiert

er, am Ende mit Stapeln unverkaufter Ware dazusitzen. Ein Modell, das sich nicht verkaufen lässt, ist ebenso verderblich wie frischer Fisch. Um erfolgreich zu sein, ist es eben wichtig, die „richtige Nase" zu besitzen.

perishable

Aber nicht nur für Aussteller und Einkäufer sind diese Messen von großer Bedeutung, sie sind es auch für Düsseldorf und München selbst. Beide Städte versuchen seit Jahren, sich den Rang als deutsche Modemetropole streitig zu machen. So befinden sie sich im ständigen Wettkampf um die frühesten Messetermine und damit um die größeren Besucherzahlen.

ÜBUNG 34

sich den Rang streitig zu machen

1. Die *CPD Düsseldorf* und die *Modewoche München* sind in Deutschland die berühmtesten _____.

2. Bei solchen Gelegenheiten _____ die deutschen Modeschöpfer ihre neuesten Kreationen _____.

3. Die Messen sind nur für Aussteller und Einkäufer aus der _____.

4. Nur wenn man einen _____ hat, kann man diese Messen besuchen.

5. Die hochexklusiven Modeschöpfer zeigen ihre Modelle meistens in _____.

6. Jeder Einkäufer muss den Geschmack seiner _____ richtig einschätzen.

7. Bevor man seine Bestellungen schreibt, muss man sich über Neuheiten, Preise und Liefertermine _____.

8. Da man nur wenig Zeit und viel zu tun hat, ist man den ganzen Tag von _____ auf den Beinen.

9. Wer nicht „die richtige Nase" besitzt, dem kann es passieren, daß er am Ende auf seiner _____ sitzen bleibt.

10. Modelle, die sich nicht verkaufen lassen, sind genauso _____ wie frischer Fisch.

11. Der _____ um die frühesten Messetermine zeigt die Bedeutung der Messen für Düsseldorf und München.

12. Ein früher Messetermin bedeutet gleichzeitig hohe _____.

„Nicht **jeder**, **der** sich für Mode interessiert, kann die Messen besuchen."

Michael kennt **den Mann**, **der** das Haus kaufen will.
Der Mantel, **den** Sie mir gezeigt haben, ist viel zu teuer.
Dort sitzt **die Dame**, **die** ihre Tasche verloren hat.

siehe Anhang S. 268

ÜBUNG 35

Beispiele: Horst gab mir **den Artikel**. Ich wollte **ihn** lesen.
Horst gab mir den Artikel, den ich lesen wollte.

Ich habe **den Schüler** nach Hause geschickt. Es ging **ihm** so schlecht.
Ich habe den Schüler, dem es so schlecht ging, nach Hause geschickt.

1.   Hier kommt schon **das Essen**. Doris hat **es** vor fünf Minuten bestellt.

2.   **Die Briefe** lagen im Schrank. Der Chef brauchte **sie**.

3.   Ist das **der Angestellte**? **Ihm** ist ein Fehler unterlaufen.

4.   Haben Sie **dem Kunden** geholfen? **Er** kannte sich nicht aus.

5.   Dort sitzt **der Gast**. **Er** hat frischen Kaffee verlangt.

6.   **Herr Wagner** kommt etwas später. Sie haben **ihn** für 3 Uhr bestellt.

7.   Ich habe **die Telefonnummer** verloren. Herr Berger gab **sie** mir.

8.   Dies ist **der Kollege**. Ich werde **ihm** den Auftrag geben.

9.   **Der Wein** schmeckt nicht gut. Ich habe **ihn** im Sonderangebot gekauft.

10.   Wo ist **die junge Dame**? **Ihr** gehört dieser Schirm.

ÜBUNG 36

Beispiel: Die Atmosphäre __*b*__ viel zu wünschen übrig. Es ist zu laut, und das Bier schmeckt nicht.

   a. gibt   **b. lässt**   c. bringt

1.   Es tut mir Leid, aber unser Laden ist schon geschlossen! Wir müssen uns an die Geschäftszeiten ___*c*___!

   a. bleiben   b. lassen   c. halten

2.   Ist der Angestellten bei der Zimmerreservierung ein Fehler ___*b*___?

   a. gemacht   b. unterlaufen   c. übernommen

3.   Helmut hat mit diesem Herrn schon einmal gesprochen, aber jetzt ___*b*___ er nicht mehr auf den Namen.

   a. erinnert   b. kommt   c. trifft

4.   Die Kalkulation des Architekten für unser neues Haus ___*kam*___ genau hin: Es war vor dem Winter fertig.

   a. kam   b. ging   c. passte

5.   Der Verkäufer wird erst ___*b*___ nehmen müssen, bevor Herr Meinrat ein Jackett anprobieren kann.

   a. Größe   b. Maß   c. Schnitt

6.   Eine rote Krawatte ___*a*___ nicht in Frage! Ich habe ja schon drei!

   a. kommt   b. ist   c. geht

7.   Frau Schaar ist heute Abend früher ins Bett gegangen, weil sie den ganzen Tag auf den ___*b*___ war.

   a. Füßen   b. Beinen   c. Schuhen

8.   Die Präsentation der neuen Sportjackenkollektion ___*c*___ Herrn Siebert sehr am Herzen.

   a. saß   b. stand   c. lag

KAPITEL

7

Um 14 Uhr findet eine Besprechung im Büro von Herrn Siebert statt. Es geht um die neue Werbekampagne. Anwesend sind Herr Siebert, der Marketingmanager, Frau Hansen von der Werbeagentur und Herr Meinrat, der Marketingdirektor aus der Schweiz.

Siebert: Herr Meinrat, wie ich höre, verkauft sich unsere Sportkleidung in der Schweiz weiterhin sehr gut. Der Umsatz ist im letzten Quartal erfreulich gestiegen.

Meinrat: Ja, das stimmt. Besonders die Nachfrage nach Sportjacken hat in diesem Jahr alle unsere Erwartungen übertroffen. Meinen Informationen nach hatten andere Hersteller in der Schweiz ähnlich gute Verkaufsergebnisse.

Siebert: Also, in Deutschland ist unser Umsatz auch stark gestiegen. Es handelt sich wohl um einen allgemeinen Aufwärtstrend. Wir sollten jetzt besprechen, wie wir hier am Ball bleiben.

Hangen: Über dieses Thema habe ich bereits nachgedacht, und ich kann Ihnen dazu folgenden Vorschlag machen: Ich habe zwei Spitzenspieler aus der Bundesliga an der Hand, die bereit sind für unsere Sportkleidung zu werben. Die Bezahlung muss natürlich stimmen, versteht sich.

es lohnt sich

Siebert: Die Geldfrage soll unsere geringste Sorge sein. Bisher haben sich solche Werbeaktionen ja eigentlich immer ausgezahlt. Was meinen Sie, Herr Meinrat?

Meinrat: Wir haben in der Schweiz auch gute Erfahrungen gemacht. Wenn die Aktion gut geplant ist, könnte sie ein Riesenerfolg werden. Bei der momentanen Marktlage ist vor allem der richtige Zeitpunkt entscheidend.

Siebert: Genau! Wir sollten das Eisen schmieden, solange es noch heiß ist. Wenn wir uns beeilen, könnte die Kampagne noch vor der Skisaison anlaufen. Frau Hansen, können Sie für uns die Vertragsverhandlungen übernehmen?

Hansen: Ja, ich werde mich gleich mit den beiden in Verbindung setzen.

Siebert: Ich dachte an eine überregionale Aktion im Werbefernsehen. Ich brauche von Ihnen so bald wie möglich eine genaue Aufstellung der Kosten.

liste

Hansen: Ich werde mich gleich daransetzen. In ein paar Tagen weiß ich bestimmt schon Genaueres. Ich werde mich dann sofort bei Ihnen melden.

ÜBUNG 37

1. Wer traf sich mit Herrn Siebert?

2. Worum ging es in der Besprechung in Sieberts Büro?

3. Was hat Herr Siebert über den Umsatz in der Schweiz gehört?

4. Welcher Artikel hat sich in der Schweiz besonders gut verkauft?

5. Wie war der Umsatz in Deutschland?

6. Wen hat Frau Hansen für die Werbung gefunden?

7. Warum bereitet Herrn Seibert die Geldfrage keine Sorgen?

8. Was ist entscheidend für den Erfolg einer Werbeaktion?

9. Wer wird mit den Sportlern verhandeln?

10. Womit wird Frau Hansen sofort anfangen?

EINEN RAT GEBEN

„Wir sollten jetzt besprechen, wie wir hier am Ball bleiben."

– Herr Treppmann, ich möchte heute Abend ein paar Kunden zum Essen einladen. Kennen Sie ein gutes Restaurant in der Nähe?

– Da kann ich Ihnen die *Alte Post* empfehlen. Die Atmosphäre ist sehr angenehm und das Essen ausgezeichnet.

– Sie sehen in letzter Zeit ziemlich blass aus, Frau Petersen. Fühlen Sie sich nicht wohl?

– Na ja, ich bin im Moment etwas überlastet und komme deshalb oft nicht vor 10 Uhr nach Hause.

– Seien Sie vorsichtig! Sie sollten es nicht übertreiben?

– Na ja, das ist leichter gesagt als getan.

– Herr Nolte, wir machen im April eine Woche Urlaub. Wir haben uns aber noch nicht entschieden, wohin wir fahren wollen. Haben Sie vielleicht einen guten Tipp?

– Waren Sie schon einmal auf den Kanarischen Inseln? In der Nebensaison ist es da auch gar nicht so teurer.

– Keine schlechte Idee! Ich werde das mal mit meiner Frau besprechen.

– Tschüs, Stefan! Ich gehe nochmal kurz in die Stadt. Wir sehen uns später.

– Warte mal! Hast du nicht den Wetterbericht gehört? An deiner Stelle würde ich den Regenschirm mitnehmen.

– Meinst du? Na ja, vielleicht hast du Recht.

„Ich **werde mich** gleich **daransetzen**."

Klaus hat sich zu Maria an den Tisch **gesetzt**.
Wann werden **Sie sich** das nächste Mal **treffen**?
Fragst du dich nicht, warum Paul so gut Deutsch spricht?

siehe Anhang S. 268

ÜBUNG 38

Beispiel: Für den Rest meines Lebens werde ich __*mich*__ an diesen Tag
__*erinnern*__ ! *(sich erinnern)*

1. Wolfgang und Katrin haben __sich__ sehr herzlich __begrüßt__.
(sich begrüßen)

   Ach, und ich dachte immer, sie __mögen sich__ nicht! *(sich mögen)*

   Da bin ich nicht so sicher. Die beiden __kennen sich__ schon sehr lange.
(sich kennen)

2. Ich habe _____ mit Henning zum Theater _____.
(sich verabreden)

   In einer halben Stunde? Du hast __dich__ ja noch gar nicht __umgezogen__!
(sich umziehen)

   Ich bleibe so. Er hat _____ schon daran _____, dass ich lieber
Hosen trage. *(sich gewöhnen)*

3. _____, ob ihr nun mit uns in die Schweiz wollt oder nicht!
(sich entschließen)

   Vielen Dank für das Angebot, aber wir haben _____ für Österreich
_____. *(sich entscheiden)*

4. Ich _____, dass Sie uns endlich einmal besuchen kommen.
(sich freuen)

   Die Freude ist ganz meinerseits, Frau Wengert. Ich _____ nur, dass
ich Ihr Haus so schnell gefunden habe. *(sich wundern)*

> **Du** solltest **dich** doch **ausruhen**!
> Wollen **wir uns** am Bahnhof **treffen**?
> **Ich** musste **mich** schnell auf den Weg **machen**.

ÜBUNG 39

Setzen Sie das Hilfsverb in die gleiche Zeit wie das Vollverb:

Beispiel: **Beeilt euch**, die Bank macht gleich zu. *(müssen)*
Ihr *__müsst euch beeilen__* , die Bank macht gleich zu.

1. Sigrid **wird sich** erst an die Arbeit **gewöhnen**; noch ist alles ganz neu für sie. *(müssen)*
    Sigrid _____; noch ist alles ganz neu für sie.

2. Wenn Rainer nach Hause kam, **beschäftigte** er **sich** immer erst mit seinem Hund. *(wollen)*
    Wenn Rainer nach Hause kam, _____.

3. Gabriele und Volker **sehen sich** nur selten, da sie beide viel arbeiten. *(können)*
    Sie _____, da sie beide viel arbeiten.

4. Wir **machen uns** gleich auf den Weg, um noch vor 9 Uhr in Hamburg anzukommen. *(müssen)*
    Wir _____, um noch vor 9 Uhr in Hamburg anzukommen.

5. **Regen** Sie **sich** doch nicht **auf**! Das ist nicht gut für Sie. *(sollen)*
    Sie _____! Das ist nicht gut für Sie.

6. Haben Sie sich für die Reise entschieden, oder **überlegen** Sie es **sich** noch? *(mögen)*
    Haben Sie sich für die Reise entschieden, oder _____?

7. Wir **unterhielten uns** nicht laut, denn andere wollten arbeiten. *(dürfen)*
    Wir _____, denn andere wollten arbeiten.

8. Hast du noch Kopfschmerzen? Du **hast dich** doch **hingelegt**. *(wollen)*
    Hast du noch Kopfschmerzen? Du _____.

„Bayern vor, noch ein Tor!" *„So ein Ta-a-a-g, so wunderschö-ö-ö-n wie heute ..."*
Tja, so singen und jubeln die Fußballfreunde in den Stadien an jedem Wochenende
der Fußballsaison. Fußball ist in Deutschland mit Abstand die beliebteste Sportart.
Zehntausende jeden Alters spielen in Vereinen, und natürlich hat jeder „seine"
Lieblingsmannschaft in der Bundesliga. Die achtzehn besten Mannschaften des
Landes spielen hier um die Meisterschaft.

Ein wirklicher Fußballfan verfolgt die Spiele mit Leib und Seele. Er kennt sich genau
aus, was Trainer, Spieler und Spieltaktik angeht. Bei Heimspielen geht er ins Stadion,
um sein Team anzufeuern, und die Höhepunkte der anderen Spiele sieht er sich im
Fernsehen an. Samstagsabends zwischen 18 und 19 Uhr verlangt die „Sportschau"
seine ungeteilte Aufmerksamkeit. In dieser Zeit wird von unangemeldeten Besuchen
dringend abgeraten. Und finden Sie die Straßen in den Städten an manchen Tagen
merkwürdig leer, so liegt es vielleicht daran, dass ein besonders wichtiges Spiel in
ganzer Länge übertragen wird.

Das Aufregendste ist natürlich ein Länderspiel, in dem die deutsche Mannschaft
gegen ein anderes Land spielt. Vor dem Fernseher wird dann von den Fans jede
Spielminute bis ins Detail leidenschaftlich analysiert. Jedes Tor des eigenen Teams
wird mit lautem Hurra gefeiert. Wenn die deutsche Nationalmannschaft gewinnt,
herrscht überall ausgelassene Stimmung. Sollte das Spiel aber schlecht verlaufen, so
werden nicht nur die Spieler laut kritisiert, sondern oft auch der Schiedsrichter.

Ein wichtiges Spiel ist auch noch am nächsten Morgen Gesprächsthema Nummer eins. Welches Tor wurde von wem geschossen? Wurden irgendwelche Spieler verletzt? Wer sich nicht für Fußball interessiert, kann bei solchen Gelegenheiten nicht viel mitreden. Er kann nur hoffen, dass Fußballsaison und Fußballfieber bald vorbei sind.

ÜBUNG 40

Beispiel:　　Fußballfreunde jeder Altersgruppe spielen in **_b_** .

　　　　　　a. der Bundesliga　　　　**b. Vereinen**　　　　c. der Nationalmannschaft

1.　Jeder echte Fußballfan geht _____ ins Stadion.

　　a. bei　　　　　　　　b. für die　　　　　　c. samstags zwischen
　　　Heimspielen　　　　　Sportschau　　　　　　18 und 19 Uhr

2.　Die besten _____ spielen um die Meisterschaft.

　　a. Länder　　　　　　b. Liga　　　　　　　c. Mannschaften

3.　Das Fernsehen überträgt oft _____ in ganzer Länge.

　　a. die Fußballsaison　　b. ein Länderspiel　　c. Höhepunkte der Spiele

4.　Bei wichtigen Spielen feiern die Fans _____ jedes Tor der eigenen Mannschaft.

　　a. leidenschaftlich　　b. unangemeldet　　　c. merkwürdig

5.　Bei _____ Stimmung wird jede Spielminute bis in Detail analysiert.

　　a. gefeierter　　　　　b. ausgelassener　　　c. angefeuerter

6.　Die Fußballfreunde kritisieren Schiedsrichter und Spieler, wenn das Spiel schlecht _____.

　　a. verläuft　　　　　　b. verpasst　　　　　c. vorüber ist

7.　Ein _____ Spiel wird auch noch am nächsten Tag diskutiert.

　　a. aufregendes　　　　b. ungeteiltes　　　　c. aufmerksames

8.　Nur wenn man das Spiel _____, kann man mitreden.

　　a. anmeldet　　　　　b. auskennt　　　　　c. verfolgt hat

DAS PASSIV

> „Welches Tor **wurde** von wem **geschossen**?"

> Das Spiel **wird** um 5 Uhr **übertragen**.
> Heute **werden** die Budgets **besprochen**.
> Die Zuschauer **wurden** vom Regen **überrascht**.

siehe Anhang S. 268

ÜBUNG 41

Präsens oder Imperfekt?

Beispiel: Die Zahlung __wurde__ vor zwei Tagen __überwiesen__. *(überweisen)*

1. Der Vertrag _____ noch heute _____. *(unterschreiben)*

2. Die Rechnung _____ gestern _____. *(abschicken)*

3. Gestern _____ in der letzten Runde drei Spieler _____.
   (verletzen)

4. Warten Sie bitte noch einen Augenblick! Die Geldfrage _____ gerade
   _____. *(regeln)*

5. Wie viele Spieler _____ eigentlich im letzten Spiel _____?
   (auswechseln)

6. Wissen Sie, in wie vielen Ländern heutzutage Fußball _____? *(spielen)*

7. _____ Ihnen schon einmal _____, langsamer zu fahren? *(raten)*

8. Am Ende des letzten Spieles _____ die verpassten Chancen
   _____. *(diskutieren)*

9. Im letzten Monat _____ ich viermal zum Essen _____. *(einladen)*

10. Wann _____ das Olympiastadion in München _____? *(bauen)*

ÜBUNG 42

Beispiel: Beim Vortrag über deutsche Literatur habe ich viele Notizen
_ **a** _.

   a. gemacht   b. genommen   c. getan

1.   Ich werde eine Anzeige in die Zeitung _____, um eine neue, größere
     Wohnung zu finden.

        a. geben   b. stellen   c. setzen

2.   Bei dem großen Warenangebot war es nicht leicht, eine Wahl zu _____.

        a. treffen   b. machen   c. nehmen

3.   Herr Schröder hat seine Eintragungen im Kalender immer mit Kugelschreiber
     _____.

        a. getan   b. gesetzt   c. gemacht

4.   Wenn Sie pünktlich um 8 Uhr im Theater sein wollen, müssen Sie sich jetzt
     auf den Weg _____.

        a. gehen   b. laufen   c. machen

5.   Als Müllers noch einen Hund hatten, mussten sie ihn jeden Morgen und jeden
     Abend _____.

        a. hinausnehmen   b. spazieren   c. ausführen

6.   Der lässige Mantel wird Herrn Huber besonders gut _____.

        a. tragen   b. stehen   c. gehen

7.   Mein letzter Urlaub in Griechenland hat alle meine Erwartungen _____.

        a. übertroffen   b. übergangen   c. überfüllt

8.   Die Empfangsdame bat Frau Schöll das Formular _____.

        a. einzufüllen   b. auszufüllen   c. hinzuschreiben

KAPITEL

8

ÄRGER MIT DER AUTOWERKSTATT

Beate Köhlers Wagen ist gerade drei Tage in der Werkstatt gewesen. Als sie zur Arbeit fahren will, springt der Wagen wieder nicht an. Sie ist verärgert und ruft in der Werkstatt an.

> **Angestellter:** Autowerkstatt Blomberg. Rentz hier. Guten Tag.
>
> **Köhler:** Guten Tag, Herr Rentz. Hier Frau Köhler. Ich habe gestern Mittag meinen Golf bei Ihnen von der Reparatur abgeholt. Den blauen GTI, wissen Sie noch? Sie mussten ihn suchen, als ich kam. Er stand dann hinter der Werkstatt.
>
> **Angestellter:** Der blaue GTI? Ja, ja, ich erinnere mich. Ich musste ihn selbst hinters Haus bringen, weil vorne alles voll war. Da war etwas mit dem Anlasser nicht in Ordnung, stimmt's?
>
> **Köhler:** Richtig! Und jetzt springt er schon wieder nicht an! Erst lief er einwandfrei. Ich fuhr in die Stadt, dann zum Flughafen, um meinen Bruder abzusetzen, und später nach Hause. Aber heute Morgen, als ich den Wagen starten wollte, rührte er sich einfach nicht.
>
> **Angestellter:** Das ist aber merkwürdig. Wenn Sie uns den Wagen wieder zurückbringen, sehen wir ihn uns gleich noch einmal an.

Köhler:	Aber Herr Rentz, ich sage doch schon: Er springt nicht an! Da müssen Sie mir schon einen Abschleppwagen schicken!
Angestellter:	Es tut mir wirklich Leid, aber alle unsere Abschleppwagen sind momentan im Einsatz. Vielleicht rufen Sie später nochmal an?
Köhler:	Jetzt reicht's mir aber! Ich habe über 200 Euro für diese Reparatur bezahlt, und der Wagen läuft schon wieder nicht! Ich habe keine Zeit, hier lange herumzutelefonieren! Ich muss jetzt sehen, wie ich ins Büro komme.
Angestellter:	Schon gut, schon gut! Ich will sehen, was sich machen lässt. Also, wo steht denn der Wagen?
Köhler:	Auf der Straße direkt vor meiner Wohnung, Bockenheimer Weg 16. Ich werde den Schlüssel bei meiner Nachbarin abgeben. Sie heißt Wegener und wohnt im selben Haus. Sie ist den ganzen Tag da, aber wenn sie mal kurz weg muss, legt sie den Schlüssel auf das Fensterbrett neben der Haustür.
Angestellter:	In Ordnung, Frau Köhler, aber noch eine Frage: Können wir mit dem Abschleppwagen direkt an Ihren Wagen heranfahren?
Köhler:	Ja, der Wagen steht an einer Einfahrt, und da ist genug Platz.
Angestellter:	Gut. Ich kann Ihnen nichts versprechen, aber ich werde tun, was in meinen Kräften steht.

ÜBUNG 43

1. Was für einen Wagen fährt Beate Köhler?
2. Warum ärgert sie sich?
3. Wie lange war ihr Wagen in der Werkstatt?
4. Warum war ihr Wagen zur Reparatur in der Werkstatt?
5. Wieviel hat Beate für die Reparatur bezahlt?
6. Warum kann Frau Köhler den Wagen nicht in die Werkstatt bringen?
7. Weschalb wird die Werkstatt nicht sofort einen Abschleppwagen schicken?
8. Wozu hat Frau Köhler keine Zeit und warum nicht?
9. Wo steht ihr Wagen?
10. Wem will sie den Schlüssel für den Wagen geben?

UM ETWAS BITTEN

„Da müssen Sie mir schon einen Abschleppwagen schicken!"

– Frau Meisel, würde es Ihnen etwas ausmachen, das Fenster ein wenig zu öffnen?

– Ganz und gar nicht. Mir ist es hier auch etwas zu stickig.

– Herr Ober, bringen Sie uns bitte noch zwei Bier und dann auch gleich die Rechnung!

– Sehr wohl, der Herr, sofort.

– Entschuldigen Sie, würden Sie bitte ein Foto von uns zusammen machen, von meiner Frau und mir?

– Aber natürlich, gern! ... Oh, Sie haben ja den gleichen Apparat wie ich! ... Also, ... lächeln bitte! ... Fertig!

– Herzlichen Dank, das war sehr freundlich von Ihnen.

– *(im Büro)* Ich brauche noch zwei Kopien von diesem Bericht hier, Frau Weigel. Seien Sie doch bitte so nett.

– Aber sicher, Herr Meinrat. Das tue ich doch gern.

– *(an der Passkontrolle)* Guten Tag. Darf ich bitte Ihren Pass sehen?

– Selbstverständlich. Hier, bitte.

– *(beim Frühstück)* Gibst du mir bitte mal das Salz, Ulrike?

– Hier! Und du kannst mir kurz die Kaffeekanne und den Zucker herüberreichen.

– Natürlich. Hier!

> „Ich fuhr **in die Stadt**, dann zum Flughafen ..."

> Lag das Buch **auf meinem Tisch**?
> Hast du das Buch **auf meinen Tisch** gelegt?
>
> Frau Köhler arbeitet schon lange **in der Firma**.
> Herr Rentz fährt jeden Tag **in die Firma**.
>
> Klaus parkt immer **vor meinem Auto**.
> Das Kind lief plötzlich **vor mein Auto**.

siehe Anhang S. 268

ÜBUNG 44

Beispiele: *(in / die Zeitung)*
Haben Sie die Anzeige __*in die Zeitung*__ von heute gesetzt?

(neben / ich)   (auf / die Bank)
Komm, setz' dich __*neben mich*__   __*auf die Bank*__ .

1. *(unter / der Stapel)*
   Der Stadtplan muss _____ alter Zeitungen liegen. Sieh doch mal nach!

2. *(neben / die kleine Buchhandlung)   (neben / die neue Konditorei)*
   Die Konditorei ist genau _____ eröffnet worden, und _____
   kommt bald ein Schuhgeschäft.

3. *(über / die nächste Querstraße)   (über / der Haupteingang)*
   Wenn Sie _____ fahren, sehen Sie schon das Hotel. _____ des Hotels
   hängt eine rote Markise.

4. *(vor / die Einfahrt)   (vor / der Briefkasten)*
   Sie können Ihr Fahrrad nicht _____ stehen lassen. Stellen Sie es
   lieber _____!

5. *(auf / der Parkplatz)   (hinter / das Hotel)*
   Ich habe Ihren BMW _____ gefahren, der gleich _____ liegt.

6. *(auf / ein kleiner Zettel)*
   Sie haben doch die Adresse _____ geschrieben.

7. *(in / das Büro)   (in / das Kaufhaus)*
   Während du _____ auf den Kunden wartest, werde ich _____
   gegenüber gehen.

8. *(an / diese dünne Wand)*
   Wer hat denn versucht, das schwere Bild _____ zu hängen?

Ich **liege** auf dem Sofa.	liegen / legen / sich legen
Ich **lege die Tasche** auf das Sofa.	sitzen / setzen / sich setzen
Ich **lege mich** auf das Sofa.	stehen / stellen / sich stellen

ÜBUNG 45

Beispiel: Die Bestellung __*liegt*__ auf meinem Schreibtisch.

1.   Oliver hat den Schrank neben das Fenster _____.

2.   Bitte, _____ Sie _____ doch zu uns an den Tisch!

3.   Maria hat eine Decke auf die Bank _____.

4.   _____ doch die Blumen in eine Vase, Susanne. Sie sehen ja schon ganz trocken aus!

5.   Karls Freundin _____ im Sessel und sah ihm beim Malen zu.

6.   Als Klaus vom Sofa aufstand, hat Günter _____ schnell neben Monika _____.

7.   Hast du _____ etwa schon um 8 Uhr ins Bett _____?

8.   Ich war ganz überrascht, dass der Brief auf dem Tisch _____, als ich nach Hause kam.

9.   Die Zugfahrt war schrecklich: Alle Plätze waren besetzt, und so musste ich zwei Stunden lang _____!

10.   Ich _____ jetzt schon seit einer Viertelstunde hier am Schalter!

11.   Die alte Dame war müde. Sie _____ auf einen Stuhl.

12.   _____ Sie mir bitte die Briefe auf den Schreibtisch!

Die Zuverlässigkeit das Automobils hat in den letzten Jahren zwar zugenommen, aber perfekt sind unsere Autos deshalb leider noch lange nicht. Pannen wird es wohl immer geben, und ich habe sie anscheinend jedesmal im allerungünstigsten Augenblick! Die idealen Bedingungen für Autoärger kann ich mittlerweile schon vorausahnen.

Äußerst selten geschieht es, dass ich einen Platten in einer Straße habe, wo ich ihn in Ruhe reparieren kann. Das passiert mir schon wesentlich eher mitten im Berufsverkehr, wo sich dann alle über mich aufregen. Oder ich habe eine Panne auf der Autobahn! Da stehe ich dann neben meinem Auto und fürchte um mein Leben, wenn die anderen nur so an mir vorüberrasen.

Und nicht zu vergessen: die Wetterverhältnisse! An schönen Tagen habe ich so gut wie nie ein Problem mit meinem Wagen; aber bei Dunkelheit, Schnee, Regen und Kälte geht meistens etwas schief. Keine Heizung bei Eisregen im Januar um sechs Uhr morgens? Wenn Sie nicht wissen, was das heißt, fragen Sie nur mich.

Irgendwie scheint ein Zusammenhang zwischen dem Zustand meines Autos und meiner Kleidung zu bestehen. Immer wenn ich meine ältesten Sachen trage, läuft alles wie ein Uhrwerk. Habe ich mich aber für eine Verabredung besonders gut angezogen, dann heißt es: Motorhaube auf!

Soll ich vielleicht deshalb lieber mein Auto zu Hause lassen? Aber bestimmt hat dann der Zug Verspätung, oder der Taxifahrer verfährt sich, oder ich habe gerade kein Kleingeld für den Bus.

Mit all seinen Problemen ist das Auto doch ein Teil unseres Lebens, mit dem wir uns wohl oder übel herumschlagen müssen. Ich bin mir einfach sicher, dass mein Wagen es immer irgendwie schaffen wird, mir einen Streich zu spielen. Ich denke, dass ich deshalb auch weiterhin den Rat befolgen werde: Daumen drücken und das Beste hoffen.

ÜBUNG 46

1. In den letzten Jahren hat sich _____ verbessert.
   a. der Zustand alter Autos
   b. die Bedingungen für Autoärger
   c. die Zuverlässigkeit der Autos

2. Autoärger hat man scheinbar immer _____.
   a. nach einer Verabredung
   b. in sehr ungünstigen Momenten
   c. vor dem Berufsverkehr

3. Der Autor fährt weiterhin mit seinem Wagen, weil _____.
   a. Taxifahrer immer Verspätung haben
   b. Züge sich verfahren
   c. er oft kein Kleingeld für den Bus hat

4. Obwohl die Zuverlässigkeit der Autos zugenommen hat, _____.
   a. muss man sich wohl oder übel mit Teilen des Autos herumschlagen
   b. wird man es schaffen, seinem Wagen einen Streich zu spielen
   c. schlägt man sich weiter mit Autoproblemen herum

5. Der Autor sieht einen Zusammenhang zwischen _____.
   a. Auto und Mensch
   b. Auto und Kleidung
   c. Auto und Uhrwerk

6. Man wird seine Motorhaube aufmachen, _____.
   a. wenn man seinen Wagen reparieren will
   b. wenn der Wagen wie ein Uhrwerk läuft
   c. wenn man Autoärger vorausahnt

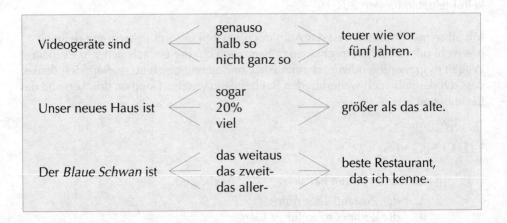

ÜBUNG 47

Beispiel: *(weitaus / halb so / zweimal)*
Rolf meint, dass sein Kollege __*weitaus*__ weniger zu tun hat als er.

1. *(eines der / sehr / viel)*
   Wir haben gestern _____ besten Spiele aller Zeiten gesehen!

2. *(äußerst / meist / weitaus)*
   Die Dokumente waren wichtig. Sie waren sogar _____ wichtig.

3. *(aufs wärmste / am besten / bei weitem)*
   Das Restaurant ist sehr gut. Ich kann es _____ empfehlen.

4. *(sehr / fünfmal so / wesentlich)*
   Die Landstraße wird jetzt auch nicht _____ leerer sein als die Autobahn.

5. *(viel / sehr / sogar)*
   Horst ist schon von der äußeren Erscheinung her immer _____
   sympathischer gewesen als sein Bruder.

6. *(viel / zweit- / doppelt so)*
   Das Motorrad fährt _____ schnell, seit ich es in der Werkstatt hatte.

ÜBUNG 48

Beispiel: *(an / in / auf)*
        Glauben Sie **_an_** einen wirklichen Erfolg der Maßnahmen zum
        Umweltschutz?

1. *(von / auf / an)*
   Die Werbeagentur hatte schon zwei Spitzensportler _____ der Hand.

2. *(Mit / Wegen / Beim)*
   Die Werkstatt rief an. _____ dem Motor meines Autos ist etwas nicht
   in Ordnung.

3. *(nach / vor / für)*
   Die Nachfrage _____ Sportbekleidung wird in den nächsten Jahren ständig
   steigen.

4. *(mit / um / auf)*
   Frau Hansen hat gesagt, dass es _____ die neue Werbekampagne geht.

5. *(zur / mit / für)*
   Können Sie mir sagen, wo ich mein Gepäck _____ Aufbewahrung abgeben
   kann?

6. *(für / um / vor)*
   Fürchteten viele Angestellte _____ ihre Arbeitsplätze, als die Firma verkauft
   wurde?

7. *(am / beim / zum)*
   Beate, bitte melden Sie sich sobald wie möglich _____ Chef. Es ist sehr
   eilig!

8. *(mit / in / in der)*
   Herr Meinrat wollte sich noch einmal _____ Ruhe die anderen Jacketts
   ansehen.

KAPITEL

9

Günter Meinrat aus Zürich ist zur Zeit auf Geschäftsreise in Frankfurt. Um 18 Uhr ist er nach einer Besprechung zurück im Hotel, als seine Frau anruft:

Frau Meinrat:	Guten Abend! Ich möchte bitte mit Herrn Meinrat sprechen. Zimmer 160.
Angestellte:	Augenblick, bitte. Es tut mir Leid, aber die Leitung ist besetzt. Wollen Sie warten, oder möchten Sie eine Nachricht hinterlassen?
Frau Meinrat:	Tja, wenn ich sicher wäre, dass es nicht lange dauert, würde ich ja warten. Aber ich rufe aus der Schweiz an ... na, vielleicht erreiche ich ihn ja später ...
Angestellte:	Ah, Moment bitte. Die Leitung ist gerade frei geworden. Ich verbinde.
Herr Meinrat:	Hier Meinrat!
Frau Meinrat:	Hallo, Günter? Bist du's? Ich kann dich kaum hören.
Herr Meinrat:	Es muss die Verbindung sein, Heidi, aber gut, dass du gerade jetzt anrufst! Zehn Minuten später, und ich wäre schon wieder weg. Ich treffe mich nämlich noch mit ein paar Kollegen zum Abendessen.

Frau Meinrat:	Ich kann dich immer noch nicht richtig hören, Günter. Da ist ein zunehmendes Rauschen in der Leitung. Ich lege lieber auf. Ruf mich bitte zurück, ja?
Herr Meinrat:	Alles klar, bis gleich. *(Er legt den Hörer auf, nimmt wieder ab, wählt, wartet.)* Heidi? Ist es jetzt besser?
Frau Meinrat:	Kein Vergleich! Wenn du nicht in Frankfurt wärst, könnte man meinen, du wärst im Nebenzimmer! Du, ich muss dir was erzählen. Stell dir vor, ich soll eine Gehaltserhöhung bekommen!
Herr Meinrat:	Tatsächlich? Die hast du aber auch wirklich verdient. Vergiss nicht, wenn dein Chef dich nicht hätte, müsste er zwei Sekretärinnen bezahlen. Er weiß schon, auf wen er sich verlassen kann.
Frau Meinrat:	Mir ist so richtig nach Ausgehen zumute. Schade, dass du noch in Frankfurt bist. Wenn du hier wärst, würden wir heute Abend ordentlich feiern!
Herr Meinrat:	Hm, und das lässt sich nicht auf morgen verschieben?
Frau Meinrat:	Nun, ich denke schon. Ich habe für alle Fälle schon eine Flasche Sekt kaltgestellt.

ÜBUNG 49

1. Wann und wo rief Frau Meinrat ihren Mann an?

2. Warum konnte sie nicht sofort mit ihm sprechen?

3. Wo befand sie sich, als sie ihn anrief?

4. Mit wem wird Herr Meinrat an diesem Abend essen gehen?

5. Woran lag es, dass Frau Meinrat ihren Mann so schlecht hören konnte?

6. Was wollte sie ihrem Mann erzählen?

7. Auf wen kann sich Frau Meinrats Chef verlassen?

8. Was findet Frau Meinrat schade?

9. Was würde sie gern tun, wenn ihr Mann zu Hause wäre?

10. Was hat sie mit dem Sekt gemacht?

SICH VERGEWISSERN

"Hallo, Günter, bist du's?"

- Wenn ich Sie richtig verstanden habe, Herr Meinrat, findet die Konferenz am 15. April im Parkhotel statt, nicht?

- Richtig, im Parkhotel.

- Ich vermute, so gegen 10 Uhr, oder?

- Nein, der Empfang ist um 10 Uhr! Die Konferenz beginnt erst mittags.

- *(im Büro)* Irgendwelche Anrufe, Frau Köhler?

- Ja, Herr Zeiss hat angerufen. Er meldet sich später nochmal.

- Zeiss? Sie meinen wohl *Theiss*, oder?

- *Theiss*, aber ja, natürlich! Entschuldigen Sie.

- *(vor einer Baustelle)* Können Sie mir sagen, ob es schon einundzwanzig Uhr ist?

- Wie war das, bitte? Ich habe kein Wort verstanden!

- Oh, Entschuldigung! Wissen Sie, wie spät es ist?

- Hast du gehört? Norbert hat sich gerade ein neues Auto gekauft.

- Wer hat dir denn das erzählt? Der hat doch nie Geld!

- Na ja, ein neues gebrauchtes Auto natürlich!

„... wenn du hier **wärst**, würden wir heute Abend ordentlich feiern."

Ich habe keine Zeit, ich rufe dich nicht an.
→ Wenn ich Zeit **hätte**, **würde** ich dich **anrufen**.

Hans verdient viel Geld. Er ist oft im Urlaub.
→ Wenn Hans nicht viel Geld **verdienen würde**,
   wäre er nicht oft im Urlaub.

siehe Anhang S. 268

ÜBUNG 50

Was würden Sie tun, ...

... wenn Ihr Auto kaputt wäre? *(Werkstatt anrufen)*
Wenn mein Auto kaputt wäre, würde ich die Werkstatt anrufen.

1. ... wenn Sie genug Geld hätten? *(eine Weltreise machen)*

2. ... wenn Sie eine Gehaltserhöhung bekommen würden? *(meine Familie zum Essen einladen)*

3. ... wenn Sie in Paris wären? *(auf den Eiffelturm steigen)*

4. ... wenn die Sonne scheinen würde? *(ans Meer fahren)*

5. ... wenn Sie Geburtstag hätten? *(eine Party geben)*

6. ... wenn Sie Ihren Zug verpassen würden? *(auf den nächsten warten)*

7. ... wenn es draußen frieren würde? *(sich warm anziehen)*

8. ... wenn Sie einen Abend für sich alleine hätten? *(ein Buch lesen)*

Wenn Klaus **verreisen wollte**, wäre er schon weg.
Wenn Beate keinen Computer hätte, **könnte** sie nicht **arbeiten**.
Wenn ich hier **rauchen dürfte**, würde ich es tun.
Was **müsste passieren**, wenn Ihr Kollege krank würde?

siehe Anhang S. 268

ÜBUNG 51

Beispiel: Es ist sehr kalt draußen. Ich muss warme Sachen tragen.
Wenn es draußen nicht so kalt wäre, *__müsste ich keine warmen Sachen__*
__tragen__ .

1. Konrad will sich mit Gerda treffen. Er verschiebt seinen Termin.
Wenn er sich nicht mit Gerda _____.

2. Wir müssen heute ausgehen. Wir bleiben nicht zu Hause.
Wenn wir heute nicht _____.

3. Herr Brosig ist Diabetiker. Er darf keinen Kuchen essen.
Wenn er nicht Diabetiker _____.

4. Ich will unbedingt abnehmen. Ich esse keine Pizza.
Wenn ich nicht unbedingt _____.

5. Sie haben kein Auto? Sie können nicht zur Arbeit fahren.
Wenn Sie ein Auto _____.

6. Georg kann nicht kochen. Er isst immer im Restaurant.
Wenn er kochen _____.

7. Ich muss oft geschäftlich ins Ausland. Ich kann nicht Ski fahren gehen.
Wenn ich nicht so oft _____.

8. Heidi kennt Zürich ganz genau. Sie muss ihren Freunden aus Deutschland
die Stadt zeigen.
Wenn sie _____.

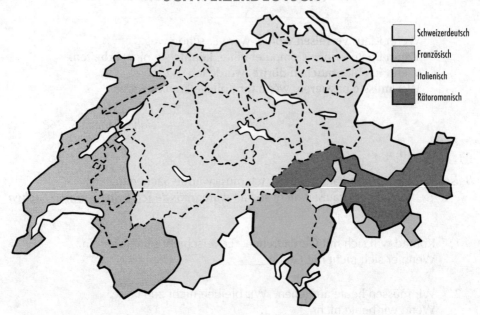

Schweizerdeutsch
Französisch
Italienisch
Rätoromanisch

Sie haben vor, nach Zürich zu fahren. Was glauben Sie wohl, in welcher Sprache man Sie dort ansprechen wird? Auf Deutsch, oder? Wie jeder weiß, werden in der Schweiz vier Sprachen gesprochen, nämlich Französisch, Deutsch, Italienisch und Rätoromanisch. Und da Zürich im deutschsprachigen Teil der Schweiz liegt, spricht man natürlich Deutsch, oder sagen wir lieber eine Sprache, die dem Deutschen ähnlich ist: das Schweizerdeutsch.

Schweizerdeutsch ist die Sprache, die man in Zürich, Bern oder Basel im Alltag zu sprechen pflegt. Aber wo liegen die Unterschiede? Kann ein Ausländer überhaupt etwas verstehen? Als erstes fällt einem der besondere Klang der Sprache auf. Viele Laute werden in der Kehle gesprochen. Der Laut *c h*, der im hochdeutschen *Buch* oder *Woche* zu hören ist, wird im Schweizerdeutsch härter ausgesprochen, kann aber auch am Anfang eines Wortes vorkommen. Das Wort *Kirche* klingt dann wie *C h i r c h e*, oder *Küche* wie *C h u c h i* und *Kuchen* wie *C h u e c h e*.

Unterschiede sind aber nicht nur in der Aussprache zu finden, sondern auch im Vokabular. Den Dienstag nennt man in Bern *Z i i s c h t i g*. Während man auf Hochdeutsch einen guten Tag wünscht, sagt man in der Deutschschweiz dagegen *G r ü e z i*, und statt *Auf Wiedersehen U f W i d e r l u e g e* oder *A d e*. Aber was bitte bedeutet denn *B i s h ü t z'o b e a m n ü n i!* Ganz einfach: Jemand verabredet sich mit Ihnen: *Bis heute abend um neun!* Und wenn Sie später miteinander anstoßen, heißt es dann *Proscht!*

Schweizerdeutsch ist die lebendige Sprache aller Bevölkerungsschichten in der Schweiz. Wo man auch hinkommt, meistens wird man im Dialekt angesprochen. Auf hoher politischer Ebene, im Fernsehen und Radio dominiert dagegen Hochdeutsch. Aber es kommt auch nicht selten vor, dass man einen Sprecher oder Politiker *Grüezi mitenand, liebe Zuschau'r!* sagen hört.

ÜBUNG 52

1. Welche Sprachen werden in der Schweiz gesprochen?

2. In welchem Teil der Schweiz liegt Basel?

3. Was fällt einem sofort auf, wenn man Schweizerdeutsch hört?

4. Wird ein *ch* im Hochdeutschen härter oder weicher ausgesprochen als im Schweizerdeutschen?

5. Wie begrüßt man sich normalerweise in Bern?

6. Außer in der Aussprache, welchen weiteren Unterschied gibt es zwischen Schweizerdeutsch und Hochdeutsch?

7. Welche Bevölkerungsschichten sprechen Schweizerdeutsch?

8. Welche Sprache kann man meistens in politischen Diskussionen im Radio hören?

9. Wer begrüßt manchmal seine Zuschauer auf Schweizerdeutsch?

10. Wann sagen die Leute *Proscht?*

INFINITIV MIT ODER OHNE ZU

> „Sie haben vor, nach Zürich **zu fahren**."

> Herr Schmidt **bat** seinen Kollegen **zu schweigen**.
>
> **Hören** Sie die Gäste im Nebenzimmer **lachen**?
>
> Bei diesem Licht **kann** ich nicht **lesen**.

ÜBUNG 53

Beispiele: Ich habe vor drei Wochen aufgehört _**zu rauchen**_. *(rauchen)*

Ich lasse mir einmal im Monat die Haare _**schneiden**_. *(schneiden)*

1. Der Chef bittet Frau Müller heute länger _____. *(arbeiten)*

2. Jens lernte letzten Winter _____. *(Ski fahren)*

3. Ich sah Herrn Thamm um 5 Uhr das Büro _____. *(verlassen)*

4. Die Werbekampagne verspricht ein Erfolg _____. *(werden)*

5. Haben Sie schon einmal versucht Schweizerdeutsch _____?
   (verstehen)

6. Die Sekretärin hörte den Chef ins Büro _____. *(kommen)*

7. Werden die Theaterbesucher die Karten vor 7 Uhr_____? *(abholen)*

8. In der Schweiz sind viele Dialekte _____. *(finden)*

9. Es ist unangenehm, eine Erkältung _____. *(bekommen)*

10. Frau Schulz freute sich ihren Hund _____. *(wieder finden)*

ÜBUNG 54

Beispiel: **Anlässlich** der Geschäftseröffnung gab es ein großes Fest. Seitdem haben wir keinen *__Anlass__* mehr zum Feiern gehabt.

1. Wie **schützt** man die Umwelt am besten vor Industrieabgasen? Sind Abgasfilter wirklich der beste _____?

2. Da Sie so oft ins **Ausland** fahren, haben Sie sicher viele _____ Kontakte.

3. Die lange Fahrzeit ins Büro ist für mich schon zur _____ geworden, aber an das frühe Aufstehen werde ich mich nie **gewöhnen**.

4. Herr Gräbner hat als Lehrer einen **sicheren** Arbeitsplatz. Er findet finanzielle _____ sehr wichtig.

5. Der Zeitungsartikel über steigende Ölpreise hat eine große Diskussion in unserem Büro _____. Man war geteilter Meinung über die **Ursachen** der Preissteigerung.

6. Auf der Automobil**ausstellung** in Frankfurt wird man nicht nur europäische Wagen sehen können. Autofirmen aus aller Welt werden ihre Modelle dort _____.

7. Frau Hansen hat sich mit den Fußballspielern in _____ gesetzt. Danach hat sie die Firma Ultrasport angerufen und sich mit Herrn Siebert **verbinden** lassen.

8. Jörg lässt sich zum Elektroingenieur **ausbilden**. Seine _____ wird mehrere Jahre dauern.

9. Gestern gab es ein _____ Fußballspiel im Fernsehen. Vor **Aufregung** haben wir unser Abendessen vergessen.

10. Im **Alltag** spricht man in der Schweiz kaum Hochdeutsch. Die _____ Sprache ist Schweizerdeutsch.

KAPITEL

10

Helmut Siebert, Marketingmanager der Firma ULTRASPORT in Frankfurt, sitzt
wieder einmal in einer Besprechung mit Günter Meinrat. Herr Meinrat,
Marketingdirektor in der Schweiz, hat soeben seinen Jahresbericht vorgelegt.

Siebert:	Nun, Herr Meinrat, Ihre Verkaufszahlen klingen sehr erfreulich. Und die Profite sind um mehr als 12% gestiegen! Das ist ja ein echter Erfolg!
Meinrat:	Ich bin auch sehr zufrieden, zumal ich mir das vor einem Jahr kaum vorstellen konnte. Die gute Teamarbeit meiner Kollegen hat sich offensichtlich ausgezahlt.
Siebert:	Sie sind aber sehr bescheiden. Ich behaupte, die guten Ergebnisse sind allein Ihrer einfallsreichen Werbung zu verdanken. Die meisten Aufträge kamen erst in der zweiten Jahreshälfte herein, also nach Einsatz Ihrer großen Werbekampagne. Und seitdem ist die Nachfrage unaufhörlich gestiegen.
Meinrat:	Ja, ich meine auch, dass wir mit unserer Werbeaktion den Nagel auf den Kopf getroffen haben. Und wenn die gute Konjunktur andauert, dürften wir in der Schweiz auch im kommenden Jahr keine Probleme haben.

Siebert:	Ich wünschte, in Österreich wäre die Lage genauso viel versprechend. Wie Sie wissen, ist sie in Wien im Moment etwas problematisch: Der Leiter der Marketingabteilung, Herr Huber, geht bald in den Ruhestand. Wir haben uns nun überlegt, die Führung der Marketingabteilungen Schweiz und Österreich in Zukunft zusammenzulegen.
Meinrat:	Das ist eine verantwortungsvolle Position, die viel Erfahrung fordert.
Siebert:	Sie haben ganz Recht. Wir brauchen jemanden, der den Markt kennt, der mit unserer Werbestrategie vertraut ist, der Menschenkenntnis besitzt und der seine Führungsqualitäten bereits unter Beweis gestellt hat ...
Meinrat:	Haben Sie schon jemanden im Auge?
Siebert:	Ja, allerdings, und er sitzt mir im Moment direkt gegenüber. Ich konnte mir ja bereits ein Bild von Ihren Fähigkeiten machen, Herr Meinrat, und bin der Ansicht, dass Sie der geeignete Mann sind. Sie werden die Aufgabe bestimmt gut bewältigen. Aber vielleicht wollen Sie ja erst ein paar Tage in Ruhe darüber nachdenken.
Meinrat:	Nein, da gibt es nichts zu überlegen! Natürlich nehme ich an! Und ich danke Ihnen für das Vertrauen, das Sie in mich setzen.

ÜBUNG 55

1. Wem hat Herr Meinrat gerade seinen Jahresbericht vorgelegt?

2. Worüber freute sich Herr Siebert?

3. Wem waren die guten Ergebnisse seiner Meinung nach zu verdanken?

4. Wie ist die Lage in Österreich?

5. Wer wird in den Ruhestand gehen?

6. Welche Überlegungen gibt es für die Zukunft?

7. Wen hat Herr Siebert für die neue Position im Auge?

8. Wo befindet sich der Kandidat gerade?

9. Wie entscheidet sich Herr Meinrat?

10. Wofür bedankt sich Herr Meinrat?

BEGEISTERUNG AUSDRÜCKEN

„Das ist ja ein echter Erfolg!"

- Ich habe gute Nachrichten für Sie, Herr Marquard. Die Direktion hat Ihrer Gehaltserhöhung zugestimmt.

- Ah, das ist ja großartig! Das habe ich gar nicht erwartet! Ich danke Ihnen vielmals!

- Keine Ursache. Die haben Sie ja auch wirklich verdient.

- Hier haben Sie die Verkaufsdaten vom letzten Monat, Frau Berger. Wie Sie sehen, ist der Umsatz um 15% gestiegen.

- Na wunderbar! Das höre ich gern! Nach all den Schwierigkeiten der letzten Monate ...

- Herr Siebert, Sie werden es nicht glauben, aber der neue Computer ist heute Morgen geliefert worden.

- Tatsächlich? Prima! Ich dachte schon, der würde überhaupt nicht mehr kommen.

- Ja, wirklich, ich bin auch froh, dass er endlich da ist.

- Klaus, erinnerst du dich noch an die Blumen, die ich deiner Mutter zum Geburtstag habe schicken lassen?

- Meinst du den Strauß, der erst drei Tage später angekommen ist?

- Genau! Und stell' dir vor: Ich habe mich beschwert und bekam prompt mein Geld zurück.

- Na, das ist doch toll!

- Eben! Und das sollten wir feiern! Hast du Lust, heute Abend essen zu gehen?

REFLEXIVE VERBEN MIT DATIV

> „Aber vielleicht wollen **Sie** es **sich** erst … **überlegen**?"

> Ich **höre mir** heute Abend einen Vortag **an**.
> Hast du **dir** den neuen Film schon **angesehen**?
> Sie können **sich** nicht **vorstellen**, wie heiß es bei uns im Büro war!

ÜBUNG 56

Beispiel: Kann ich ___*mir*___ bitte die Hände ___*waschen*___?
(sich waschen)

1. Ich habe _____, ob die Investition überhaupt Sinn hatte.
   (sich überlegen)

2. Herr Siebert _____ für Österreich einen guten Mitarbeiter.
   (sich wünschen)

3. Wollt ihr _____ ein neues Haus _____? *(sich kaufen)*

4. Ulrike hat _____ einen Kaffee _____. *(sich bestellen)*

5. Herr Lehmann wird _____ sein Geld mit Taxifahren _____.
   (sich verdienen)

6. Warum _____ ihr _____ nicht etwas zu essen? *(sich holen)*

7. Ich _____, dass Kirsten die neue Stelle bekommen wird.
   (sich sicher sein)

8. Du musst _____ eine Jacke _____, weil es draußen sehr kalt ist.
   (sich anziehen)

9. Wir haben versucht, _____ ein Bild von Ihren Qualifikationen zu _____.
   (sich machen)

10. Bist du _____ mit deinem Kollegen jetzt _____, wer wann in
    Urlaub geht? *(sich einig sein)*

ÜBUNG 57

Bitte füllen Sie das passende Reflexivpronomen ein:

Beispiele: Ich ziehe _**mich**_ nur schnell um; bitte wartet auf mich.

               Ich habe _**mir**_ schon ein Taxi bestellt. Es kommt bestimmt gleich.

1. Leider kenne ich _____ hier überhaupt nicht aus.

2. Überlegen Sie _____ meinen Vorschlag noch einmal!

3. Kannst du _____ immer noch nicht zu einem neuen Auto entschließen?

4. Wir haben _____ immer schon einen Hund gewünscht! In dem neuen Haus werden wir endlich einen haben.

5. Vergessen Sie nicht, dass es _____ um unsere beste Kundin handelt! Natürlich liefern wir schnellstens!

6. Ich kann _____ gar nicht über das schöne Wetter freuen, ich habe viel zu viel Arbeit.

7. Ich habe _____ überlegt, ob ich vielleicht nach Weimar ziehen soll.

8. Bitte rufen Sie heute nicht an, meine Mutter fühlt _____ nicht wohl.

9. Ich würde _____ gern Ihr Angebot anhören, aber ich habe nur abends Zeit.

10. Die Fotos von meiner Reise könnte ich _____ jeden Tag ansehen!

SIND SIE GEGEN WERBUNG IMMUN?

STRAHLEN MIT SELBSTVERTRAUEN

Jeden Tag sieht man überall Plakate und Anzeigen wie: „Superdent – die Zahnpasta für das Selbstvertrauen", oder „Zum Erfolg die Privilegien mit der neuen Express-Kreditkarte", oder „Wong – der Computer für Erfolgreiche!"

Überlegen Sie sich mal, wofür Sie in letzter Zeit Geld ausgegeben haben! Für ein Videogerät vielleicht oder für eine Ferienreise? Oder auch nur für ein Stück Seife? Was hat Sie zu dem Kauf bewogen? Ist Ihnen die Entscheidung schwer gefallen? Hat etwa die Werbung sie Ihnen am Ende leichter gemacht?

Nehmen wir doch einmal die Seife als Beispiel. Normalerweise bevorzugen Sie ja eine bestimmte Marke. Aber sind Sie denn auch sicher, dass diese gründlicher reinigt oder besser für Ihre Haut ist als andere? Gut, Sie mögen den Duft und die Form der Seife, aber wie steht es mit dem Verhältnis von Preis und Leistung? Hat man sie Ihnen vielleicht in einer besonders auffälligen Verpackung angeboten? Oder war eher der Werbetext ansprechend, der die Seife mit Schönheit, Freiheit und Erfolg in Verbindung brachte? Wenn Sie darüber nachdenken, werden Sie merken, wie viele Faktoren beim Kauf eines Produktes auf Sie einwirken können.

Die meisten Menschen wollen ja nicht gern zugeben, dass sie auf diese Weise von der Werbung beeinflusst werden. Aber die Anzeigenstrategen beweisen es uns immer wieder: Werbung wirkt sich am effektivsten aus, wenn sie unsere persön-lichen Gefühle anspricht, wie Freiheit und Selbstsicherheit. Was tun wir nicht alles, um glücklich und zufrieden zu sein? Und wer kann schließlich widerstehen, wenn ein wenig Glück schon für 1,50 € zu haben ist?

ÜBUNG 58

1. Was meint der Autor, wofür Sie vielleicht in letzter Zeit Geld ausgegeben haben?
    a. für einen Computer
    b. für Selbstvertrauen
    c. für ein Stück Seife

2. Was kann Ihnen nach Meinung des Autors die Entscheidung leichter machen?
    a. die Marke
    b. die Werbung
    c. der Preis

3. Welcher Aspekt beeinflusst Sie am meisten, wenn Sie z.B. ein Stück Seife kaufen?
    a. der Duft
    b. die Qualität
    c. der Werbetext

4. Worüber sollen Sie nachdenken?
    a. über den Reinigungseffekt von Seife
    b. über Mitgliedschaft bei der Express-Kreditkarte
    c. über die Einwirkung von Werbung auf Sie

5. Was geben viele Leute nicht gern zu?
    a. dass sie gern einkaufen
    b. dass sie von Werbung beeinflusst werden
    c. dass sie immer preiswert kaufen

6. Wann wirkt Werbung am besten?
    a. wenn Sie eine Ferienreise planen
    b. wenn das Produkt sehr billig ist
    c. wenn sie persönliche Gefühle anspricht

7. Wer kann widerstehen, wenn ein wenig Glück günstig angeboten wird?
    a. jeder
    b. keiner
    c. nur Sie

8. Wer oder was bringt die Seife mit Schönheit und Freiheit in Verbindung?
    a. die Werbestrategen
    b. die Menschen
    c. eine bestimmte Marke

DOPPELTE OBJEKTPRONOMEN

> „Hat die Werbung **sie Ihnen** am Ende leichter gemacht?"

> Kurt zeigt dem Kunden die Schuhe.
> Kurt zeigt **sie ihm** kurz vor Ladenschluß.

siehe Anhang S. 268

ÜBUNG 59

Beispiele: Haben Sie **Herrn Maas die Strategie** erklärt?
Ja, ich habe _**sie ihm**_ erklärt.

Haben Sie **der Dame den Weg** gezeigt?
Ja, ich habe _**ihn ihr**_ gezeigt.

1. Wird Hans **seiner Frau den Ring** zum Geburtstag schenken?
   Natürlich wird er _____ schenken.

2. Habe ich **Ihnen die Geschichte** von meinem Autounfall schon erzählt?
   Nein, Sie haben _____ noch nicht erzählt.

3. Habt ihr **euch das Fußballspiel** am Sonntag angesehen?
   Selbstverständlich haben wir _____ angesehen.

4. Herr Ober, seien Sie bitte so nett und bringen Sie **mir die Rechnung**!
   Ich bringe _____ sofort.

5. Hat Bernd **Ihnen den Zettel** mit der Nachricht gegeben?
   Ja, vielen Dank, er hat _____ gegeben.

6. Helmut wünscht **Klaus viel Glück** beim Aufbau seiner Firma.
   Auch ich wünsche _____.

7. Bitte nehmen Sie **mir die Frage** nicht übel.
   Warum sollte ich _____ denn übel nehmen?

8. Bringen Sie **dem Chef** nicht **die Papiere** durcheinander!
   Aber nein, ich bringe _____ bestimmt nicht durcheinander.

9. Wann wird Herr Schulz **Ihnen das neue Museum** in Berlin zeigen?
   Oh, er wird _____ morgen zeigen.

10. Könnten Sie **dem alten Herrn** bitte **die Tür** aufhalten?
    Aber selbstverständlich, ich halte _____ gern auf.

ZEITAUSDRÜCKE

ÜBUNG 60

Beispiel: Gisela arbeitet __*b*__ als Korrespondentin in Berlin.
           a. für Jahre   **b. seit Jahren**   c. vor Jahren

1. _____ Herr Krailer auf einen Anruf wartet, sieht er den Jahresbericht seiner Firma durch.
   a. Während   b. Inzwischen   c. Seitdem

2. _____ die Firmenleitung das neue Produkt vorgestellt hat, wird sie Vorschläge zur Verbesserung hören wollen.
   a. Danach   b. Nachdem   c. Nach

3. Wenn du _____ 18 Uhr kommst, haben die Geschäfte noch geöffnet.
   a. an   b. vor   c. bei

4. _____ ich mein Auto in der Werkstatt hatte, springt es überhaupt nicht mehr an.
   a. Vor   b. Bevor   c. Seitdem

5. _____ ich das letzte Mal in München war, habe ich fast täglich im Biergarten gesessen.
   a. Wenn   b. Als   c. Wann

6. Ich habe _____ zwei Monaten angefangen Golf zu spielen.
   a. vor   b. bevor   c. seit

7. Wenn Frau Wiehler jeden Tag ein paar Überstunden machen würde, könnte sie den Monatsbericht leicht _____ erledigen.
   a. bis drei Tage   b. in drei Tagen   c. bei drei Tagen

8. Es sind nun _____ drei Jahre, dass ich hier wohne.
   a. noch   b. schon   c. früher

9. Die nächste Besprechung wird _____ 30. Oktober sein.
   a. im   b. dem   c. am

10. _____ wird Meinrat auch die Marketingabteilung in Österreich leiten.
    a. Sehr bald   b. Vor kurzem   c. Im Moment

KAPITEL

11

Herr Meinrat, Marketingdirektor der Firma ULTRASPORT, ruft von Frankfurt aus sein Büro in Zürich an. Er spricht mit seiner Sekretärin, Frau Weigel.

Weigel:	Ja, grüß Gott, Herr Meinrat! Ich denke, Sie sind schon auf dem Heimweg. Von wo aus rufen Sie denn an?
Meinrat:	Tja, ich bin leider immer noch am Frankfurter Flughafen und warte seit einer halben Stunde auf den Abflug. Das Flugzeug hat Verspätung, und deshalb melde ich mich nochmal kurz.
Weigel:	Gut, dass Sie anrufen. Ich habe einige wichtige Nachrichten für Sie. In Ihrer Abwesenheit hatten wir hier mehrere dringende Anfragen aus der Werbeabteilung: Frau Niessen wollte wissen, ob der Text für die neue Broschüre fertig sei und ob sie ihn schon in die Druckerei geben solle.
Meinrat:	Ach ja, ich habe den Text gestern nochmal durchgesehen. Bestellen Sie Frau Niessen bitte, dass er so bleiben könne und dass sie alles Nötige in die Wege leiten solle. Was liegt noch an?
Weigel:	Herr Marquard hat mehrmals angerufen. Er sagte, er müsse Sie unbedingt gleich morgen früh sprechen. Es gibt offensichtlich Schwierigkeiten bei der Fertigstellung der Kataloge.

Meinrat:	Er wird sich etwas gedulden müssen. Morgen früh klappt es nicht. Bitte rufen Sie Herrn Marquard zurück und sagen Sie ihm, dass ein Termin morgen unmöglich sei. Übermorgen lasse es sich einrichten, am besten am Nachmittag. Gibt es sonst noch etwas Wichtiges?
Weigel:	Alles andere kann warten, bis Sie zurück sind. Halt, jetzt habe ich doch fast das Wichtigste vergessen: Ihre Frau lässt Ihnen ausrichten, sie habe Karten für das Beethovenkonzert für heute Abend.
Meinrat:	Das ist ja herrlich! Dann ändere ich meine Pläne. Unter diesen Umständen fahre ich am besten vom Flughafen direkt nach Hause, damit ich mich noch umziehen kann.
Weigel:	Dann kommen Sie also nicht mehr ins Büro, um Ihren Monatsbericht abzuschließen?
Meinrat:	Nein, das verschieben wir auf morgen. Man muss seine Prioritäten setzen.

ÜBUNG 61

1. Wo war Herr Meinrat, als er seine Sekretärin anrief?

2. Warum ist er noch nicht abgeflogen?

3. Warum hat Frau Niessen angerufen?

4. Wer hat sich noch gemeldet?

5. Wobei gibt es Schwierigkeiten?

6. Wem lässt Herr Meinrat ausrichten, dass er morgen schon ausgebucht sei?

7. Auf wann soll Frau Weigel den Termin verschieben?

8. Welche wichtige Nachricht hat Frau Weigel fast vergessen?

9. Warum will Herr Meinrat vom Flughafen direkt nach Hause fahren?

10. Wann wird er seinen Monatsbericht abschließen?

ETWAS MITTEILEN

"Ich habe einige wichtige Nachrichten."

– Herr Steger, haben Sie einen Moment Zeit? Ich möchte etwas Wichtiges mit Ihnen besprechen.

– Gehen wir doch in mein Büro. Worum handelt es sich denn?

– Wir müssen uns sofort etwas einfallen lassen! Wegen eines Streiks kann uns die Firma Atlas-Transport vorläufig nicht beliefern.

– Frau Köhler, wissen Sie schon das Neueste: Die Frankfurter Sparkasse wird ganz in der Nähe eine Zweigstelle eröffnen.

– Es wurde auch langsam Zeit! Davon wird ja schon seit Jahren geredet ...

– Na ja, besser spät als überhaupt nicht.

– Ich habe gerade im Radio gehört, heute Nachmittag soll es ein schweres Unwetter geben.

– Ja? Oh je, und natürlich habe ich ausgerechnet heute meinen Regenmantel nicht dabei!

– Hör mal, Rolf, es heißt, unser Urlaubsgeld soll dieses Jahr sehr großzügig ausfallen.

– Das habe ich auch gehört. Ob das wohl stimmt?

– Sicher, Herr Siebert hat es mir persönlich erzählt.

– Joachim, du glaubst nicht, wen ich gerade im Bus getroffen habe. Erinnerst du dich noch an Kirsten?

– Kirsten? Meinst du etwa meine alte Liebe?

– Genau! Stell dir vor, sie ist inzwischen verheiratet und hat schon zwei Kinder.

INDIREKTE REDE: KONJUNKTIV

> „Bestellen Sie Frau Niessen bitte, **dass** er so bleiben **könne**."

Direkte Rede		Indirekte Rede
Eberhard hat gesagt:		*Er hat gesagt,*
„Ich bin andauernd müde."		er andauernd müde **sei**.
„Ich muss jetzt gehen."	dass	er jetzt gehen **müsse**.
„Ich schlafe nie im Flugzeug."		er nie im Flugzeug **schlafe**.
Ich frage Frau Kühn:		*Ich frage sie,*
„Haben Sie Ärger im Büro?"		sie Ärger im Büro **habe**.
„Fahren Sie auch auf die Messe?"	ob	sie auch auf die Messe **fahre**?
„Können Sie später anrufen?"		sie später anrufen **könne**.

siehe Anhang S. 268

ÜBUNG 62

Beispiele: „Gerhard geht oft in die Oper."
Ulrike sagte, das Gerhard oft in die Oper __*gehe*__ .

„Soll ich den Termin auf 17 Uhr legen?"
Frau Köhler fragt, ob sie den Termin auf 17 Uhr legen __*solle*__ .

1. „Herr Fricke ist mein bester Mann."
   Herr Siebert meinte, dass Herr Fricke sein bester Mann _____.

2. „Wie viele Bundesländer gibt es in Deutschland?"
   Der Schüler hat gefragt, wie viele Bundesländer es in Deutschland _____.

3. „Sprechen Sie Spanisch ebenso gut wie Deutsch?"
   Ich wollte gern wissen, ob Herr Hirth ebenso gut Spanisch wie Deutsch
   _____.

4. „Es geht mir nicht sehr gut in Wien."
   Helga schreibt, dass es ihr in Wien nicht sehr gut _____.

5. „Meine Frau raucht nicht mehr."
   Herr Heusel hat behauptet, dass seine Frau nicht mehr _____.

6. „Ich will nichts mit Moltes zu tun haben."
   Mein Nachbar sagt immer wieder, dass er mit Moltes nichts zu tun haben
   _____.

> Mein Freund schreibt, dass er einen neuen Hund **habe**.
> *oder:* Er schreibt, er **habe** einen neuen Hund.

ÜBUNG 63

A. *Beispiel:* Herr Piehl sagt, **dass er** nicht viel über den neuen Film **wisse**.
Er sagt, ___*er wisse nicht viel über den neuen Film*___ .

1. Herr Schulze sagt, dass er die Miete nicht bezahlen könne.
Er sagt, _____.

2. Katrin schrieb, dass sie keinen Kaffee mehr trinken dürfe.
Sie schrieb, _____.

3. Mein Mann behauptet, dass er zehn Pfund abnehmen wolle.
Er behauptet, _____.

4. Herr Grauer lässt Ihnen ausrichten, dass er noch einen Kunden besuchen müsse.
Er lässt Ihnen ausrichten, _____.

5. Jochen hat gesagt, dass Heinz seine Wohnung modernisieren lasse.
Er hat gesagt, _____.

B. *Beispiel:* „Das Wetter ist sehr schlecht in London."
Heide sagt, ___*das Wetter sei sehr schlecht in London*___ .

1. „Im Augenblick darf ich nicht landen."
Der Pilot hat gesagt, _____.

2. „Kirsten sucht eine neue Stelle."
Wer hat mir nur erzählt, _____?

3. „Die Reise des Präsidenten kann wie geplant stattfinden."
Der Journalist schrieb, _____.

4. „Man kümmert sich nicht genug um den Umweltschutz."
In der Zeitung stand, _____.

5. „Ich denke gar nicht daran, mich zu entschuldigen."
Meine Nachbarin sagt, _____.

Wenn ich vorhabe, Freunde im Ausland zu besuchen, bitten sie mich immer, ihnen eine besondere deutsche Spezialität mitzubringen. Wahrscheinlich denken Sie nun, ich würde Weißwurst, Schnaps oder sogar Kölnisch Wasser in meinen Koffer packen. Weit gefehlt! Alle verlangen immer nur dasselbe: Gummibärchen, und das tütenweise!

Diese kleine, in Bärchen geformte Süßigkeit aus Gelatine und Zucker kommt in vielen Farben und verschiedenen Größen vor und ist schon seit Jahrzehnten bei allen beliebt. Kinder mögen sie ebenso wie Studenten, Schauspieler, Opernsänger, Omas und Opas, ja sogar Politiker. Von einem Bundeskanzler wird berichtet, er habe öfters während der Bundestagsdebatten heimlich Bärchen gegessen. Doch die Presse kam ihm schnell auf die Schliche und bald musste er allen Journalisten welche abgeben.

Für Gummibärchen gibt es verschiedene Esstechniken. Ich habe schon gelesen, „stille Genießer" würden eins nach dem anderen aus der Tüte nehmen und es langsam auf der Zunge zergehen lassen. Es heißt sogar, sie würden die Farbe des Bärchens mit geschlossenen Augen bestimmen: „Hm, dieses schmeckt nach Kirschen, es müsste also rot sein." Andere nehmen gleich eine ganze Handvoll und verschlingen eine Familienpackung in Minutenschnelle, ohne auch nur daran zu denken, jemandem eins anzubieten. Wieder andere raten jedem, an diesem

Genuss teilzuhaben. Mancher, so hört man, halte sich einen Vorrat im Kühlschrank oder bevorzuge nur bestimmte Sorten oder Farben.

Ich selbst bin auch keine Ausnahme, schon seit dem Kindergarten gummibärchensüchtig und deshalb ein echter Experte auf diesem Gebiet. Ich sagte schon damals, man dürfe Bärchen nicht so schnell schlucken, sondern müsse sie lutschen oder kauen. Natürlich könnte ich Ihnen noch weitere Tipps geben, aber es gibt Geheimnisse, die man am besten für sich behält. Außerdem, mein Koffer ist schon schwer genug!

ÜBUNG 64

1. Über welches Geschenk aus Deutschland freuen sich ausländische Freunde des Autors am meisten?
   a. über Weißwurst
   b. über Schnaps
   c. über Gummibärchen

2. Woraus werden Gummibärchen hergestellt?
   a. aus Kirschen und Zucker
   b. aus Gelatine und Kirschen
   c. aus Zucker und Gelatine

3. Wer liebt sie ganz besonders?
   a. alle, außer Kindern und Großeltern
   b. alle, auch Politiker und Journalisten
   c. alle, nur nicht die Presse

4. Was fand die Presse heraus?
   a. dass eine Bundestagsdebatte abgesagt wurde
   b. dass ein Bundeskanzler heimlich Bärchen aß
   c. dass Journalisten dem Bundeskanzler Bärchen gaben

5. Was tut ein stiller Genießer?
   a. Er rät jedem, an dem Genuss teilzuhaben.
   b. Er verschlingt eine Packung in Minutenschnelle.
   c. Er lässt die Bärchen langsam auf der Zunge zergehen.

6. Seit wann isst der Autor schon Gummibärchen?
   a. seit seiner Kindheit
   b. seitdem er öfter ins Ausland fährt
   c. seitdem er einen Vorrat im Kühlschrank hat

> „Es heißt sogar, sie **würden** die Farbe des Bärchens mit
> geschlossenen Augen **bestimmen**!"

Herr Fricke hat gesagt:	*Er hat gesagt,*
„Ich komme aus Berlin."	er **komme** direkt aus Berlin.
„Meine Freunde kommen aus Bonn."	sie **würden** aus Bonn **kommen**.
„Ihr kommt zum Essen."	wir **würden** zum Essen **kommen**.

siehe Anhang S. 268

ÜBUNG 65

Beispiel: „Sie vergessen aber sehr viel!"
Mein Kollege hat behauptet, ich __*würde*__ viel __*vergessen*__ .

1. „Ich arbeite jedes Wochenende."
   Mein Bekannter erzählt, er _____.

2. „Ich verstehe nur ganz wenig Spanisch."
   Frau Bender behauptete, sie _____.

3. „Du läufst jedes Wochenende Ski."
   Horst sagt, du _____.

4. „Wir freuen uns auf euren Besuch."
   Klaus und Erika schrieben, sie _____.

5. „Ich rate von der Reise ab."
   Der Arzt hat gesagt, er _____.

6. „Zu viel Pfeffer verdirbt den Geschmack."
   Meine Freundin meint, zu viel Pfeffer _____."

7. „Jetzt fahren wir nach Monte Carlo weiter."
   Der Reiseleiter sagt, wir _____.

8. „Die Angestellten der Fluggesellschaft fordern höhere Gehälter."
   In den Nachrichten heißt es, die Angestellten _____.

ÜBUNG 66

Beispiel: *(auf / für / an)*
Eine gut geplante Werbekampagne wirkt sich immer positiv __*auf*__ die Verkaufszahlen aus.

1. *(zu / an / für)*
   Es wird Veränderungen in dieser Abteilung geben. Aber behalten Sie das bitte _____ sich.

2. *(nach / auf / zu)*
   Da Herr Meinrat noch auf Geschäftsreise ist, wird er seine Sekretärin bitten müssen, seine Termine _____ Freitag zu verschieben.

3. *(für / auf / an)*
   In der Premiere hat sich der Schauspieler plötzlich nicht mehr _____ seinen Text erinnern können.

4. *(über / nach / auf)*
   Nach einem harten Tag im Büro wird Frau Schenk sicher _____ einem Glas Champagner zumute sein.

5. *(in / für / an)*
   Ich sehe, Sie lesen den Sportteil der Zeitung. Wenn Sie sich _____ Fußball interessieren, könnte ich Ihnen Karten für das nächste Spiel geben.

6. *(an / auf / in)*
   Herr Behrens scheint ja sehr intelligent zu sein; aber wird man sich _____ ihn verlassen können?

7. *(in / an / auf)*
   Frau Harms will die Firma verlassen. Kann man nicht _____ sie einwirken, dass sie ihre Meinung ändert?

8. *(auf / zu / von)*
   Wenn Sie mir sagen würden, was Ihnen bei einem Auto am wichtigsten ist, könnte ich Ihnen _____ dem richtigen Modell raten.

KAPITEL

12

Brigitte Siebert ist gerade von ihrer Arbeit im Reisebüro nach Hause gekommen. Es ist ein grauer Tag in Frankfurt: kalt und regnerisch. Kurz darauf kommt auch ihr Mann herein, zieht seinen nassen Regenmantel aus und hängt ihn an die Garderobe.

Helmut: Hallo, Brigitte, wie ging's denn heute im Büro?

Brigitte: Ach, nicht so besonders. Ich habe wirklich einen anstrengenden Tag hinter mir. Alle Kunden, mit denen ich zu tun hatte, waren heute ungeduldig und schlecht gelaunt. Es muss wohl am Wetter liegen.

Helmut: Du tust mir richtig Leid! Aber bei mir war es auch nicht viel besser. Ich hatte eine Besprechung nach der anderen, und zwischendurch ging auch noch andauernd das Telefon! Zwei eilige Angelegenheiten, um die ich mich heute eigentlich kümmern wollte, liegen deshalb immer noch auf meinem Schreibtisch.

Brigitte: Bei uns stand das Telefon auch nicht still. Alle wollen plötzlich ihren Ski-urlaub buchen. Wir haben heute über hundert Pauschalreisen verkauft.

Helmut: Skiurlaub? Na, das ist eine Idee, für die ich auch zu haben wäre. So ein Winterurlaub würde uns beiden sehr guttun, meinst du nicht auch?

Brigitte:	Ganz bestimmt, und bei diesem Wetter möchte man sowieso die Koffer packen und abreisen. Aber glaubst du wirklich, wir könnten für ein paar Tage verreisen? Also, für mich wäre es kein Problem, denn mir stehen dieses Jahr noch mindestens zehn Urlaubstage zu. Die sollte ich eigentlich noch vor Jahresende nehmen.
Helmut:	Und bei mir ist ein verlängertes Wochenende auf jeden Fall möglich. Das nächste würde sich geradezu anbieten. Ich habe nämlich am Mittwoch eine Besprechung in Bern, an der ich sowieso teilnehmen wollte. Vielleicht könnten wir ja das Angenehme mit dem Nützlichen verbinden.
Brigitte:	Hm, dann kann ich am Mittwoch einen Stadtbummel in Bern machen, und wenn du fertig bist, fahren wir anschließend weiter nach Kandersteg. Am liebsten möchte ich in das kleine romantische Hotel, in dem wir vor zwei Jahren schon einmal waren ... ah, ich sehe die Berge schon vor mir: weiße Hänge und Pisten. Und die schönen langen Abfahrten, von denen ich immer noch träume ...
Helmut:	Ja, und ich rieche schon das Fondue, das Raclette und den Glühwein ...
Brigitte:	Also wirklich, das ist typisch! Du denkst mal wieder nur ans Essen! Ich dachte, wir planen einen Skiurlaub.
Helmut:	Aber, Schatz, der Skiurlaub, an den ich denke, schließt natürlich gute Verpflegung mit ein!

ÜBUNG 67

1. Was tat Herr Siebert, als er ins Haus kam?

2. Was für einen Tag hatte Brigitte im Büro?

3. Was lag noch auf Herrn Sieberts Schreibtisch, als er das Büro verließ?

4. Warum stand Brigittes Telefon nicht still?

5. Wie viele Pauschalreisen hat sie verkaufen können?

6. Für welche Idee wären Sieberts auch zu haben?

7. Was sollte Frau Siebert noch vor Jahresende tun?

8. Wo wollte Herr Siebert am Mittwoch sowieso hin?

9. Wo waren Sieberts schon einmal vor zwei Jahren?

10. Was schließt nach Herrn Sieberts Meinung ein richtiger Skiurlaub mit ein?

„Du tust mir richtig Leid."

- Sagen Sie, Herr Steiner, haben wir eigentlich den Großauftrag aus Übersee erhalten?
- Leider nein. Anscheinend hat man sich bereits anders entschieden.
- Das ist wirklich bedauerlich. Aber vielleicht haben wir das nächste Mal mehr Erfolg.

- Frau Weigel, ich habe Sie letzte Woche gar nicht im Büro gesehen. Waren Sie in Urlaub?
- Nein. Mein Schwiegervater in Hamburg ist gestorben. Am Mittwoch war die Beisetzung.
- Mein herzliches Beileid, Frau Weigel. Wenn ich etwas für Sie tun kann ...
- Es geht schon. Vielen Dank für Ihre Anteilnahme.

- (am Telefon) Hallo, Ulrich! Ich habe gehört, du hattest einen Autounfall! Geht's dir wieder einigermaßen?
- Na ja, wie man's nimmt: Mein rechtes Bein ist gebrochen! Die nächsten vier Wochen werde ich wohl nicht zur Arbeit gehen können.
- Das hätte bestimmt schlimmer ausgehen können. Auf jeden Fall wünsche ich dir gute Besserung!

- Du, Doris, ich habe gerade erfahren, dass mein Segelkurs im Sommer ausfällt!
- Ach, wie schade. Du hattest dich doch so darauf gefreut, oder?
- Ja. Sogar ein Paar neue Segelschuhe hatte ich mir schon gekauft!
- Mach dir nichts draus! Nächstes Jahr klappt es bestimmt!

PRÄPOSITIONEN + RELATIVPRONOMEN

„Na, das ist eine Idee, **für die** ich auch zu haben wäre."

Ich wollte an einem Skikurs teilnehmen. Er findet nicht statt.
→ Der Skikurs, **an dem** ich teilnehmen wollte, findet nicht statt.

Klaus wartet auf den Zug. Der Zug hat Verspätung.
→ Der Zug, **auf den** Klaus wartet, hat Verspätung.

ÜBUNG 68

Setzen Sie bitte die passenden Pronomen ein:

Beispiel: Die Kunden, mit _**denen**_ er zu tun hatte, wollten in Urlaub fahren.

1. Hast du noch den Prospekt, in _____ die Hotelpreise stehen?

2. Das Hotel, für _____ wir uns letztes Jahr interessiert haben, hat dieses Jahr noch Zimmer frei.

3. Ich muss den Urlaub, auf _____ ich mich so gefreut habe, leider verschieben.

4. Die Herren, für _____ ich die Plätze hier freihalte, müssen jeden Augenblick kommen.

5. Der schöne Gasthof, von _____ Sie mir erzählt haben, hat leider schließen müssen.

6. Wie war denn der Flug, vor _____ Sie sich so fürchteten?

7. Hier werden Sie die Ruhe finden, von _____ Sie geträumt haben.

8. Wie heißen eigentlich Ihre beiden Freunde, mit _____ Sie in der Sahara waren?

9. Das Buch, über _____ wir so lange diskutiert haben, gefällt Klaus nicht.

10. Haben Sie eigentlich den alten VW, mit _____ Sie damals im Urlaub waren, immer noch?

ÜBUNG 69

Beispiel: Ich habe ein Jahr für Herrn Maas gearbeitet.
Herr Maas, ___*für den ich ein Jahr gearbeitet habe*___, lebt jetzt in der Schweiz.

1. Ich werde mich um diese Stellung bewerben.
   Die Stellung, _____, wird gut bezahlt.

2. Ich reiste früher oft mit deinem Freund Dieter.
   Ist dein Freund Dieter, _____, sehr krank?

3. Wir fliegen jetzt über den Schwarzwald.
   Die Gegend, _____, ist als der Schwarzwald bekannt.

4. Die Elbe fließt durch Hamburg.
   Die Stadt, _____, heißt Hamburg.

5. Haben Sie schon nach Herrn Krüger gefragt?
   Der Herr, _____ ist gestern abgereist.

6. Klaus erzählt von seinem Cousin.
   Der Cousin, _____, spricht vier Sprachen.

7. Schäfers haben sich für ein kleines Haus mit einem großen Garten begeistert.
   Das Haus, _____, war aber nicht zu verkaufen.

8. Ich musste vier Wochen mit dem jungen Mann zusammen arbeiten.
   Erinnern Sie sich noch an den jungen Mann, _____?

9. Gestern wollten Frickes mit ihren Freunden Karten spielen.
   Die Freunde, _____, hatten aber keine Zeit.

10. Der Bericht stand in vielen Zeitungen.
    Alle Zeitungen, _____, waren ausverkauft.

11. Die Reisenden haben lange auf den Autobus gewartet.
    Der Autobus, _____, hatte in Ulm eine Panne.

12. Dirk schreibt zweimal im Jahr an seine Freunde.
    Die Freunde, _____, freuen sich immer über seine Briefe.

Wer hat sich nicht schon einmal gewünscht, ein mittelalterlicher Ritter zu sein oder vielleicht ein schönes Burgfräulein mit langen Locken? Stellen Sie sich vor, Sie betreten wie ein König Ihr Schloss über eine Zugbrücke. Oder Sie übernachten in einem herrschaftlichen Himmelbett. Ihr Traum kann sich erfüllen!

In Deutschland gibt es zahlreiche Burgen und Schlösser, die heute als Hotels oder Restaurants dienen. Gäste von überall kommen auf der Suche nach Burgromantik hierher. Keiner kann sich zum Beispiel dem Charme der Burg Rheinfels in St. Goar verschließen, wo man „wie ein echter Ritter" bei Kerzenlicht an einer festlichen Tafel speisen kann. Bei Tisch spielen einem oft Musikanten auf alten Originalinstrumenten vor, wie im Burghotel Hornberg bei Neckar- Zimmern. Zu besonderen Anlässen werden manchmal sogar historische Kostüme getragen. In der Burgschenke Gutten- berg am Neckar serviert man Ihnen wie in alten Zeiten Wildgerichte, aber leider darf man die abgenagten Knochen nicht mehr wie früher einfach über die Schulter hinter sich werfen.

Man sparte weder Kosten noch Mühe, um allein in den letzten 20 Jahren über 70 alte Gemäuer zu restaurieren. Diese eindrucksvollen historischen Bauwerke bieten einem die Möglichkeit, vergangene Zeiten nachzuerleben und sich in die Rolle der damaligen Bewohner zu versetzen. Natürlich werden auch Führungen veranstaltet.

Auf der Marksburg bei Braubach am Rhein wird einem noch eine besondere Attraktion geboten. Dort kann man in einer kleinen Burgkapelle eine traditionelle, romantische Hochzeit feiern. Das Brautpaar bekommt sogar eine „Heiratsgarantie", und zwar folgende: Sollte die Ehe im ersten Jahr schiefgehen, so dürfen die beiden im selben Schloss noch einmal heiraten, aber diesmal auf Kosten des Schlossherrn!

ÜBUNG 70

1. In manchen Burgen kann man _____.

   a. wie in alten Zeiten speisen
   b. nur zu besonderen Anlässen feiern
   c. abgenagte Knochen hinter sich werfen

2. Die alten Gemäuer bieten den Besuchern die Möglichkeit, _____.

   a. Führungen zu veranstalten
   b. auf Originalinstrumenten zu spielen
   c. vergangene Zeiten nachzuerleben

3. Es ist schwer, _____.

   a. sich dem Charme alter Schlösser zu verschließen
   b. wie echte Ritter bei Kerzenlicht zu speisen
   c. historische Kostüme zu tragen

4. Ihr Traum, _____, kann sich erfüllen.

   a. ein altes Schloss zu kaufen
   b. in einem Himmelbett zu schlafen
   c. Musikant zu werden

5. Wenn man auf der Marksburg heiratet, _____.

   a. feiert das Brautpaar zweimal
   b. gibt der Schlossherr eine Heiratsgarantie
   c. geht die Ehe im ersten Jahr schief

6. Die Restaurierung von Burgen und Schlössern hat _____.

   a. viel Geld und Mühe gekostet
   b. wenig Mühe gekostet
   c. weder Geld noch Mühe gekostet

> „Bei Tisch spielen **einem** oft Musikanten auf alten Originalinstrumenten vor."

Nominativ	Dativ	Akkusativ
man	einem	einen
etwas	etwas	etwas
jemand	jemand(em)	jemand(en)
niemand	niemand(em)	niemand(en)
alles / alle	allem / allen	alles / alle
keiner / keine	keinem / keinen	keinen / keine

ÜBUNG 71

Beispiel: Freut es _**einen**_ , wenn man einen alten Freund wieder trifft?

1. Haben Sie einen Regenschirm dabei? Nein, ich habe _____ dabei.

2. Hier liegt ein Buch. Gehört es _____ von euch?

3. Peter ist unhöflich. Er grüßt _____ nicht und gibt _____ nicht die Hand.

4. Um ein Auto zu mieten, muss _____ seinen Führerschein vorzeigen.

5. Möchten Sie nur einen Kaffee oder auch _____ zu essen?

6. Mach dir bitte keine Arbeit, wenn ich komme. Ich bin mit _____ zufrieden.

7. Bei den Preisen wird _____ wirklich der Appetit verdorben!

8. Herr Fister soll unbedingt das Projekt leiten. _____ anders kommt dafür nicht in Frage.

ÜBUNG 72

Beispiel: Da das neue Produkt großen Erfolg hatte, besprach man in der Firma, wie man auch in Zukunft am besten am **_a_** bleiben könnte.

      a. Ball   b. Ziel   c. Weg

1. Ich habe eine gute Druckerei _____, in der zuverlässig und schnell gearbeitet wird.
   a. an der Hand   b. auf der Hand   c. in der Hand

2. Alle Hotelzimmer sind belegt, aber die Hotelangestellte hat Herrn Berger versprochen zu tun, was in ihren Kräften _____, um ein Zimmer für ihn frei zu machen.
   a. liegt   b. steht   c. ist

3. Herr Hagen wird alles in die Wege _____, damit die Reiseprospekte morgen fertig werden.
   a. leiten   b. führen   c. bringen

4. Ich hoffe, wir werden nach den langen Verhandlungen heute endlich die Verträge _____ können.
   a. entschließen   b. zuschließen   c. abschließen

5. Sie konnten Herrn Steiners Reaktion auf die Gehaltsforderung nicht verstehen? Versetzen Sie sich doch einmal in seine _____.
   a. Lage   b. Stelle   c. Schuhe

6. Die Firma hat sich noch nicht entschieden, aber man hat schon jemanden für die neue Position _____.
   a. im Blick   b. im Kopf   c. im Auge

7. „Vielen Dank für die schnelle Erledigung dieser Angelegenheit, Herr Färber.” „_____, Frau Schröder, das war doch selbstverständlich.”
   a. Keine Mühe   b. Kein Dank   c. Keine Ursache

8. Um die neue Stelle zu bekommen, hat Herr Meinrat zuerst seine Fähigkeiten unter Beweis _____ müssen.
   a. stellen   b. legen   c. zeigen

KAPITEL

13

Im Sekretariat der Firma ULTRASPORT wird eine zusätzliche Sekretärin gesucht, die Frau Köhler entlasten soll. Sie soll besonders Herrn Treppmann zur Hand gehen.

Treppmann: Sagen Sie mal, Frau Köhler, bevor uns vom Arbeitsamt weitere Kandidatinnen geschickt werden, könnten wir nicht schon mal unsere ersten Eindrücke vergleichen?

Köhler: Aber gern, Herr Treppmann. Meinen Sie jetzt sofort?

Treppmann: Ja, am besten jetzt gleich. Sonst kommen wieder tausend Dinge dazwischen. Also, welche der Bewerberinnen ist denn Ihrer Meinung nach am besten für die Position geeignet?

Köhler: Nun, ich finde, in die nähere Auswahl kommen eigentlich nur zwei.

Treppmann: Ich kann mir schon denken, wen Sie meinen: Frau Meisel und Frau Hausser, stimmt's?

Köhler: Ja, genau. Ihre Qualifikationen sind recht überzeugend: Beide haben mehrjährige Büroerfahrung und tippen sehr ordentlich. Es ist kein Wunder, dass sie uns empfohlen wurden.

Treppmann:	Und wie sieht es mit den Kenntnissen in EDV und Textverarbeitung aus?
Köhler:	Beide haben Computererfahrung. Frau Meisel ist sogar mit unserem System vertraut. Frau Hausser dagegen müsste erst angelernt werden.
Treppmann:	Nun, das wäre ja kein großes Problem. Wenn man ein System kennt, lernt man ein zweites meist schnell. Was für einen persönlichen Eindruck hatten Sie denn von den beiden?
Köhler:	Also, ich finde, dass Frau Hausser beim Vorstellungsgespräch etwas nervös wirkte, während mir Frau Meisel dagegen viel ruhiger und konzentrierter zu sein schien.
Treppmann:	Mir war Frau Meisel fast zu selbstsicher. Meinen Sie, dass sie sich zur Teamarbeit eignet, so wie wir es hier brauchen?
Köhler:	Da bin ich sicher. Sie ist eine erfahrene Bürokraft und hat ausgezeichnete Sprachkenntnisse. Können Sie sich vorstellen, wie viel Arbeit mir abgenommen würde, wenn Frau Meisel den großen Teil der Auslandspost übernehmen würde?
Treppmann:	Nun gut, es scheint, Sie haben sich schon entschieden! Am besten schreiben wir gleich die Zusage: Frau Meisel wird eingestellt und soll so bald wie möglich anfangen.
Köhler:	Ich glaube, sie hat schon gekündigt und kann gleich nächste Woche mit ihrer Arbeit hier beginnen.
Treppmann:	Na, was Sie alles schon wissen ...

ÜBUNG 73

1. Was soll die neue Sekretärin im Sekretariat von ULTRASPORT tun?

2. Wie viele Bewerberinnen kommen Frau Köhlers Meinung nach in Frage?

3. Wie viele Jahre Büroerfahrung haben die Damen?

4. Was müsste Frau Hausser erst lernen?

5. Wie wirkte Frau Meisel auf Frau Köhler?

6. Welchen Eindruck hatte Herr Treppmann von Ihr?

7. Warum möchte Frau Köhler, dass Frau Meisel eingestellt wird?

8. Weshalb kann Frau Meisel schon so schnell anfangen?

ZUSTIMMUNG AUSDRÜCKEN

„Ja, genau!"

- Herr Kramer, finden Sie nicht auch, dass Französisch eine besonders schwere Sprache ist?
- Da haben Sie wirklich Recht! Ich hatte Französisch in der Schule, aber ich habe es nie geschafft, einmal einen ganzen Satz zu bilden.

- Meiner Meinung nach sollte man das Rauchen in Restaurants ein für alle Mal verbieten!
- Da stimme ich Ihnen zu! Mich stört das auch, und obendrein ist es ungesund.
- Eben! Im Übrigen verdirbt es einem wirklich den Geschmack beim Essen.

- Ein Skandal ist das! Die Fahrkarten für die U-Bahn sollen schon wieder teurer werden!
- Recht haben Sie! Und wenn Sie mich fragen, zahlen wir schon genug Steuern. Die Verkehrsmittel sollten überhaupt kostenlos sein!

- Ach, ich fühle mich in letzter Zeit total erschöpft. Gott sei Dank geht es nächste Woche in die Ferien.
- Wem sagen Sie das! Drei Wochen Urlaub würden mir jetzt auch ganz gut tun.

- (nach dem Kino) Also ehrlich, das war einer der besten Filme der letzten Zeit! Meinst du nicht auch?
- Du sagst es! Den Schluss fand ich besonders spannend.

DAS PASSIV

> „Frau Meisel **wird eingestellt**."

> Der Brief **wird** heute noch **zurückgeschickt**.
> Jutta **wurde** vorige Woche von der Firma **eingestellt**.
> Die Firma **ist** mir kürzlich von Herrn Rau **empfohlen worden**.
> Der Bürokraft **wird** vorläufig nicht **gekündigt werden**.

siehe Anhang S. 268

ÜBUNG 74

A. Präsens oder Perfekt?

Beispiele: Heutzutage __*werden*__ immer mehr Sprachen __*gelernt*__ . *(lernen)*

Der Text __*ist*__ gestern erst __*geprüft worden*__ . *(prüfen)*

1. Für unsere Firma _____ für nächsten Monat dringend eine Bürokraft _____. *(suchen)*
2. Dem Bewerber _____ bereits _____. *(absagen)*
3. Dem Chef darf nicht _____! *(widersprechen)*
4. _____ Ihr vorhin vom Regen _____? *(überraschen)*
5. Schon vor einer Woche _____ alle Besprechungen von Herrn Kramer _____. *(vorbereiten)*

B. Futur oder Imperfekt?

Beispiele: Bald __*werden*__ mehr Autos __*exportiert werden*__ . *(exportieren)*

Der Vertrag __*wurde*__ gestern __*abgeschlossen*__ . *(abschließen)*

1. Das Telefonat _____ damals von hier aus _____. *(führen)*
2. Die nächste Ware _____ erst im Mai _____. *(liefern)*
3. Früher _____ alle Briefe einzeln von Hand _____. *(tippen)*
4. Die Unterlagen _____ gestern den ganzen Tag lang _____. *(suchen)*
5. Der Vertrag _____ diese Woche noch _____. *(unterschreiben)*

ÜBUNG 75

Beispiele: Hat man Ihnen nicht Bescheid gesagt?
Ist Ihnen nicht Bescheid gesagt worden?

Der Anruf unterbrach die Unterhaltung.
Die Unterhaltung wurde durch den Anruf unterbrochen.

1.   Wann wird man das neue Modell der Presse vorstellen?

2.   Der Unfall hat einen langen Stau verursacht.

3.   Immer mehr Ärzte entdecken die Naturmedizin wieder.

4.   Welcher Professor wird den nächsten Vortrag halten?

5.   Man hat mir den Betrag vor einer Woche überwiesen.

6.   Mein Kollege wird mich bis zum Bahnhof mitnehmen.

7.   Die laute Musik lockte uns an.

8.   Man hat mich Herrn Merkel noch nicht vorgestellt.

9.   Wem hat man die Leitung der Firma angeboten?

10.   Am 1. Juli werden wir eine Filiale in Holland eröffnen.

Regine Meisel

Burggraben 82
65929 Frankfurt
Tel. (069) 761298

Ultrasport AG
z.Hd. Herrn Direktor H. Siebert
An der Hauptwache 2
60313 Frankfurt/M.

Ihre Stellenanzeige vom 19. April 2002 in der FAZ

Frankfurt/M., 21. April 2002

Sehr geehrter Herr Siebert,

unter Bezugnahme auf Ihr Inserat in der Frankfurter Allgemeinen
Zeitung vom 19. April 20... und mein Telefonat mit Herrn Treppmann,
möchte ich mich hiermit um die Stelle als Direktions-sekretärin
bewerben. Ich kann fünf Jahre Berufserfahrung als Sekretärin
vorweisen und bin folglich mit den allgemeinen Geschäftsvorgängen
vertraut. Deshalb glaube ich, die besten Voraussetzungen für diese
Position, deren Aufgabenbereich für
mich eine größere Herausforderung bedeutet, mitzubringen.

Durch den Gebrauch verschiedener Textverarbeitungsprogramme ver-füge
ich über die nötigen schreibtechnischen Kenntnisse. In meiner jetzigen
Stelle führe ich selbständig den einfachen Brief
verkehr, habe aber nicht genug Gelegenheit, meine Sprachkenntnisse
zu benutzen. Deswegen möchte ich mich mit Wissen meines Arbeit-
gebers, dessen Empfehlung ich gerne nachreiche, verändern.

Zu Ihrer Prüfung füge ich einen Lebenslauf, Zeugnisabschriften und ein
Lichtbild bei. Ich würde mich freuen, wenn ich bei einem persönlichen
Gespräch Einzelheiten mit Ihnen besprechen könnte.

Mit freundlichen Grüßen

Regine Meisel

Anlagen

```
Regine Meisel                    Burggraben 82
                                 65929 Frankfurt/M.
                                 Tel. (069) 761298

                  Tabellarischer Lebenslauf

1965              Geboren am 4. Februar 1965 in Mainz;

1970-1974         Besuch der Grundschule in Mainz

1975-1980         Besuch der Realschule* in Frankfurt/M.:
                  mittlere Reife*

1981-1984         Auszubildende bei Daimler-Benz, Frankfurt/M.
                  Teilnahme an Französisch- und Englischkursen
                  bei Berlitz

1985              Aufenthalt in London: Besuch der London School
                  of English (Zertifikat)

1986-1987         Sekretärin in der Werbeabteilung bei
                  Mainstahl, Frankfurt/M.
                  - Stenografie
                  - Geschäftsbriefe
                  - Teilnahme an einem IBM Computerkursus

seit 1989         Sekretärin des Leiters der Exportabteilung
                  - Übersetzung von Geschäftsbriefen
                  - Schreiben technischer Berichte
                  - Arbeit am Personalcomputer
```

*Realschule: weiterführende Schule von Kl. 5 – 10
mittlere Reife: Abschluss nach der 10. Klasse Gymnasium od. Realschule

ÜBUNG 76

1. Wie hat Frau Meisel von der Position als Direktionsassistentin erfahren?
2. Was tat Frau Meisel, bevor sie ihre Bewerbung schrieb?
3. Was für Qualifikationen hat sie?
4. Welche Erfahrung hat sie mit Computern?
5. Warum möchte sie ihre Arbeitsstelle wechseln?
6. Was fügt Frau Meisel dem Bewerbungsschreiben bei?

> „Deshalb möchte ich mich mit Wissen meines Arbeitgebers,
> **dessen** Empfehlung ich gerne nachreiche, verändern."

> Die Dame, **deren** Tasche hier steht, kommt gleich zurück.
> Ich antworte dem Kunden, **dessen** Brief ich heute erhielt, sofort.
> Die Zuschauer, **deren** Begeisterung groß war, riefen „Bravo"!

siehe Anhang S. 268

ÜBUNG 77

Beispiel: Der Reisende beschwert sich bei der Fluggesellschaft.
Sein Gepäck ist nicht angekommen.
Der Reisende, dessen Gepäck nicht angekommen ist,
beschwert sich bei der Fluggesellschaft.

1. Ich bin einem Tennisverein beigetreten. Seine Plätze liegen im Park.

2. Wir müssen unsere Freunde anrufen. Wir wollten ihr Haus in Spanien mieten.

3. Das nächste Mal werde ich in das neue Restaurant gehen. Seine Fischspezialitäten sind mir empfohlen worden.

4. Können Sie meine Freundin nach der Arbeit zu Hause absetzen? Ihr Auto ist kaputt.

5. Der Bau kostet mehr als erwartet. Seine Fertigstellung hat sich verspätet.

6. Haben Sie Ihren Wagen in die Autowerkstatt gebracht? Die Einfahrt ist gleich neben dem Bahnhof.

7. Herr Redder gibt schließlich seinen Mitarbeitern Recht. Ihren Rat wollte er zuerst nicht annehmen.

8. Buchen Sie lieber nicht bei dem Reisebüro! Seine Angestellten sind unfreundlich und seine Preise sind zu hoch!

9. Die Ausstellung ist verlängert worden. Ihre Eröffnung war ein großer Erfolg.

10. Vereinbaren Sie einen Termin mit Herrn Renz! Seine Abteilung braucht neue Mitarbeiter.

ÜBUNG 78

Beispiele: Frau Keutner **arbeitet** seit Montag beim städtischen **Amt** für Umweltfragen. Solche Stellen werden oft von _**Arbeitsämtern**_ vermittelt.

Mit einem guten **Ausbildungsabschluss** hat man bessere Berufs-chancen. Nur wer seine _**Ausbildung**_ erfolgreich _**abgeschlossen**_ hat, darf sich zur Prüfung als Elektromeister anmelden.

1. Unter **Bezugnahme** auf die Autoanzeige in der Zeitung erkundigt sich Joachim nach dem Neupreis des Wagens. Er wird dabei auf das Angebot einer anderen Firma _____.

2. Herbert hat gerade **erfahren**, dass ein neuer Mitarbeiter fürs **Büro** eingestellt werden soll. Dessen _____ wird ihm dann sicher von Nutzen sein.

3. Bevor sie von der **Arbeit** nach Hause fährt, **gibt** Frau Haas die Messe-unterlagen einer Sekretärin. Bei ihrem früheren _____ wurden ihr diese Schreibarbeiten nicht abgenommen.

4. Morgen werde ich mich bei Firma Kühne **vorstellen**. Ich werde dann mit dem Personalchef über neue Techniken in der Textverarbeitung **sprechen**. Das _____ soll gegen 14 Uhr stattfinden.

5. **Kennen** Sie eigentlich Sylvia Andres? Sie spricht drei **Sprachen**! Diese _____ werden ihr bei ihrem Auslandsaufenthalt von großer Hilfe sein.

6. Seit Herr Homann im _____ ist, **steht** er morgens nicht mehr so früh auf. Und sein Mittagessen kann er von jetzt an auch in **Ruhe** einnehmen.

7. Frau Weichert ist nicht nur **voller** neuer Ideen, sie ist außerdem bereit, die **Verantwortung** für die Postabteilung zu übernehmen. Ich kenne Frau Weichert schon von früher als eine _____ Mitarbeiterin.

8. Bis Mitte nächsten **Jahres** werden Ilse und Klaus ihre Prüfungsarbeit **halb** fertig haben. In der zweiten _____ müssen sie sich dann zusätzlich auf ihre mündlichen Prüfungen vorbereiten.

KAPITEL

14

Freitag, 17.30 Uhr. Es ist Hauptverkehrszeit in Frankfurt. Rolf Treppmann hat gerade seine Frau von der Arbeit abgeholt. Jetzt sind sie in ihrem Auto auf dem Weg nach Hause.

Helga: Sag mal, Rolf, denkst du noch daran, dass wir heute unseren Lottoschein abgeben müssen?

Rolf: Oh ja, gut, dass du mich daran erinnerst. Am besten fahren wir gleich bei der Lottoannahmestelle vorbei. In meinem Horoskop steht nämlich, dass ich heute einen ausgesprochenen Glückstag habe!

Helga: Na prima, ein paar tausend Mark kämen mir jetzt gerade recht! Eine Million wäre natürlich noch besser!

Rolf: Ich rechne fest damit, dass wir die Hauptgewinner sind. Stell dich ruhig darauf ein, dass wir ab morgen nur so in Geld schwimmen!

(Rolf hält an einer roten Ampel. Plötzlich ein Quietschen, und Treppmanns Auto wird mit einem kräftigen Stoß nach vorne geschoben.)

Meine Güte, was war denn das? Ist uns da jemand reingefahren? Ist dir was passiert? Hast du dir wehgetan?

Helga:	Nein, ich glaube, es ist alles in Ordnung. Aber mir zittern ganz schön die Knie!
	(Rolf und Helga und der Fahrer des anderen Wagens steigen aus.)
Fahrer:	Entschuldigen Sie, ich habe Sie gar nicht gesehen ... Das kam wohl daher, dass ich einen Sender im Radio suchte ...
Rolf:	Na, Sie haben vielleicht Nerven, bei dem Verkehr an Ihrem Radio herumzudrehen! Sehen Sie sich das bloß mal an! Meine Stoßstange ist völlig verbogen, der Kofferraumdeckel hat eine Beule, und das Bremslicht ist kaputt ...
Fahrer:	Das tut mir wirklich Leid. *(Er sieht sich den Schaden an.)* Na, sowas! Wie ist das bloß möglich? An meinem Wagen ist fast gar nichts zu sehen, nicht mal die kleinste Schramme! Was für ein Glück!
Rolf:	Glück kann man das ja kaum nennen! Die Reparatur wird bestimmt eine Menge Geld kosten. Ich darf gar nicht daran denken, was das wieder für einen Ärger gibt!
Fahrer:	Machen Sie sich mal keine Gedanken. Meine Versicherung wird dafür sorgen, dass der Schaden voll ersetzt wird.
Helga:	Na, das fängt ja gut an! Von einem Glückstag kann ja jetzt wohl keine Rede mehr sein! Hätten wir unseren Lottoschein nur früher abgegeben!

ÜBUNG 79

1. Sind Rolf und Helga am Spätnachmittag unterwegs?

2. Woran hat Helga Rolf gerade erinnert?

3. Wo wollen die beiden auf dem Weg nach Hause anhalten?

4. Woher weiß Rolf, dass er im Lotto gewinnen wird?

5. Was passiert an der Ampel?

6. Wer hat sich verletzt?

7. Warum hat der andere Fahrer Rolf nicht gesehen?

8. Welches Auto ist beschädigt?

9. Wer ist an dem Unfall schuld?

10. Wer wird den Schaden bezahlen?

Richtig gesagt!

„Was für ein Glück!" – „Glück kann man das ja wohl kaum nennen!"

- Ich habe den Eindruck, Herr Franke, dass die Verkaufszahlen des nächsten Halbjahres sehr positiv ausfallen werden. Was glauben Sie?
- Da bin ich nicht ganz Ihrer Meinung. Wie ich neulich gehört habe, ist die Situation weniger erfreulich, als sie erscheint.

- Sie müssen zugeben, die Rede des Bundeskanzlers war recht beeindruckend, nicht?
- Na ja, ich weiß nicht so recht. In meinen Augen kam er nicht zur Sache und blieb immer nur sehr allgemein!

- Meiner Meinung nach kann Fernsehen bei der Kindererziehung ganz nützlich sein!
- Wie können Sie so etwas nur behaupten! Bei all dem, was man da zu sehen bekommt! Ich denke, genau das Gegenteil ist der Fall!

- *(beim Frühstück)* Hmm, diese Brötchen hier schmecken einfach wunderbar, Heidi!
- Findest du, Günther? Also mir sind die viel zu fade! Und frisch sind sie auch nicht mehr!

- *(vor dem Schaufenster)* Sieh mal hier das Sonderangebot: *Autoradio, kompl. m. Lautsprecher und Antenne, nur DM 198.00!* Und das soll billig sein? So ein Quatsch!
- Und ob das billig ist! Für den Preis habe ich das Modell noch nie gesehen!

„Meine Versicherung wird **dafür** sorgen, **dass** alles bezahlt wird."

Mein Nachbar ist im Urlaub. Ich habe nicht **daran** gedacht.
→ Ich habe nicht **daran** gedacht, **dass** mein Nachbar im Urlaub ist.

Die Versicherung zahlt nicht. Dieter hat Angst **davor**.
→ Dieter hat Angst **davor**, **dass** die Versicherung nicht zahlt.

ÜBUNG 80

Beispiel: Inge wird Klaus besuchen. Klaus freut sich schon darauf.
    Klaus freut sich schon darauf, dass Inge ihn besuchen wird.

1.   Wir machen eine Kaffeepause. Niemand hat etwas dagegen.

2.   Es wurde ein schönes Fest. Jeder einzelne hat dazu beigetragen.

3.   Der Fahrgast rauchte. Der Taxifahrer regte sich darüber auf.

4.   Ich habe gestern bei Ihnen eine CD gekauft. Erinnern Sie sich noch daran?

5.   Das Wahlergebnis war nicht vorauszusehen. Wir haben uns gerade darüber unterhalten.

6.   Sie bekommen bald einen Firmenwagen. Rechnen Sie damit?

7.   Niemand fährt zu schnell. Die Polizei passt darauf auf.

8.   Der Kanzler wird zu Gesprächen nach Moskau fliegen. Es wurde im Fernsehen darüber berichtet.

9.   Die Gäste bekommen etwas zu trinken. Wer wird sich darum kümmern?

10.   Die Lage dieses Ladens ist vorteilhaft. Ich bin davon überzeugt.

ÜBUNG 81

Beispiel: Mein Chef **_rechnet damit_**, dass die Produktionskosten bis Ende des Jahres fallen. *(rechnen mit)*

1. Ich _____, dass man eine Sprache in drei Monaten lernen kann. *(glauben an)*

2. Wer wird _____, dass während meiner Abwesenheit die Blumen gegossen werden? *(sich kümmern um)*

3. Was _____ Sie _____, dass Herr Rösner keinen Führerschein hat? *(sagen zu)*

4. Wolfgang hat _____, dass du mit dem 4-Uhr-Zug ankommst. *(sich einrichten auf)*

5. Wer _____, dass wir übers Wochenende nach Paris fliegen? *(zu haben sein für)*

6. Bei der gestrigen Besprechung hat es _____, dass die Firmenleitung neue Arbeitsplätze schaffen will. *(sich handeln um)*

7. Frau Bertels hat gute Laune. _____ es _____, dass sie morgen in Urlaub geht? *(liegen an)*

8. Es wird noch immer _____, dass Müllers voriges Jahr im Lotto gewonnen haben. *(sprechen von)*

9. Haben Sie schon einmal _____, dass eine Konferenz lange vorher geplant werden muss? *(nachdenken über)*

10. Ich werde _____ nie _____, dass man hier nicht rechts abbiegen darf. *(sich gewöhnen an)*

11. Frau Wirtz _____ großes _____, dass eine neue Sekretärin eingestellt wird. *(Interesse haben an)*

12. Ich _____, dass die Flugpreise schon wieder gestiegen sind. *(sich ärgern über)*

Die Geschichte des Automobils ist in erster Linie die Geschichte einzelner Männer und deren Erfindungen in mindestens einem halben Dutzend Länder.

Der allererste, der eine Strecke mit einem motorisierten Wagen zurücklegte, war ein Franzose namens Nicolas Cugnot. Als er 1769 mit seiner dampfgetriebenen Kutsche durch Paris fuhr, erreichte er immerhin die eindrucksvolle Geschwindigkeit von vier Stundenkilometern. Es ist nicht eindeutig klar, ob Cugnot für das erste Automobil überhaupt Anerkennung fand. Auf jeden Fall brachte er aber die Entwicklung einen bedeutenden Schritt voran.

Wenn von den Pionieren des benzingetriebenen Autos die Rede ist, fallen sofort die Namen der beiden Deutschen Gottlieb Daimler und Karl Benz. Die erste erfolgreiche Probefahrt unternahm Benz in seinem dreirädrigen Wagen 1885; Daimler folgte ein paar Monate später. Kurze Zeit später gründeten beide Männer ihre eigenen Firmen und stellten dort Autos von guter Qualität in Handarbeit her.

Als sich 1926 die beiden Firmen zu *Daimler-Benz* zusammenschlossen, benannten sie die neuen Wagen nach der Tochter eines von Daimlers ersten Kunden: *Mercedes.*

Um die Jahrhundertwende gab es bereits mehrere bekannte Autohersteller. Die Franzosen und Italiener konzentrierten sich auf schnelle Wagen, die Deutschen auf den Bau robuster Fahrzeuge. In den Vereinigten Staaten war man eher an einem billigen Verkehrsmittel für alle interessiert.

Ein Wendepunkt in der Geschichte des Automobils war die Entwicklung des Fließbandes durch den Amerikaner Henry Ford. Es war jetzt nur noch eine Frage der Zeit, wann die Massenproduktion das Auto für jeden erschwinglich machen würde.

ÜBUNG 82

1.   Vier Stundenkilometer in einer Kutsche ohne Pferde waren für das 18. Jahrhundert _____.

    a.   in erster Linie eine Erfindung
    b.   eine beeindruckende Strecke
    c.   eine eindrucksvolle Geschwindigkeit

2.   Nicolas Cugnot hatte die Entwicklung des Automobils _____.

    a.   als erster verdient
    b.   einen bedeutenden Schritt vorangebracht
    c.   in Frankreich eindeutig klar gemacht

3.   Als zwei _____ des Automobils gelten Gottlieb Daimler und Karl Benz.

    a.   der ersten Firmen
    b.   der berühmtesten Namen
    c.   der bekanntesten Pioniere

4.   Karl Benz unternahm seine erste Probefahrt in _____.

    a.   einem Mercedes
    b.   einem Wagen mit drei Rädern
    c.   einem Wagen mit Dampfantrieb

5.   Im Jahre 1926 gründeten die Firmen Daimler und Benz _____.

    a.   die erste Autofirma
    b.   zusammen eine neue Firma
    c.   jeder eine eigene Firma

6.   _____ wurde das Auto bald für viele Menschen erschwinglich.

    a.   Durch eine Frage der Zeit
    b.   Durch einen Wendepunkt in Amerika
    c.   Durch die Entwicklung des Fließbandes

ALS / WENN / WANN

> „**Als** sich 1926 die beiden Firmen zu *Daimler-Benz* zusammenschlossen, benannten sie die neuen Wagen nach der Tochter ...“

> **Wenn** Horst Rechnungen bekommt, bezahlt er sie sofort.
> **Als** Kurt bei Beate anrief, hörte er nur den Anrufbeantworter.
> Frau Dohr wusste nicht, **wann** sie ihr Auto abholen sollte.

ÜBUNG 83

*Setzen Sie **als**, **wenn** oder **wann** ein:*

Beispiel: ___Wenn___ der Schiedsrichter pfeift, hören die Spieler auf zu spielen.

1. Ich musste wirklich lachen, _____ ich die Geschichte von Rüdigers Probefahrt hörte.

2. _____ muss der Wagen wieder in die Werkstatt?

3. _____ man etwas getrunken hat, sollte man nicht selbst Auto fahren.

4. Katrin fuhr immer in ihr Haus am Strand, _____ sie allein sein wollte.

5. _____ ich den Motor anließ, hörte ich ein merkwürdiges Geräusch.

6. Wir können die Versicherung kündigen, _____ immer wir wollen.

7. _____ Hoffs nach Spanien fliegen, mieten sie dort jedesmal einen großen Wagen.

8. Ich habe mir große Sorgen gemacht, _____ ich so lange nichts von Kerstin hörte.

9. Ihr habt mir nie erzählt, _____ ihr euch entschlossen habt zu heiraten.

10. Bitte, schalten Sie den Motor ab, _____ Sie im Stau stehen!

ÜBUNG 84

Beispiel: Wenn die Ouvertüre __*aufgehört*__ hat, **fängt** Akt I der Oper **an**.

1. Zuerst dachte ich, ich müsste meinen Urlaub _____, jetzt kann ich ihn sogar **verlängern**.

2. Wenn es um Geld geht, ist mein sonst so **einfallsloser** Kollege sehr _____.

3. Frau Mahnert ist zu stark **belastet** durch die Vertretung für ihre kranke Kollegin. Vielleicht könnte eine Studentin sie _____?

4. Durch den Sport habe ich endlich die Pfunde **abgenommen**, die ich im vorigen Jahr während des Urlaubs _____ hatte.

5. Es kann nichts _____, einen Computerkurs zu machen; im Gegenteil, es wird einem bestimmt einmal **nützen**.

6. Die Stimmung war vor nur zwei Stunden an einem **Tiefpunkt**, aber jetzt scheint sie den _____ erreicht zu haben.

7. Auf deutschen Autobahnen gibt es noch viele Strecken, auf denen man _____ darf, obwohl es einfach weniger gefährlich ist, **langsam** zu **fahren**.

8. Es ist ganz **eindeutig**, dass Uwe gern und viel arbeitet, aber seine Geschäfte sind oft _____.

9. Der Alkoholkonsum ist immer noch einer der Hauptgründe für den **Tod** im Straßenverkehr. Wer das _____ schätzt, trinkt nicht, wenn er fahren will!

10. Wir hatten jahrelang **zusammen** gearbeitet, so schien es jetzt merkwürdig, voneinander _____ zu sein.

KAPITEL

15

Beate Köhler hat Besuch von ihrer Freundin Gisela, die vor einem Jahr von Frankfurt nach Berlin gezogen ist. Es ist Giselas erster Besuch seit dem Umzug.

Beate: Tag, Gisela. Es ist richtig schön, dich endlich wiederzusehen. Du siehst prima aus! Ich glaube fast, du hast abgenommen.

Gisela: Richtig! Dir entgeht aber auch nichts! Ich habe in letzter Zeit ziemlich viel Sport getrieben und habe dadurch ein paar Pfunde verloren.

Beate: Na, dann kannst du es dir ja erlauben, ein Stück Frankfurter Kranz zu essen. Den habe ich nämlich extra für dich bei deinem alten Lieblingsbäcker geholt. Oder ist neuerdings Kuchen von deiner Speisekarte gestrichen?

Gisela: Echter Frankfurter Kranz, wirklich? Na ja, vielleicht kann ich da einmal eine Ausnahme machen! Aber du hast schon Recht, eigentlich esse ich nicht mehr so oft Kuchen wie früher.

Beate: Dann stimmt es also: Ich habe schon gehört, dass du sehr gesundheits-bewusst geworden seist. Und ein Fahrrad habest du dir auch gekauft, habe ich gehört.

Gisela: Ja, stimmt, ein Rennrad sogar! Damit radele ich am Wochenende am Wannsee entlang. Aber woher weißt du denn das?

Beate:	Och, ich habe gestern deine Mutter in der Stadt getroffen. Sie sagte, du habest eine schöne Wohnung mit Balkon gefunden, du habest dich gut eingelebt, aber leider seist du schon seit Monaten nicht mehr zu Besuch gewesen.
Gisela:	Das hat dir alles meine Mutter erzählt?
Beate:	Und nicht nur das: Sie erwähnte außerdem, dass du auf einer Radtour einen gewissen Markus kennen gelernt habest.
Gisela:	Da bin ich aber überrascht! Das weißt du alles schon? Da kann ich dir ja gar nichts Neues mehr berichten.
Beate:	Es gibt doch bestimmt noch Dinge, von denen deine Mutter nichts ahnt! Übrigens hat mein Bruder Klaus vor einer Stunde angerufen. Er wollte wissen, ob wir schon Pläne für heute Abend gemacht hätten. Ich habe ihm gesagt, dass ich noch nicht mit dir gesprochen hätte. Er will aber später noch einmal anrufen.
Gisela:	Prima! Dann haben wir ja noch etwas Zeit für einen gemütlichen Kaffeeklatsch wie in alten Zeiten! Aber ich warne dich: Da du ja über mich bestens informiert bist, erwarte ich jetzt auch einiges von dir ...

ÜBUNG 85

1. Wie oft hat Gisela ihre Freundin Beate seit dem Umzug besucht?

2. Was fällt Beate sofort auf, als sie sie sieht?

3. Warum treibt Gisela viel Sport?

4. Welche Spezialität hat Beate zum Kaffee besorgt?

5. Woher weiß Beate, dass Gisela sich ein Rennrad gekauft hat?

6. Worüber beklagt sich Giselas Mutter?

7. Wo hat Gisela ihren Freund Markus kennen gelernt?

8. Was für eine Wohnung hat Gisela in Berlin?

9. Was wollte Klaus wissen, als er seine Schwester anrief?

10. Weshalb haben die beiden Freundinnen noch etwas Zeit zu einem Kaffeeklatsch?

ÜBERRASCHUNG AUSDRÜCKEN

„Echter Frankfurter Kranz? Wirklich?"

- Ich habe gehört, Herr Seidel soll versetzt werden. Und zwar nach Madrid! Er soll da die neue Filiale leiten.

- Tatsächlich? Da bin ich aber überrascht! Meiner Meinung nach fehlt ihm doch die Erfahrung, finden Sie nicht? Und außerdem spricht er kein Spanisch.

- Frau Köhler, die Werkstatt hat angerufen. Ihr Auto ist morgen früh fertig.

- Was, morgen früh schon? Das ging aber schnell! Mir wurde vorgestern noch gesagt, die Reparatur würde mindestens eine Woche dauern.

- Frau Berger, haben Sie gehört, Peter und Elke Neumann haben sich letzte Woche scheiden lassen! Und das nach zwölf Jahren Ehe!

- Wirklich? Dieses Musterehepaar? Das hätte ich nie für möglich gehalten.

- Ich kann es immer noch nicht fassen! Bernhard hat seinen Job gekündigt!

- Ja, und seine Wohnung auch. Nächste Woche fliegt er angeblich nach Japan als Deutschlehrer.

- Im Ernst? Nach Japan? Na, wer hätte das gedacht!

- Hier, öffne mal den Umschlag! Eine kleine Überraschung für dich.

- Für mich? Was denn ... Opernkarten? Für die Bayreuther Festspiele! Mensch, wie hast du das bloß wieder geschafft? Die sind doch schon seit Monaten ausverkauft!

„Und ein Fahrrad **habest** du dir auch **gekauft**, habe ich gehört."

Ich habe gesagt:	*Ich habe gesagt,*
„Ich habe zuviel gegessen!"	... ich **hätte** zuviel **gegessen**.
„Wir waren gestern in Köln."	... wir **seien** gestern in Köln **gewesen**.
„Thomas rief an."	... Thomas **habe angerufen**.
Ich habe Klaus gefragt:	*Ich habe Klaus gefragt,*
„Hatten Sie Besuch?"	... ob er Besuch **gehabt habe**.
„Wer hat Ihnen das Hotel empfohlen?"	... wer ihm das Hotel **empfohlen habe**.
„Sind Sie nie 1. Klasse geflogen?"	... ob er nie 1. Klasse **geflogen sei**.

siehe Anhang S. 268

ÜBUNG 86

Beispiel: Petra wollte wissen, ob es in unserem Hotel ein Schwimmbad
   __*gegeben habe*__ . *(geben)*

1.   Herr Gerber behauptete, die Messe _____ für seine Firma einen großen
   Erfolg _____. *(bedeuten)*

2.   Herr Huber fragte, ob Herr Berger seine Bemerkung _____. *(übel nehmen)*

3.   Harald erzählte begeistert, die Wetterverhältnisse _____ ideal zum
   Ski laufen _____. *(sein)*

4.   Das Arbeitsamt erkundigte sich, ob wir schon eine geeignete Sekretärin
   _____. *(finden)*

5.   Eine Kollegin wollte wissen, ob Frau Seifert ihr Geld _____. *(bekommen)*

6.   Der Bundeskanzler sagte, die Wahlergebnisse _____ alle seine
   Erwartungen _____. *(übertreffen)*

7.   Der Chef fragte Herrn Körner, ob er sich schon einmal Gedanken über die
   Reise _____. *(machen)*

8.   Ich rief bei der Fluggesellschaft an, um zu erfahren, ob das Flugzeug aus
   Berlin _____. *(landen)*

ÜBUNG 87

Beispiele: „Ich habe Hans lange nicht gesehen."
Sonja hat gesagt, ___dass sie Hans lange nicht gesehen habe___.

„Sind Sie gestern zum See geradelt?"
Herr Schirmer fragte, ___ob ich gestern zum See geradelt sei___.

1. „Haben Sie schon als Kind soviel Sport getrieben?"
Frau Neubert wollte von mir wissen, _____.

2. „Ich bin erst um 3 Uhr schlafen gegangen."
Claudia sagte, _____.

3. „Früher spielte ich stundenlang mit Freunden Karten."
Herbert erzählte, _____.

4. „Stiegen Sie letzte Woche nicht immer an der Haltestelle Ludwigsplatz ein?"
Der Busfahrer fragte mich, _____.

5. „Wir haben uns noch immer nicht in Aachen eingelebt."
Frickes schreiben, _____.

6. „Hat sich Herr Schneider über die Blumen gefreut?"
Der Chef fragte, _____.

7. „Das Arbeitsamt hat mehrere Arbeiter geschickt."
Die Sekretärin sagte Bescheid, _____.

8. „Wer erfand das Fließband?"
Der Lehrer fragte, _____.

9. „Haben Sie die Tür hinter sich abgeschlossen?"
Meine Vermieterin fragte mich, _____.

10. „Das Geschäft hat vor zwei Jahren zugemacht."
Man hat mir gesagt, _____.

Das Fahrrad ist in Deutschland beliebter als je zuvor. Statt des Autos sieht man zunehmend Fahrräder: auf dem Lande und im dichtesten Stadtverkehr, auf dem Weg zur Schule, zur Arbeit oder zum Einkaufen. Seit Ende der 70er Jahre meldet die Fahrradindustrie Hochkonjunktur, und weit über 80 Prozent aller deutschen Haushalte besitzen mindestens eins.

Die Radfahrer haben besonders die Städte im norddeutschen Flachland erobert. Dort ist der Nahverkehr ohne Fahrräder kaum noch vorstellbar. In Münster, einer der radfahrerfreundlichsten Städte Westfalens, gibt es neben fast allen Straßen einen Radweg und sogar bewachte Fahrradparkplätze. Wegen des dichten Verkehrs ist man so auf Kurzstrecken mit dem Rad oft schneller als mit dem Auto, besonders während der Hauptverkehrszeiten. Das Abstellen des Fahrrads ist auch in der Innenstadt problemloser, in Münster wie auch sonst überall. Außerdem hat das Radfahren noch mehr Vorteile: Es ist umweltfreundlich, billig und gesund!

Aufgrund der wachsenden Radfahrwelle kommen immer neuartigere Fahrräder auf den Markt. Wer auf sich hält, radelt natürlich nicht auf einem altmodischen „Drahtesel" herum. Oft sieht man die zuverlässigen und robusten Hollandräder mit einem Drahtkorb am Lenker, in dem man seine Einkäufe verstauen kann, oder Klappräder für leichten Transport mit dem Auto. Aber immer mehr Leute leisten sich ein modernes Sport- oder Rennrad aus Aluminium mit einer 12-Gang- Schaltung.

Eine Weiterentwicklung sind die Geländeräder. Trotz ihrer Stabilität sind sie fast so leicht wie ein Rennrad. Sie haben mindestens 15 Gänge und ein verstärktes Bremssystem.

Es besteht kein Zweifel: Die neuartigen Fahrräder bieten ihren Kunden höchste Leistung und Qualität, sind aber auch entsprechend teuer. Es hat sich schon einiges geändert, seitdem unsere Großeltern und Urgroßeltern noch mit ihrem wackligen Hochrad recht zufrieden waren, oder?

ÜBUNG 88

1. Zu welchen Gelegenheiten wird in Deutschland das Fahrrad benutzt?

2. Wie ist die Marktlage in der Fahrradindustrie?

3. Wo in Deutschland sind Fahrräder besonders populär?

4. Werden Fahrräder mehr im Fernverkehr oder im Nahverkehr benutzt?

5. Was für eine fahrradfreundliche Einrichtung, außer Radwegen, gibt es in Münster noch?

6. Warum ist man mit dem Rad oft schneller als mit dem Auto?

7. Was ist für Hollandräder besonders charakteristisch?

8. Worin besteht der Vorteil eines Klapprads?

9. Was ist das Besondere an Geländerädern?

10. Welche Art von Fahrrädern gab es noch um die Jahrhundertwende?

> „**Statt des** Autos sieht man zunehmend Fahrräder."

Wegen des starken Nebels konnte das Flugzeug nicht landen.
Trotz aller Einwände wurde die Straße gebaut.
Wer hat **während des Vortrags** Notizen gemacht?
Statt der Landstraße benutzt jetzt jeder die Autobahn.
Außerhalb der Geschäftszeiten ist Helga nie zu erreichen.

siehe Anhang S. 268

ÜBUNG 89

Beispiel: Heute wird nicht **der Bundeskanzler**, sondern der Bundespräsident
sprechen. Statt _**des Bundeskanzlers**_ wird heute der Bundespräsident
sprechen.

1. **Die Verbindung** war **schlecht**. Ich musste noch einmal anrufen. Wegen
_____ musste ich noch einmal anrufen.

2. Obwohl wir **unsere Presseausweise** zeigten, wurden wir nicht in den Saal
gelassen. Wir wurden trotz _____ nicht in den Saal gelassen.

3. Wir wohnen schon seit einem Jahr nicht mehr in **der Stadt**. Jetzt wohnen
wir außerhalb _____.

4. **Die herrliche Lage** des Hotels hatte uns begeistert. Aber trotz _____ war uns
der Preis einfach zu hoch.

5. Solange **die Messe** stattfand, gab es kein freies Hotelzimmer. Während
_____ gab es kein freies Hotelzimmer.

6. **Die Besprechungen** waren **geheim**. Niemand durfte Notizen machen.
Niemand durfte während _____ Notizen machen.

7. Haben die Journalisten draußen vor **dem Gebäude** gewartet? Haben die
Journalisten außerhalb _____ gewartet?

8. Weil **die Bundestagsdebatte** so **lange** dauert, wird der Fernsehfilm
verschoben. Der Fernsehfilm wird wegen _____ verschoben.

ÜBUNG 90

Beispiel: Lothar war todmüde. Er hatte eine Strecke von 250 km bei Schnee und Eis __*a*__ .

    a. zurückgelegt   b. zurückgefahren   c. zurückgemacht

1. Kannst du mir bitte beim Kofferpacken _____ gehen? Das wäre nett.
   a. zur Hand   b. in die Hand   c. an der Hand

2. Ich habe wirklich Angst gehabt: _____ zittern immer noch die Hände!
   a. Ich   b. Mir   c. Mich

3. Klaus hat vielleicht _____! Er schließt nie seine Haustür ab!
   a. die Nerven   b. Nerven   c. einen Nerven

4. Es _____ kein Zweifel: Für eine saubere Umwelt muss sich jeder verantwortlich fühlen.
   a. hat   b. liegt   c. besteht

5. Die meisten Sportler, die etwas _____ halten, essen gesundheitsbewusst.
   a. auf sich   b. an sich   c. für sich

6. In der Zeitung stand, die Anzahl der zugelassenen Autos in Deutschland sei höher als je _____.
   a. davor   b. zuvor   c. früher

7. Unsere Eltern fragten uns gestern, ob wir uns schon einmal Gedanken _____ unsere Zukunft gemacht hätten.
   a. über   b. an   c. auf

8. Reinhardt fährt mit seinem Wagen weiterhin zu schnell. Es ist nur eine _____ der Zeit, bis er wieder einen Unfall haben wird.
   a. Frage   b. Sache   c. Angelegenheit

KAPITEL

16

Rolf Treppmann, Direktionsassistent bei ULTRASPORT, war mit seiner Frau, Helga, bei seinem Chef zum Abendessen eingeladen. Herr und Frau Siebert hatten schon eine Weile auf ihre Gäste gewartet, als das Telefon klingelte. Herr Siebert sprach kurz am Apparat und legte dann den Hörer auf.

Helmut Siebert:	Das waren Treppmanns. Sie haben eine Reifenpanne und werden sich etwas verspäten. Es könnte wohl noch 20 Minuten dauern, bis sie hier sind.
Brigitte Siebert:	Ach, die Armen! Ein Reifenwechsel bei dem Wetter? Es regnet ja in Strömen.
Helmut:	Dann haben wir ja noch ein bisschen Zeit. Hast du mir nicht den neuen „Spiegel" mitgebracht?
Brigitte:	Ja, er liegt dort auf dem Regal. ... *(Es läutet.)* Ah, da sind sie ja! Machst du auf?
Helmut:	*(Er öffnet die Tür.)* Ah, Herr und Frau Treppmann, guten Abend! Schön, dass Sie es doch noch geschafft haben ... *(Er weist auf Brigitte.)* Sie kennen ja meine Frau ...
Brigitte:	Guten Abend, Frau Treppmann ... Herr Treppmann. Wir hatten schon angefangen uns Sorgen zu machen, als Sie anriefen.

Rolf Treppman:	Guten Abend, Frau Siebert ... Herr Siebert. Haben Sie vielen Dank für die Einladung. Es tut mir Leid, dass wir uns verspätet haben. *(Er überreicht ihr einen Blumenstrauß.)* Ich hoffe, dass wenigstens die Blumen unsere Panne gut überstanden haben.
Brigitte:	Das ist aber ein hübscher Strauß, vielen herzlichen Dank! Das war doch nicht nötig.
Helga Treppman:	Entschuldigen Sie bitte die Verspätung. Zum Glück sind wir sehr zeitig losgefahren. Sonst wäre es noch später geworden.
Helmut:	Wo hatten Sie denn die Panne?
Rolf:	In der Nähe vom Flughafen! Es ging alles ganz schnell. Ich hatte gerade auf die linke Fahrspur gewechselt, da platzte ein Reifen, und der Wagen blieb liegen. Natürlich kam der ganze Verkehr ins Stocken, und das Hupkonzert hörte erst auf, als wir den Wagen von der Fahrbahn geschoben hatten.
Helga:	Und dann mussten wir bei strömendem Regen den Reifen wechseln. Ich hatte keinen Regenmantel mitgenommen, und so war ich nach zwei Minuten klatschnass.
Rolf:	Und ich hatte ausgerechnet heute meinen Regenschirm im Büro liegen lassen!
Helmut:	Na, nun setzen wir uns erst einmal. Ein kleines Schnäpschen wird nicht schaden, bis das Essen aufgetragen ist.
Rolf:	Hmmm, es riecht auch schon so einladend.

ÜBUNG 91

1. Bei wem waren Treppmanns eingeladen?

2. Warum konnten sie nicht pünktlich kommen?

3. Was möchte Herr Siebert lesen, während er auf Treppmanns wartet?

4. Was hat Rolf der Gastgeberin mitgebracht?

5. Warum war der Wagen liegen geblieben?

6. Was fingen die anderen Verkehrsteilnehmer an?

7. Warum waren Rolf und Helga so schnell durchnässt?

8. Was bietet Herr Siebert seinen Gästen vor dem Essen an?

BESORGNIS AUSDRÜCKEN

„Wir hatten schon angefangen, uns Sorgen zu machen."

- Frau Köhler, sind die Unterlagen von Rechtsanwalt Kluge noch nicht da?
- Nein, noch nicht, Herr Siebert. Ich hatte gestern schon angerufen. Sie sollen angeblich unterwegs sein.
- Merkwürdig. Ich mache mir schon ernsthaft Gedanken. Spätestens morgen Mittag brauche ich sie nämlich.

- Was ist, Herr Steinecke? Sie sehen so besorgt aus.
- Ja, mein Sohn hat sich gerade beim Fußballspielen verletzt ... und meine Frau ist im Moment mit ihm im Krankenhaus.
- Ich hoffe, es ist nichts Schlimmes?
- Das hoffe ich auch! Sie muss aber jeden Augenblick anrufen.

- Hast du vielleicht meine Brieftasche gesehen, Hilde? Ich habe schon überall gesucht!
- Nicht schon wieder, Siegfried! Wo hast du sie denn zuletzt hingelegt?
- Du, ich kann mich wirklich überhaupt nicht mehr erinnern. Ach Gott, und da waren auch noch meine ganzen Papiere drin!
- Jetzt schau nochmal sorgfältig nach! Vielleicht ist sie ja in deinem Schreibtisch!

- Ich werde langsam unruhig, Petra. Walter hatte versprochen, um sieben Uhr hier zu sein, und jetzt ist es schon halb acht!
- Na, jetzt beruhige dich mal. Der kommt doch immer zu spät! Du wirst sehen, in zehn Minuten ist er hier.
- Ja, ja, du hast wahrscheinlich Recht. Er hat bestimmt wieder den Bus verpasst.

DAS PLUSQUAMPERFEKT

„Ich **hatte** gerade auf die linke Fahrspur **gewechselt** ...”

Im Zug fiel mir ein, dass ich mein Adressbuch **vergessen hatte**.
Als wir ausstiegen, sahen wir, dass der Reifen **geplatzt war**.
Kaum **hatte** man das Essen **aufgetragen**, hielt Herr Ratjen eine Rede.
Die Karten **waren bestellt worden**, aber niemand **hatte** sie **abgeholt**.

siehe Anhang S. 268

ÜBUNG 92

Bitte setzen Sie das Plusquamperfekt ein:

Beispiel: Nachdem Kurt zwei Pfund **_abgenommen hatte_**, bestellte er schon
wieder Schweinebraten. *(abnehmen)*

1.   Wir _____ Beate von der Reise_____, aber sie fuhr trotzdem. *(abraten)*

2.   Wie die Polizei behauptete, _____ die ganze Aufregung unnötig _____.
(sein)

3.   Der Geschäftsführer stellte bei der Abrechnung zufrieden fest, dass die
Sonderangebote viele Leute _____. *(anlocken)*

4.   Ich _____ gerade einen neuen Arbeitsvertrag _____, da bot mir meine
alte Firma eine leitende Position an. *(unterschreiben)*

5.   Niemand wusste, dass Eberhard zum neuen Filialleiter _____. *(ernannt
werden)*

6.   Wer _____ nicht _____, dass die Konjunktur weiter steigen würde?
(hoffen)

7.   Der Fahrgast _____, ohne zu wissen, in welche Richtung der Bus fuhr.
(einsteigen)

8.   Es _____ schon oft _____, dass Gäste abgereist waren, ohne zu
bezahlen. *(vorkommen)*

9.   Ich _____ lange _____, bis ich endlich jemanden fand, den ich
nach dem Weg zum Hotel fragen konnte. *(herumfahren)*

10.   Nur unter Einsatz aller Kräfte _____ man den Lastwagen von der Straße
_____ können. *(schieben)*

ÜBUNG 93

Beispiele: Eberhard konnte kein Zimmer im Hotel bekommen, weil er nicht im Voraus **_gebucht hatte_** . *(buchen)*

Obwohl der Wetterbericht gutes Wetter vorhergesagt hatte, **_regnete_** es am Sonntag. *(regnen)*

1. Ich wunderte mich lange, warum Sabine nie meine Briefe beantwortete: Sie _____ schon vor Jahren von München _____. *(wegziehen)*

2. Nachdem ihr Bonus endlich überwiesen worden war, _____ Kämpers ihr Haus reparieren. *(lassen)*

3. Als Werner in Leipzig ankam, stellte er fest, dass der Blumenstrauß die Reise nicht _____. *(überstehen)*

4. Im Mai _____ ich Besuch von Friedrich, nachdem ich ihn jahrelang nicht gesehen hatte. *(bekommen)*

5. Als Uwe um 16 Uhr nicht am vereinbarten Treffpunkt erschien, wusste Heike, daß ihm etwas Wichtiges _____. *(dazwischenkommen)*

6. Wir hatten unsere Mahlzeit noch nicht ganz beendet, als _____ der nächste Kunde _____. *(sich anmelden)*

7. Das Defizit _____ in den letzten Jahren so _____, dass endlich etwas unternommen werden musste. *(wachsen)*

8. Nachdem sie ihr Studium abgeschlossen hatte, _____ Margret bei 20 verschiedenen Firmen. *(sich bewerben)*

9. Der Ober brachte Fisch, obwohl ich Käse _____. *(bestellen)*

10. Der Katalog konnte endlich gedruckt werden, nachdem alle Angestellten wochenlang Überstunden _____. *(machen)*

Ganz ohne Zweifel ist Bier das deutsche Nationalgetränk. Es gehört zu Deutschland wie Wodka zu Russland und Whisky zu Schottland.

Im ersten Jahrhundert, es haben schon die Römer davon berichtet, war Bier das typische Getränk der Germanen. Im Mittelalter dann wurde besonders von den Mönchen die Kunst des Bierbrauens entwickelt, und heute brauen noch immer mehr als 1000 deutsche Brauereien jährlich über 115 Millionen Hektoliter Bier.

Damit ist Deutschland nach den Vereinigten Staaten der zweitgrößte Bierproduzent der Welt. Der Ausfuhranteil liegt jedoch nur bei acht Prozent. Bier für den einheimischen Markt darf nur, nach dem alten „Reinheitsgebot" von 1516, mit Gerste, Hopfen, Wasser und Hefe gebraut werden. Das gilt aber nicht immer für Biere, die exportiert werden! Kein Wunder also, dass deutsches Bier im Ausland oft anders schmeckt als zu Hause. Es heißt nicht umsonst: Wer echtes deutsches Bier genießen will, muss schon nach Deutschland reisen!

Wie gesagt, die Deutschen sind große Biertrinker. Es werden durchschnittlich im Jahr um die 145 Liter Bier pro Kopf getrunken. Da es über 5000 Biermarken und -sorten zur Auswahl gibt, kann man sicher sein, den Geschmack eines jeden Bürgers zu treffen.

Außer in der Kneipe oder zu Hause trinkt man Bier auch gern zum Essen, entweder als Aperitif, weil es appetitanregend wirkt, oder zu einer deftigen Mahlzeit. Es servieren heute auch die feinsten Hotels und Restaurants Bier zum Essen. Besonders die „salonfähigen" Biersorten wie zum Beispiel Pils, Alt oder Weizenbier, selbstverständlich frisch vom Fass, konkurrieren inzwischen in den Speiselokalen mit Wein.

ÜBUNG 94

1. Bier, Whisky und Wodka sind _____.

   a   typisch für Deutschland
   b.   bekannte Nationalgetränke
   c.   am besten in Russland und Schottland

2. Die Römer wussten schon im ersten Jahrhundert, dass _____.

   a   Bier das germanische Lieblingsgetränk war
   b.   Bierbrauen eine Kunst war
   c.   besonders die Mönche Bier trinken

3. _____ wurde aber erst im Mittelalter entwickelt.

   a   Das Reinheitsgebot
   b.   Die Kunst der Mönche
   c.   Die Kunst des Bierbrauens

4. Deutsches Bier schmeckt im Ausland oft anders, _____.

   a   weil es mit Wasser und Hefe gebraut wurde
   b.   weil es nie nach dem Reinheitsgebot gebraut wurde
   c.   weil es für den Export kein Reinheitsgebot gibt

5. Deutschland ist der zweitgrößte Bierproduzent der Welt wegen _____.

   a   seines Ausfuhranteils von 8%
   b.   seiner Produktion von über 115 Millionen Hektolitern
   c.   des hohen Konsums der Reisenden

6. Für jeden Geschmack gibt es _____.

   a   salonfähiges Bier
   b.   die entsprechende Biermarke oder -sorte
   c.   durchschnittlich 145 Liter Bier

„**Es servieren** heute auch die feinsten Hotels ..."

> **Es waren** gestern viele Besucher im Theater.
> **Es spielt** irgendwo jemand Saxophon.
> **Es wurde** um 1900 ganz anders **gebaut** als heute.

ÜBUNG 95

*Beginnen Sie den Satz mit **es**:*

Beispiele: Zwei Bewerber haben sich vorgestellt.
             Es haben sich zwei Bewerber vorgestellt.

             Man wählte gestern den neuen Präsidenten.
             Es wurde gestern der neue Präsident gewählt.

1. Niemand meldet sich unter dieser Nummer.

2. Man übertrug die meisten sportlichen Wettkämpfe im Fernsehen.

3. Ich glaube, jemand hat Ihnen einen Streich gespielt.

4. Nicht jeder eignet sich zum Bergsteigen.

5. Man lachte, tanzte und trank viel an dem Abend.

6. Man wird mir beim Vorstellungsgespräch bestimmt viele Fragen stellen.

7. Mir passieren manchmal die merkwürdigsten Geschichten.

8. Man treibt nicht nur Sport, sondern man unternimmt auch viele Reisen in diesem Verein.

9. Mehrere Kandidaten kamen in Frage, aber man stellte dann doch Frau Krenz ein.

10. Man hatte Herrn Mehring die Leitung der Bonner Filiale versprochen!

ÜBUNG 96

Beispiel: Es war ganz still im Haus; kein **Laut** war zu hören. Plötzlich __*läutete*__ das Telefon.

1. Die _____ des Hauses am Berg ist ja hübsch, aber das Haus am Meer **liegt** schöner.

2. _____ habe ich im Augenblick kein Geld; dass ich dieses schöne Bild nicht kaufen kann, tut mir sehr **Leid**.

3. Im Sommer **trinkt** man viel, wenn es heiß ist, und ein kaltes _____ schmeckt meistens am besten.

4. Die Kundin hatte Schwierigkeiten, eine _____ zu treffen, aber schließlich **wählte** sie ein ärmelloses Sommerkleid.

5. Ich glaube, an dem _____ meines Telefons ist etwas nicht in Ordnung: Ich kann Ihre Stimme kaum **hören**.

6. Seit Herr Steffens wieder **gesund** ist, trinkt er keinen Alkohol mehr. Er passt jetzt sehr auf seine _____ auf.

7. Als wir im Sommer um den Bodensee _____, hatte ich eine Reifenpanne an meinem Fahr**rad**.

8. Frau Schallers Flugzeug hat **Verspätung**, wir wollen aber trotzdem auf sie warten und dann _____ zum Abendessen gehen.

9. Jeder kann es **verstehen**, dass Klaus mehr Geld verdienen möchte. Aber niemand hat _____ dafür, dass er dauernd Urlaub macht.

10. 7,86 m im Weitsprung waren eine gute **Leistung** für den Sportler. Wenn er noch mehr trainiert, wird er noch mehr _____ können.

11. Das **Angebot** des Hotels in Garmisch ist nicht billig, aber dafür _____ es allen Komfort und einen herrlichen Blick auf die Berge.

12. Wenn man das Fahrrad nach links oder rechts **lenken** will, sollte man die Hände am _____ haben.

KAPITEL

17

Günter Meinrat hat ein Verkaufsgespräch mit Herrn Fürstner, dem Geschäftsführer einer großen österreichischen Ladenkette in Salzburg, vereinbart. Meinrat möchte, dass sein Chef an diesem Gespräch teilnimmt. Deshalb ruft er ihn in Frankfurt an.

Meinrat: Herr Siebert, ich halte es für sehr wichtig, dass Sie am nächsten Montag bei den Verhandlungen dabei sind, denn das würde unsere Position enorm stärken. Wie Sie wissen, leitet Fürstner über 40 Sportgeschäfte. Ein Abschluss mit ihm könnte für uns den Durchbruch auf dem österreichischen Markt bedeuten.

Siebert: Da bin ich ganz Ihrer Meinung, Herr Meinrat. Aber ich bin überrascht, dass das Treffen so kurzfristig stattfinden soll. Ich dachte, der Einkauf für die kommende Saison wäre schon abgeschlossen.

Meinrat: Eigentlich ist er das auch, aber Fürstner hat unsere Sportkleidung erst vor ein paar Tagen auf der Sportmesse gesehen, und er war so begeistert davon, dass er sie vielleicht noch für die kommende Saison in seine Kollektion aufnehmen will.

Siebert: Hm, das hört sich ja an, als hätten wir gute Karten.

Meinrat:	So sehe ich das auch. Er sagte, er wolle erst einmal in Salzburg den Markt testen. Wenn sich unsere Artikel dort so gut verkaufen wie er hofft, dann wird er sie wohl im Herbst in allen seinen Geschäften führen. Er interessiert sich besonders für unsere Wanderausrüstung. Ich habe ihm zugesagt, dass wir ihm bis Freitagnachmittag einige Muster zur Ansicht liefern würden.
Siebert:	Das dürfte kein Problem sein, denn morgen ist sowieso eine Lieferung nach Berchtesgaden geplant. Von da aus ist es nur ein Sprung nach Salzburg.
Meinrat:	Übrigens, Fürstner ist ein begeisterter Wanderer. Als er mir das erzählte, habe ich ihn sofort gefragt, ob er unsere Ausrüstung nicht selbst ausprobieren möchte. Er sagte, er werde das mit Vergnügen tun und hat mir gleich seine Schuhgröße und Kleidergröße genannt.
Siebert:	Donnerwetter, Ihnen hängen die Trauben auch nicht zu hoch, was? Ein geschickter Schachzug von Ihnen! Nun schicken Sie ihm aber auch unsere besten Modelle, und vielleicht fragen Sie ihn, ob die Familie auch wandert.
Meinrat:	Gute Idee! Ach ja, und dann sagte er, er werde unsere Wanderausrüstung noch vor unserem Gespräch ausprobieren!
Siebert:	Nun, wenn das so ist, sollten wir das Eisen schmieden, solange es heiß ist. Also, Sie können am Montag mit mir rechnen!

ÜBUNG 97

1. Warum ruft Herr Meinrat seinen Chef an?

2. Wer ist Herr Fürstner?

3. Wo hat Herr Fürstner die Produkte von ULTRASPORT gesehen?

4. Wie haben sie ihm gefallen?

5. Was wird Herr Fürstner tun, bevor er sich für einen Großauftrag entscheidet?

6. Wofür interessiert er sich besonders?

7. Was hat ihm Herr Meinrat versprochen?

8. Was hat die Lieferung nach Berchtesgaden mit Salzburg zu tun?

9. Was schlägt Herr Siebert Herrn Meinrat vor?

10. Wer wird Herrn Meinrat nach Salzburg begleiten?

KOMPLIMENTE MACHEN

„Das war eine blendende Idee!"

– Meinen Glückwunsch zu Ihrer Beförderung, Herr Meinrat.
  Da hat Herr Siebert genau den richtigen Mann für die neue
  Position gefunden.

– Vielen Dank, Herr Treppmann. Sehr freundlich von Ihnen.

– Frau Steidler, ich habe gerade Ihre neuesten Entwürfe gesehen
  und finde sie hervorragend! Wirklich!

– Es freut mich, dass sie Ihnen gefallen, Herr Berger. Herzlichen
  Dank für die lobenden Worte.

– Haben Sie eine neue Bluse, Frau Hansen? Die steht Ihnen aber
  wirklich sehr gut.

– Danke, Frau Marquard, mir gefällt sie auch. Meine Tochter hat
  sie mir ausgesucht.

– Frau Williams, Ihr Deutsch ist wirklich ausgezeichnet. Man
  könnte fast meinen, Sie wären Deutsche.

– Vielen Dank für das Kompliment. So gut ist es nun auch wieder
  nicht. Ich bin schon froh, wenn ich mich einigermaßen ver-
  ständlich machen kann.

– Ein tolles Auto hast du da, Rainer! Gratuliere!

– Gefällt's dir? Es war auch nicht gerade billig! Ich habe ein
  Vermögen dafür bezahlt!

„Er sagte, er **werde** das mit Vergnügen **tun**."

Herr Döring hat gesagt: „Ich **werde** am 5. Mai in Genf **verhandeln**."	*Er hat gesagt,* ... dass er am 5. Mai in Genf **verhandeln werde**.
Er hat gefragt: „**Werden** wir Uwe auf dem Golfplatz **treffen**?	*Er hat gefragt,* ... ob sie Uwe auf dem Golfplatz **treffen würden**.

siehe Anhang S. 268

ÜBUNG 98

Beispiel: „Sie werden kein besseres Angebot finden!"
Der Verkäufer behauptete, dass _**ich kein besseres Angebot**_
**finden würde** .

1. „Sie werden in dieser Angelegenheit noch von mir hören!"
   Herr Reuter hat dem Angestellten ärgerlich zugerufen, dass _____.

2. „Unsere Eltern werden den Aufenthalt in der Toskana genießen."
   Heike und Klaus sagen, dass _____.

3. „Wird Ihre Versicherung die Reparaturkosten übernehmen?"
   In der Werkstatt fragte man den VW-Fahrer, ob _____.

4. „Wann werden Sie die neue Stelle antreten?"
   Ich habe Frau Spörl gefragt, wann _____.

5. „Die Firmenleitung wird hoffentlich meinen Rat befolgen."
   Dr. Decker schrieb, dass _____.

6. „Bei dem Gehalt wird Frau Huber den Umzug in Kauf nehmen."
   Der Geschäftsführer meint, das _____.

7. „Wann wird die Hauptstraße endlich breiter gemacht werden?"
   Die Gemeindezeitung stellte die Frage, _____?

8. „In der Hauptverkehrszeit werde ich eine Stunde zum Flughafen brauchen."
   Der Taxifahrer hat behauptet, dass _____.

Herr Riemer hat gesagt:	*Er hat gesagt,*
„Früher **regnete** es viel."	
„Früher **hat** es viel **geregnet**."	dass es früher viel **geregnet habe**.
„Früher **hatte** es viel **geregnet**."	
„Gerd **kam** um 5 Uhr."	
„Gerd **ist** um 5 Uhr **gekommen**."	dass er um fünf Uhr **gekommen sei**.
„Gerd **war** um 5 Uhr **gekommen**."	
„Wir **gehen** jede Woche ins Kino."	dass sie jede Woche ins Kino
„Wir **werden** jede Woche ins Kino **gehen**."	**gehen würden**.

siehe Anhang S. 268

ÜBUNG 99

Beispiel: „Mein Wagen ist mitten auf der Kreuzung liegen geblieben."
Kai erzählte, ***daß sein Wagen mitten auf der Kreuzung liegen
geblieben sei*** .

1.   „Die Konkurrenz hat sich schon über den Markt informiert."
Herr Binder sagte, dass _____.

2.   „Wir liefern fast täglich nach Bremen."
Firma Wolters hat gesagt, dass _____.

3.   „Frau Gessler wird ihre Zeugnisse zum Termin mitbringen."
Die Sekretärin richtete ihrem Chef aus, dass _____.

4.   „Ist die Entscheidung schon gefallen?"
Ein Bewerber fragte, ob _____.

5.   „Ich werde mich in Dresden bestimmt bald einleben."
Holger schreibt, dass _____.

6.   „Im letzten Moment war uns doch noch etwas dazwischengekommen."
Färbers entschuldigten sich damit, dass _____.

7.   „Wo fanden die letzten Olympischen Spiele statt?"
Uwe hat mich gefragt, _____.

8.   „Der graue Anzug steht meinem Mann sehr gut."
Frau Härtel meint, dass _____.

Seit einer halben Stunde versuchen Sie, einen dringenden Anruf zu erledigen, aber die Leitung ist ständig besetzt. Wie reagieren Sie? Regen Sie sich auf und knallen den Hörer auf die Gabel? Oder bleiben Sie ruhig und versuchen es noch einmal? Gehören Sie zu Typ A oder Typ B? Aufgrund wissenschaftlich durchgeführter Untersuchungen haben Psychologen die Menschen nämlich je nach Verhaltensweise in diese zwei Gruppen eingeteilt.

Menschen des Typ A übernehmen viel Verantwortung. Sie setzen sich knappe Fristen, um ihren vollen Terminplan einhalten zu können. Normalerweise sind sie in Eile und warten nicht gern. Bei Kleinigkeiten sind sie schnell verärgert und reagieren oft übersteigert. Entspannung ist für sie ein nie gehörter Begriff. Vor lauter Arbeit verpassen sie sogar manchmal ihre ohnehin zeitlich knapp bemessenen Mahlzeiten. Darunter leiden dann natürlich auch ihre sozialen Verpflichtungen. Kurzum, ihr Leben ist voller Hektik und Spannung.

Leute des Typ B sind das genaue Gegenteil. Sie bleiben eher gelassen und drängen sich nicht nach verantwortungsvollen Aufgaben. Kommen sie einmal ein paar Minuten zu spät zur Arbeit, ist das kein großes Unglück. Am Arbeitsplatz machen sie in Ruhe ihre Mittagspause, und nach Feierabend schalten sie ab. Dem nicht vom Eifer getriebenen Typ B geht seine Freizeit über alles.

Beide Typen besitzen ihre Vorteile. Der ehrgeizige Typ A kommt oft beruflich schneller weiter, und sein materieller und sozialer Status wächst. Leider geht das aber oft auf Kosten des Familienlebens und der persönlichen Gesundheit. Der nicht vom Stress geplagte Typ B hingegen ist weniger anfällig für Herzkrankheiten, denn der berufliche Erfolg steht bei ihm nicht an erster Stelle.

Die meisten Menschen jedoch sind eine Mischung aus A und B. Überlegen Sie mal: Zu welchem der gerade beschriebenen Typen würden Sie sich zählen? Und gibt es nicht Eigenschaften der anderen Gruppe, die auch auf Sie zutreffen?

ÜBUNG 100

Beispiel: Menschen des Typ A lassen sich schnell aus __*b*__ bringen.

a. der Verantwortung   **b. der Ruhe**   c. der Entspannung

1. Die Menschen wurden von ＿＿ je nach Verhaltensweise in Typ A oder Typ B eingeteilt.
    a. Untersuchungen   b. Gruppen   c. Psychologen

2. Für den Typ A sind Entspannung und Feierabend ＿＿.
    a. viel Verantwortung   b. voller Terminpläne   c. ein nie gehörter Begriff

3. Weil Typ A immer in Eile ist, ist seine Mittagspause oft ＿＿.
    a. voller Spannung   b. knapp bemessen   c. leicht einzuhalten

4. Beruflicher Erfolg geht bei Typ A nicht selten ＿＿ seiner Gesundheit.
    a. auf Kosten   b. über alles   c. an erster Stelle

5. Das Leben von Typ B verläuft weniger ＿＿ als das von Typ A.
    a. leidend   b. übersteigert   c. unglücklich

6. ＿＿ ist für Typ B nicht so wichtig wie für Typ A.
    a. Familienleben   b. Erfolg im Beruf   c. Eine Verpflichtung

„Dem nicht **vom Eifer getriebenen** Typ B geht seine Freizeit über alles."

Die **oben angegebene** Adresse gilt schon lange nicht mehr.
Wir konnten die **streng bewachte** Fabrikanlage nicht betreten.
Heute habe ich die **vor Jahren geschriebenen** Briefe wieder gelesen.

ÜBUNG 101

Beispiel: Die Mieter waren neu eingezogen.
Die   *neu eingezogenen Mieter*   waren sehr laut.

1.   Die Firma wurde von meinen Eltern gegründet.
Ich werde die _____ übernehmen.

2.   Die Architektin ist staatlich geprüft.
Die _____ hat mir ihre Visitenkarte gegeben.

3.   Das Bier wird von den Mönchen gebraut.
Das _____ verkauft sich gut.

4.   Das Treffen ist mit Herrn Lorenz vereinbart worden.
Leider muss das _____ verschoben werden.

5.   Das Konzert wurde von den Kritikern gefeiert.
Das _____ hat Herrn Stöhr nicht gefallen.

6.   Die Bedingungen wurden nur nebenbei erwähnt.
Haben Sie die _____ gehört?

7.   Die Schule ist erst nach langen Diskussionen gebaut worden.
Hier steht die _____!

8.   Frau Schröder hatte den Brief mit Mühe übersetzt.
Der von Frau Schröder _____ war nirgendwo zu finden.

9.   Der Bewerber war in Rom ausgebildet worden.
Man entschied sich für den _____.

10.   Sie haben die Reise kurzfristig gebucht.
Hat alles auf Ihrer _____ gut geklappt?

ÜBUNG 102

Beispiel: (Mit / Bei / An)
             **Bei** diesem Wetter kommen Michaela ein paar Tage Urlaub gerade
             recht.

1. *(an / bei / in)*
    Herr Besenbruch kennt sich auf dem Asienmarkt aus. Ich bin dafür, dass er
    _____ der Besprechung in Hongkong teilnimmt.

2. *(nach Essen / in Essen / Essen)*
    Wenn Sie in Bern gelandet sind, rufen Sie bitte sofort _____ an!

3. *(bei ... dabei / an ... daran / mit ... damit)*
    Unser bester Fußballspieler ist heute noch krank, aber am Sonntag wird er
    _____ dem Meisterschaftssspiel _____ sein.

4. *(über / von / mit)*
    Meine Kollegen waren begeistert _____ den Fotos aus meinem Urlaub.

5. *(für / zur / um)*
    Frau Hansen, können Sie bitte Herrn Meinrat die Werbeunterlagen _____
    Prüfung schicken?

6. *(An der / Um die / An den)*
    _____ Jahrhundertwende wurden bereits benzingetriebene Fahrzeuge
    gebaut.

7. *(für / auf / in)*
    Der Direktor hat einen neuen Schüler _____ die Schule aufgenommen.

8. *(dafür / daran / dazu)*
    Helga, bitte sorgen sie _____, dass die Post heute noch abgeschickt wird!

9. *(für / an / in)*
    Mein Bruder interessiert sich _____ Luftpostbriefmarken.

10. *(ein / hinein / mit)*
    Der neue Abteilungsleiter teilte die Mitarbeiter in zwei Teams _____.

KAPITEL

18

Herr Siebert muss kurzfristig nach Zürich zu einer Besprechung. Er hat Frau Köhler, seine Sekretärin, gebeten ihm Schweizer Franken zu besorgen. Um 16.30 Uhr ruft sie bei der Bank an, um das Geld zu bestellen.

Angestellter:	Tut mir Leid, aber Franken sind uns gerade ausgegangen.
Köhler:	Wie bitte? Das darf doch wohl nicht wahr sein! Wie ist denn so was möglich?
Angestellter:	Sie haben wirklich Pech. Vor fünf Minuten hat ein Kunde eine größere Summe in Schweizer Währung gekauft. Wie ich höre, soll aber schon nachbestellt worden sein.
Köhler:	Aha, und wann kann damit gerechnet werden?
Angestellter:	Normalerweise kommt morgens zwischen 11 und 12 Uhr die Lieferung.
Köhler:	Wie ärgerlich! Das nützt mir nichts. Ich brauche die Franken morgen früh, spätestens um 10 Uhr.
Angestellter:	Tja, dann sollten Sie vielleicht zu unserer Filiale am Bahnhof gehen. Dort muss immer eine größere Menge auf Vorrat gehalten werden. Soll ich mal anrufen und fragen, wie viel sie vorrätig haben?

Köhler:	Zum Bahnhof? Aber da müsste ich ja quer durch die Stadt fahren. Und das mitten in der Hauptverkehrszeit?
Angestellter:	Nun, Sie können es ja erst einmal bei einer anderen Bank hier in der Nähe versuchen. Ich bin sicher, dass Sie Ihre Franken reibungslos bekommen. Normalerweise haben wir ja auch immer genug da ...
Köhler:	Ja, das ist wahr. Und wenn alle Stricke reißen, bleibt mir noch die Wechselstube der Post am Flughafen. Aber ich hätte wirklich nicht gedacht, dass es so schwierig ist, ein paar hundert Euro in Franken zu wechseln!
Angestellter:	Ja, wissen Sie, besonders in der Urlaubszeit ist es bei größeren Sortenkäufen immer ratsam, ein paar Tage vorher die Bank anzurufen. Dann kann das Geld für Sie beiseite gelegt werden.
Köhler:	Ich weiß das wohl, aber man kann eben nicht immer so vorplanen, wie man gern möchte!
Angestellter:	Das ist wirklich schade. Ich könnte Ihnen jede Menge Dollars geben, Rubel, englische Pfunde, japanische Yen ...
Köhler:	Klar. Bloß leider fährt mein Chef nach Zürich und nicht nach Japan!

ÜBUNG 103

1. Wozu braucht Herr Siebert Schweizer Franken?

2. Warum sind die Franken ausgegangen?

3. Wann werden Sorten normalerweise geliefert?

4. Warum kann Frau Köhler nicht auf die nächste Lieferung warten?

5. Warum will der Angestellte bei der Filiale am Bahnhof anrufen?

6. Warum hat Frau Köhler keine Lust, zum Bahnhof zu fahren?

7. Wo gibt es bestimmt immer genug Franken?

8. Warum sollte man bei Sortenkäufen immer vorher die Bank anrufen?

9. Und warum hat Frau Köhler die Bank nicht vorher angerufen?

10. Warum nützen ihr andere Währungen nicht viel?

„Ich bin sicher, dass Sie Ihre Franken bekommen."

– Was meinen Sie, Herr Direktor, sollen wir Herrn Eiffert die Leitung der Werbeabteilung übertragen?

– Da besteht gar kein Zweifel! Er ist nicht nur kreativ, sondern er hat auch ausgezeichnete Führungsqualitäten.

– *(am Telefon)* Guten Tag. Wissen Sie, ob die Maschine aus New York pünktlich angekommen ist?

– Das kann ich Ihnen genau sagen. Einen Moment bitte ... Ja, Punkt 16.32 Uhr!

– *(in der Reinigung)* Ich möchte den Mantel hier zum Reinigen abgeben. Aber spätestens bis Freitag brauche ich ihn wieder! Geht das?

– Bis Freitag? Aber natürlich! Übermorgen ist er garantiert fertig! Sie können sich darauf verlassen.

– Frau Petersen, Brigitte Wieland hat ja nächste Woche Geburtstag. Wissen Sie zufällig, wie alt sie wird?

– 27, da bin ich mir ganz sicher! Ich habe es nämlich von ihrem Bruder Helmut erzählt bekommen.

– Ich muss nochmal kurz zum Postamt, Ulli.

– Aber die Post hat doch schon zu!

– Weißt du das genau? Ich dachte, die schließen erst um halb sechs.

– Hundertprozentig! Um fünf Uhr ist dort Feierabend!

> „... und wann **kann** damit **gerechnet werden**?"

ÜBUNG 104

A. Präsens oder Imperfekt?

Beispiele: In Deutschland __*müssen*__ alle Autos __*versichert werden*__.
(versichern müssen)

Ein Treffen __*konnte*__ gestern nicht mehr __*vereinbart werden*__.
(vereinbaren können)

1. Früher _____ jeder Besucher _____. *(anmelden müssen)*

2. Die Parkanlagen _____ ab sofort nicht _____. *(betreten dürfen)*

3. _____ jetzt der nächste Bewerber _____? *(aufrufen können)*

4. Der Chef _____ gestern von niemandem _____. *(stören wollen)*

5. Diese Akten _____ heute nicht mehr _____. *(kopieren müssen)*

6. Der Weltmeister im Boxen _____ letzte Woche _____. *(herausfordern sollen)*

B. Perfekt oder Futur?

Beispiele: Die alte Kirche __*wird*__ nächstes Jahr endlich __*restauriert werden können*__. *(restaurieren können)*

Die Angelegenheit __*hat*__ bis ins Detail __*verfolgt werden müssen*__. *(verfolgen müssen)*

1. Dem Kollegen _____ gestern ein Streich _____. *(spielen sollen)*

2. Ausländische Zeugnisse _____ in Zukunft _____. *(anerkennen können)*

3. Bernhard _____ im letzten Urlaub nicht mit Geschäftsproblemen _____. *(belasten wollen)*

4. Nächste Woche _____ der Teppich _____. *(reinigen müssen)*

5. Der Bericht _____ bald _____. *(schreiben können)*

6. Unsere letzte Reise _____ lange _____. *(planen müssen)*

ÜBUNG 105

Beispiel: Man kann **den Artikel** ungekürzt drucken.
Der Artikel kann ungekürzt gedruckt werden.

1. Man muss jetzt schon um fünf Uhr **das Licht** anschalten.

2. Konnten Sie **das Projekt** gestern noch fertig stellen?

3. Du wirst **die Gläser** für den Umzug gut verpacken müssen.

4. Man sollte für das Produkt **mehr Werbung** machen.

5. Durfte der Kunde **die Steroanlage** im Geschäft ausprobieren?

6. Jemand muss **den Schlüssel** mitgenommen haben.

7. Man hätte **diesen Kandidaten** nicht einstellen dürfen.

8. Nur der Programmdirektor darf **die Sendezeiten** ändern.

9. Haben Sie **Herrn Bauer** überzeugen können?

10. Der Angestellte sollte **genügend Franken** zurücklegen.

„Zehn Kilometer Stau am Autobahnkreuz Karlsruhe-Durlach!". „Am Grenzübergang Kiefersfelden circa 45 Minuten Wartezeit!". „Wegen hohen Verkehrsaufkommens zehn Kilometer zähflüssiger Verkehr mit Stillstand rund ums Frankfurter Kreuz!"

Diese Verkehrsdurchsagen im Radio beschreiben kurz und bündig den Alltag auf den deutschen Autobahnen. Während der Ferienzeiten ist es am schlimmsten! Um dem ständig wachsenden Chaos auf den Straßen zu entgehen, hat natürlich jeder sein sicheres Rezept. Über die passendste Strecke und die günstigste Abfahrtzeit hat man sich schon Wochen zuvor den Kopf zerbrochen. Aber das war wohl reine Zeitverschwendung. So wie tausend andere sitzt der erholungssuchende Urlauber jetzt bei schönem Wetter und stehendem Verkehr in seinem voll gepackten Wagen, immer wieder, jedes Jahr.

Manche regen sich natürlich auf und können sich kaum beruhigen. Ihre Finger trommeln auf dem Lenkrad, bis sie schließlich vor Ungeduld auf die Hupe drücken. Andere versuchen das Beste daraus zu machen. Man kurbelt die Fenster herunter und beginnt, sich mit seinem „Nachbarn" zu unterhalten. Dann dauert es meistens nicht lange, bis man sich gegenseitig Getränke anbietet. Selbstgebackenes wird herumgereicht, und Adressen werden ausgetauscht. Irgendwann wird sich dieser Verkehrsstau schon auflösen, darin sind sich alle einig.

Aber verwechseln Sie bloß nicht Geduld mit Vergnügen. So unterhaltsam das geteilte Leid auch scheint, am Ende zieht es doch jeder vor, gemütlich bei frisch dampfendem Kaffee im Lokal zu sitzen, in der Sonne zu liegen oder im Meer zu baden.

ÜBUNG 106

1. Womit muss man an Grenzübergängen rechnen, wenn man mit dem Auto in Urlaub fahren will?

2. Wo kann man erfahren, wie die Verkehrslage auf den Autobahnen ist?

3. Wann ist der Verkehr auf den Autobahnen besonders dicht?

4. Was überlegen sich viele Ferienreisende wochenlang vor der Abfahrt?

5. Haben die Vorbereitungen viel genützt?

6. Warum hupen manche Fahrer bei stehendem Verkehr?

7. Was, außer Hupen, kann man in einem Verkehrsstau aber auch tun?

8. Warum kurbeln viele Urlauber ihre Fenster herunter?

9. Was tauscht man dann gegenseitig aus?

10. Worin sind sich alle, trotz der oft freundlichen Atmosphäre, einig?

11. Was sollte man deshalb nicht miteinander verwechseln?

12. Was ist immer noch besser als Unterhaltung und Selbstgebackenes im Autobahnstau?

ERWEITERTES PARTIZIP PRÄSENS

„Um dem **ständig wachsenden** Chaos auf den Straßen zu entgehen ...."

Die **auf der Messe ausstellenden** Firmen stehen im Messekatalog.
Das **im Hafen liegende Schiff** ist aus Finnland.
Ich konnte das **laut jubelnde Publikum** im Stadion hören.

ÜBUNG 107

Beispiel: Die Gäste, **die neu eintrafen**, hatten viel Gepäck.
Die neu eintreffenden Gäste hatten viel Gepäck.

1. Herr Kunkel bringt seiner Frau Blumen mit, **die herrlich duften**.

2. Ich sah den Wagen, **der langsam vorbeifuhr**, an der Ecke halten.

3. Frau Emmert hat ein Programm zusammengestellt, **das den Abend füllt**.

4. Die Fluggäste, **die aus Rom ankommen**, werden gebeten, ihr Gepäck am Gepäckband 20 abzuholen.

5. Was soll man bei dem Wetter, **das ständig wechselt**, bloß anziehen?

6. Die Sendung, **die auf die Nachrichten folgt**, ist für Kinder nicht geeignet.

7. Die Sekretärin, **die den ganzen Tag am Computer sitzt**, hat Rückenschmerzen.

8. Der Gast, **der sich im Garten entspannte**, wurde ans Telefon gerufen.

9. Ich beobachte die Passanten, **die durch die Stadt bummeln**.

10. Die Regeln, **die der Sicherheit dienen**, müssen befolgt werden.

ÜBUNG 108

Beispiel: Als das Telefon läutete, nahm Herr Winkler den Hörer __*a*__ .
                a. ab   b. an   c. zu

1. Diesen Sonntag werde ich im Stadion meine Lieblingsmannschaft ____.
    a. einfeuern   b. anfeuern   c. auffeuern

2. Im Verkehr muss man ____ die anderen Autofahrer aufpassen.
    a. über   b. an   c. auf

3. Haben Sie sich am Sonntag Morgen ____?
    a. übergeschlafen   b. eingeschlafen   c. ausgeschlafen

4. Dieser Blumenstrauß sieht schön ____.
    a. aus   b. zu   c. an

5. Die neue Werbekampagne wird sich ____.
    a. auszahlen   b. aufzahlen   c. einzahlen

6. Mein Brief bezieht sich ____ Zeitungsannonce.
    a. zu der   b. auf die   c. an die

7. Ich werde mir ____ Vorschlag überlegen.
    a. an Ihren   b. Ihren   c. von Ihrem

8. Die Firma hat sich auf die neue Marktlage ____.
    a. angestellt   b. eingestellt   c. aufgestellt

9. In schlechten Zeiten fürchten viele Leute ____ Stelle.
    a. um ihre   b. wegen ihrer   c. über ihre

10. Dieses Buch gehört ____ Vater.
    a. zu meinem   b. meinem   c. meinen

11. Ich glaube ____ im Menschen.
    a. an den Guten   b. an das Gute   c. an die Guten

12. Der Preis für Kaffee ist ____ Hälfte gefallen
    a. an die   b. bei der   c. um die

KAPITEL

19

Freitag, am späten Nachmittag. Helga Treppmann hat ein paar Tage Urlaub. Sie liegt auf dem Sofa und liest, als ihre Schwester Gabriele vorbeikommt.

Gabriele: Wie wär's, es ist so schön draußen, wollen wir nicht eine Partie Tennis spielen?

Helga: Da muss ich dich leider enttäuschen. Ich bin viel zu kaputt. Ich habe nämlich heute Morgen schon Tennis gespielt. Und rate mal, was mir dabei passiert ist!

Gabriele: Dein Trainer hat dir gesagt, du solltest regelmäßig trainieren ...?

Helga: Das wäre ja nichts Neues! Nein, ich habe im Klubturnier gegen Inge Wilms gespielt. Du weißt schon: die mit dem harten Aufschlag. Ihr Bruder ist Tennislehrer, und sie ist eine der besten Spielerinnen in unserem Verein.

Gabriele: Und wie hoch hast du verloren?

Helga: Verloren? Gewonnen habe ich! Bevor es losging, machten noch alle ihre Witze. Und Inge sagte, sie wolle mir mal zeigen, wie schnell so ein Satz gespielt werden könne.

Gabriele: Aber wie hast du es denn nur geschafft, sie zu schlagen?

Helga:	Ach, weißt du, mich überkam plötzlich der Ehrgeiz, und ich habe gekämpft wie ein Weltmeister. Nur den ersten Satz konnte sie gewinnen, danach habe ich sie mit meiner Vorhand und mit Flugbällen kreuz und quer über den Platz gejagt. Je länger wir spielten, desto mehr kam ich in Fahrt.
Gabriele:	Du musst ja wirklich schwer in Form gewesen sein! Was für ein Erfolgserlebnis! Hast du sie wenigstens nach deinem Sieg gefragt, ob du ihr vielleicht ein paar Tricks zeigen solltest?
Helga:	Schade, auf die Idee bin ich gar nicht gekommen. Sie war nach dem Spiel auch sofort verschwunden. Die anderen meinten, sie könne eben Niederlagen sehr schlecht ertragen.
Gabriele:	Na ja, nicht jeder ist ein guter Verlierer. Und wie fühlst du dich jetzt, als neuer Champion?
Helga:	Frag nicht so scheinheilig! Alle Knochen tun mir weh! Morgen komme ich bestimmt vor Muskelkater nicht aus dem Bett.
Gabriele:	Brauchst du ja auch nicht. Morgen ist Samstag, und du kannst dich das ganze Wochenende auf deinen Lorbeeren ausruhen!

ÜBUNG 109

1. Warum arbeitet Helga Treppmann heute nicht?

2. Was tut sie gerade?

3. Wonach wird sie von ihrer Schwester Gabriele gefragt?

4. Wie ist das Wetter?

5. Warum hat Helga keine Lust zu spielen?

6. Als was ist Inge bekannt im Tennisklub?

7. Wie viele Sätze hat Helga gegen Inge verloren?

8. Warum blieb Inge nicht nach dem Spiel?

9. Wie fühlt sich Helga nach ihrem Sieg?

10. Warum braucht sie am nächsten Tag nicht arbeiten zu gehen?

SICH BESCHWEREN

„Ich glaube, da ist Ihnen ein Fehler unterlaufen."

- *(im Hotel)* Entschuldigen Sie, bitte, ich hätte gerne die Rechnung für Zimmer 103.
- Selbstverständlich gern, gnädige Frau. Ich hoffe, Sie hatten einen angenehmen Aufenthalt.
- Eigentlich ja, bis auf eine Kleinigkeit. Das Wasser wurde manchmal gar nicht richtig warm.
- Oh? Das tut mir sehr Leid. Ich werde das sofort in Ordnung bringen lassen.

- *(im Geschäft)* Die Hose habe ich letzte Woche hier gekauft! Bei der ersten Wäsche hat sie sich total verfärbt! Das dürfte doch eigentlich nicht sein, oder?
- Lassen Sie mal sehen ... ah, wirklich, Sie haben Recht! Hier steht *farbecht*. Wenn Sie wollen, kann ich sie Ihnen ohne weiteres umtauschen. Oder möchten Sie lieber eine Gutschrift?

- Hören Sie, dieses Fernsehgerät wurde vor kurzem bei Ihnen repariert, und jetzt ist es schlimmer als vorher!
- Was stimmt denn nicht?
- Schon wieder dasselbe: Es kommt kein Bild! Und außerdem ist auch der Ton jetzt kaum noch zu hören!

- Vielen Dank nochmal, dass du mir letzte Woche dein Auto geliehen hast, Karl-Heinz.
- Bitte. Aber das tue ich bestimmt so schnell nicht wieder! Deinetwegen hatte ich am nächsten Tag eine Menge Ärger!
- Wieso, was war denn?
- Der Benzintank war fast leer! Du hättest wenigstens ein paar Liter nachfüllen können!

„Die anderen meinten, sie **könne** eben Niederlagen sehr schlecht **vertragen.**"

Der Tennislehrer sagt, ich **solle** mehr **trainieren.**
Wörners fragen, ob sie heute Abend **vorbeikommen könnten.**
Frau Spehr sagt, dass sie gestern nichts **habe erledigen können.**
Bernd sagte, dass er ab sofort seine Essgewohnheiten **werde ändern müssen.**

siehe Anhang S. 268

ÜBUNG 110

Beispiel: Rita sagt, dass sie das Spiel auf keinen Fall *__verlieren wolle__* .
(verlieren wollen)

1. Hat Karin wirklich gesagt, dass sie eine Firma _____? *(gründen wollen)*

2. Herr Scherer fragt Herrn Ruprecht, ob er etwas länger _____. *(bleiben können)*

3. Es heißt, man _____ sich nicht auf seinen Lorbeeren _____. *(ausruhen dürfen)*

4. Rainer hat gesagt, dass er schon vor zwei Tagen _____.
(abreisen sollen)

5. Der Direktor sagt, dass die Druckerei die Broschüren frühestens in einer Woche _____. *(drucken können)*

6. Der Verkäufer fragt die Kundin, wohin er ihre Ware _____.
(schicken dürfen)

7. Die Angestellte sagt, sie _____ in ihrer letzten Stelle viele Überstunden _____. *(machen müssen)*

8. Der Abteilungsleiter wurde gefragt, wie er die Arbeit in Zukunft besser _____.
(einteilen wollen)

9. Man hat mir gesagt, man _____ bis jetzt den Gewinner noch nicht _____.
(benachrichtigen können)

10. Es wird immer wieder gesagt, dass man nicht soviel Energie _____.
(verschwenden sollen)

ÜBUNG 111

Beispiel: „Vielleicht werden wir nächstes Wochenende etwas unternehmen können."
Bergers sagen, sie __*würden vielleicht nächstes Wochenende*__
__*etwas unternehmen können*__ .

1. „Ich werde erst in einer Stunde losfahren können."
    Herr Irmer hat angerufen und gesagt, er _____.

2. „Eigentlich hatten wir nach Rom fahren wollen."
    Schröders erzählten, sie _____.

3. „In diesem Restaurant werden wir nicht mit Euro bezahlen dürfen."
    Heike sagt, in _____.

4. „Mein Sohn hat gestern nicht arbeiten müssen."
    Frau Kerner behauptet, ihr Sohn _____.

5. „Ich habe in ganz London kein Hotelzimmer finden können."
    Herbert erzählte, in _____.

6. „Wer soll den Scheck zur Bank bringen?"
    Die Sekretärin fragt, wer _____.

7. „Ich werde Herrn Eder um 5 Uhr abholen müssen."
    Der Fahrer hat gesagt, er _____.

8. „Man konnte den Strand vom Hotelzimmer aus sehen."
    Rüdiger hat gesagt, _____.

9. „Bis um wie viel Uhr darf man bei Gerings anrufen?"
    Sabine fragt, _____.

10. „Morgen Abend wird Peter bestimmt die Sportschau sehen wollen."
    Peters Frau sagte, er _____.

WIE LEBT MAN BLOSS GESUND?

Wer kennt nicht die häufigen Berichte in den Medien, wenn es um die Frage der richtigen Ernährung geht. Da raten Ernährungswissenschaftler, auf deren Rat wir ja gern hören, zum Beispiel: „Rohkost mit Fisch statt Bratwurst mit Pommes frites!", denn letztere haben besonders viele Kalorien. Im Handumdrehen hat man da ein paar Pfunde zugenommen. Aber wie steht's mit Salat und Fisch? Na ja, deren Verzehr ist auch nicht gerade ungefährlich wegen der giftigen Schwermetalle. Krebs kann die Folge sein, wie wir alle wissen. Was soll man also tun? Etwas muss man ja schließlich essen!

Wie wäre es denn mit Milch und Eiern zum Frühstück? Eiweiß und Vitamine sind doch so gesund, oder? Daneben finden sich aber auch Fett und Cholesterin, und das soll ja gar nicht gut für Sie sein! Aber dann wenigstens ein paar Früchte für zwischendurch, ja? Nichts zu machen! Obst, von dessen Vitaminwert doch jeder überzeugt ist, wird meistens mit Pestiziden behandelt, und das schadet der Gesundheit! Also gut, dann eben nur eine Tasse Tee. Der wirkt doch so beruhigend. Leider kommen aber auch im Tee Substanzen vor, die schädlich für die Nerven sind.

Aber gibt es denn überhaupt noch irgendetwas, das man bedenkenlos zu sich nehmen kann? Ein Glas Mineralwasser vielleicht? Besser nicht, denn bedauerlicherweise gab es da in der Vergangenheit bereits einige Fälle von Verunreinigungen. Außerdem, wer will schon Wasser trinken, wenn es in Deutschland so viele

wohlschmeckende Biersorten und Weine gibt? Aber Vorsicht! Die sind alkohol-
haltig, und Alkohol gilt ja als gesundheitsschädlich.

Also allmählich geht mir diese ganze Gesundheitsdiskussion ganz schön auf die
Nerven! Egal, was ich esse oder trinke, irgendetwas Ungesundes scheint sich
immer zu finden! Aber vielleicht haben Sie ein paar gute Vorschläge, wie man am
gesündesten lebt. Oder geht es Ihnen etwa wie mir?

ÜBUNG 112

1. Wissenschaftler raten in den Medien häufig _____.

   a. zu einer gesunden Ernährung
   b. zu Berichten guter Ernährung
   c. zu Fragen der richtigen Ernährung

2. In _____ findet man mehr Kalorien als in Rohkost mit Fisch.

   a. Obst mit Salat
   b. Salat mit Fisch
   c. Bratwurst mit Salat

3. Aber Fisch und Salat sind _____.

   a. gefährlich wegen der giftigen Schwermetalle
   b. ungefährlich wegen der giftigen Schwermetalle
   c. gefährlich auch ohne giftige Schwermetalle

4. _____ halten viele Milch und Eier für gesund.

   a. Statt Fett und Vitaminen
   b. Neben Fett und Cholesterin
   c. Wegen des Eiweißes und der Vitamine

5. Mineralwasser sollte man besser auch nicht trinken, weil es _____.

   a. Fälle von Verunreinigungen gab
   b. so viele Biersorten und Weine gibt
   c. in der Vergangenheit bedenkenlos war

6. _____, dass man anscheinend überhaupt nichts Gesundes mehr essen
   kann.

   a. Es gibt ein paar gute Vorschläge
   b. Es kann einem auf die Nerven gehen
   c. Es geht um die Gesundheitsdiskussion

„Obst, **von dessen** Vitaminwert doch jeder überzeugt ist ..."

Mein Onkel, auf dessen Besuch ich mich gefreut habe, kann
   nicht kommen.
Haben Sie **die Dame, von deren** herrlichem Haus Sie mir
   erzählten, mal wieder getroffen?
Wo sind **die Nachbarn, vor deren** Tür viele Zeitungen liegen?

siehe Anhang S. 268

ÜBUNG 113

Beispiel: Dort sitzen Schneiders. Du bist mit ihrem Sohn zur Schule gegangen.
   Dort sitzen Schneiders, mit deren Sohn du zur Schule gegangen bist.

1.   Wir müssen Beckers leider absagen. Wir sind zu ihrer Gartenparty
   eingeladen.

2.   Ich habe mich bei meiner Kollegin bedankt. Ohne ihre Hilfe hätte ich die
   Position nicht bekommen.

3.   Ist das der Fluss? Von seiner Verunreinigung steht so viel in der Zeitung.

4.   Uwe sprach mit der VW-Fahrerin. Er war gegen ihre Stoßstange gefahren.

5.   1989 starb Herbert von Karajan. Die Berliner Philharmoniker hatten lange
   Jahre unter seiner Leitung gespielt.

6.   Ich erinnere mich ungern an meinen alten Chef. Ich konnte mich nie an
   seinen Führungsstil gewöhnen.

7.   Rufen Sie bitte die Architekten an! Zu ihren Plänen habe ich noch einige
   Fragen.

8.   Haben Sie das Länderspiel gesehen? Bei seiner Übertragung gab es einige
   Bildstörungen.

9.   Ist Frau Brenner die Bewerberin? In ihrem Lebenslauf fehlen zwei Jahre.

10.   Der Sportverein wird einige Mitglieder verlieren. Auf seinem Jahrestreffen
   wurde eine Beitragserhöhung beschlossen.

ÜBUNG 114

Beispiel: Früher __*ging*__ mein Chef jeden Morgen __*zu Fuß*__ ins Büro, jetzt kommt
er meistens mit dem Rad.

1. Ich schlafe immer noch, wenn die Sonne
    _____. Aber wenn sie _____, sitze
    ich immer noch bei der Arbeit.

2. Was ist bloß mit meinem Radio los? Ich habe
    alles auseinander genommen, aber es
    _____ immer noch _____.

3. Seit ein paar Tagen _____ die Uhr im Büro
    _____. Immer denke ich, ich kann nach
    Hause gehen, aber dann ist es noch eine halbe
    Stunde zu früh.

4. Hannes muss unbedingt Urlaub machen. Die
    viele Arbeit und die vielen Geschäftsreisen
    _____ allmählich _____ seiner Gesundheit.

5. Warum kümmert sich Jochen eigentlich nicht
    um seine eigenen Angelegenheiten? Meine
    Probleme _____ ihn wirklich _____.

6. Es ist nicht zu glauben: Erst ist uns das Bier _____, jetzt auch noch der
    Wein!

7. Seit zwei Stunden _____ es _____ dasselbe Thema! Wir sollten jetzt
    den nächsten Punkt besprechen!

8. In der Zeitung stand, die Vorführung sollte um 20 Uhr _____, aber das
    muss wohl ein Druckfehler gewesen sein.

9. Sie glauben gar nicht, wie sehr mir diese Musik _____!

10. Wenn Gabriele mir ein wenig _____, kann ich bis 17 Uhr fertig sein.

zur Hand gehen
ausgehen
zu Fuß gehen
vorgehen
nicht gehen
auf-, untergehen
gehen um
nichts angehen
losgehen
auf die Nerven gehen
auf Kosten gehen

KAPITEL

20

Es ist 18 Uhr. Brigitte Siebert kommt von der Arbeit nach Hause. Als sie aus dem Auto steigt, sieht sie ihre Nachbarin, Frau Riemer, am Gartenzaun stehen. Die beiden unterhalten sich eine Weile. Plötzlich bemerkt Frau Riemer, dass in ihrem Haus Licht brennt.

Frau Riemer:	Hm, merkwürdig. Ich meine mich doch zu erinnern, das Licht heute Morgen ausgeschaltet zu haben!
Frau Siebert:	Sind vielleicht Ihr Mann oder die Kinder schon da?
Frau Riemer:	Nein, das kann eigentlich nicht sein. Mein Mann ist im Büro, und die Jungen sind auf dem Sportplatz und kommen erst in einer Stunde zurück.
Frau Siebert:	Hat noch jemand einen Schlüssel? Eine Freundin vielleicht? Oder Ihre Mutter?
Frau Riemer:	Nein, nein. Nur mein Mann, die Kinder und ich haben einen Schlüssel. Um Himmels Willen! Und wenn jemand einge-brochen ist? Frau Siebert, würde es Ihnen etwas ausmachen bei mir zu bleiben, bis ich mich vergewissert habe, dass wirklich niemand mehr im Haus ist.

Frau Siebert:	Natürlich nicht, kommen Sie, wir gehen mal ums Haus. Ach, es scheint wohl zu stimmen, was ich kürzlich in der Zeitung gelesen habe. Man kann nicht vorsichtig genug sein bei den vielen Einbrüchen in letzter Zeit!
Frau Riemer:	Sie machen mir ja richtig Angst, Frau Siebert! Vielleicht ist der Einbrecher ja noch im Haus. Sehen Sie mal, ... da, ... jemand scheint die Scheibe eingeschlagen zu haben.
Frau Siebert:	Oh Gott, oh Gott, bleiben Sie bloß von dem Fenster weg! Wir müssen sofort die Polizei holen! Hatten Sie eigentlich Bargeld im Haus?
Frau Riemer:	Nein, aber ... oje, meine Perlenkette auf dem Nachtisch ... und im Wohnzimmerschrank Dieters Briefmarkensammlung!

(Von Sieberts aus rufen sie die Polizei an. Wenige Minuten später kommen zwei Polizeibeamte. Sie gehen durchs Haus und finden im Wohnzimmer ein Durcheinander von Büchern und Papieren vor. Auf dem Küchentisch liegt ein handgeschriebener Zettel. Etwa ein Drohbrief? Frau Riemer liest ihn und wendet sich den Beamten zu.)

Frau Riemer:	Meine Herren, ich glaube, es ist nicht nötig, Fingerabdrücke zu nehmen. Es ist mir ja außerordentlich peinlich, aber das hier ist die Handschrift von meinem Sohn. Hören Sie sich das bloß an:

Liebe Mami,

Ich habe noch die Bibliographie für mein Referat fertigmachen müssen. Ich hatte aber den Haustürschlüssel vergessen. Deshalb habe ich versucht, durchs Küchenfenster einzusteigen. Leider ging es dabei kaputt. Entschuldige bitte vielmals.

Küsschen,

Hans-Peter

ÜBUNG 115

1. Woher kennen sich Frau Siebert und Frau Riemer?

2. Wo unterhalten sich die beiden Damen?

3. Was hat Frau Siebert in der Zeitung gelesen?

4. Woran erkennt Frau Riemer, dass eingebrochen worden ist?

5. Welche Wertgegenstände liegen in Riemers Haus?

6. Warum ist Hans-Peter ins Haus eingestiegen?

JEMANDEN WARNEN

„Bleiben Sie bloß von dem Fenster weg!"

- Frau Köhler, haben Sie den Tisch für Freitagmittag im Restaurant „Vier Jahreszeiten" reservieren lassen?
- Das tut mir Leid, Herr Siebert, noch nicht. Aber ich werde das heute noch erledigen.
- Am besten vielleicht sofort! Morgen ist bestimmt schon alles ausgebucht!

- Entschuldigen Sie, aber hier rauchen Sie besser nicht! Sehen Sie das Schild da drüben? Da steht: Rauchen verboten!
- Oh, tatsächlich! Ich muss das wohl übersehen haben. Es war wirklich nicht meine Absicht, Ärger zu machen.

- Ich gehe nochmal kurz im Park spazieren, Helga. Bis später dann.
- Ohne Handschuhe und Schal? Da wäre ich aber vorsichtig! Heute ist es draußen unter Null!
- Ja, ja, aber ich gehe doch nur für ein paar Minuten.

- Achtung, Roland! Da kommt ein Auto!
- Oh Gott, ... das habe ich gar nicht kommen sehen!
- Also wirklich! Du solltest besser aufpassen!

- Mutti, meinst du, ich kann mir mal Vatis Fotoapparat ausleihen?
- Also an deiner Stelle würde ich ihn vorher fragen. Aber nimm dich in Acht: Er hat heute schlechte Laune.

> „Jemand scheint die Scheibe **eingeschlagen zu haben**."

Hat Erika den Zug schon von weitem **kommen hören**?
Es soll heute in Süddeutschland **geregnet haben**.

Es freut mich, Ihre Bekanntschaft **gemacht zu haben**.
Hans behauptet, um 15 Uhr am Bahnhof **gewesen zu sein**.

ÜBUNG 116

Bitte setzen Sie ins Perfekt:

Beispiel: Ich / **sehen** / Günter / gestern Abend / an der Theke / **stehen**.
Ich habe Günter gestern Abend an der Theke stehen sehen.

1. Ulrike / **scheinen** / gestern / im Schlosshotel / **übernachten**.

2. Es / mich / **freuen**, / wirklich / von Ihnen / **hören**.

3. Die Sekretärin / gestern / **aufgeben** / die Stellenanzeige / **wollen**.

4. In unserer alten Wohnung / **vorbeifahren** / wir / immer / **hören** / die Autos.

5. Uwe / **versprechen** / den Artikel / bis um 5 Uhr / **lesen**.

6. Herr Franke / **behaupten** / gestern / nur Obst / **essen**.

7. Wir / **sehen** / vorhin / Frau Schenk / ihre neuen Gartenmöbel / **aufstellen**.

8. Kurt / **können** / bei seinem Waldspaziergang / **sich entspannen**?

9. Herr Bartel / **sich erinnern** / letztes Jahr / mehr Sport / **treiben**.

10. **Sehen** / Sie / die Kundin / die Preise / heute Morgen / **vergleichen**?

ÜBUNG 117

Beispiele: Ich **probierte** die Jacke an. ___*Beim Anprobieren*___ der Jacke riss mir der Ärmel. *(Bei / In / Für)*

Was **ziehe** ich nur zu dieser Party **an**? Ich habe wirklich nichts Passendes ___*zum Anziehen*___. *(zu / für / an)*

1.   Frau Härtel **erzählt** von ihrem Unfall. _____ fallen ihr immer mehr Einzelheiten ein. *(Bei / Von / An)*

2.   Sie haben meine Post **erledigt**. _____ meiner Post danke ich Ihnen sehr. *(Für / Durch / Von)*

3.   Der Anzug musste **gereinigt** werden. Ich habe den Anzug _____ gegeben. *(zu / in / an)*

4.   Ich bin heute zehn Kilometer **geradelt**. Jetzt habe ich einen fürchterlichen Muskelkater _____. *(von / bei / für)*

5.   Reinhart **kauft** einmal die Woche **ein**. _____ geht er immer erstmal ein Bier trinken. *(Nach / Mit / An)*

6.   Die Kirchenglocken **haben geläutet**. Paul wurde _____ aufgeweckt. *(durch / bei / nach)*

7.   Hubert sucht **verzweifelt** nach seiner Brille. Es ist wirklich _____! *(zu / in / für)*

8.   Bartels **füllen** Formulare **aus**. Man kann Tage _____ von Formularen verbringen! *(mit / für / zu)*

9.   Herr Ruprecht **spart** all sein Geld. Aber er wird sich _____ nie eine Hochseejacht leisten können. *(trotz / wegen / von)*

10.   Gerade habe ich versucht mein Moped **anzulassen**. Leider ist mir _____ der Schlüssel abgebrochen. *(bei / an / durch)*

11.   Der Sohn meines Nachbarn **sammelt** alte Zeitungen **ein**. Er bekommt einen Cent pro Zeitung _____. *(für / zu / mit)*

12.   Ich habe gerade meine Wohnung **aufgeräumt**. _____ fand ich endlich meine Uhr wieder. *(Bei / An / Zu)*

In welchem Sternzeichen sind Sie geboren? *Stier*? Dann sind Sie bestimmt leidenschaftlich und unberechenbar. Oder sind Sie vielleicht Ende September geboren,
im Zeichen der *Waage*? Dann gelten Sie nämlich als ein charmanter und liebens-
werter Mensch. Wer am 3. Februar seinen Geburtstag feiert, ist *Wassermann* und
verträumt sicher gern seine Zeit, denn er ist romantisch veranlagt.

Die Sterndeutung ist heute beliebter denn je. Wo auch immer Sie nachschauen,
sie scheint ein fester Bestandteil vieler Zeitschriften und Zeitungen zu sein. Als
eine deutsche Illustrierte einmal vergaß, das Horoskop zu drucken, erhielt sie
unzählige Beschwerdebriefe. Immer häufiger lassen sich auch Leute von einem
Astrologen ihr persönliches Horoskop erstellen. Gebraucht werden dabei lediglich
Gebursdatum, -ort, -jahr und -uhrzeit. Wann auch immer Sie geboren wurden, die
Astrologie weiß, wer Sie sind.

Allerdings glauben längst nicht alle an den Wert von Horoskopen. Die meisten
Naturwissenschaften bestreiten entschieden, dass die Sterne den Charakter oder
gar die Zukunft der Menschen bestimmen. Doch sehen Sie selbst, was andere zu
diesem Thema meinen:

Ingo Lehmann, 59 (Bankkaufmann): Ich würde nie größere Investitionen machen,
wenn die Sterne ungünstig stehen. Und meinen Hochzeitstag habe ich auf einen

Glückstag während einer Venusphase gelegt. Darum bin ich auch so glücklich verheiratet! Also, wenn Sie mich fragen: Was auch immer die Leute sagen, die Sterne lügen nie!

Elke Rink, 35 (Physikerin): Astrologie? Unsinn! Was sollen denn die Sterne mit meinem Leben und mit meiner Zukunft zu tun haben? Ich sehe da überhaupt keinen logischen Zusammenhang. Wie kann man sein Leben nur von den Sternen bestimmen lassen ...?

Roland Meinicke, 24 (Beamter): Eigentlich glaube ich nicht an Horoskope, aber ich lese sie trotzdem, weil es Spaß macht! Ich finde es interessant zu sehen, ob die Voraussagen für mich zutreffen. Und außerdem: Schaden kann es nicht!

ÜBUNG 118

1. Menschen, die sich mit der _____ beschäftigen, nennt man Astrologen.

2. Horoskope sind ein fester _____ vieler Zeitschriften.

3. Menschen des Sternzeichens *Stier* _____ als unberechenbar.

4. Romantische Menschen sind im Zeichen des _____ geboren.

5. Viele Leser _____, als eine Illustrierte einmal vergessen hatte, das Horoskop abzudrucken.

6. Manche Menschen bezahlen einen Astrologen, damit er ihnen ihr persönliches Horoskop _____.

7. Wenn man vom Wert der Horoskope spricht, gehen die Meinungen allerdings weit _____.

8. Viele Menschen sehen zwischen ihrem Leben und ihrem Sternzeichen keinen _____.

9. Andere _____ ihr Leben von dem Stand der Sterne _____.

10. Manchen Leuten machen Horoskope einfach _____.

> „... **was auch immer** die Leute sagen, die Sterne lügen nie."

Ich gehe schwimmen, **egal**
  wie das Wetter ist.
Es ist mir **gleich**, wie das
  Wetter ist. Ich gehe schwimmen.
Unwichtig, wie das Wetter ist,
  ich gehe schwimmen.
Es macht **keinen Unterschied**, wie das
  Wetter ist. Ich gehe schwimmen.

Wie auch immer das Wetter
ist, ich gehe schwimmen.

ÜBUNG 119

Beispiele: Es macht keinen Unterschied, was Klaus sagt. Man glaubt ihm
  sowieso nicht.
  Was auch immer Klaus sagt, man glaubt ihm sowieso nicht.

  Egal, wer das Geld genommen hat, er sollte es zurückgeben.
  Wer auch immer das Geld genommen hat, sollte es zurückgeben.

1. Es ist ganz gleich, wann Sie nach Berlin kommen. Sie sind immer herzlich bei uns willkommen.
2. Egal, welche Zeitung man sich heute ansieht, überall sind die Nachrichten unerfreulich.
3. Es ist unwichtig, was Uwe im ersten Moment zu dem Vorschlag sagen wird; später wird er uns zustimmen.
4. Sie werden sich meistens mit Englisch verständigen können, egal, wohin Sie fahren werden.
5. Es machte bei der Währungsreform keinen Unterschied, wie viel Geld man hatte. Jeder bekam 40 DM.
6. Man wird auch bei der gesündesten Ernährung Schadstoffe zu sich nehmen, egal, wie vorsichtig man ist.
7. Journalisten werden in Deutschland durch die Pressefreiheit geschützt, unwichtig, welche Meinungen sie vertreten.
8. Es ist mir gleich, wer für die Gemeindekasse verantwortlich ist. Er sollte genaue Abrechnungen präsentieren.

ÜBUNG 120

Beispiel: Je älter ein Auto ist, desto mehr verliert es an **Wert**; wenn es dann wieder **verkauft** wird, ist der _**Verkaufswert**_ oft sehr gering.

1.   Jedes Geschäft muss für die **Zukunft planen**; manche Firmen haben ehrgeizige _____.

2.   An der Tankstelle ist das **Rauchen verboten**. Dieses _____ ist sinnvoll, denn es ist eine Vorsichtsmaßnahme.

3.   Es macht **Vergnügen** im offenen Auto zu **fahren**; man könnte direkt von einem besonderen _____ sprechen.

4.   Am **Ende** unseres Turniers **spielten** die letzten beiden Mannschaften, die noch nicht verloren hatten. Es war ein sehr spannendes _____.

5.   Ich habe mir auf einen **Zettel** aufgeschrieben, was ich **einkaufen** muss, und jetzt kann ich meinen _____ nicht finden.

6.   Den Planeten Venus kann man oft **abends** als ersten **Stern** am Himmel sehen; deshalb nennt man ihn auch den _____.

7.   Ich lasse mir gern vom Radio oder Fernsehen **berichten**, wie das **Wetter** werden soll, obwohl ich genau weiß, daß die meisten _____ sowieso nicht stimmen.

8.   Ich **frage** mich, ob ich genug **Geld** habe, diese Reise zu bezahlen. Für mich ist die _____ immer ein Problem.

9.   In den Nachrichten hieß es, es sei kürzlich zum dritten Mal in unserer Stadt in eine **Bank eingebrochen** worden. Es ist enorm, wie sich die _____ in letzter Zeit häufen!

10.   Wittes sind voriges Jahr nicht ins **Ausland gereist**. Auf ihrer letzten _____ hatten sie ständig Schwierigkeiten mit ihrem Auto, weil die passenden Teile nicht vorrätig waren.

KAPITEL

21

Jeden Samstagabend, während der Ziehung der Lottozahlen, sitzen Treppmanns Eltern wie Millionen andere gespannt vor dem Fernseher. Haben sie diesmal etwa richtig getippt? Und ob! ... Endlich ist es passiert: Treppmanns haben einen Volltreffer gelandet! Am nächsten Morgen haben sie den Schock des Vorabends noch immer nicht überwunden.

Siegfried:	2 – 7 – 11 – 18 – 23 – 29 und 34! Ich habe nur noch diese Zahlen im Kopf, Hilde. Es ist einfach unglaublich!
Hildegard:	Sind das auch wirklich unsere Zahlen? Wo ist der Lottoschein überhaupt? Hast du denn schon die Lottogesellschaft und das Fernsehen angerufen?
Siegfried:	Zum hundertsten Mal: Ja doch! Ich habe während der ganzen Nacht kein Auge zugetan. Bestimmt zwanzigmal bin ich aufgestanden, um zu sehen, ob die Zahlen auch wirklich stimmen. Freu dich, Hilde! Ich habe mir schon alles ausgemalt: Von heute an wird alles anderes!
Hildegard:	Ach, Siggi, ich weiß nicht, aber manch einer hat sich mit so viel Geld schon unglücklich gemacht. Letzten Endes bin ich doch ziemlich zufrieden mit unserem Leben, so wie es ist. Trotz aller kleinen Sorgen!

Siegfried:	Ich ja auch, Hildchen, aber du willst doch deshalb das Geld nicht ablehnen, oder? Sobald es auf unserem Konto ist, fangen wir an zu reisen: nach Rio und Acapulco, auf die Kanarischen Inseln, nach Florida ...
Hildegard:	Nun mal langsam! Statt solcher Weltreisen würde ich viel lieber erst einmal in den Bayrischen Wald zu meinem Vetter fahren. Der wartet schon seit zwei Jahren auf unseren Besuch.
Siegfried:	Na gut, aber danach kaufen wir uns gleich ein Haus am Mittelmeer und ziehen dahin! Stell dir nur mal vor: jeden Tag segeln und in der Sonne liegen ...
Hildegard:	Segeln? Ich mag doch gar nicht segeln, Siggi! Und umziehen? Unsere Freunde und Kinder sind doch alle hier, und wir haben doch immer hier gelebt ...
Siegfried:	Wart's nur ab! Wenn du erst das blaue Meer siehst, willst du nie mehr woanders leben. Dir wird doch unser neuer Reichtum nicht peinlich sein?
Hildegard:	Nein, nein, natürlich nicht! Aber ich würde viel lieber erst einmal ein Haus für die Kinder kaufen ...
Siegfried:	Und für uns ein schönes, großes, neues Auto, oder auch zwei, wo wir jetzt ja so viel Geld haben, und ...
Hildegard:	Oh, Siggi, nun beruhige dich doch. Sonst kriegst du noch einen Herzschlag wegen des ganzen Geldes. Das wäre ja auch nicht der Sinn der Sache!
Siegfried:	Vielleicht hast du Recht. Ach, ich gehe jetzt die Zeitung holen. Hast du nicht ein paar Euro für mich? Ich bin nämlich im Augenblick etwas knapp bei Kasse ...

ÜBUNG 121

1. Wann wird die Ziehung der Lottozahlen übertragen?
2. Warum sind Treppmanns am Sonntagmorgen noch so aufgeregt?
3. Was ist das Einzige, woran Herr Treppman denken kann?
4. Wohin möchte Siggi ziehen?
5. Wer würde Frau Treppmann am Mittelmeer fehlen?
6. Wen haben die Treppmanns schon lange nicht mehr besucht?
7. Warum rät Hilde ihrem Mann, sich zu beruhigen? Was will sie nicht?
8. Worum bittet Siggi Hilde, als er die Zeitung holen will?

ÄRGER AUSDRÜCKEN

„Zum hundertsten Mal: Ja doch!"

– Seit drei Stunden versuche ich schon, Herrn Ulfers zu erreichen!
  Aber jedesmal meldet sich dieser verflixte Anrufbeantworter!

– Aber Sie haben doch eine Nachricht hinterlassen, oder etwa nicht?

– Ja, mehrere! Aber er ruft einfach nicht zurück!

– Herr Ober, seit einer halben Stunde warten wir schon auf unser
  Essen! Das ist doch nicht zu glauben! Wie lange dauert das
  denn noch?

– Bitte entschuldigen Sie, Ihr Essen kommt sofort.

– Was für eine Hitze! Das hält ja keiner aus!

– Das können Sie laut sagen! Wer hat denn nur wieder die Heizung
  so hochgestellt?

– Mir reicht's! Zum dritten Mal in dieser Woche ist mein Kugelschreiber vom meinem Schreibtisch verschwunden! Was zu viel
  ist, ist zu viel!

– Jetzt beruhige dich mal, Günter! Hier, nimm doch meinen solange.

– Mensch, dieser Krach nebenan macht mich verrückt! Das ist ja
  kaum zum Aushalten!

– Wirklich, das geht auch mir zu weit! Ich gehe jetzt sofort rüber
  und sage denen mal ordentlich die Meinung!

ÜBUNG 122

Beispiel: Wir hatten beinahe den Geburtstag unser**es** neu**en** Chef**s** Herrn Hübner vergessen.

Trotz unser_____ viel_____ Arbeit übernahmen ein Kollege und ich die Aufgabe, Blumen und Wein auf Kosten d_____ gesamt_____ Abteilung zu besorgen. Während d_____ Mittagspause suchten wir in der Nähe unser_____ Büro_____ einige Geschäfte auf. Im Blumengeschäft ließen wir uns die Preise d_____ schönst_____ Sträuße sagen, konnten uns aber nicht entschließen. Beim Weinhändler versuchten wir, uns trotz ein_____ unangenehm_____ Verkäufers umzusehen, verließen aber dann wegen sein_____ Unfreundlichkeit den Laden. Nebenan sahen wir einen Spielzeugladen. Beim Anblick des bunt_____ Schaufenster_____ hatten mein Kollege und ich sofort dieselbe Idee: warum nicht ein Modellporsche für den Mann, d_____ liebstes Hobby die Pflege sein_____ eigen_____ Porsche ist?

Niemand wusste, was wir statt d_____ üblich_____ Blumen und d_____ Wein_____ gekauft hatten. Zur Überraschung d_____ übrig_____ Kollegen und zur Freude unser_____ Chef_____ überreichten wir ihm im Namen all_____ einen schneeweißen Porsche 911, _____ Teile man auseinander nehmen konnte.

Den Rest d_____ Tag_____ verbrachte Herr Hübner damit, die Teile d_____ Wagen_____ auseinander und wieder zusammenzubauen. Herr__ Hübner_____ Sekretärin, d_____ Telefon nicht stillstand, durfte keinen Anruf durchstellen, bis Herr_____ Hübner_____ neuer Porsche wieder ganz war.

Ich gehe in die Stadt,

> **weil** ich einkaufen will.
> **aber** ich nehme kein Geld mit.
> **obwohl** ich arbeiten sollte.

Ich gehe in die Stadt

> **um** einzukaufen.
> **ohne** Geld mitzunehmen.
> **anstatt zu** arbeiten.

ÜBUNG 123

Beispiel: Ich lasse den Geschäftsführer rufen, weil ich mich beschweren will.
Ich lasse ihn rufen, **_um mich zu beschweren_** .

1. Wir haben immer Lotto gespielt. Aber wir haben nicht mit einem Gewinn gerechnet.
   Wir haben immer gespielt, _____.

2. Lesen Sie Ihr Tageshoroskop, weil Sie danach Entscheidungen treffen wollen?
   Lesen Sie es, _____?

3. Mein Nachbar grüßt mich, aber er lächelt nicht.
   Er grüßt mich _____.

4. Herr Kühn hat den ganzen Tag Golf gespielt, obwohl er seine Rede vorbereiten sollte.
   Er hat den ganzen Tag Golf gespielt, _____.

5. Ulrich reist immer einfach ab. Er verabschiedet sich nie!
   Er reist immer einfach ab, _____.

6. Ich bin nicht nach München gekommen, weil ich den ganzen Tag Spanisch sprechen wollte!
   Ich bin nicht nach München gekommen, _____.

7. Der Reiseführer erzählt andauernd Witze, obwohl er von der Geschichte der Stadt berichten sollte. Er erzählt andauernd Witze, _____.

8. Ich wünschte, man könnte einmal diese Autobahn benutzen und nicht in einen Stau kommen!
   Ich wünschte, man könnte einmal diese Autobahn benutzen, _____!

SCHERBEN BRINGEN GLÜCK!

Sie gehen nichts ahnend eine Straße entlang, und plötzlich kreuzt eine schwarze Katze Ihren Weg. Seien Sie ehrlich: Wird Ihnen nicht ein bisschen ungemütlich dabei? Sind Sie am Ende gar abergläubisch und glauben, überall gute und schlechte Schicksalszeichen ablesen zu können?

Auch in einem modernen Land wie der Bundesrepublik gibt es noch viel alten Aberglauben. Wir alle wissen, dass Freitag der 13. ein Unglückstag ist, oder dass man auf keinen Fall unter einer Leiter durchgeht. Aber wussten Sie auch, dass man nie eine Schere verschenken soll? Sie „zerschneidet" angeblich die Freundschaft. Und Vorsicht bei einem zerbrochenen Spiegel! Das könnte sieben Jahre Pech bedeuten. Besonders schlimm: Schuhe auf dem Tisch! Das ist ein Zeichen, das Krankheit und Kummer ankündigt.

Aber gibt es bei all dem Unglück auch Zeichen und Mittel, die positiv auf unser Schicksal einwirken? Aber ja! Als Glückssymbol gilt der Fliegenpilz. Jemanden der viel Glück hat, nennt man deshalb auch „Glückspilz". Außerdem wird vorgeschlagen, die rußgeschwärzte Uniform eines Schornsteinfegers zu berühren, im Garten ein vierblättriges Kleeblatt auszureißen oder eine Hasenpfote mit sich herumzutragen. Sie können auch ein Hufeisen über die Tür hängen, aber mit der Öffnung nach oben. Das Glück kann so nicht herausfallen. Für eine glückliche Ehe gibt es auch ein Rezept: Am Abend vor der Hochzeit muss man Glas und

---

altes Geschirr mit viel Lärm zerschlagen, denn, wie jeder weiß: Scherben bringen Glück!

Na, dann ist es doch ganz einfach, sein Glück zu beeinflussen! Man braucht sich nur an die Regeln zu halten. Und jeder ist seines Glückes Schmied! Oder etwa nicht? Ich drücke Ihnen auf jeden Fall die Daumen und wünsche Ihnen „Viel Glück!"

ÜBUNG 124

1. In diesem Text geht es um _____.

     a.   Scherben und Glück
     b.   Schicksale und Glückssymbole
     c.   Aberglauben und Schicksalszeichen

2. Wenn eine schwarze Katze den Weg kreuzt, _____.

     a.   ist man am Ende gar abergläubisch
     b.   glauben manche an schlechte Schicksalszeichen
     c.   wird vielen Menschen ein bisschen ungemütlich

3. Wenn man einem Freund eine Schere schenkt, muss man damit rechnen, dass _____.

     a.   der Freund sich bald schneidet
     b.   die Freundschaft bald zerbricht
     c.   die Freundschaft bald zerschneidet

4. Schuhe auf dem Tisch gelten _____.

     a.   als eine schlimme Krankheit und Kummer
     b.   als ein krankes Zeichen mit viel Kummer
     c.   als ein Zeichen für Krankheit und Kummer

5. Wer am Abend vor seiner Hochzeit Geschirr zerschlägt, _____.

     a.   glaubt an glückliche Rezepte
     b.   muss auch mit Lärm Glas zerschlagen
     c.   kann sich auf eine glückliche Ehe freuen

6. Ein Hufeisen über der Tür bringt kein Glück, _____.

     a.   wenn die Öffnung nach unten zeigt
     b.   wenn sich die Tür nur nach unten öffnet
     c.   wenn das Hufeisen unten nicht offen steht

> „Sie **zerschneidet** angeblich die Freundschaft."

> Heike hat sich viel von ihrem kaufmännischen Wissen **angelesen**.
> Werner **liest** seinem kleinen Sohn jeden Abend eine Geschichte **vor**.
> Herr Reger **liest** seine Reden immer **ab**.
> Sagen Sie Bescheid, wenn Sie das Buch **ausgelesen** haben?
> Dieses Buch ist von den vielen Benutzern ganz **zerlesen** worden.

ÜBUNG 125

*Bilden Sie die richtige Verbform mit **zer-**, **an-**, **aus-**, **vor-**, **ab-**:*

Beispiel: Nächsten Monat wird die Zahlungsfrist _**ablaufen**_. *(-laufen)*

1. Seien Sie vorsichtig, sonst _____ Sie die teuren Gläser! *(-brechen)*

2. Heute ist von Herrn Reimers ein Bild in der Zeitung. Ich bin sicher, er wird es sich _____. *(-schneiden)*

3. Von wem soll die neue Mitarbeiterin nächste Woche _____? *(-gelernt werden)*

4. Frau Seibold wollte schon lange ein Treffen mit den Geldgebern _____. *(-schlagen)*

5. Das Angebot klingt so gut, dass wir es einfach _____ müssen. *(-nehmen)*

6. Wenn Herr Kramer diese Rechnung sieht, wird er sie vor lauter Ärger _____. *(-reißen)*

7. Wir sollten wirklich nächste Woche mal wieder etwas unternehmen. Wir sind schon seit Wochen nicht mehr _____. *(-gehen)*

8. Sie brauchen sich nicht zu entschuldigen. So etwas kann doch mal _____. *(-kommen)*

9. Ist Karl gestern nicht vom Flughafen _____? *(-geholt werden)*

10. Das frische Baguette riecht so gut. Darf ich mir ein Stück davon _____? *(-brechen)*

ÜBUNG 126

Beispiel: Frau Giesler kann die Kopfschmerzen nicht länger __*c*__ .

    a. anhalten   b. einhalten   **c. aushalten**

1. Bier besteht _____ Wasser, Gerste, Hefe und Hopfen.
       a. in   b. aus   c. von

2. Treppmanns hoffen _____ einen Hauptgewinn im Lotto.
       a. auf   b. für   c. an

3. Herr Bäumler leidet _____ einer Herzkrankheit.
       a. von   b. an   c. mit

4. Rauchen schadet _____ Gesundheit.
       a. der   b. die   c. für die

5. Ein Sonnenschirm schützt _____ allzuviel Sonne.
       a. für   b. vor   c. von

6. Frau Beyrich hat den ganzen Tag _____ Scheckheft gesucht.
       a. für ihr   b. um ihr   c. ihr

7. Gerhard ist _____ Jena umgezogen.
       a. nach   b. zu   c. an

8. Letzten Sommer haben wir die Garage _____ 2 m verlängert.
       a. um   b. bei   c. von

9. Ich zweifle _____ Wahrheit von Günters Worten.
       a. die   b. um die   c. an der

10. Bevor wir losfahren, müssen wir _____ Wetterbericht abwarten.
        a. auf den   b. den   c. für den

KAPITEL

22

Beate Köhler, Herrn Sieberts Sekretärin muss vorübergehend die Arbeit einer abwesenden Kollegin miterledigen und macht deshalb seit einiger Zeit ständig Überstunden. Ihr Freund Jürgen will sie zum Essen abholen und ruft sie deshalb an. Aber sie sagt, sie habe keine Zeit.

Jürgen:	Hör mal, Beate, ich finde, dass du in letzter Zeit sehr blass aussiehst. Es ist auch kein Wunder. Du arbeitest ja wirklich Tag und Nacht!
Beate:	Was soll ich denn machen? Bis Frau Schaar von ihrer Kur in der Schweiz zurück ist, muss ich noch durchhalten. Du hast ja keine Ahnung, wie viel Arbeit ich im Augenblick habe! Mit viel Glück werde ich die Unterlagen für die ULTRASPORT-Kampagne bis übermorgen fertig bearbeitet haben, und dann geht es gleich mit Frau Schaars Sachen weiter.
Jürgen:	Wann kommt denn Frau Schaar endlich zurück? Es sind ja schon fast zwei Wochen ...
Beate:	In zehn Tagen, voraussichtlich. Bis dahin wird sie sich hoffentlich dank ihrer Kur bestens erholt haben. Sobald sie wieder im Büro ist, kann ich dann endlich meinen Urlaub nehmen.

Jürgen:	So gefällst du mir schon besser! Nur, wie willst du die Doppelbelastung noch so lange aushalten? Man sieht dir schon von weitem an, dass du überarbeitet bist. Vielleicht solltest du wenigstens mal ein paar Vitamintabletten nehmen.
Beate:	Oh, ja! Vitamine sind immer gut! Am besten, du besorgst mir gleich ein ganzes Kilo aus der Apotheke!
Jürgen:	Moment mal! Du willst mich nur loswerden, damit du noch ein Stündchen in Ruhe arbeiten kannst! Es ist doch nicht zu glauben! Ich mache mir Sorgen um dich, und du machst dich über mich lustig! So kann das nicht weitergehen. Es ist schließlich Freitagabend! Du wirst dich heute Abend mal ausruhen! Wie wär's, wenn wir erst etwas essen und uns dann zusammen den Krimi im Fernsehen ansehen?
Beate:	Na gut, vielleicht hast du Recht. Ich kann mich sowieso nicht mehr konzentrieren. Da ist Fernsehen genau das Richtige! Lass uns doch eine Pizza bestellen!
Jürgen:	Gute Idee! Wir treffen uns in einer halben Stunde bei dir. Während ich bei *Cimino* Pizza besorge, wirst du es dir dann hoffentlich schon auf dem Sofa bequem gemacht haben.
Beate:	Gut, Jürgen, aber jetzt muss ich Schluss machen. Ich habe noch zu tun. Spätestens Montagmorgen müssen die fertigen Werbeunterlagen auf Sieberts Schreibtisch liegen! Das habe ich ihm fest versprochen ...

ÜBUNG 127

1. Warum macht Beate so viele Überstunden?

2. Warum wird sie von Jürgen angerufen?

3. Woran arbeitet Beate gerade?

4. Wo ist Frau Schaar in Kur?

5. Wann kommt die Kollegin zurück?

6. Wann will Beate Urlaub machen?

7. Was schlägt Jürgen für den Abend vor?

8. Was möchte Beate gern essen?

9. Wo wollen sie sich treffen?

10. Warum hört Beate dann doch nicht auf zu arbeiten?

SICH VERABSCHIEDEN

„Ich muss jetzt leider Schluss machen."

- Entschuldigen Sie, Herr Korte, aber ich muss mich jetzt leider von Ihnen verabschieden. Ich werde um vier Uhr zu einer Besprechung erwartet.
- Selbstverständlich, Herr Meinrat. Vielleicht können wir unser Gespräch ein anderes Mal fortsetzen.
- Aber gerne. Es hat mich sehr gefreut. Auf Wiedersehen.
- Auf Wiedersehen, Herr Meinrat.

- *(im Büro)* Oje, es ist ja schon nach fünf! Ich habe doch meiner Frau versprochen, sie zum Flughafen zu bringen. Bis morgen dann, Frau Köhler.
- Bis morgen, Herr Siebert. Hoffentlich schaffen Sie es noch rechtzeitig!

- Müssen Sie wirklich schon gehen, Gisela?
- Ja, ich habe noch eine Menge zu tun. Es sind nur noch zwei Wochen bis zu meinem Examen.
- Da will ich Sie aber nicht länger von den Büchern fernhalten. Tschüs, und viel Glück beim Examen!
- Danke, das kann ich gut gebrauchen.

- *(am Telefon)* Ich wünsche dir einen schönen Urlaub, Ralf. Schick mir mal eine Postkarte, ja?
- Klar, Gabi. Wirklich nett, dass du nochmal angerufen hast.
- Also, ich will dich nicht weiter aufhalten. Mach's gut!
- Ja, du auch. Ich rufe dich dann an, wenn ich wieder zurück bin.

> „Bis dahin wird sie sich hoffentlich ... erholt haben."

Morgen um diese Zeit **werde** ich schon in Leipzip **angekommen sein**.
In einer Woche **wird** Herr Seifert Ihr Horoskop **erstellt haben**.
Bis Dienstag **wird** Ihr Pass **erneuert worden sein**.

siehe Anhang S. 268

ÜBUNG 128

Bitte setzen Sie die folgenden Sätze ins Futur II:

Beispiele: Bis übermorgen __werde__ ich die Adresse __vergessen haben__.
(vergessen)

Ihre Telefonleitung __wird__ im Handumdrehen __repariert worden__
__sein__. (repariert werden)

1. Herr Niemayer _____ bald seine Enttäuschung _____.
    (überwinden)

2. Nächste Woche _____ der Euro noch weiter _____. (steigen)

3. Sie werden noch vor Büroschluss jedem Mitarbeiter _____.
    (vorgestellt werden)

4. Bis zur Konferenz _____ Frau Brühl _____. (sich entscheiden)

5. _____ die Kosten bis Montag _____? (berechnet werden)

6. Der neue Fahrplan _____ bis nächste Woche _____. (gedruckt werden)

7. Bis wann _____ du die Koffer fertig _____? (packen)

8. Noch einen Punkt, dann _____ Stefan die Partie Tennis _____.
    (gewinnen)

9. Das Problem der Zeitverschiebung _____ bis Montag von selbst _____.
    (sich erledigen)

10. Ich verspreche Ihnen, das Brot _____ bis 12 Uhr _____.
    (geliefert werden)

ÜBUNG 129

Beispiele: __Haben__ Sie Ihren Umzug schon __überstanden__? (überstehen)
Nein, aber in einigen Tagen __werde ich ihn überstanden haben__.

__Werden__ Sie bis Montag aus Ihrer Wohnung __ausgezogen__
__sein__? (ausziehen)

Wieso? Ich __bin__ doch schon gestern aus meiner Wohnung
__ausgezogen__.

1. _____ Sie _____ schon _____, was Sie mitnehmen?
   (sich entscheiden)
   Nein, aber bis heute Abend _____.

2. _____ der Möbelwagen schon alle Möbel und Bücherkisten
   _____? (abholen)
   Nein, aber bis morgen Mittag _____.

3. _____ Sie bis morgen Mittag alles für den Umzug _____?
   (verpacken)
   Warum? Ich _____ ja jetzt schon alles _____.

4. _____ Sie _____ in Ihrer neuen Wohnung bereits _____?
   (sich einrichten)
   Nein, aber in einigen Tagen _____.

5. _____ Sie bald allen Freunden Ihre neue Adresse _____?
   (schicken)
   Wieso? Ich _____ sie doch schon letzte Woche _____.

6. _____ die Druckerei Ihre neuen Visitenkarten bis Dienstag _____?
   (drucken)
   Wieso? Sie _____ sie ja schon gestern _____.

7. _____ Sie _____ in Ihrer neuen Nachbarschaft bereits
   _____? (sich einleben)
   Nein, aber bald _____.

8. _____ Sie Ihr neues Haus schon ganz _____? (bezahlen)
   Nein, aber in zehn Jahren _____.

DIE SWISSMETRO

Schon seit Jahren versucht man in der Schweiz, die Verbindungen zwischen den Städten schneller und weniger kompliziert zu machen. Wegen der vielen Tunnels und kurvenreichen Strecken sind konventionellen Lösungen jedoch Grenzen gesetzt. Doch damit wollten sich vier Professoren der Universität Lausanne nicht zufrieden geben und arbeiteten eine Studie aus: das Projekt *Swissmetro*.

In dieser Studie schlagen sie vor, „unterirdisch durch die Schweiz zu fliegen". Die Grundidee ist sehr einfach: Die ganze Schweiz würde als eine große Stadt ange-sehen und, wie viele europäische Großstädte, ein U-Bahnnetz bekommen. Man hofft so, Genf, Lausanne, Bern, Luzern, Zürich und St. Gallen durch zwei parallele Röhren von jeweils viereinhalb Metern Durchmesser miteinander verbinden zu können – und das 40 Meter unter der Erdoberfläche!

Die Züge will man durch Elektromotoren antreiben. Bei Geschwindigkeiten zwi-schen 300 und 500 Stundenkilometern sollen sie mit Hilfe eines Magnetsystems einen Millimeter über dem Boden rasen. Die Kabinen für circa 800 Passagiere mit einer Länge von 200 Metern würden all die Bequemlichkeiten eines modernen Düsenflugzeugs bieten. Heute benötigt ein normaler Eisenbahnzug von Genf nach St. Gallen über vier Stunden. Mit der *Swissmetro* würde, so hofft man, die Fahrzeit auf 70 Minuten reduziert werden.

Neben der Zeitersparnis hat das ganze System aber auch noch andere Vorteile: Es gibt praktisch keinen Lärm, die Natur erleidet keinen Schaden, und die Sicherheit ist einmalig. Weitere Städte wie Basel, Chur, Sitten und Bellinzona könnte man ohne Schwierigkeiten später an das Netz anschließen.

Klingt das alles nicht schon fast wie ein fantastischer Traum? Zwar wagt keiner eine Voraussage darüber, ob die *Swissmetro* eines Tages Wirklichkeit wird, aber viele wünschten, es würde sie schon heute geben.

ÜBUNG 130

1. Was macht die Verkehrsverbindungen zwischen Schweizer Städten relativ kompliziert?

2. Wem ist das *Swissmetro*-Projekt zu verdanken?

3. Was haben viele europäische Großstädte?

4. Technologisch gesehen, wie würden die Städte miteinander verbunden werden?

5. Wo würden sich die parallelen Röhren befinden?

6. Welche Form des Antriebs ist für die Züge vorgesehen?

7. Womit wäre die Inneneinrichtung der Wagen vergleichbar?

8. Auf wie lange könnte sich die Fahrzeit von Genf nach St. Gallen reduzieren?

9. Welchen anderen Vorteil würde die *Swissmetro* neben dem Zeitfaktor und der Umweltfreundlichkeit noch haben?

10. Welche Voraussagen über die *Swissmetro* gibt es?

WUNSCHSÄTZE

„... aber viele **wünschten**, es **würde** sie schon heute **geben**."

Was denkt Hans?		Was wünscht Hans?
Schade, dass es nicht schon Freitag ist.		**Wenn** es **doch** schon Freitag **wäre**! **Wäre** es **doch** schon Freitag! Ich **wünschte**, es **wäre** schon Freitag!

ÜBUNG 131

Beispiel: Schade, dass ich nicht nach Marokko reisen kann.
Wenn ___***ich nur nach Marokko reisen könnte***___ !

1. Ich habe die Prüfung nicht bestanden.
    Hätte _____!

2. Mein Zahnarzt ist in Urlaub.
    Wäre _____!

3. Warum fährt der Zug jetzt nicht los?
    Ich wünschte, _____!

4. Ich hoffe, Schneiders sagen zu.
    Wenn _____!

5. Wir haben zu wenig Bier für die Party besorgt.
    Hätten _____!

6. Warum kann ich meinen Pass nicht finden?
    Wenn _____!

7. Warum habe ich so viele Bücher mitgenommen?
    Ich wünschte, _____!

8. Ich hoffe, der Stau wird sich bald auflösen.
    Ich wünschte, _____!

9. Ich habe die Quittung weggeworfen.
    Hätte _____!

10. Warum ist Wolfgang nicht früher aufgestanden?
    Wäre _____!

ÜBUNG 132

Beispiele: Herr Lutze legt sich jede Woche 20 Euro für seinen Urlaub __a__ .
      a. beiseite   b. auf Seite   c. an der Seite

1.   Ludwig konnte nicht warten: Vor Ungeduld lief er im Zimmer ____.
      a. auf und ab   b. kreuz und quer   c. auf und zu

2.   In einer guten Autowerkstatt ____ ein Reifenwechsel nicht lange.
      a. nimmt   b. geht   c. dauert

3.   Sie meinen, Umweltschutz sei wichtig? Da bin ich ganz ____ Meinung!
      a. von Ihrer   b. Ihrer   c. zu Ihrer

4.   Dem Kiosk sind gestern die Zeitungen ____.
      a. ausgegangen   b. ausgelaufen   c. ausgegeben

5.   Herr Deiter hat sich wegen der vielen Rechnungen den Kopf ____.
      a. gebrochen   b. zerbrochen   c. gedreht

6.   Nach zehn Minuten ____ der Redner so richtig in Fahrt.
      a. ging   b. kam   c. lief

7.   Ich konnte die letzten zwei Nächte ____ lauter Kopfweh nicht schlafen.
      a. wegen   b. durch   c. vor

8.   Wir können erst am Dienstag mit der Lieferung ____.
      a. zählen   b. rechnen   c. erwarten

9.   Jedesmal, wenn ich anrufe, ist Herrn Mendels Telefon ____.
      a. beschäftigt   b. besetzt   c. genommen

10.   Um dieses Projekt zu erledigen, hat mir der Chef eine Frist von drei Tagen
      ____.
            a. gelegt   b. aufgestellt   c. gesetzt

KAPITEL

23

Herr Siebert bekommt im Büro Besuch von seiner Nichte Heike. Sie ist 19 Jahre alt und steht kurz vor dem Abitur.

Heike: Hallo, Onkel Helmut! Ich war gerade hier in der Nähe, und da dachte ich mir, ich schaue mal kurz bei dir im Büro vorbei! Stör' ich? Eigentlich hatte ich vorher anrufen wollen, aber ...

Herr Siebert: Nein, nein, überhaupt nicht, Heike. Ich wollte sowieso gerade gehen. Wie wär's? Wollen wir nicht kurz um die Ecke einen Kaffee trinken gehen? Dort können wir uns auch in Ruhe ein bisschen unterhalten.

(Sie gehen zusammen ins Café Edelhagen.)

Was gibt es denn Neues in der Schule?

Heike: Ach, in drei Wochen geht es mit den Abiturprüfungen los, und ich bin schon ziemlich nervös! Gestern bekamen wir die genauen Termine gesagt, und danach habe ich vor Aufregung kaum schlafen können. Aber wenn alles glatt geht, bin ich Ende Juni endgültig mit der Schule fertig, und dann geht's erstmal in die Ferien.

Herr Siebert: Ich drücke dir auf jeden Fall die Daumen! Hast du dich inzwischen entschieden, was du nach dem Abitur machen willst? Du willst doch bestimmt studieren, oder?

Heike:	Tja, das ist so eine Sache. Mutter meint, ich solle unbedingt Betriebswirtschaft studieren. Seit Monaten liegt sie mir damit in den Ohren. Sie zählt mir ständig die vielen Vorteile eines Universitätsstudiums auf, aber mich hat sie noch gar nicht richtig zu Wort kommen lassen.
Herr Siebert:	Nun, was ist denn deine Meinung? Wie ich dich kenne, hast du doch bestimmt deine eigenen Vorstellungen.
Heike:	Klar, ich möchte lieber eine kaufmännische Ausbildung machen. Dann kann ich erst einmal praktische Erfahrungen sammeln. Es wird sich dann zeigen, ob ich mich für einen Beruf in der Wirtschaft überhaupt werde begeistern können.
Herr Siebert:	Guter Gedanke! Die Erfahrung der Praxis würde dir dann vielleicht helfen, die Theorie an der Universität besser zu verstehen. Tja, aber bevor du dich endgültig entscheidest, solltest du wirklich noch einmal mit deinen Eltern reden!
Heike:	Das habe ich ja auch noch vor. Leider ist es nur sehr schwierig, einen guten Ausbildungsplatz zu finden.
Herr Siebert:	Mal sehen, möglicherweise kann ich dir bei der Suche helfen. Ich habe erst vor kurzem einen Bekannten sagen hören, dass er einen Auszubildenden für die Bank suche.
Heike:	Tatsächlich? Toll, eine Ausbildung in der Bank stelle ich mir sehr interessant vor. Vielleicht sollte ich mich mal dort bewerben.
Herr Siebert:	Ich werde meinen Bekannten noch einmal darauf ansprechen und dir dann sagen, wie du bei der Bewerbung vorgehen sollst.

ÜBUNG 133

1. Wo besucht Heike ihren Onkel?

2. Was wollte Herr Siebert gerade tun, als Heike kam?

3. Warum ist Heike nervös?

4. Was möchte sie nach dem Abitur beruflich tun?

5. Was möchte ihre Mutter?

6. Was könnte Heike vielleicht interessieren?

JEMANDEN UNTERBRECHEN

„Stör' ich? Eigentlich habe ich anrufen wollen, aber ..."
„Nein, nein, überhaupt nicht!"

- *(während einer Besprechung)* ... und wie Sie wissen, meine Damen und Hern, ist die Marktlage zur Zeit ziemlich angespannt ...

- Entschuldigen Sie, Herr Siebert. Darf ich einen Moment unterbrechen?

- Ja bitte, Frau Köhler, was gibt es denn?

- Da ist gerade ein dringender Anruf aus der Schweiz für Sie.

- *(am Telefon)* Hallo, Frau Meisel, gut, dass ich Sie gerade noch erreiche: Ich möchte Sie nämlich bitten, ...

- Moment, Herr Meinrat, da kommt gerade ein Gespräch auf der anderen Leitung! Bleiben Sie bitte einen Augenblick am Apparat.

- Wie war's denn heute in der Schule, Peter? Habt Ihr mit eurem Lehrer ...

- Mami, Mami, wann essen wir denn endlich?

- Bitte, Ingrid! Wie oft habe ich dir schon gesagt, du sollst mich nicht unterbrechen, wenn ich gerade rede!

und nach der Unterbrechung ...

- Um noch einmal auf das Thema zurückzukommen: ...

- Wo waren wir stehengeblieben? Ja, richtig, ...

- Also, wir sprachen eben von ...

- Wo war ich noch? Ach ja, also ...

- Wie auch immer, ich war gerade dabei, ...

> Ich **habe** den Pianisten im Saal **üben hören.**
> → Ich bin sicher, dass ich ihn im Saal **habe üben hören.**
>
> Herr Bering **hat** nicht **erreicht werden können.**
> → Ich weiß nicht, warum er nicht **hat erreicht werden können.**

siehe Anhang S. 268

ÜBUNG 134

Beispiel: Vor der Einfahrt hat man nicht parken dürfen. Der Wagen
  wurde abgeschleppt, weil ___*man vor der Einfahrt nicht hat*___
  ___*parken dürfen*___ .

1. Wir haben noch keine Sekretärin finden können.
   Ich rufe das Arbeitsamt an, weil _____ .

2. Stefan hat den Unfall kommen sehen.
   Ich bin davon überzeugt, dass _____ .

3. Warum hat man nicht den Arzt rufen lassen?
   Ich frage mich, warum _____ .

4. Ich hätte lieber Betriebswirtschaft studieren sollen!
   Ich denke mir oft, daß _____ .

5. Kerstin hat lange einen Ausbildungsplatz suchen müssen.
   Sie ist jetzt glücklich, obwohl _____ .

6. Dirk hat schon immer eine Banklehre machen wollen.
   Ihm wird die Entscheidung nicht schwerfallen, weil _____ .

7. Man hat mich gar nicht sprechen lassen!
   Ich fand es merkwürdig, dass _____ .

8. Heide und Karsten haben das Abitur wiederholen dürfen.
   Wissen Sie, warum _____ ?

9. Ich habe mich noch nie für Fußball begeistern können.
   Ich gehe nie ins Stadion, weil _____ .

10. Haben Sie Ihre Nachbarn spät nachts singen hören?
    Konnten Sie schlafen, nachdem _____ ?

ÜBUNG 135

Bitte setzen Sie ins Perfekt:

Beispiele: Wir wollen neue Möbel kaufen.
Letztes Jahr ___*haben wir neue Möbel kaufen wollen*___ .

Manfred beschwert sich beim Geschäftsführer.
Es ist nicht das erste Mal, dass ___*er sich beim Geschäftsführer*___
___*beschwert hat*___ .

Silke will heute nicht arbeiten.
Ich weiß, dass sie gestern auch ___*nicht hat arbeiten wollen*___ .

1. Ich muss meinen Ausweis suchen.
   Vor meiner letzten Reise _____ .

2. Rolf ließ seine Schlüssel im Auto liegen.
   Er hat nicht glauben können, dass _____ .

3. Wir können keinen Flug bekommen.
   Wir können nicht nach Athen fliegen, weil _____ .

4. Der Kunde wollte einen Tisch bestellen.
   Der Kunde, der gerade anrief, _____ .

5. Schon als Kind schrieb Mozart Sinfonien.
   Wussten Sie, dass _____ ?

6. Ich kann endlich meinen Kredit zurückzahlen.
   Ich habe mich gefreut, dass _____ .

7. Dr. Kroll unterlief bei der Untersuchung ein Fehler.
   Er entschuldigt sich, weil _____ .

8. Ich sehe gerade den Airbus aus Stockholm landen.
   Haben Sie nicht vor zehn Minuten schon gesagt, dass Sie _____ ?

9. Herr Neubert wollte das Orchester Bach spielen hören.
   Er ging ins Konzert, weil _____ .

10. Frau Lortz kann Herrn Sauter einen Irrtum nachweisen.
    Letzte Woche _____ .

Traditionell wurden in Deutschland die Hochschulen in der Vergangenheit staatlich geführt. Es gibt inzwischen aber auch einige private Universitäten. Eine der bekanntesten ist die 1971 gegründete „European Business School" (EBS) im Schloss Reichartshausen im Rheingau, in der Nähe von Frankfurt.

Jedes Jahr bemühen sich dort über 3000 junge Menschen um einen Studienplatz, aber nur 600 bekommen die Chance zu einer Aufnahmeprüfung. Für diese Prüfung sind ein Intelligenztest abzulegen und Sprachkenntnisse in Englisch und Französisch nachzuweisen. Wenn die zehn Besten schließlich zum Studium zugelassen werden, scheint es ihnen, als ob sie das Härteste schon hinter sich hätten.

Doch das Studium, das auf sie zukommt, bietet eine noch größere Herausforderung. Es dauert vier Jahre und umfaßt 30 Wochenstunden, wobei Anwesenheitspflicht besteht. Pro Semester sind zehn Klausuren zu schreiben in Fächern wie *Marketing, Finanzwesen* und *Internationales Steuerrecht*, um nur drei zu nennen. Unter bestimmten Voraussetzungen werden auch Stipendien vergeben.

Da die deutsche Wirtschaft heute vom Export lebt, müssen die zukünftigen Manager außerdem Erfahrungen im Ausland sammeln. Ein Praktikum in einer ausländischen Firma und mindestens ein Semester an einer Partnerschule in

Paris, London, Madrid oder Phoenix sind Grundvoraussetzungen für den Studien-abschluss.

Die harte Arbeit zahlt sich aber aus. Mit einem Diplom von der EBS in der Tasche ist dem Absolventen, als würde ihm die Welt gehören. Er braucht sich nicht um seine Zukunft zu sorgen: Führende Firmen in aller Welt reißen sich um die Diplomvolkswirte und Betriebswirte, die solch ein intensives Studium erfolgreich hinter sich gebracht haben.

ÜBUNG 136

1. In Deutschland gab es nicht immer _____.

    a. private Universitäten
    b. staatliche Universitäten
    c. traditionelle Hochschulen

2. Viele bewerben sich bei der EBS, aber nur wenige _____.

    a. müssen eine Aufnahmeprüfung machen
    b. werden studieren können
    c. brauchen einen Intelligenztest abzulegen

3. Während eines Studienseminars gilt für alle Studenten _____.

    a. ein Minimum von 30 Wochenstunden
    b. vier Jahre hartes Studium
    c. Anwesenheitspflicht

4. Jeder Student muss _____.

    a. mindestens drei Fächer belegen
    b. pro Fach zehn Klausuren schreiben
    c. Englisch- und Französischkenntnisse haben

5. Durch ein Praktikum im Ausland kann man am besten _____.

    a. Erfahrungen sammeln
    b. der deutschen Wirtschaft helfen
    c. an einer Partnerschule studieren

6. Studenten mit einem EBS-Diplom _____.

    a. reißen sich um Firmen in aller Welt
    b. haben bessere Berufsaussichten als andere
    c. können nicht für ihre Zukunft sorgen

| Hatte Kurt etwas gehört? | Ihm war, **als hätte** er etwas **gehört**.
Ihm war, **als ob** er etwas **gehört hätte**.
Ihm war, **als wenn** er etwas **gehört hätte**. |
| Wird es bald regnen? | Mir ist, **als würde** es bald **regnen**.
Mir ist, **als ob** es bald **regnen würde**.
Mir ist, **als wenn** es bald **regnen würde**. |

ÜBUNG 137

Beispiel: Er ist kein Millionär.
Er gibt aber Geld aus, als ___*wäre er ein Millionär*___ .

1. Haben Sie Schmerzen?
   Sie sehen aus, als ob _____.

2. Ich habe nicht die ganze Nacht wach gelegen.
   Ich fühle mich aber, als _____.

3. Gibt es bald ein Gewitter?
   Mir ist, als _____.

4. Wird unser Flug mit Verspätung ankommen?
   Es sieht so aus, als wenn _____.

5. Der Umweltschutz ist keine wichtige Sache.
   Sie verhalten sich, als _____.

6. Bekomme ich das Stipendium für Amsterdam?
   Es sieht so aus, als ob _____.

7. War Ihr Kundengespräch erfolgreich?
   Sie sehen aus, als wenn _____.

8. Haben Sie eine gute Klausur geschrieben?
   Mir ist, als _____.

9. Hat Karl-Heinz die Textverarbeitung erfunden?
   Karl-Heinz redet, als ob _____.

10. Herr Reincke hat keine Auslandserfahrungen.
    Er handelt aber, als wenn _____.

ÜBUNG 138

Beispiel: Trotz der Kälte ist mein Auto heute Morgen sofort __a__ .

    a. angesprungen   b. aufgesprungen   c. eingesprungen

1. Mein neuer Urlaubsfreund hat meine Adresse ____.
   a. angeschrieben   b. aufgeschrieben   c. hingeschrieben

2. Meine Güte! Wie siehst du denn heute ____?
   a. aus   b. vor   c. an

3. Die Antwort ist mir plötzlich ____.
   a. vorgefallen   b. hingefallen   c. eingefallen

4. Ich muss ____, dass Sie Recht hatten.
   a. ausgeben   b. zugeben   c. abgeben

5. Nach 20 Jahren dürfte man sich in der Stadt ____.
   a. erkennen   b. auskennen   c. durchkennen

6. Als ich an der Unfallstelle ____, war die Polizei schon da.
   a. hinkam   b. zukam   c. ankam

7. Professor Kleemanns Vortrag ____ ohne Schwierigkeiten.
   a. unterlief   b. verlief   c. vorbeilief

8. Manche Krankheiten werden von Bakterien ____.
   a. getragen   b. ertragen   c. übertragen

9. Friedrich ____ seinem Bruder Armin sehr.
   a. gleicht   b. vergleicht   c. begleicht

10. Es ist unglaublich, wie Kollege Siefert immer ____: Er sagt, er sei in vier Stunden von Düsseldorf nach München gefahren!
    a. treibt   b. antreibt   c. übertreibt

KAPITEL

24

SEKT IM BÜRO

Herr Siebert, Marketingmanager der Firma ULTRASPORT, ist aus Salzburg zurück, wo er zusammen mit Herrn Meinrat einen neuen Kunden geworben hat. Deswegen hat er eine kleine Feier im Büro vorbereiten lassen. Es gibt Sekt und ein kaltes Buffet. In lockerer Atmosphäre berichtet er seinen Mitarbeitern von dem erfolgreichen Geschäftsabschluss.

Herr Siebert: Wie Sie wissen, haben Herr Meinrat und ich in Salzburg ein Verkaufsgespräch geführt, und zwar mit Herrn Fürstner, dem Leiter einer großen Sportgeschäftskette in Österreich. Was meinen Sie wohl, was sich daraus ergeben hat?

Frau Köhler: Sie machen es aber spannend! Wie fand Herr Fürstner denn unsere Sportartikel? Haben sie ihm gefallen?

Herr Treppmann: Heraus mit der Sprache! Wir wollen wissen, was es zu feiern gibt! Schließlich steht der Sekt doch bestimmt nicht grundlos im Kühlschrank!

Herr Siebert: Sie haben es erfasst! Wir haben in der Tat einen Grund zum Feiern: Herr Fürstner hatte gestern bei unserem Verkaufs-gespräch bereits eine stattliche Bestellung angekündigt, und soeben ist die Bestätigung per Fax eingetroffen. Er will ab sofort unsere gesamte Kollektion in allen seinen Geschäften führen! Das heißt, es wird in Kürze alle unsere Artikel in den elegantesten Sportgeschäften von Salzburg, Innsbruck, Wien und Graz zu kaufen geben!

Herr Treppmann:	Na, großartig! Der hat sich aber schnell entschlossen! Wir haben ihm die Muster doch erst vor ein paar Wochen geschickt! Er hat sie wohl gleich in seinen Urlaub mitgenommen.
Frau Köhler:	Das ist es ja eben! Wenn Herr Fürstner unsere Wander-ausrüstung nicht selber ausprobiert hätte, wäre das Geschäft bestimmt nicht so schnell zu Stande gekommen.
Herr Siebert:	Sie hätten hören sollen, wie er von unseren Wanderschuhen schwärmte! Sogar bei der Besprechung hatte er sie noch an, und das zum Anzug!
Herr Treppmann:	Das ist doch nicht Ihr Ernst, Herr Siebert?
Herr Siebert:	Wirklich, Sie hätten sich bestimmt auch amüsiert, wenn Sie ihn mit den Wanderschuhen im Konferenzzimmer gesehen hätten!
Frau Köhler:	So einen begeisterten Kunden haben wir nicht alle Tage!
Herr Siebert:	Ein begeisterter Kunde und ein geschätzter Geschäftsmann! Darauf wollen wir anstoßen! Und auf den guten Verkaufs-abschluss natürlich! *(Alle erheben ihr Glas.)* Und dabei möchte ich Ihnen allen danken. Wenn Sie nicht so gute Vorarbeit geleistet hätten, hätte es keinen Anlass zum Sekttrinken gegeben!

ÜBUNG 139

1. Warum waren Herr Meinrat und Herr Siebert in Salzburg?

2. Wem erzählt Herr Siebert von dem Erfolg?

3. Wie hat er endgültig von dem neuen Auftrag erfahren?

4. Wo wird Herr Fürstner die ULTRASPORT-Kollektion führen?

5. Warum hatte er sich so schnell entschlossen?

6. Woran konnte man sehen, dass Herr Fürstner von der Wanderausrüstung begeistert war?

7. Worauf stoßen alle im Büro an?

8. Wofür bedankt sich Herr Siebert am Schluss?

ZWEIFEL AUSDRÜCKEN

„Das ist doch nicht Ihr Ernst?"

- *(im Krankenhaus)* Ich glaube, wir sollten sofort operieren, ohne Zeit zu verlieren! Was meinen Sie, Dr. Hoffmann?
- Hm, die Operation ist zwar dringend nötig, aber der Patient erscheint mir nicht stabil genug. Vielleicht warten wir noch, bis er sich etwas besser erholt hat.

- Frau Grünewald, die Buchhaltung braucht unbedingt noch zwei zusätzliche Schreibkräfte.
- Ich weiß, Herr Brinkmann. Aber die gegenwärtige Finanzlage erlaubt nur die Einstellung einer Bürokraft.
- Ich habe aber ernsthafte Zweifel, dass das ausreicht. Bei der vielen Arbeit, die die zur Zeit haben ...

- Frau Reichelt, gestern Abend waren wir im *Alten Krug* essen. Es war wirklich gut und auch nicht zu teuer.
- Na, ja, also ich habe gehört, dass das Essen oft kalt ist und auch nicht gerade billig!

- Helmut, ich wollte einen Teil meiner Ersparnisse an der Börse anlegen.
- Meinst du wirklich? Ist das zur Zeit nicht zu riskant? Vielleicht wartest du besser noch ein paar Wochen!

- Sag mal, Hans-Peter, wie war denn deine Chemieprüfung gestern?
- Ehrlich gesagt, nicht so besonders gut. Ich glaube kaum, dass ich sie bestanden habe.

WENN-SÄTZE: KONJUNKTIV PLUSQUAMPERFEKT

Ich habe den 5-Uhr-Zug nicht genommen. Ich habe nicht umsteigen müssen.
→ Wenn ich den 5-Uhr-Zug **genommen hätte**, hätte ich umsteigen müssen.

Olaf ist pünktlich gekommen. Wir haben seine Konzertkarte nicht verkauft.
→ Wenn Olaf nicht pünklich **gekommen wäre**, hätten wir seine Konzertkarte verkauft.

Herrn Steck ist um 8 Uhr geweckt worden. Er hat nicht verschlafen.
→ Wenn Herr Steck nicht um 8 Uhr **geweckt worden wäre**, hätte er verschlafen.

siehe Anhang S. 268

ÜBUNG 140

Beispiele: Wenn ich das Abitur nicht **_bestanden hätte_**, hätte ich nicht studieren können. *(bestehen)*

Wenn das Fußballspiel nicht sowieso im Fernsehen **_übertragen worden wäre_**, hätte ich versucht, Karten zu bekommen. *(übertragen werden)*

1. Wenn Frau Seipert nicht zum Vorstellungsgespräch _____, hätte sie die Stellung nicht bekommen. *(gehen)*

2. Wenn Herbert sein Staatsexamen schon _____, könnte er jetzt endlich wieder ruhig schlafen. *(schaffen)*

3. Wenn der Vertrag nicht _____, wären jetzt alle Mitarbeiter enttäuscht. *(zu Stande kommen)*

4. Wenn die Steuern _____, hätten wir unser Haus verkaufen müssen. *(erhöht werden)*

5. Wenn der Lastwagenfahrer die Situation nicht so schnell _____, hätte es bestimmt einen Unfall gegeben. *(erkennen)*

6. Wenn ich von Ihnen nicht _____, hätte ich nichts von Ihrem Umzug erfahren. *(benachrichtigt werden)*

7. Wenn Sie die Firma als Kunden _____, wäre Ihnen eine Gehaltserhöhung sicher gewesen. *(werben)*

8. Wenn Herr Enz auf den Besuch _____, wäre seine Überraschung nicht so groß gewesen. *(vorbereitet werden)*

ÜBUNG 141

Beispiele: Ich bin nicht in Wien. Ich frühstücke nicht im Café Demel.
Wenn ich in Wien wäre, würde ich im Café Demel frühstücken.

Ich bin nicht in Wien gewesen. Ich habe nicht im Café Demel
gefrühstückt.
**Wenn ich in Wien gewesen wäre, hätte ich im Café Demel
gefrühstückt.**

1.   Marion hat den Wetterbericht gehört. Sie hat einen Schirm mitgenommen.

2.   Herr Pross fährt jetzt immer sehr vorsichtig. Er verursacht keine Unfälle
mehr.

3.   Der Film hat vier Stunden gedauert. Eberhard ist eingeschlafen.

4.   Konrad muss kein Geld wechseln. Er geht nicht zur Wechselstube.

5.   Herr Pohl hat am Seminar nicht teilgenommen. Er hat die Kollegen aus
seiner Branche nicht kennen gelernt.

6.   Ich treibe keinen Sport. Ich spiele nicht Tennis.

7.   Wir haben den Flug nicht früher gebucht. Wir haben ihn nicht billiger
bekommen.

8.   Sigrid hat Geld. Sie trinkt nur Champagner.

9.   Norbert hat sich nicht umziehen müssen. Er ist zum Abendessen
ausgegangen.

10.   Angelika hat ihre Frage wiederholt. Ich konnte sie beantworten.

Bei den Bestrebungen zum einheitlichen europäischen Markt bilden die diversen Feiertage in den verschiedenen Ländern eine Schwierigkeit besonderer Art. Speziell im Mai und Juni ist es häufig ein Problem für Geschäftsleute, einen Kollegen im Ausland kurzfristig telefonisch zu erreichen.

Während in vielen europäischen Ländern der *Erste Mai* als „Tag der Arbeit" gefeiert wird, findet dieser *Bankfeiertag* in Großbritannien immer am ersten Montag im Mai statt. Etwas später kommt *Pfingsten*. Es wird sowohl in Deutschland als auch in Frankreich, Holland und in anderen Ländern 50 Tage nach Ostern gefeiert, und zwar immer an einem Sonntag und Montag. In Griechenland oder in England dagegen ist der *Pfingstmontag* ein normaler Arbeitstag.

Natürlich hat auch noch jedes Land seine speziellen Feiertage. Portugal ehrt seinen größten Dichter Camões mit einem arbeitsfreien Tag am 10. Juni. Die Engländer machen die Tore am letzten Montag im Mai dicht und nennen es ihren *Frühjahrs-Bankfeiertag*. Tja, und dann kommen noch die ganzen Nationalfeiertage dazu: z.B. der 2. *Juni* in Italien, der 5. *Juni* in Dänemark und der 23. *Juni* in Luxemburg.

Ist das Problem mit den Feiertagen noch nicht groß genug, so machen die unterschiedlichen Geschäftszeiten alles noch komplizierter! Solange man am Vormittag mit seinen Kollegen telefoniert, bleibt alles unproblematisch. Aber sobald es 12 Uhr schlägt, wird es schwieriger. Um 12 Uhr speist nämlich der

Franzose. Sooft der Engländer auch versucht, ihn vor seiner eigenen Mittagspause z.B. um 12.30 Uhr zu erreichen, er wird kein Glück haben. Und wenn der Franzose nach dem Mittagessen mit dem Spanier in Verbindung treten möchte, hat er Pech – jetzt fängt gerade dessen Siesta an! Um 14 Uhr beginnt in Griechenland die Mittagspause. Sie dauert bis 17 Uhr, aber da ist der Kollege in Holland wahrscheinlich schon auf dem Heimweg.

Das alles klingt ja nicht gerade nach einem einheitlichen europäischen Markt, oder? Mit dem Problem der unterschiedlichen Feiertage und Arbeitszeiten wird man wohl oder übel zurechtkommen müssen. Eine Einheitlichkeit auf diesem Gebiet erscheint fraglich. So wird es auch in Zukunft leider allzuoft am anderen Ende der Leitung heißen: „Sie rufen uns außerhalb unserer Geschäftszeit an. Bitte sprechen Sie nach dem Pfeifton!"

ÜBUNG 142

1. In diesem Text geht es um die unterschiedlichen _____ und _____ in den Ländern der Europäischen Gemeinschaft.

2. Besonders im Mai und _____ bilden diese von Land zu Land bestehenden Unterschiede für Geschäftsleute ein Problem _____.

3. Oft können sie ihre _____ Kollegen nicht telefonisch erreichen.

4. Ein englischer oder _____ Geschäftsmann wird nicht viel Glück haben, wenn er am *Pfingstmontag* mit einem Kollegen in Belgien sprechen will.

5. Die verschiedenen Geschäftszeiten _____ alles noch komplizierter.

6. Auch der *Erste Mai*, der _____, ist nicht in allen europäischen Ländern ein Feiertag.

7. In _____ z.B. wird der *May Day* immer am ersten Montag im Mai gefeiert.

8. Natürlich hat auch noch jedes Land neben seinen speziellen Feiertagen einen _____.

9. Vormittags kann man seinen Kollegen im Büro noch am _____ erreichen.

10. Ganz Europa spricht von einem einheitlichen Markt, aber eine _____ bei den verschiedenen Arbeitszeiten und Feiertagen erscheint _____.

ÜBUNG 143

Beispiel: *(so viel / sobald / soeben)*
Ich werde die Unterlagen bearbeiten, __*sobald*__ ich in mein Büro komme.

1. *(Soeben / Sogar / Sooft)*
_____ ich ihn sehe, trägt Burkhard dieselbe Krawatte.

2. *(So viel / Sofort / Sobald)*
_____ Herr Krause auch arbeitete, das Geschäft ging weiterhin schlecht.

3. *(sogar / sobald / so viel)*
Wir arbeiten weiter, _____ wir uns ein wenig ausgeruht haben.

4. *(soweit / sofort / soeben)*
Ich werde Ihnen behilflich sein, _____ es in meinen Kräften steht.

5. *(Sobald / Sofort / Solange)*
_____ Herr Wagner seine Krankheit nicht überwunden hat, bleibt er zu Hause.

6. *(Soweit / Sogar / Sogleich)*
_____ ich sehen kann, sind die Bedingungen des Vertrags günstig.

7. *(Soeben / Sooft / Sofort)*
_____ dieses Restaurant auch empfohlen wird, wir essen trotzdem woanders.

8. *(Sobald / So viel / Solange)*
_____ wir keine Reklame machen, wird unser Umsatz nicht steigen.

9. *(soweit / sobald / sowieso)*
Rufen Sie mich an, _____ Sie mit der Arbeit fertig sind.

10. *(so viel / soweit / sogleich)*
Frau Piehler wird niemals dicker, _____ sie auch isst!

ÜBUNG 144

Beispiel: De**r** neu**e** Sprecher der täglich**en** Wirtschaftssendung hat sich bei d**en** heutig**en** Aktienkursen gründlich versprochen.

1. Statt d__ schlecht gelaunt__, überarbeitet__ Herr__ Reuß sieht man jetzt d__ freundlich__, zuverlässig__ Frau Kerk die Post verteilen.

2. Bei Ihr__ letzt__ groß__ Bestellung ist ein__ unser__ Mitarbeiter leider ein Fehler unterlaufen.

3. In dringend__ Fäll__ können Sie mir ein__ kurz__ Nachricht auf mein__ neu__ elektronisch__ Anrufbeantworter hinterlassen.

4. Während d__ lang__ und turbulent__ Flug__ hat Frau Bertram in ihr__ Unterlagen gelesen.

5. Eigentlich hatten wir einen einfach__ PC gesucht. Aber der geschickt__ Verkäufer zeigte uns auch die teur__, beeindruckend__ Modelle, sodass wir statt d__ geplant__ billig__ Computer__ den modernst__ und leistungsfähigst__ nahmen.

6. Herr Nöhrig behauptet, dass er wegen geheimnisvoll__, außerirdisch__ Besucher kein__ einzig__ Nacht mehr schlafen könne.

7. Wenn die berühmt__ Fußballmannschaft das nächst__ Auswärtsspiel nicht gewinnt, verliert sie auch ihre letzt__ Fans.

8. An jed__ Feiertag passiert mir dasselbe: Ich stehe vor den verschlossen__ Tür__ d__ Supermarkts, weil ich nicht auf d__ Kalender gesehen habe.

9. Beatrix wird mit ihr__ ehrgeizig__ Kolleg__ sprechen und ihn bitten, ihr das erwähnt__ Projekt zu überlassen.

10. Wenn der jung__ Herr Senner nur ein besser__ Zeugnis hätte, dann wäre er der ideal__ Kandidat für d__ Post__ ein__ leitend__ Angestellt__.

LÖSUNGSSCHLÜSSEL

Übung 1   1. Er ist zu Besprechungen mit seinem Chef, Herrn Siebert, nach Frankfurt gekommen. 2. Er hat seinen alten Bekannten Korte auf dem Weg zum Ausgang getroffen. 3. Sie sind überrascht, sich zu treffen, weil sie sich ewig nicht gesehen haben. 4. Er hat es nicht gewusst, weil er anscheinend den Aufruf überhört hat. 5. Er hat keinen ruhigen Flug gehabt, weil er durch einige Turbulenzen kam. 6. Er ist aus Wien gekommen. 7. Er bleibt zwei Tage in Frankfurt. 8. Herr Meinrat kennt sich in Frankfurt besser aus. 9. In der *Alten Kanzlei* ist das Essen erstklassig. 10. Er stellt Herrn Meinrat seinen Schweizer Kollegen, Herrn Berger, vor.

Übung 2   1. bin ... angekommen 2. haben ... bestellt 3. haben ... genommen 4. habe ... gefrühstückt 5. Hat ... gemacht 6. Ist ... ausgestiegen 7. bin ... spazieren gegangen 8. sind ... gefahren 9. Haben ... gelesen 10. ist ... passiert

Übung 3   1. landet 2. sind ... gestiegen 3. habe ... getroffen 4. besuchen 5. bringe ... mit 6. ist ... geblieben 7. nimmt ... mit 8. ist ... gefahren 9. stelle ... vor 10. ist ... geflogen

Übung 4   1. internationalen Flug 2. Zeitverschiebung 3. durcheinander 4. einschlafen 5. Essen 6. umstellen 7. geschweige 8. knurrt 9. gewöhnt 10. Rhythmus 11. Fisch 12. Rückflugs

Übung 5   1. der Stadt 2. dieser Dame 3. Herrn Hausers 4. meiner Eltern 5. dieser Zeitschriften 6. unserer Reise 7. der Flugbegleiterin 8. meines Freundes

Übung 6   1. mit 2. durch 3. an 4. auf 5. Zum 6. für 7. Auf 8. auf 9. mit 10. am

Übung 7   1. Er kommt gerade vom Flughafen. 2. Er ist mit dem Taxi ins Hotel gekommen. 3. Sein Zimmer ist noch nicht frei, weil man erst nachmittags mit ihm gerechnet hat. 4. Sie überprüft es am Computer. 5. Zimmer 24 ist besser, weil man einen Blick auf den Park hat. 6. Er wird zwei Tage in Frankfurt bleiben. 7. Heute Morgen kam ein Anruf für ihn. 8. Er soll das Büro der Firma ULTRASPORT zurückrufen. 9. Der Frühstücksraum ist ab 7 Uhr geöffnet. 10. Er muss den Zettel an seiner Zimmertür ausfüllen.

Übung 8   1. werde ich im Parkhotel wohnen 2. wird er nach Athen fliegen
3. werde sie in Paris sehen 4. wird er nur jeden zweiten Tag mit
ihr telefonieren 5. wird er zu Hause essen 6. wird sie erst um 9
Uhr aufstehen 7. werde sie morgen früh abschicken 8. wird in
zehn Minuten ins Büro gehen.

Übung 9   1. meinen; Wird ... sein 2. glaube; wird ... bleiben; wird ...
regnen 3. werde ... besuchen; hat; machen 4. werde ... fahren;
wartet 5. werden ... gehen 6. werden ... tun; mag

Übung 10   1. Sie machen einen Kneipenbummel in der Altstadt. 2. Alle
sind sich einig, dass die Luft mal wieder sehr trocken ist. 3. Sie
gehen zuerst ins „Blaue Haus". 4. Man kann dort Studenten treffen.
5. Sie sind nicht dort geblieben, weil sie keinen freien Tisch
gefunden haben. 6. Bei „Pinkus Müller" ist es ruhig und gemütlich.
7. Sie setzen sich an einen langen Holztisch. 8. Es schmeckt so gut,
weil der Wirt es frisch vom Fass zapft. 9. Sie unterhalten sich
normalerweise über Sport, Politik und aktuelle Ereignisse. 10. Er
erzählt von einem neuen Film. 11. Sie trinken keine alkoholischen
Getränke, weil sie vielleicht mit dem Auto gekommen sind. 12. Er
geht aus Prinzip zu Fuß.

Übung 11   Stellen Sie sich vor: Da komme ich also nach ein**em**
angenehm**en** Flug wieder in München an. Mit mein**en** beid**en**
Koffern gehe ich zum Taxistand. Ich habe kein groß**es** Glück:
Kein einzig**es** Taxi ist da, nur ein**e** ganz**e** Menge Menschen, die
alle auch auf ein Taxi warten. Plötzlich kommt ein elegant**er**
schwarz**er** Mercedes angefahren. Der Fahrer springt heraus,
begrüßt ein**en** grauhaarig**en** Herrn, nimmt sein**en** klein**en** Koffer
und legt ihn in den Kofferraum. Ich denke: Das ist bestimmt ein
wichtig**er** oder vielleicht sogar ein berühmt**er** Mann. Ich mache
ein**en** gut**en** Schritt vorwärts, denn ich will das Gesicht sehen. Da
sieht er mich auch an: Es gibt kein**en** ander**en** Menschen
auf der Welt, der so aussieht wie mein alt**er** Schulfreund Heribert!
Er hat immer noch ein**e** rote Nase, ein**en** viel zu groß**en** Mund und
ein**en** lang**en** Bart. Wir begrüßen uns herzlich, und er bietet mir
an, in sein**em** luxuriös**en** Wagen Platz zu nehmen. Dann erzählt
er mir, was ihn nach München bringt: Er will für die klein**en**
Kinder sein**es** Bruders den Weihnachtsmann spielen. Es stimmt
also: Der Mann ist wirklich ein**e** bedeutend**e** Persönlichkeit!

Übung 12   1. b   2. b   3. c   4. a   5. c   6. b   7. c   8 b

Übung 13   1. Er wollte ein paar Einkäufe machen.   2. Man findet sie in der Innenstadt.   3. Er fragte eine Passantin.   4. Ja, es ist schon lange her.   5. Der Eingang hatte eine knallrote Markise.   6. Es gibt sie nicht mehr, weil der Laden vor einem Jahr schließen musste.   7. Er möchte seiner Frau etwas von seiner Geschäftsreise mitbringen.   8. Es sollte etwas Besonderes sein, weil seine Frau gestern Geburtstag hatte.   9. Sie hat ihn in die *Galerie 13* geschickt.   10. Sie kennt sich in der Gegend so gut aus, weil sie seit 40 Jahren dort wohnt.

Übung 14   1. fing ... an   2. verlief   3. ging   4. lag   5. bekamen; machte   6. packten ... aus   7. suchten; fanden   8. mussten   9. tranken; unterhielten   10. verabredeten

Übung 15   Ich **fuhr** nach Hannover, um meine Tante zu besuchen. Am Bahnhof **fiel** mir **ein**, dass ich kein Geschenk für sie **hatte**. Mit einer Schachtel Konfekt, **dachte** ich, kann man nie etwas falsch machen, und selbst esse ich es ja auch sehr gern. Auf der Suche nach einem Geschäft **fragte** ich einen Passanten nach dem Weg. Zufällig **wollte** dieser Herr auch gerade Konfekt kaufen. So **machten** wir uns zusammen auf den Weg. Wir **betraten** also ein Geschäft und **suchten** gute Mischungen **aus**. An der Kasse **stellte** der Herr **fest**, dass sein Portmonee fast leer **war**. Also **nahm** er seine Kreditkarte **heraus** und **hielt** sie der Verkäuferin **hin**. Die aber **informierte** ihn, dass sie für eine so kleine Summe Kreditkarten leider nicht akzeptiert. Kein Problem für den Herrn: Er **kaufte** einfach eine zweite Schachtel. Noch im Geschäft **öffnete** er die Packung und **bot** auch mir daraus **an**. Es **schmeckte** so lecker, dass wir kein einziges Stücken **übrig ließen**. Ein Glück nur, dass *meine* Schachtel so hübsch in Geschenkpapier verpackt **war** ...

Übung 16   1. a   2. b   3. c   4. c   5. b   6. c

Übung 17   1. diesen wichtigen   2. jeden neuen   3. dem herrlichen   4. dieses fremden   5. jedes einzelne   6. den verspäteten   7. welcher berühmte   8. der freundlichen

Übung 18   1. Einkaufsstraßen   2. Wochenende   3. Nachbarschaftskneipen   4. Straßenlärm   5. Gewohnheitsmensch   6. Gruppenreisen   7. Sonntagszeitung   8. Empfangsdame

Übung 19   1. Er kommt früher ins Büro, da viel Arbeit auf ihn wartet. 2. Sein Assistent Rolf Treppmann und seine Sekretärin sind außer ihm noch da. 3. Ja, sie hat in letzter Zeit viel gearbeitet. 4. Er rief gestern an, weil er Bescheid sagen wollte, dass er gut aus Zürich angekommen ist. 5. Frau Hansen von der Werbeagentur hat außerdem noch angerufen. 6. Sie wollte sich mit ihm über die neue Werbekampagne unterhalten. 7. Er möchte zuerst etwas mit Herrn Treppmann besprechen. 8. Er ruft sie nicht sofort zurück, weil es noch zu früh hist. 9. Er schlägt vor, dass sich alle drei um 14 Uhr bei ihm im Büro treffen. 10. Herr Siebert kennt Herrn Meinrat schon, aber Frau Hansen kennt ihn noch nicht.

Übung 20   1. Kann 2. Darf 3. wollte 4. müssen 5. wollen 6. möchte 7. Können 8. kann 9. wollte 10. kann

Übung 21   1. wird schon nächste Woche kommen wollen 2. wird uns bald über das neue Projekt informieren können 3. musste gestern schon um 8 Uhr zur Arbeit gehen 4. Haben Sie diesen Brief nicht schon gestern tippen sollen 5. konnte die Akten gestern Abend nicht so schnell finden 6. mag gern Fisch (essen) 7. soll Ulrike heute Abend vorbeikommen 8. wird heute früher nach Hause gehen dürfen, weil sie auch früher angefangen hat 9. habe gestern nicht mehr mit Horst sprechen können 10. müssen selbst zum Chef gehen, denn der Angestellte darf die Information nicht herausgeben 11. hat Herr Koch keine Überstunden machen wollen 12. möchte Wilhelm die neue Stellung anfangen

Übung 22   1. b 2. a 3. c 4. b 5. c 6. b 7. a 8. b 9. c 10. b

Übung 23   A. 1. Herr Müller hört sich den Vortrag in München an. 2. Bitte unterschreiben Sie den Brief hier! 3. Die Flugbegleiterin unterhält sich mit dem Piloten. 4. Ich steige immer in Düsseldorf um. 5. Wann stellen Sie mich dem Direktor vor? 6. Was verursacht eigentlich die hohen Ölpreise?

B. 1. Gestern Abend hat Karl den Laden zugeschlossen. 2. Jürgen hat das Buch ins Deutsche übersetzt. 3. Familie Schubert ist alle zwei Jahre umgezogen. 4. Um wie viel Uhr sind Klaus und Monika ausgegangen? 5. Ich habe einem Freund mein Videogerät verkauft. 6. Wir haben uns für unsere Eltern ein Geschenk überlegt.

Übung 24 1. Vorschlag 2. Genuss 3. sogenannten 5. Geschmack 5. Forderungen 6. Besprechung 7. Langeweile 8. Sicht

Übung 25 1. Sie haben sich in einem Restaurant in der Nähe des Büros getroffen. 2. Klaus hat Kalbfleisch bestellt. 3. Dem Ober ist ein Fehler unterlaufen: Er hat Klaus Schweinebraten gebracht. 4. Elke bestellt Senf, weil sie gern scharf isst. 5. Er ist so in Eile, weil seine Mittagspause bald vorbei ist. 6. Er findet es sehr gemütlich. 7. Er hat in der Zeitung wochenlang ganz groß inseriert. 8. Er sollte ein Bier bringen und bringt stattdessen einen Tomatensaft.

Übung 26 1. wo habt ihr eigentlich vor zwei Jahren gewohnt 2. Suchst du ein gutes Restaurant 3. fahrt bitte voraus, wir folgen euch dann 4. Kommt uns bald wieder besuchen 5. Wirst du mit dem Zug nach Berlin fahren 6. sei bitte so nett und gib diesen Umschlag dem Chef 7. Man konnte dir ansehen ..., dass du mit deiner Arbeit nicht zufrieden warst 8. Könnt ihr nicht zusammen ein Taxi zum Konzert nehmen

Übung 27 1. ich bitte euch: Geht nur in Gruppen aus und passt gut auf eure Taschen auf 2. Sie Ihren Reiseleiter gefragt, welches Restaurant er Ihnen empfehlen kann 3. für deinen nächsten Urlaub einen Rat geben 4. haben Gaisers dich nicht mehr angerufen, um dir eine gute Reise zu wünschen 5. nach Berlin, aber lassen Sie bitte Ihren Hund zu Hause 6. nicht mit deinem Auto in die Stadt fahren willst, nehme ich dich gern in meinem mit 7. gern bei der Arbeit helfen. Das können Sie gar nicht alleine 8. doch gesagt, dass ihr euer Gepäck unter den Sitz stellen sollt

Übung 28 1. a 2. a 3. c 4. c 5. a 6. c

Übung 29 1. wo sich der Flughafen befindet 2. ob Gerda auch Hans zum Essen eingeladen hat 3. warum Krause immer noch inseriert 4. wann die Besprechung angefangen hat 5. wie alt das Auto ist 6. mit wem er nach Danzig fahren wird 7. wem diese Uhr gehört 8. ob ihr nach Marokko oder Tunesien fliegt 9. wie viel die Tasche gekostet hat 10. ob es morgen regnen wird 11. für wen du denn einen so schönen Ring gekauft hast 12. ob ich den Schlüssel abgeben soll

Übung 30 1. am 2. in 3. in 4. im 5. am 6. von 7. fürs 8. zur

Übung 31 1. Er betrat ein großes Geschäft für Herrenbekleidung. 2. Er hat diesen Laden gewählt, weil Plakate mit interessanten Sonderangeboten sein Interesse geweckt haben. 3. Er suchte ein sportliches Jackett. 4. Er möchte es zu jeder Jahreszeit und auf Reisen tragen. 5. Die Farbe Grün gab es noch in Größe 52 im Sonderangebot. 6. Sie gefiel ihm nicht, weil sie ihm zu auffallend war. 7. Er ließ sich inzwischen die Hemden zeigen. 8. Es war aus 100% Schurwolle. 9. Nach Meinung des Verkäufers stand Herrn Meinrat das Jackett sehr gut. 10. Er hat es dann doch nicht gekauft, weil er sich auf Anhieb nicht dazu entschließen konnte.

Übung 32 1. du einen guten Fotoapparat kaufen möchtest 2. du mit mir in die Oper kommst 3. wird Herr Kühn die Jacke sofort tragen 4. sollen Sie diese Tabletten dreimal täglich nehmen 5. Fahren Sie doch mit der U-Bahn 6. ziehe ich mich gern schick an 7. er ein Passbild braucht 8. ich morgen Zeit habe 9. die Preise besonders günstig sind 10. bestellt er sich gern ein kleines Helles

Übung 33 1. Bitte lassen Sie die Dame eintreten! 2. Die Chefin hat den Angestellten alles alleine machen lassen. 3. Frau Greiner will ihren Sohn zuerst ins Auto steigen lassen. 4. Haben Sie den Anzug reinigen lassen? 5. Bitte lassen Sie mir das Jackett heute noch schicken! 6. Die neuen Hemden lassen sich gut verkaufen. 7. Bitte lassen Sie mich die Neuigkeiten bald wissen. 8. Herr Nolte lässt Sie schön grüßen. 9. Ich lasse mir die Post in den Urlaub nachschicken. 10. Wir können unser Dach erst nächstes Jahr reparieren lassen.

Übung 34 1. Modemessen 2. stellen ... vor 3. Bekleidungsbranche 4. Geschäftsausweis 5. großen Hotels oder Kongresshallen 6. Kunden 7. informieren 8. früh bis spät 9. Ware 10. verderblich 11. Wettkampf 12. Besucherzahlen

Übung 35 1. Hier kommt schon das Essen, das Doris vor fünf Minuten bestellt hat. 2. Die Briefe, die der Chef brauchte, lagen im Schrank. 3. Ist das der Angestellte, dem ein Fehler unterlaufen ist? 4. Haben Sie dem Kunden, der sich nicht auskannte, geholfen? 5. Dort sitzt der Gast, der frischen Kaffee verlangt hat. 6. Herr Wagner, den Sie für 3 Uhr bestellt haben, kommt etwas später.

7. Ich habe die Telefonnummer, die Herr Berger mir gab, verloren. 8. Dies ist der Kollege, dem ich den Auftrag geben werde. 9. Der Wein, den ich im Sonderangebot gekauft habe, schmeckt nicht gut. 10. Wo ist die junge Dame, der dieser Schirm gehört?

Übung 36	1. c 2. b 3. b 4. a 5. b 6. a 7. b 8. c

Übung 37   1. Frau Hansen von der Werbeagentur und Herr Meinrat, der Marketingdirektor aus der Schweiz trafen sich mit Herrn Siebert. 2. Es ging um die neue Werbekampagne. 3. Er hat gehört, dass der Umsatz im letzten Quartal erfreulich gestiegen ist. 4. Sportjacken haben sich in der Schweiz besonders gut verkauft. 5. Der Umsatz in Deutschland war stark gestiegen. 6. Sie hat zwei Spitzenspieler aus der Bundesliga für die Werbung gefunden. 7. Die Geldfrage bereitet ihm keine Sorgen, weil sich solche Werbe-Aktionen immer ausgezahlt haben. 8. Der richtige Zeitpunkt ist entscheidend für den Erfolg einer Werbeaktion. 9. Frau Hansen wird mit den Sportlern verhandeln. 10. Sie wird sofort mit der genauen Aufstellung der Kosten anfangen.

Übung 38   1. sich ... begrüßt, mögen sich, kennen sich 2. mich ... verabredet, dich ... umgezogen, sich ... gewöhnt 3. Entschließt euch, uns ... entschieden 4. freue mich, wundere mich

Übung 39   1. wird sich erst an die Arbeit gewöhnen müssen 2. wollte er sich immer erst mit seinem Hund beschäftigen 3. können sich nur selten sehen 4. müssen uns gleich auf den Weg machen 5. sollen sich doch nicht aufregen! 6. möchten Sie es sich noch überlegen 7. durften uns nicht laut unterhalten 8. hast dich doch hinlegen wollen

Übung 40   1. a 2. c 3. b 4. a 5. b 6. a 7. a 8. c

Übung 41   1. wird ... unterschrieben 2. wurde ... abgeschickt 3. wurden ... verletzt 4. wird ... geregelt 5. wurden ... ausgewechselt 6. gespielt wird 7. Wurde ... geraten 8. werden ... diskutiert 9. wurde ... eingeladen 10. wurde .. gebaut

Übung 42 1. c 2. a 3. c 4. c 5. c 6. b 7. a 8. b

Übung 43 1. Sie fährt einen blauen Golf GTI. 2. Sie ärgert sich, weil der Wagen wieder nicht anspringt. 3. Ihr Wagen war gerade drei Tage in der Werkstatt. 4. Er war in der Reparatur, weil etwas mit dem Anlasser nicht in Ordnung war. 5. Sie hat über 200 Euro für diese Reparatur bezahlt. 6. Sie kann den Wagen nicht in die Werkstatt bringen, weil er nicht anspringt. 7. Sie wird nicht sofort einen Abschleppwagen schicken, weil alle im Einsatz sind. 8. Sie hat keine Zeit, lange herumzutelefonieren und auf den Abschleppwagen zu warten, weil sie sehen muss, wie sie ins Büro kommt. 9. Ihr Wagen steht vor ihrer Wohnung, Bockenheimer Weg 16. 10. Sie will ihn ihrer Nachbarin Frau Wegener geben.

Übung 44 1. unter dem Stapel 2. neben der kleinen Buchhandlung; neben die neue Konditorei 3. über die nächste Querstraße; Über dem Haupteingang 4. vor der Einfahrt; vor den Briefkasten 5. auf den Parkplatz; hinter dem Hotel 6. auf einen kleinen Zettel 7. im Büro; in das Kaufhaus 8. an diese dünne Wand

Übung 45 1. gestellt 2. setzen ... sich 3. gelegt 4. Stellen Sie 5. saß 6. sich ... gesetzt 7. dich ... gelegt 8. lag 9. stehen 10. stehe 11. setzte sich 12. Legen

Übung 46 1. c 2. b 3. c 4. c 5. b 6. a

Übung 47 1. eines der 2. äußerst 3. aufs wärmste 4. wesentlich 5. viel 6. doppelt so

Übung 48 1. an 2. Mit 3. nach 4. um 5. zur 6. um 7. beim 8. in

Übung 49 1. Frau Meinrat rief ihren Mann um 18 Uhr im Hotel an. 2. Sie konnte nicht sofort mit ihm sprechen, weil die Leitung besetzt war. 3. Sie befand sich in der Schweiz. 4. Er wird mit ein paar Kollegen essen gehen. 5. Es lag an der Verbindung. 6. Sie wollte ihm erzählen, dass sie eine Gehaltserhöhung bekommen soll. 7. Er kann sich auf Frau Meinrat verlassen. 8. Sie findet es schade, dass Herr Meinrat noch in Frankfurt ist. 9. Sie würde gern feiern. 10. Sie hat den Sekt schon kalt gestellt.

Übung 50   1. Wenn ich genug Geld hätte, würde ich eine Weltreise machen. 2. Wenn ich eine Gehaltserhöhung bekommen würde, würde ich meine Familie zum Essen einladen. 3. Wenn ich in Paris wäre, würde ich auf den Eiffelturm steigen. 4. Wenn die Sonne scheinen würde, würde ich ans Meer fahren. 5. Wenn ich Geburtstag hätte, würde ich eine Party geben. 6. Wenn ich den Zug verpassen würde, würde ich auf den nächsten warten. 7. Wenn es draußen frieren würde, würde ich mich warm anziehen. 8. Wenn ich einen Abend für mich alleine hätte, würde ich ein Buch lesen.

Übung 51   1. treffen wollte, würde er seinen Termin nicht verschieben 2. nicht ausgehen müssten, würden wir zu Hause bleiben 3. wäre, dürfte er Kuchen essen 4. abnehmen wollte, würde ich Pizza essen 5. hätten, könnten Sie zur Arbeit fahren 6. könnte, würde er nicht immer im Restaurant essen 7. geschäftlich ins Ausland müsste, könnte ich Ski fahren gehen 8. Zürich nicht ganz genau kennen würde, müsste sie ihren Freunden aus Deutschland die Stadt nicht zeigen

Übung 52   1. In der Schweiz wird Deutsch, Französisch, Italienisch und Rätoromanisch gesprochen. 2. Basel liegt im deutschsprachigen Teil der Schweiz. Es fällt einem sofort der besondere Klang der Sprache auf. 4. Ein *ch* wird im Hochdeutschen weicher ausgesprochen. 5. In Bern begrüßt man sich normalerweise mit einem *Grüezi*. 6. Ein weiterer Unterschied zwischen Hochdeutsch und Schweizerdeutsch ist das Vokabular. 7. Alle Bevölkerungsschichten sprechen Schweizerdeutsch. 8. In politischen Diskussionen im Radio kann man meistens Hochdeutsch hören. 9. Einige Sprecher oder Politiker begrüßen manchmal ihre Zuschauer auf Schweizerdeutsch. 10. Sie sagen *Proscht*, wenn sie miteinander anstoßen.

Übung 53   1. zu arbeiten 2. Ski fahren 3. verlassen 4. zu werden 5. zu verstehen 6. kommen 7. abholen 8. zu finden 9. zu bekommen 10. wieder zu finden

Übung 54   1. Schutz 2. ausländische 3. Gewohnheit 4. Sicherheit 5. verursacht 6. ausstellen 7. Verbindung 8. Ausbildung 9. aufregendes 10. alltägliche

Übung 55	1. Er hat gerade Herrn Siebert seinen Jahresbericht vorgelegt. 2. Er freute sich über die Verkaufszahlen und die gestiegenen Profite. 3. Die guten Ergebnisse waren seiner Meinung nach Herrn Meinrat zu verdanken. 4. Die Lage in Österreich ist etwas problematisch. 5. Herr Huber, der Leiter der Marketingabteilung, wird in den Ruhestand gehen. 6. Es gibt Überlegungen, die Führung der Marketingabteilungen Schweiz und Österreich zusammenzulegen. 7. Er hat Herrn Meinrat im Auge. 8. Der Kandidat sitzt Herrn Siebert im Moment direkt gegenüber. 9. Er nimmt das Angebot an. 10. Er bedankt sich für das Vertrauen, das Herr Siebert in ihn setzt.
Übung 56	1. mir überlegt 2. wünscht sich 3. euch ... kaufen 4. sich ... bestellt 5. sich ... verdienen 6. holt ... euch 7. bin mir sicher 8. dir ... anziehen 9. uns ... machen 10. dir ... einig
Übung 57	1. mich 2. sich 3. dich 4. uns 5. sich 6. mich 7. mir 8. sich 9. mir 10. mir
Übung 58	1. c 2. b 3. c 4. c 5. b 6. c 7. b 8. a
Übung 59	1. ihn ihr 2. sie mir 3. es uns 4. sie Ihnen 5. ihn mir 6. es ihm 7. sie Ihnen 8. sie ihm 9. es mir 10. sie ihm
Übung 60	1. a 2. b 3. b 4. c 5. b 6. a 7. b 8. b 9. c 10. a
Übung 61	1. Er war am Frankfurter Flughafen. 2. Er ist noch nicht abgeflogen, weil sein Flugzeug Verspätung hat. 3. Sie hat angerufen, weil sie wissen wollte, ob der Text für die neue Broschüre fertig sei und ob sie ihn schon in die Druckerei geben solle. 4. Herr Marquard hat sich noch gemeldet. 5. Es gibt Schwierigkeiten bei der Fertigstellung der Kataloge. 6. Er lässt Herrn Marquard ausrichten, dass er morgen schon ausgebucht sei. 7. Sie soll den Termin auf übermorgen verschieben. 8. Sie hat fast vergessen, ihm auszurichten, dass das seine Frau Karten fürt Beethovenkonzert habe. 9. Er will vom Flughafen direkt nach Hause fahren, damit er sich vor dem Konzert noch umziehen kann. 10. Er wird seinen Monatsbericht morgen abschließen.

Übung 62 1. sei 2. gebe 3. spreche 4. gehe 5. rauche 6. wolle

Übung 63 A. 1. er könne die Miete nicht bezahlen 2. sie dürfe keinen Kaffee mehr trinken 3. er wolle zehn Pfund abnehmen 4. er müsse noch einen Kunden besuchen 5. Heinz lasse seine Wohnung modernisieren

B. 1. er dürfe im Augenblick nicht landen 2. Kirsten suche eine neue Stelle 3. die Reise des Präsidenten könne wie geplant stattfinden 4. man kümmere sich nicht genug um den Umweltschutz 5. sie denke gar nicht daran, sich zu entschuldigen

Übung 64 1. c 2. c 3. b 4. b 5. c 6. a

Übung 65 1. arbeite jedes Wochenende 2. verstehe nur ganz wenig Spanisch 3. würdest jedes Wochenende Ski laufen 4. würden sich auf unseren Besuch freuen 5. rate von der Reise ab 6. verderbe den Geschmack 7. würden jetzt nach Monte Carlo weiterfahren 8. würden höhere Gehälter fordern

Übung 66 1. für 2. auf 3. an 4. nach 5. für 6. auf 7. auf 8. zu

Übung 67 1. Er zog seinen nassen Regenmantel aus und hängt ihn an die Garderobe. 2. Brigitte hatte einen anstrengenden Tag im Büro. 3. Zwei eilige Angelegenheiten lagen noch auf seinem Schreibtisch, als er das Büro verließ. 4. Ihr Telefon stand nicht still, weil plötzlich alle ihren Skiurlaub buchen wollten. 5. Sie hat über 100 Pauschalreisen verkaufen können. 6. Sie wären für die Idee zu haben, auch in den Skiurlaub zu fahren. 7. Sie sollte ihren Urlaub noch vor Jahresende nehmen. 8. Er wollte am Mittwoch sowieso nach Bern fahren. 9. Vor zwei Jahren waren sie schon einmal in einem kleinen romantischen Hotel in Kandersteg. 10. Herrn Sieberts Meinung nach schließt ein richtiger Skiurlaub gute Verpflegung mit ein.

Übung 68 1. dem 2. das 3. den 4. die 5. dem 6. dem 7. der 8. denen 9. das 10. dem

Übung 69	1. um die ich mich bewerben werde 2. mit dem ich früher oft reiste 3. über die wir jetzt fliegen 4. durch die die Elbe fließt 5. nach dem sie gefragt haben 6. von dem Klaus erzählt 7. für das Schäfers sich begeistert haben 8. mit dem ich vier Wochen zusammen arbeiten musste 9. mit denen Frickes gestern Karten spielen wollten 10. in denen der Bericht stand 11. auf den die Reisenden lange gewartet haben 12. an die Dirk zweimal im Jahr schreibt
Übung 70	1. a 2. c 3. a 4. b 5. b 6. a
Übung 71	1. keinen 2. einem 3. einen; einem 4. man 5. etwas 6. allem 7. einem 8. Jemand
Übung 72	1. a 2. b 3. a 4. c 5. a 6. c 7. c 8. a
Übung 73	1. Sie soll Frau Köhler entlasten und Herrn Treppmann zur Hand gehen. 2. Ihrer Meinung nach kommen nur zwei Bewerberinnen in Frage. 3. Sie haben mehrjährige Büroerfahrung. 4. Sie müsste das Computersystem der Firma ULTRASPORT lernen. 5. Sie wirkte viel ruhiger und konzentrierter auf Frau Köhler als Frau Hausser. 6. Sie war Herrn Treppmann fast zu selbstsicher. 7. Sie möchte, dass Frau Meisel eingestellt wird, weil sie eine erfahrene Bürokraft ist und ausgezeichnete Sprachkenntnisse hat. 8. Sie kann schon so schnell anfangen, weil sie schon gekündigt hat.
Übung 74	A. 1. wird ... gesucht 2. ist ... abgesagt worden 3. widersprochen werden 4. Seid ... überrascht worden 5. sind ... vorbereitet worden

B. 1. wurde ... geführt 2. wird ... geliefert werden 3. wurden ... getippt 4. wurden ... gesucht 5. wird ... unterschrieben werden |
| **Übung 75** | 1. Wann wird das neue Modell der Presse vorgestellt werden? 2. Durch den Unfall ist ein langer Stau verursacht worden. 3. Die Naturmedizin wird von immer mehr Ärzten wiederentdeckt. 4. Von welchem Professor wird der nächste Vortrag gehalten werden? 5. Der Betrag ist mir vor einer Woche überwiesen worden. 6. Ich werde von meinem Kollegen bis zum Bahnhof mitgenommen werden. 7. Wir wurden von der lauten Musik angelockt. 8. Ich bin Herrn Merkel noch nicht vorgestellt |

worden. 9. Wem ist die Leitung der Firma angeboten worden?
10. Am 1. Juli wird von uns eine Filiale in Holland eröffnet
werden.

Übung 76 1. Sie hat von der Position als Direktionsassistentin durch ein Inserat in der Frankfurter Allgemeinen Zeitung erfahren. 2. Bevor sie ihre Bewerbung schrieb, telefonierte sie mit Herrn Treppmann. 3. Ihre Qualifikationen sind: fünf Jahre Berufs-erfahrung, Vertrautheit mit den allgemeinen Geschäfts-vorgängen, schreibtechnische Kenntnisse und Sprach-kenntnisse. 4. Sie ist seit mehreren Jahren mit Textverarbeitungs-programmen vertraut. 5. Sie möchte ihre Arbeitsstelle wechseln, um mehr Gelegenheit zu haben, ihre Sprachkenntnisse zu benutzen. 6. Sie fügt dem Bewerbungs-schreiben einen Lebenslauf, Zeugnisabschriften und ein Lichtbild bei.

Übung 77 1. Ich bin einem Tennisverein, dessen Plätze im Park liegen, beigetreten. 2. Wir müssen unsere Freunde, deren Haus in Spanien wir mieten wollten, anrufen. 3. Das nächste Mal werde ich in das Restaurant, dessen Fischspezialitäten mir empfohlen worden sind, gehen. 4. Können Sie meine Freundin, deren Auto kaputt ist, nach der Arbeit zu Hause absetzen? 5. Der Bau, dessen Fertigstellung sich verspätet hat, kostet mehr als erwartet. 6. Haben Sie Ihren Wagen in die Autowerkstatt gebracht, deren Einfahrt gleich neben dem Bahnhof ist? 7. Herr Redder gibt schießlich seinen Mitarbeitern Recht, deren Rat er zuerst nicht annehmen wollte. 8. Buchen Sie lieber nicht bei dem Reisebüro, dessen Angestellte unfreundlich und dessen Preise zu hoch sind! 9. Die Ausstellung, deren Eröffnung ein großer Erfolg war, ist verlängert worden. 10. Vereinbaren Sie einen Termin mit Herrn Renz, dessen Abteilung neue Mitarbeiter braucht!

Übung 78 1. Bezug nehmen 2. Büroerfahrung 3. Arbeitgeber 4. Vorstellungsgespräch 5. Sprachkenntnisse 6. Ruhestand 7. verantwortungsvolle 8. Jahreshälfte

Übung 79 1. Ja, sie sind am Spätnachmittag unterwegs. 2. Sie hat ihn gerade daran erinnert, dass sie heute ihren Lottoschein abgeben müssen. 3. Sie wollen an der Lottoannahmestelle anhalten. 4. In seinem Horoskop steht, dass er heute einen ausgesprochenen

Glückstag hat. 5. Treppmanns Auto wird mit einem kräftigen Stoß nach vorne geschoben. 6. Niemand hat sich verletzt. 7. Er hat einen Sender im Radio gesucht. 8. Treppmanns Auto ist beschädigt. 9. Der Fahrer des anderen Wagens ist an dem Unfall schuld. 10. Die Versicherung des Fahrers des anderen Wagens wird den Schaden zahlen.

Übung 80   1. Niemand hat etwas dagegen, dass wir eine Kaffeepause machen. 2. Jeder einzelne hat dazu beigetragen, dass es ein schönes Fest wurde. 3. Der Taxifahrer regte sich darüber auf, dass der Fahrgast rauchte. 4. Erinnern Sie sich noch daran, dass ich gestern bei Ihnen eine CD gekauft habe? 5. Wir haben uns gerade darüber unterhalten, dass das Wahlergebnis nicht vorauszusehen war. 6. Rechnen Sie damit, dass Sie bald einen Firmenwagen bekommen? 7. Die Polizei passt darauf auf, dass niemand zu schnell fährt. 8. Es wurde im Fernsehen darüber berichtet, dass der Kanzler zu Gesprächen nach Moskau fliegen wird. 9. Wer wird sich darum kümmern, dass die Gäste etwas zu trinken bekommen? 10. Ich bin davon überzeugt, dass die Lage dieses Ladens vorteilhaft ist.

Übung 81   1. glaube daran 2. sich darum kümmern 3. sagen ... dazu 4. sich darauf eingerichtet 5. ist dafür zu haben 6. sich darum gehandelt 7. Liegt ... daran 8. davon gesprochen 9. darüber nachgedacht 10. mich ... daran gewöhnen 11. hat ... Interesse daran 12. ärgere mich darüber

Übung 82   1. c 2. b 3. c 4. b 5. b 6. c

Übung 83   1. als 2. Wann 3. Wenn 4. wenn 5. Als 6. wann 7. Wenn 8. als 9. wann 10. wenn

Übung 84   1. verkürzen 2. einfallsreich 3. entlasten 4. zugenommen 5. schaden 6. Höhepunkt 7. rasen 8. zweideutig 9. Leben 10. getrennt

Übung 85   1. Sie hat ihre Freundin Beate seit dem Umzug noch nicht besucht. 2. Ihr fällt sofort auf, dass Gisela abgenommen hat. 3. Sie treibt viel Sport, um ein paar Pfunde zu verlieren. 4. Sie hat zum Kaffee Frankfurter Kranz besorgt. 5. Sie weiß von Giselas Mutter, dass Gisela sich ein Rennrad gekauft hat. 6. Sie beklagt sich darüber, dass Gisela seit Monaten nicht zu Besuch gewesen ist. 7. Sie hat ihren Freund Markus auf einer Radtour kennengelernt. 8. Sie hat in Berlin eine schöne Wohnung mit Balkon. 9. Er wollte wissen, ob Beate und Gisela schon Pläne für heute Abend gemacht hätten. 10. Sie haben noch etwas Zeit zu einem Kaffeeklatsch, weil Klaus später noch einmal anrufen will.

Übung 86 1. habe ... bedeutet 2. übel genommen habe 3. seien ... gewesen 4. gefunden hätten 5. bekommen habe 6. hätten ... übertroffen 7. gemacht habe 8. gelandet sei

Übung 87 1. ob ich schon als Kind so viel Sport getrieben hätte. 2. dass sie erst um 3 Uhr schlafen gegangen sei 3. dass er früher stundenlang mit Freunden Karten gespielt habe. 4. ob ich letzte Woche nicht immer an der Haltestelle Ludwigsplatz eingestiegen sei. 5. dass sie sich noch immer nicht in Aachen eingelebt hätten 6. ob sich Herr Schneider über die Blumen gefreut habe 7. dass das Arbeitsamt mehrere Arbeiter geschickt habe 8. wer das Fließband erfunden habe 9. ob ich die Tür hinter mir abgeschlossen hätte 10. dass das Geschäft vor zwei Jahren zugemacht habe

Übung 88 1. Das Fahrrad wird auf dem Weg zur Schule, zur Arbeit oder zum Einkaufen benutzt. 2. Die Fahrradindustrie hat seit Ende der 70er Jahre Hochkonjunktur. 3. Fahrräder sind besonders in den Städten im norddeutschen Flachland populär. 4. Sie werden mehr im Nahverkehr benutzt. 5. In Münster gibt es außer Radwegen noch bewachte Fahrradparkplätze. 6. Man ist mit dem Rad oft schneller als mit dem Auto wegen des dichten Verkehrs. 7. Ein Drahtkorb am Lenker ist für Hollandräder besonders charakteristisch. 8. Der Vorteil eines Klapprads besteht im leichten Transport mit dem Auto. 9. Das Besondere an Geländerädern ist, dass sie stabil und leicht sind, mindestens 15 Gänge und ein verstärktes Bremssystem haben. 10. Um die Jahrhundertwende gab es noch wacklige Hochräder.

Übung 89 1. der schlechten Verbindung 2. unserer Presseausweise 3. der Stadt 4. der herrlichen Lage 5. der Messe 6. der geheimen Besprechungen 7. des Gebäudes 8. der langen Bundestagsdebatte

Übung 90   1. a 2. b 3. b 4. c 5. a 6. b 7. a 8. a

Übung 91   1. Sie waren bei Sieberts eingeladen. 2. Sie konnten wegen einer Reifenpanne nicht pünktlich kommen. 3. Er möchte den „Spiegel" lesen, während er auf Treppmanns wartet. 4. Er hat der Gastgeberin einen Blumenstrauß mitgebracht. 5. Er war liegen geblieben, weil ein Reifen geplatzt war. 6. Sie fingen ein Hupkonzert an. 7. Sie waren so schnell durchnässt, weil Helga keinen Regenmantel mitgenommen hatte und Rolf seinen Regenschirm im Büro hatte liegen lassen. 8. Er bietet seinen Gästen vor dem Essen ein kleines Schnäpschen an.

Übung 92   1. hatten ... abgeraten 2. war ... gewesen 3. angelockt hatten 4. hatte ... unterschrieben 5. ernannt worden war 6. hatte ... gehofft 7. war eingestiegen 8. war ... vorgekommen 9. war ... herumgefahren 10. hatte ... schieben

Übung 93   1. war ... weggezogen 2. ließen 3. überstanden hatte 4. bekam 5. dazwischengekommen war 6. sich ... anmeldete 7. war ... gewachsen 8. bewarb sich 9. bestellt hatte 10. gemacht hatten

Übung 94   1. b 2. a 3. c 4. c 5. b 6. b

Übung 95   1. Es meldet sich niemand unter dieser Nummer. 2. Es wurden die meisten sportlichen Wettkämpfe im Fernsehen übertragen. 3. Ich glaube, es hat Ihnen jemand einen Streich gespielt. 4. Es eignet sich nicht jeder zum Bergsteigen. 5. Es wurde an dem Abend viel gelacht, getanzt und getrunken. 6. Es werden mir beim Vorstellungsgespräch bestimmt viele Fragen gestellt werden. 7. Es passieren mir manchmal die merkwürdigsten Geschichten. 8. Es wird nicht nur Sport getrieben, sondern es werden auch viele Reisen in diesem Verein unternommen. 9. Es kamen mehrere Kandidaten in Frage, aber es wurde dann doch Frau Krenz eingestellt. 10. Es war Herrn Mehring die Leitung der Bonner Filiale versprochen worden.

Übung 96   1. Lage 2. Leider 3. Getränk 4. Wahl 5. Hörer 6. Gesundheit 7. radelten 8. später 9. Verständnis 10. leisten 11. bietet 12. Lenker

Übung 97
1. Er ruft seinen Chef an, weil er möchte, dass dieser an dem Gespräch teilnimmt. 2. Er ist der Geschäftsführer einer großen österreichischen Ladenkette in Salzburg. 3. Er hat die Produkte von ULTRASPORT auf der Sportmesse gesehen. 4. Sie haben ihm sehr gut gefallen. 5. Er wird erst einmal in Salzburg den Markt testen, bevor er sich für einen Großauftrag entscheidet. 6. Er interessiert sich besonders für die Wanderausrüstung. 7. Herr Meinrat hat ihm versprochen, dass ULTRASPORT ihm bis Freitagnachmittag einige Muster zur Ansicht liefern würde. 8. Von Berchtesgaden aus ist es nur ein Sprung nach Salzburg. 9. Er schlägt Herrn Meinrat vor, Herrn Fürstner die besten Modelle zu schicken, und ihn zu fragen, ob die Familie auch wandert. 10. Herr Siebert wird Herrn Meinrat nach Salzburg begleiten.

Übung 98
1. er in dieser Angelegenheit noch von ihm hören werde 2. ihre Eltern den Aufenthalt in der Toskana genießen würden 3. seine Versicherung die Reparaturkosten übernehmen werde 4. sie die neue Stelle antreten werde 5. die Firmenleitung hoffentlich seinen Rat befolgen werde 6. Frau Huber bei dem Gehalt den Umzug in Kauf nehmen werde 7. wann die Hauptstraße endlich breiter gemacht werden werde 8. er in der Hauptverkehrszeit eine Stunde zum Flughafen brauchen werde

Übung 99
1. die Konkurrenz sich schon über den Markt informiert habe 2. sie fast täglich nach Bremen liefere 3. Frau Gessler ihre Zeugnisse zum Termin mitbringen werde 4. die Entscheidung schon gefallen sei 5. er sich in Dresden bestimmt bald einleben werde 6. ihnen im letzten Moment doch noch etwas dazwischengekommen sei 7. wo die letzten Olympischen Spiele stattgefunden hätten 8. der graue Anzug ihrem Mann sehr gut stehe

Übung 100
1. c 2. c 3. b 4. a 5. b 6. b

Übung 101
1. von meinen Eltern gegründete Firma 2. staatlich geprüfte Architektin 3. von den Mönchen gebraute Bier 4. mit Herrn Lorenz vereinbarte Treffen 5. von den Kritikern gefeierte Konzert 6. nur nebenbei erwähnten Bedingungen 7. erst nach langen Diskussionen gebaute Schule 8. mit Mühe übersetzte Brief 9. in Rom ausgebildeten Bewerber 10. kurzfristig gebuchten Reise

Übung 102 1. an 2. in Essen 3. bei ... dabei 4. von 5. zur 6. Um die 7. in 8. dafür 9. für 10. ein

Übung 103 1. Er braucht Schweizer Franken, weil er nach Zürich zu einer Besprechung muss. 2. Die Franken sind ausgegangen, weil vor fünf Minuten ein Kunde eine größere Summe in Schweizer Währung gekauft hat. 3. Sorten werden normalerweise morgens zwischen 11 und 12 Uhr geliefert. 4. Sie kann nicht auf die nächste Lieferung warten, weil sie die Franken bis spätestens um 10 Uhr am nächsten Morgen braucht. 5. Er rät ihr, zu der Filiale am Bahnhof zu fahren. 6. In der Filiale am Bahnhof werden Franken immer auf Vorrat gehalten. 7. Sie hat keine Lust, zum Bahnhof zu fahren, weil sie quer durch die Stadt fahren müsste. 8. Bei Sortenkäufen sollte man immer vorher die Bank anrufen, damit das Geld beiseite gelegt werden kann. 9. Sie hat die Bank nicht vorher angerufen, weil sie nicht dachte, dass es so schwierig wäre, ein paar hundert Euro in Franken zu wechseln. 10. Andere Währungen nützen ihr nicht viel, weil ihr Chef nur nach Zürich fährt.

Übung 104 A. 1. musste ... angemeldet werden 2. dürfen ... betreten werden 3. Kann ... aufgerufen werden 4. wollte ... gestört werden 5. müssen ... kopiert werden 6. sollte ... herausgefordert werden

B. 1. hat ... gespielt werden sollen 2. werden ... anerkannt werden können 3. hat ... belastet werden wollen 4. wird ... gereinigt werden müssen 5. wird ... geschrieben werden können 6. hat ... geplant werden müssen

Übung 105 1. Das Licht muss jetzt schon um 5 Uhr angeschaltet werden. 2. Konnte das Projekt gestern noch fertig gestellt werden? 3. Die Gläser werden für den Umzug gut verpackt werden müssen. 4. Für das Produkt sollte mehr Werbung gemacht werden. 5. Durfte die Stereoanlage von dem Kunden im Geschäft ausprobiert werden? 6. Der Schlüssel muss von jemandem mitgenommen worden sein. 7. Dieser Kandidat hätte nicht eingestellt werden dürfen. 8. Die Sendezeiten dürfen nur vom Programmdirektor geändert werden. 9. Hat Herr Bauer überzeugt werden können? 10. Genügend Franken sollten von dem Angestellten zurückgelegt werden.

Übung 106 1. Man muss an Grenzübergängen mit Wartezeiten rechnen, wenn man mit dem Auto in Urlaub fahren will. 2. Man kann im Radio erfahren, wie die Verkehrslage auf den Autobahnen ist. 3. Der Verkehr auf den Autobahnen ist besonders dicht während der Ferienzeiten. 4. Sie überlegen sich wochenlang vor der Abfahrt, was die passendste Strecke und die günstigste Abfahrtszeit ist. 5. Nein, sie haben nicht viel genützt. 6. Sie sind ungeduldig bei stehendem Verkehr. 7. Man kann in einem Verkehrsstau außer Hupen auch versuchen, das Beste daraus zu machen. 8. Sie kurbeln ihre Fenster herunter, weil sie sich mit ihren „Nachbarn" unterhalten möchten. 9. Man tauscht Getränke, Selbstgebackenes und Adressen aus. 10. Alle sind sich darin einig, dass dieser Verkehrsstau sich schon auflösen wird. 11. Man sollte nicht Geduld mit Vergnügen verwechseln. 12. Es ist immer noch besser, gemütlich bei frisch dampfendem Kaffee im Lokal zu sitzen, in der Sonne zu liegen oder im Meer zu baden.

Übung 107 1. Herr Kunkel bringt seiner Frau herrlich duftende Blumen mit. 2. Ich sah den langsam vorbeifahrenden Wagen an der Ecke halten. 3. Frau Emmert hat ein Abend füllendes Programm zusammengestellt. 4. Die aus Rom ankommenden Fluggäste werden gebeten, ihr Gepäck am Gepäckband 20 abzuholen. 5. Was soll man bei dem ständig wechselnden Wetter bloß anziehen? 6. Die auf die Nachrichten folgende Sendung ist für Kinder nicht geeignet. 7. Die den ganzen Tag am Computer sitzende Sekretärin hat Rückenschmerzen. 8. Der sich im Garten entspannende Gast wurde ans Telefon gerufen. 9. Ich beobachte die durch die Stadt bummelnden Passanten. 10. Die der Sicherheit dienenden Regeln müssen befolgt werden.

Übung 108 1. b 2. c 3. c 4. a 5. a 6. b 7. b 8. b 9. a 10. b 11. b 12. c

Übung 109 1. Sie arbeitet heute nicht, weil sie ein paar Tage Urlaub hat. 2. Sie liegt gerade auf dem Sofa und liest. 3. Sie wird von ihrer Schwester Gabriele gefragt, ob sie mit ihr eine Partie Tennis spielen wolle. 4. Das Wetter ist schön. 5. Helga hat keine Lust zu spielen, weil sie schon heute Morgen Tennis gespielt hat. 6. Sie ist bekannt als eine der besten Spielerinnen. 7. Helga hat einen Satz gegen Inge verloren. 8. Sie blieb nicht, weil sie Niederlagen schlecht ertragen kann. 9. Alle Knochen tun ihr weh. 10. Sie braucht nicht arbeiten zu gehen, weil morgen Samstag ist.

Übung 110 1. gründen wolle 2. bleiben könne 3. dürfe ... ausruhen 4. habe abreisen sollen 5. werde drucken können 6. schicken dürfe 7. habe ... machen müssen 8. werde einteilen wollen 9. habe ... benachrichtigen können. 10. verschwenden solle

Übung 111 1. werde erst in einer Stunde losfahren können 2. hätten eigentlich nach Rom fahren wollen 3. diesem Restaurant würden sie nicht mit Euro bezahlen dürfen 4. habe gestern nicht arbeiten müssen 5. ganz London habe er kein Hotelzimmer finden können 6. den Scheck zur Bank bringen solle 7. werde Herrn Eder um 5 Uhr abholen müssen 8. man habe den Strand vom Hotelzimmer aus sehen können 9. bis um wie viel Uhr man bei Gerings anrufen dürfe 10. werde morgen Abend bestimmt die Sportschau sehen wollen

Übung 112 1. a 2. c 3. a 4. c 5. a 6. b

Übung 113 1. Wir müssen Beckers, zu deren Gartenparty wir eingeladen sind, leider absagen. 2. Ich habe mich bei meiner Kollegin bedankt, ohne deren Hilfe ich die Position nicht bekommen hätte. 3. Ist das der Fluss, von dessen Verunreinigung so viel in der Zeitung steht? 4. Uwe sprach mit der VW-Fahrerin, gegen deren Stoßstange er gefahren war. 5. 1989 starb Herbert von Karajan, unter dessen Leitung die Berliner Philharmoniker lange Jahre gespielt hatten. 6. Ich erinnere mich ungern an meinen alten Chef, an dessen Führungsstil ich mich nie gewöhnen konnte. 7. Rufen Sie bitte die Architekten an, zu deren Plänen ich noch einige Fragen habe. 8. Haben Sie das Länderspiel gesehen, bei dessen Übertragung es einige Bildstörungen gab? 9. Ist Frau Brenner die Bewerberin, in deren Lebenslauf zwei Jahre fehlen? 10. Der Sportverein, auf dessen Jahrestreffen eine Beitragserhöhung beschlossen wurde, wird einige Mitglieder verlieren.

Übung 114 1. aufgeht ... untergeht 2. geht ... nicht 3. geht ... vor 4. gehen ... auf Kosten 5. gehen ... nichts an 6. ausgegangen 7. geht ... um 8. losgehen 9. auf die Nerven geht 10. zur Hand geht

Übung 115   1. Sie sind Nachbarinnen. 2. Sie unterhalten sich am Gartenzaun. 3. Sie hat gelesen, man könne nicht vorsichtig genug sein bei den vielen Einbrüchen in letzter Zeit. 4. Sie erkennt an dem brennenden Licht im Haus, dass eingebrochen worden ist. 5. In Riemers Haus liegen Frau Riemers Perlenkette und Herrn Riemers Briefmarkensammlung. 6. Er ist ins Haus eingestiegen, weil er den Haustürschlüssel vergessen hatte.

Übung 116   1. Ulrike scheint gestern im Schlosshotel übernachtet zu haben. 2. Es hat mich wirklich gefreut, von Ihnen gehört zu haben. 3. Die Sekretärin hat gestern die Stellenanzeige aufgeben wollen. 4. In unserer alten Wohnung haben wir immer die Autos vorbeifahren hören. 5. Uwe hat versprochen, den Artikel bis um 5 Uhr gelesen zu haben. 6. Herr Franke hat behauptet, gestern nur Obst gegessen zu haben. 7. Wir haben vorhin Frau Schenk ihre neuen Gartenmöbel aufstellen sehen. 8. Hat sich Kurt bei seinem Waldspaziergang entspannen können? 9. Herr Bartel hat sich erinnert, letztes Jahr mehr Sport getrieben zu haben. 10. Haben Sie die Kundin heute Morgen die Preise vergleichen sehen?

Übung 117   1. Beim Erzählen 2. Fürs Erledigen 3. zum Reinigen 4. vom Radeln 5. Nach dem Einkaufen 6. durch das Läuten 7. zum Verzweifeln 8. mit dem Ausfüllen 9. trotz des Sparens 10. beim Anlassen 11. fürs Einsammeln 12. Beim Aufräumen

Übung 118   1. Sterndeutung 2. Bestandteil 3. gelten 4. Wassermanns 5. beschwerten sich 6. erstellt 7. auseinander 8. logischen Zusammenhang 9. lassen ... bestimmen 10. Spaß

Übung 119   1. Wann auch immer Sie nach Berlin kommen, Sie sind immer herzlich bei uns willkommen. 2. Welche Zeitung auch immer man sich heute ansieht, überall sind die Nachrichten unerfreulich. 3. Was auch immer Uwe im ersten Moment zu dem Vorschlag sagen wird, später wird er uns zustimmen. 4. Wohin auch immer Sie fahren werden, Sie werden sich meistens mit Englisch verständigen können. 5. Wie viel Geld auch immer man hatte, bei der Währungsreform bekam jeder 40 DM. 6. Wie vorsichtig auch immer man ist, man wird auch bei der gesündesten Ernährung Schadstoffe zu sich nehmen. 7. Welche Meinungen auch immer die Journalisten in Deutschland vertreten, sie werden durch die Pressefreiheit geschützt. 8. Wer auch immer für die Gemeindekasse verantwortlich ist, er sollte genaue Abrechnungen präsentieren.

Übung 120 1. Zukunftspläne 2. Rauchverbot 3. Fahrvergnügen 4. Endspiel 5. Einkaufszettel 6. Abendstern 7. Wetterberichte 8. Geldfrage 9. Bankeinbrüche 10. Auslandsfahrt

Übung 121 1. Sie wird am Samstagabend übertragen. 2. Sie sind am Sonntagmorgen noch so aufgeregt, weil sie einen Volltreffer gelandet haben. 3. Das Einzige, woran er denken kann, sind die Lottozahlen. 4. Er möchte ans Mittelmeer ziehen. 5. Ihre Freunde und ihre Kinder würden ihr fehlen. 6. Sie haben den Vetter von Frau Treppmann im Bayrischen Wald schon lange nicht mehr besucht. 7. Sie will nicht, dass ihr Mann einen Herzschlag wegen des ganzen Geldes kriegt. 8. Er bittet Hilde um ein paar Euro.

Übung 122 Trotz unser**er** viel**en** Arbeit übernahmen ein Kollege und ich die Aufgabe, Blumen und Wein auf Kosten d**er** gesamt**en** Abteilung zu besorgen. Während d**er** Mittagspause suchten wir in der Nähe unser**es** Büro**s** einige Geschäfte auf. Im Blumengeschäft ließen wir uns die Preise d**er** schönst**en** Sträuße sagen, konnten uns aber nicht entschließen. Beim Weinhändler versuchten wir, uns trotz ein**es** unangenehm**en** Verkäufers umzusehen, verließen aber dann wegen sein**er** Unfreundlichkeit den Laden. Nebenan sahen wir einen Spielzeugladen. Beim Anblick des bunt**en** Schaufenster**s** hatten mein Kollege und ich sofort dieselbe Idee: warum nicht einen Modellporsche für den Mann, d**essen** liebstes Hobby die Pflege sein**es** eigen**en** Porsche ist?

Niemand wusste, was wir statt d**er** üblich**en** Blumen und d**es** Wein**s** gekauft hatten. Zur Überraschung d**er** übrig**en** Kollegen und zur Freude unser**es** Chef**s** überreichten wir ihm im Namen all**er** einen schneeweißen Porsche 911, d**essen** Teile man auseinander nehmen konnte.

Den Rest d**es** Tag**es** verbrachte Herr Hübner damit, die Teile d**es** Wagen**s** auseinander und wieder zusammenzubauen. Herr**n** Hübner**s** Sekretärin, d**eren** Telefon nicht stillstand, durfte keinen Anruf durchstellen, bis Herr**n** Hübner**s** neuer Porsche wieder ganz war.

Übung 123   1. ohne mit einem Gewinn zu rechnen   2. um danach Entscheidungen zu treffen   3. ohne zu lächeln   4. anstatt seine Rede vorzubereiten   5. ohne sich zu verabschieden   6. um den ganzen Tag Spanisch zu sprechen   7. anstatt von der Geschichte der Stadt zu berichten   8. ohne in einen Stau zu kommen

Übung 124   1. c   2. c   3. b   4. c   5. c   6. a

Übung 125   1. zerbrechen   2. ausschneiden   3. angelernt werden 4. vorschlagen   5. annehmen   6. zerreißen   7. ausgegangen 8. vorkommen   9. abgeholt worden   10. abbrechen

Übung 126   1. b   2. a   3. b   4. a   5. b   6. c   7. a   8. a   9. c   10. b

Übung 127   1. Sie macht so viele Überstunden, weil sie vorübergehend die Arbeit einer abwesenden Kollegin miterledigen muss.   2. Sie wird von Jürgen angerufen, weil er sie zum Essen abholen will.   3. Sie arbeitet gerade an den Unterlagen für die ULTRASPORT–Kampagne.   4. Sie ist in der Schweiz in Kur.   5. Sie kommt voraussichtlich in zehn Tagen zurück.   6. Sie will Urlaub machen, sobald Frau Schaar wieder zurück ist.   7. Er schlägt vor, zuerst etwas zu essen und dann den Krimi im Fernsehen anzuschauen. 8. Sie möchte gern Pizza essen.   9. Sie wollen sich bei Beate treffen.   10. Sie hört dann doch nicht auf zu arbeiten, weil bis spätestens Montag die fertigen Werbeunterlagen auf Herrn Sieberts Schreibtisch liegen müssen.

Übung 128   1. wird ... überwunden haben   2. wird ... gestiegen sein 3. vorgestellt worden sein   4. wird ... sich entschieden haben 5. Werden ... berechnet worden sein   6. wird ... gedruckt worden sein   7. wirst ... gepackt haben   8. wird ... gewonnen haben 9. wird sich ... erledigt haben   10. wird ... geliefert worden sein

Übung 129   1. Haben ... sich ... entschieden; werde ich mich entschieden haben   2. Hat ... abgeholt; wird er sie abgeholt haben   3. Werden ... verpackt haben; habe ... verpackt   4. Haben ... sich ... eingerichtet; werde ich mich eingerichtet haben   5. Werden ... schicken; habe ... geschickt   6. Wird ... gedruckt haben; hat ... gedruckt   7. Haben ... sich ... eingelebt; werde ich mich eingelebt haben   8. Haben ... bezahlt; werde ich es bezahlt haben

Übung 130   1. Die vielen Tunnels und kurvenreichen Strecken machen die Verkehrsverbindungen zwischen Schweizer Städten relativ kompliziert. 2. Das *Swissmetro*-Projekt ist vier Professoren der Universität Lausanne zu verdanken. 3. Sie haben ein U-Bahnnetz. 4. Die Städte würden durch zwei parallele Röhren von jeweils viereinhalb Metern Durchmesser miteinander verbunden werden. 5. Sie würden sich 40 Meter unter der Erdoberfläche befinden. 6. Für die Züge ist der Antrieb durch Elektromotoren vorgesehen. 7. Sie wäre mit der eines modernen Düsenflugzeugs vergleichbar. 8. Sie könnte sich auf circa 70 Minuten reduzieren. 9. Die Sicherheit wäre einmalig. 10. Es gibt keine Voraussagen über die *Swissmetro*.

Übung 131   1. ich doch die Prüfung bestanden 2. mein Zahnarzt doch nicht in Urlaub 3. der Zug würde jetzt losfahren 4. Schneiders doch zusagen würden 5. wir doch mehr Bier für die Party besorgt 6. ich doch meinen Pass finden könnte 7. ich hätte nicht so viele Bücher mitgenommen 8. der Stau würde sich bald auflösen 9. ich doch nicht die Quittung weggeworfen 10. er doch früher aufgestanden

Übung 132   1. a 2. c 3. b 4. a 5. b 6. b 7. c 8. b 9. b 10. c

Übung 133   1. Sie besucht ihren Onkel in seinem Büro. 2. Er wollte gerade gehen, als Heike kam. 3. Sie ist nervös, weil es in drei Wochen mit den Abiturprüfungen losgeht. 4. Sie möchte nach dem Abitur eine kaufmännische Ausbildung machen. 5. Sie möchte, dass Heike Betriebswirtschaft studiert. 6. Eine Bankausbildung könnte sie vielleicht interessieren.

Übung 134   1. wir noch keine Sekretärin haben finden können 2. Stefan den Unfall hat kommen sehen 3. man den Arzt nicht hat rufen lassen 4. ich lieber Betriebswirtschaft hätte studieren sollen 5. sie lange einen Ausbildungsplatz hat suchen müssen 6. er schon immer eine Banklehre hat machen wollen 7. man mich gar nicht hat sprechen lassen 8. Heike und Karsten das Abitur haben wiederholen dürfen 9. ich mich noch nie für Fußball habe begeistern können 10. Sie Ihre Nachbarn spät nachts haben singen hören

Übung 135   1. habe ich meinen Ausweis suchen müssen 2. er seine Schlüssel im Auto hat liegen lassen 3. keinen Flug haben bekommen können 4. hat einen Tisch bestellen wollen 5. Mozart schon als Kind Sinfonien geschrieben hat 6. ich endlich meinen Kredit habe zurückzahlen können 7. ihm bei der Untersuchung ein Fehler unterlaufen ist 8. den Airbus 10 aus Stockholm haben landen sehen 9. er das Orchester Bach hat spielen hören wollen 10. hat Frau Lortz Herrn Sauter einen Irrtum nachweisen können

Übung 136   1. a 2. b 3. c 4. c 5. a 6. b

Übung 137   1. Sie Schmerzen hätten 2. hätte ich die ganze Nacht wach gelegen 3. würde es bald ein Gewitter geben 4. unser Flug mit Verspätung ankommen würde 5. wäre der Umweltschutz keine wichtige Sache 6. ich das Stipendium für Amsterdam bekommen würde 7. Ihr Kundengespräch erfolgreich gewesen wäre 8. hätten Sie eine gute Klausur geschrieben 9. er die Textverarbeitung erfunden hätte 10. er Auslandserfahrungen hätte

Übung 138   1. b 2. a 3. c 4. b 5. b 6. c 7. b 8. c 9. a 10. c

Übung 139   1. Sie waren in Salzburg, um dort einen neuen Kunden zu werben. 2. Er erzählt seinen Mitarbeitern von dem Erfolg. 3. Er hat endgültig von dem neuen Auftrag per Fax erfahren. 4. Er wird die ULTRASPORT-Kollektion in allen seinen Geschäften führen. 5. Er hatte sich so schnell entschlossen, weil er selber die Wanderausrüstung ausprobiert hatte. 6. Man konnte es daran sehen, dass er die Wanderschuhe sogar bei der Besprechung im Konferenzzimmer noch anhatte. 7. Sie stoßen auf Herrn Fürstner und den guten Verkaufsabschluss an. 8. Er bedankt sich für die gute Vorarbeit seiner Mitarbeiter.

Übung 140   1. gegangen wäre 2. geschafft hätte 3. zu Stande gekommen wäre 4. erhöht worden wären 5. erkannt hätte 6. benachrichtigt worden wäre 7. geworben hätten 8. vorbereitet worden wäre

Übung 141   1. Wenn sie den Wetterbericht nicht gehört hätte, hätte sie keinen Schirm mitgenommen. 2. Wenn er jetzt nicht immer sehr vorsichtig fahren würde, würde er wieder Unfälle verursachen. 3. Wenn der Film nicht vier Stunden gedauert hätte, wäre Eberhard nicht eingeschlafen. 4. Wenn er Geld wechseln müsste, würde er zur Wechselstube gehen. 5. Wenn er am Seminar teilgenommen hätte, hätte er die Kollegen aus seiner Branche kennen gelernt. 6. Wenn ich Sport treiben würde, würde ich Tennis spielen. 7. Wenn wir den Flug früher gebucht hätten, hätten wir ihn billiger bekommen. 8. Wenn sie kein Geld hätte, würde sie keinen Champagner trinken. 9. Wenn er sich hätte umziehen müssen, wäre er nicht zum Abendessen ausgegangen. 10. Wenn sie ihre Frage nicht wiederholt hätte, hätte ich sie nicht beantworten können.

Übung 142 1. Feiertage; Geschäftszeiten 2. Juni; besonderer Art. 3. ausländischen 4. griechischer 5. machen 6. „Tag der Arbeit" 7. Großbritannien 8. Nationalfeiertag 9. ehesten 10. Einheitlichkeit; fraglich

Übung 143 1. Sooft 2. So viel 3. sobald 4. soweit 5. Solange 6. Soweit 7. Sooft 8. Solange 9. sobald 10. so viel

Übung 144 1. Statt des schlecht gelaunten, überarbeiteten Herrn Reuß sieht man jetzt die freundliche, zuverlässige Frau Klerk die Post verteilen. 2. Bei Ihrer letzten großen Bestellung ist einem unserer Mitarbeiter leider ein Fehler unterlaufen. 3. In dringenden Fällen können Sie mir eine kurze Nachricht auf meinem neuen elektronischen Anrufbeantworter hinterlassen. 4. Während des langen und turbulenten Fluges hat Frau Bertram in ihren Unterlagen gelesen. 5. Eigentlich hatten wir einen einfachen PC gesucht. Aber die geschickte Verkäufer zeigte uns auch die teuren, beeindruckenden Modelle, sodass wir statt des geplanten billigen Computers den modernsten und leistungsfähigsten nahmen. 6. Herr Nöhrig behauptet, dass er wegen geheimnisvoller, außerirdischer Besucher keine einzige Nacht mehr schlafen könne. 7. Wenn die berühmte Fußballmannschaft das nächste Auswärtsspiel nicht gewinnt, verliert sie auch ihre letzten Fans. 8. An jedem Feiertag passiert mir dasselbe: Ich stehe vor den verschlossenen Türen des Supermarkts, weil ich nicht auf den Kalender gesehen habe. 9. Beatrix wird mit ihrem ehrgeizigen Kollegen sprechen und ihn bitten, ihr das erwähnte Projekt zu überlassen. 10. Wenn der junge Herr Senner nur ein besseres Zeugnis hätte, dann wäre er der ideale Kandidat für den Posten eines leitenden Angestellten.

ANHANG

Seite

Deklination der Artikel und Pronomen .... 269 – 270
Präpositionen 270
Deklination der Adjektive 271
Bildung des Genitivs 272
Die Verben **sein, haben, werden** .... 273 – 275
Die schwachen Verben: **spielen** 276
Die starken Verben: **lesen, geben, laufen** ..... 277 – 279
Trennbare Verben: **anrufen** 280
Reflexive Verben 281
Modale Hilfsverben: **abholen dürfen** 282
Das Passiv: **angerufen werden** 283
Passiv mit Hilfsverben: **angerufen werden dürfen** .. 283
Unregelmäßige Verben .... 284 – 291
Abgeleitete Verben .... 292 – 293

Der bestimmte Artikel

	m.	f.	n.	Plural
Nominativ	der	die	das	die
Genitiv	des	der	des	der
Dativ	dem	der	dem	den
Akkusativ	den	die	das	die

Der unbestimmte Artikel

	m.	f.	n.
Nominativ	ein	eine	ein
Genitiv	eines	einer	eines
Dativ	einem	einer	einem
Akkusativ	einen	eine	ein

ebenso: mein, dein, sein, kein

Das Demonstrativpronomen

	m.	f.	n.	Plural
Nominativ	dieser	diese	dieses	diese
Genitiv	dieses	dieser	dieses	dieser
Dativ	diesem	dieser	diesem	diesen
Akkusativ	diesen	diese	dieses	diese

ebenso: welcher, jeder, jener

Das Relativpronomen: der Mann, **der ...**

	m.	f.	n.	Plural
Nominativ	der	die	das	die
Genitiv	dessen	deren	dessen	deren
Dativ	dem	der	dem	denen
Akkusativ	den	die	das	die

ANHANG

DAS PERSONALPRONOMEN

Nominativ	Dativ (+ mit)	Akkusativ
ich	mir	mich
du	dir	dich
er, sie, es	ihm, ihr, ihm	ihn, sie, es
wir	uns	uns
ihr	euch	euch
sie	ihnen	sie
Sie	Ihnen	Sie

Das Reflexivpronomen

Dativ	Akkusativ
mir	mich
dir	dich
sich	sich
uns	uns
euch	euch
sich, sich	sich, sich

Das Possessivpronomen*

Nominativ
mein
dein
sein, ihr, sein
unser
euer
ihr, Ihr

*Deklination: siehe unbestimmter Artikel

DIE PRÄPOSITIONEN

mit Akkusativ	mit Dativ	mit Dativ oder Akkusativ	mit Genitiv
bis	aus	an	(an)statt
durch	außer	auf	trotz /obwohl
für	bei	hinter	während
gegen	mit	in	wegen
ohne	nach	neben	außerhalb
um	von	über	innerhalb
	zu	unter	diesseits
	seit	vor	jenseits
		zwischen	

Adjektivendungen nach *der, dieser, jeder, jener, welcher*

	Maskulin			Feminin			Neutrum		
Nom.	der	groß**e**	Tisch	die	groß**e**	Tür	das	groß**e**	Bild
Gen.	des	groß**en**	Tisches	der	groß**en**	Tür	des	groß**en**	Bildes
Dat.	dem	groß**en**	Tisch	der	groß**en**	Tür	dem	groß**en**	Bild
Akk.	den	groß**en**	Tisch	die	groß**e**	Tür	das	groß**e**	Bild

Plural

Nom.	die	groß**en**	Zimmer
Gen.	der	groß**en**	Zimmer
Dat.	den	groß**en**	Zimmern
Akk.	die	groß**en**	Zimmer

Adjektivendungen nach *ein, kein, mein, dein, sein usw.*

	Maskulin			Feminin			Neutrum		
Nom.	ein	groß**er**	Tisch	eine	groß**e**	Tür	ein	groß**es**	Bild
Gen.	eines	groß**en**	Tisches	einer	groß**en**	Tür	eines	groß**en**	Bildes
Dat.	einem	groß**en**	Tisch	einer	groß**en**	Tür	einem	groß**en**	Bild
Akk.	einen	groß**en**	Tisch	eine	groß**e**	Tür	ein	groß**es**	Bild

Plural

Nom.	unsere	groß**en**	Zimmer
Gen.	unserer	groß**en**	Zimmer
Dat.	unseren	groß**en**	Zimmern
Akk.	unsere	groß**en**	Zimmer

Adjektivendungen ohne Artikel

	Maskulin		Feminin		Neutrum		Plural	
Nom.	gut**er**	Wein	gut**e**	Laune	gut**es**	Wetter	gut**e**	Weine
Gen.	gut**en**	Weines	gut**er**	Laune	gut**en**	Wetters	gut**er**	Weine
Dat.	gut**em**	Wein	gut**er**	Laune	gut**em**	Wetter	gut**en**	Weinen
Akk.	gut**en**	Wein	gut**e**	Laune	gut**es**	Wetter	gut**e**	Weine

ANHANG

keine Endung	-es Endung	-s Endung	-(e)n Endung
• bei fast allen **femininen** Substantiven: *der Frau, der Reise* • bei **Eigennamen mit Artikel**: *des (kleinen) Peter, der Frau Kühn*	• bei den meisten **einsilbigen** Substantiven: (m. und n.): *des Tages, des Bildes* • bei Substantiven mit **betonter Endsilbe** (m. und n.): *des Vertrages, des Erfolges* • bei Substantiven die auf **-s, -ß, -sch, -ss, -st, -z, -x** enden (m. und n.): *des Glases, des Straußes, des Busches, des Berüstes, des Gewürzes, des Reflexes*	• bei den meisten **mehrsilbigen** Substantiven: (m. und n.): *des Abends, des Urteils* • bei den meisten Substantiven, die auf **Vokal** enden oder auf **Vokal + h** (m. und n.): *des Baus, des Sofas, des Schuhs* • bei Farb-substantiven: *des Rots, des Grüns* • bei Eigennanmen **ohne** Artikel: *Peters, Inges, Herrn Müllers*	• bei Substantiven, die den **Plural** mit **-(e)n** bilden, aber nur bei **Lebewesen** (m.): *des Kollegen, des Nachbarn, des Elefanten* **Ausnahme:** *des Felsen* • bei Substantiven, die aus **Adjektiven** gebildet wurden: *des Deutschen, der Bekannten, des Guten*

DAS VERB *SEIN*

Partizip Perfekt: gewesen
Imperativ: Sei! Seid! Seien Sie!

	Präsens	Imperfekt	Futur I	
ich	bin	war	werde	
du	bist	warst	wirst	
er/sie/es	ist	war	wird	sein
wir	sind	waren	werden	
ihr	seid	wart	werdet	
sie/Sie	sind	waren	werden	

	Perfekt		Plusquamperfekt		Futur II	
ich	bin		war		werde	
du	bist		warst		wirst	
er/sie/es	ist	gewesen	war	gewesen	wird	gewesen
wir	sind		waren		werden	sein
ihr	seid		wart		werdet	
sie/Sie	sind		waren		werden	

	Konjunktiv I	Konjunktiv II	Konjunktiv Futur I	
ich	sei	wäre	würde	
du	seiest	wärest	würdest	
er/sie/es	sei	wäre	werde	sein
wir	seien	wären	würden	
ihr	seiet	wäret	würdet	
sie/Sie	seien	wären	würden	

	Konjunktiv Perfekt	Plusquamperfekt	
ich	*Der Konj. Perfekt wird*	wäre	
du	*selten gebraucht in*	wärest	
er/sie/es	*gesprochenem Deutsch.*	wäre	gewesen
wir		wären	
ihr	*Ersatzform:*	wäret	
sie/Sie	*Konj. Plusquamperfekt*	wären	

Partizip Perfekt: gehabt
Imperativ: Habe! Habt! Haben Sie!

	Präsens	**Imperfekt**	**Futur I**	
ich	habe	hatte	werde	
du	hast	hattest	wirst	
er/sie/es	hat	hatte	wird	haben
wir	haben	hatten	werden	
ihr	habt	hattet	werdet	
sie/Sie	haben	hatten	werden	

	Perfekt		**Plusquamperfekt**		**Futur II**	
ich	habe		hatte		werde	
du	hast		hattest		wirst	
er/sie/es	hat	gehabt	hatte	gehabt	wird	gehabt
wir	haben		hatten		werden	haben
ihr	habt		hattet		werdet	
sie/Sie	haben		hatten		werden	

	Konjunktiv I	**Konjunktiv II**	**Konjunktiv Futur I**	
ich	hätte	hätte	würde	
du	hättest	hättest	würdest	
er/sie/es	habe	hätte	werde	haben
wir	hätten	hätten	würden	
ihr	hättet	hättet	würdet	
sie/Sie	hätten	hätten	würden	

	Konjunktiv Perfekt	**Plusquamperfekt**	
ich	*Der Konj. Perfekt wird*	hätte	
du	*selten gebraucht in*	hättest	
er/sie/es	*gesprochenem Deutsch.*	hätte	gehabt
wir		hätten	
ihr	*Ersatzform:*	hättet	
sie/Sie	*Konj. Plusquamperfekt*	hätten	

Partizip Perfekt: **geworden**
Imperativ: **Werde! Werdet! Werden Sie!**

	Präsens	**Imperfekt**	**Futur I**	
ich	werde	wurde	werde	
du	wirst	wurdest	wirst	
er/sie/es	wird	wurde	wird	werden
wir	werden	wurden	werden	
ihr	werdet	wurdet	werdet	
sie/Sie	werden	wurden	werden	

	Perfekt		**Plusquamperfekt**		**Futur II**	
ich	bin		war		werde	
du	bist		warst		wirst	
er/sie/es	ist	geworden	war	geworden	wird	geworden
wir	sind		waren		werden	sein
ihr	seid		wart		werdet	
sie/Sie	sind		waren		werden	

	Konjunktiv I	**Konjunktiv II**		**Konjunktiv Futur I**	
ich	würde	würde		würde	
du	würdest	würdest		würdest	
er/sie/es	werde	würde	werden	werde	werden
wir	würden	würden		würden	
ihr	würdet	würdet		würdet	
sie/Sie	würden	würden		würden	

	Konjunktiv Perfekt	**Plusquamperfekt**	
ich	*Der Konj. Perfekt wird*	wäre	
du	*selten gebraucht in*	wärest	
er/sie/es	*gesprochenem Deutsch.*	wäre	geworden
wir		wären	
ihr	*Ersatzform:*	wäret	
sie/Sie	*Konj. Plusquamperfekt*	wären	

ANHANG

Partizip Perfekt: gespielt
Imperativ: Spiel! Spielt! Spielen Sie!

	Präsens	**Imperfekt**	**Futur I**	
ich	spiele	spielte	werde	
du	spielst	spieltest	wirst	
er/sie/es	spielt	spielte	wird	spielen
wir	spielen	spielten	werden	
ihr	spielt	spieltet	werdet	
sie/Sie	spielen	spielten	werden	

	Perfekt		**Plusquamperfekt**		**Futur II**	
ich	habe		hatte		werde	
du	hast		hattest		wirst	
er/sie/es	hat	gespielt	hatte	gespielt	wird	gespielt
wir	haben		hatten		werden	haben
ihr	habt		hattet		werdet	
sie/Sie	haben		hatten		werden	

	Konjunktiv I	**Konjunktiv II**		**Konjunktiv Futur I**	
ich	würde spielen	würde		würde	
du	würdest spielen	würdest		würdest	
er/sie/es	spiele	würde	spielen	werde	spielen
wir	würden spielen	würden		würden	
ihr	würdet spielen	würdet		würdet	
sie/Sie	würden spielen	würden		würden	

	Konjunktiv Perfekt	**Plusquamperfekt**	
ich	*Der Konj. Perfekt wird*	hätte	
du	*selten gebraucht in*	hättest	
er/sie/es	*gesprochenem Deutsch.*	hätte	gespielt
wir		hätten	
ihr	*Ersatzform:*	hättet	
sie/Sie	*Konj. Plusquamperfekt*	hätten	

Partizip Perfekt: **gelesen**
Imperativ: **Lies! Lest! Lesen Sie!**

	Präsens	Imperfekt	Futur I
ich	lese	las	werde
du	liest	last	wirst
er/sie/es	liest	las	wird
wir	lesen	lasen	werden } lesen
ihr	lest	last	werdet
sie/Sie	lesen	lasen	werden

	Perfekt	Plusquamperfekt	Futur II
ich	habe	hatte	werde
du	hast	hattest	wirst
er/sie/es	hat	hatte	wird
wir	haben } gelesen	hatten } gelesen	werden } gelesen haben
ihr	habt	hattet	werdet
sie/Sie	haben	hatten	werden

	Konjunktiv I	Konjunktiv II	Konjunktiv Futur I
ich	würde lesen	würde	würde
du	würdest lesen	würdest	würdest
er/sie/es	lese	würde	werde
wir	würden lesen	würden } lesen	würden } lesen
ihr	würdet lesen	würdet	würdet
sie/Sie	würden lesen	würden	würden

	Konjunktiv Perfekt	Plusquamperfekt
ich	*Der Konj. Perfekt wird*	hätte
du	*selten gebraucht in*	hättest
er/sie/es	*gesprochenem Deutsch.*	hätte
wir		hätten } gelesen
ihr	*Ersatzform:*	hättet
sie/Sie	*Konj. Plusquamperfekt*	hätten

ANHANG

| Partizip Perfekt: | gegeben |
| Imperativ: | Gib! Gebt! Geben Sie! |

	Präsens	**Imperfekt**	**Futur I**
ich	gebe	gab	werde
du	gibst	gabst	wirst
er/sie/es	gibt	gab	wird
wir	geben	gaben	werden
ihr	gebt	gabt	werdet
sie/Sie	geben	gaben	werden

geben

	Perfekt	**Plusquamperfekt**	**Futur II**
ich	habe	hatte	werde
du	hast	hattest	wirst
er/sie/es	hat	hatte	wird
wir	haben	hatten	werden
ihr	habt	hattet	werdet
sie/Sie	haben	hatten	werden

gegeben (Perfekt) · gegeben (Plusquamperfekt) · gegeben haben (Futur II)

	Konjunktiv I	**Konjunktiv II**	**Konjunktiv Futur I**
ich	würde geben	würde	würde
du	würdest geben	würdest	würdest
er/sie/es	gebe	würde	werde
wir	würden geben	würden	würden
ihr	würdet geben	würdet	würdet
sie/Sie	würden geben	würden	würden

geben (Konjunktiv II) · geben (Konjunktiv Futur I)

	Konjunktiv Perfekt	**Plusquamperfekt**
ich	*Der Konj. Perfekt wird*	hätte
du	*selten gebraucht in*	hättest
er/sie/es	*gesprochenem Deutsch.*	hätte
wir		hätten
ihr	*Ersatzform:*	hättet
sie/Sie	*Konj. Plusquamperfekt*	hätten

gegeben

Partizip Perfekt: gelaufen
Imperativ: Lauf! Lauft! Laufen Sie!

	Präsens	**Imperfekt**	**Futur I**	
ich	laufe	lief	werde	
du	läufst	liefst	wirst	
er/sie/es	läuft	lief	wird	laufen
wir	laufen	liefen	werden	
ihr	lauft	lieft	werdet	
sie/Sie	laufen	liefen	werden	

	Perfekt		**Plusquamperfekt**		**Futur II**	
ich	bin		war		werde	
du	bist		warst		wirst	
er/sie/es	ist	gelaufen	war	gelaufen	wird	gelaufen
wir	sind		waren		werden	sein
ihr	seid		wart		werdet	
sie/Sie	sind		waren		werden	

	Konjunktiv I	**Konjunktiv II**		**Konjunktiv Futur I**	
ich	würde laufen	würde		würde	
du	würdest laufen	würdest		würdest	
er/sie/es	laufe	würde	laufen	werde	laufen
wir	würden laufen	würden		würden	
ihr	würdet laufen	würdet		würdet	
sie/Sie	würden laufen	würden		würden	

	Konjunktiv Perfekt	**Plusquamperfekt**	
ich	*Der Konj. Perfekt wird*	wäre	
du	*selten gebraucht in*	wärest	
er/sie/es	*gesprochenem Deutsch.*	wäre	gelaufen
wir		wären	
ihr	*Ersatzform:*	wäret	
sie/Sie	*Konj. Plusquamperfekt*	wären	

Partizip Perfekt: angerufen
Imperativ: Ruf an! Ruft an! Rufen Sie an!

	Präsens		**Imperfekt**		**Futur I**	
ich	rufe		rief		werde	
du	rufst		riefst		wirst	
er/sie/es	ruft	an	rief	an	wird	anrufen
wir	rufen		riefen		werden	
ihr	ruft		rieft		werdet	
sie/Sie	rufen		riefen		werden	

	Perfekt		**Plusquamperfekt**		**Futur II**	
ich	habe		hatte		werde	
du	hast		hattest		wirst	
er/sie/es	hat	angerufen	hatte	angerufen	wird	angerufen
wir	haben		hatten		werden	haben
ihr	habt		hattet		werdet	
sie/Sie	haben		hatten		werden	

	Konjunktiv I	**Konjunktiv II**		**Konjunktiv Futur I**	
ich	würde anrufen	würde		würde	
du	würdest anrufen	würdest		würdest	
er/sie/es	rufe an	würde	anrufen	werde	anrufen
wir	würden anrufen	würden		würden	
ihr	würdet anrufen	würdet		würdet	
sie/Sie	würden anrufen	würden		würden	

	Konjunktiv Perfekt	**Plusquamperfekt**	
ich	*Der Konj. Perfekt wird*	hätte	
du	*selten gebraucht in*	hättest	
er/sie/es	*gesprochenem Deutsch.*	hätte	angerufen
wir		hätten	
ihr	*Ersatzform:*	hättet	
sie/Sie	*Konj. Plusquamperfekt*	hätten	

SICH FREUEN

	Präsens	Perfekt	
ich	freue mich	habe mich	
du	freust dich	hast dich	
er/sie/es	freut sich	hat sich	gefreut
wir	freuen uns	haben uns	
ihr	freut euch	habt euch	
sie/Sie	freuen sich	haben sich	

SICH ANZIEHEN (trennbar)

	Präsens		Perfekt	
ich	ziehe mich		habe mich	
du	ziehst dich		hast dich	
er/sie/es	zieht sich	an	hat sich	angezogen
wir	ziehen uns		haben uns	
ihr	zieht euch		habt euch	
sie/Sie	ziehen sich		haben sich	

SICH etw. KAUFEN

	Präsens		Perfekt	
ich	kaufe mir		habe mir	
du	kaufst dir		hast dir	
er/sie/es	kauft sich	etwas	hat sich	etwas gekauft
wir	kaufen uns		haben uns	
ihr	kauft euch		habt euch	
sie/Sie	kaufen sich		haben sich	

SICH etw. VORSTELLEN (trennbar)

	Präsens		Perfekt	
ich	stelle mir		habe mir	
du	stellst dir		hast dir	
er/sie/es	stellt sich	etwas vor	hat sich	etwas vorgestellt
wir	stellen uns		haben uns	
ihr	stellt euch		habt euch	
sie/Sie	stellen sich		haben sich	

ANHANG

EBENSO: *können, mögen, müssen, sollen*

	Präsens		Imperfekt		Futur	
ich	darf		durfte		werde	
du	darfst		durftest		wirst	
er/sie/es	darf	abholen	durfte	abholen	wird	abholen
wir	dürfen		durften		werden	dürfen
ihr	dürft		durftet		werdet	
sie/Sie	dürfen		durften		werden	

	Perfekt		Plusquamperfekt		Futur II
ich	habe		hatte		
du	hast		hattest		
er/sie/es	hat	abholen	hatte	abholen	*Selten gebraucht in gesprochenem Deutsch.*
wir	haben	dürfen	hatten	dürfen	
ihr	habt		hattet		
sie/Sie	haben		hatten		

	Konjunktiv I		Konjunktiv II		Konjunktiv Futur I	
ich	dürfe		würde		würde	
du	dürfest	abholen	würdest		würdest	
er/sie/es	dürfe		würde	abholen	werde	abholen
wir	würden	abholen	würden	dürfen	würden	dürfen
ihr	würdet	dürfen	würdet		würdet	
sie/Sie	würden		würden		würden	

	Konjunktiv Perfekt	Plusquamperfekt	
ich	*Der Konj. Perfekt wird*	hätte	
du	*selten gebraucht in*	hättest	
er/sie/es	*gesprochenem Deutsch.*	hätte	abholen
wir		hätten	dürfen
ihr	*Ersatzform:*	hättet	
sie/Sie	*Konj. Plusquamperfekt*	hätten	

DAS PASSIV: *ANGERUFEN WERDEN*

Indikativ

Präsens	ich werde angerufen, du ... *usw.*
Imperfekt	ich wurde angerufen
Futur I	ich werde angerufen werden
Perfekt	ich bin angerufen worden
Plusquamperfekt	ich war angerufen worden
Futur II	ich werde angerufen worden sein

Konjunktiv

Präsens	ich würde angerufen, du ... *usw.*
Imperfekt	ich wäre angerufen worden
Futur I	ich würde angerufen werden
Perfekt	ich wäre angerufen worden
Plusquamperfekt	ich wäre angerufen worden
Futur II	ich würde angerufen worden sein

PASSIV MIT HILFVERBEN: *ANGERUFEN WERDEN DÜRFEN*

Indikativ

Präsens	ich darf angerufen werden, du ... *usw.*
Imperfekt	ich durfte angerufen werden
Futur I	ich werde angerufen werden dürfen
Perfekt	ich habe angerufen werden dürfen
Plusquamperfekt	ich habe angerufen werden dürfen

Konjunktiv

Präsens	ich dürfe angerufen werden , du ... *usw.*
Imperfekt	ich hätte angerufen werden dürfen
Futur I	ich würde angerufen werden dürfen
Perfekt	ich hätte angerufen werden dürfen
Plusquamperfekt	ich hätte angerufen werden dürfen

UNREGELMÄSSIGE VERBEN

Infinitiv	Präsens	Imperfekt	Perfekt	Konjunktiv I (nur er, sie, es)	Imperativ
beginnen	beginne, beginnst	begann	begonnen (h)	beginne	beginn(e)! beginnt! beginnen Sie!
bestreiten	bestreite, bestreitest	bestritt	bestritten (h)	bestreite	bestreite! bestreitet! bestreiten Sie!
bewegen	bewege, bewegst	bewog	bewogen (h)	bewege	beweg(e)! bewegt! bewegen Sie!
bieten	biete, bietest	bot	geboten (h)	biete	biete! bietet! bieten Sie!
bitten	bitte, bittest	bat	gebeten (s)	bitte	bitte! bittet! bitten Sie!
bleiben	bleibe, bleibst	blieb	geblieben (s)	bleibe	bleib(e)! bleibt! bleiben Sie!
brechen	breche, brichst	brach	gebrochen (h)	breche	brich! brecht! brechen Sie!
bringen	bringe, bringst	brachte	gebracht (h)	bringe	bring(e)! bringt! bringen Sie!
denken	denke, denkst	dachte	gedacht (h)	denke	denk(e)! denkt! denken Sie!
dürfen	darf, darfst	durfte	dürfen / gedurft (h)	dürfe	

(h): Hilfsverb *haben*   (s): Hilfsverb *sein*

Infinitiv	Präsens	Imperfekt	Perfekt	Konjunktiv I (nur er, sie, es)	Imperativ
empfehlen	empfehle, empfiehlst	empfahl	empfohlen (h)	empfehle	empfiehl! empfehlt! empfehlen Sie!
entscheiden (sich)	entscheide, entscheidest	entschied	entschieden (h)	entscheide	entscheide (dich)! entscheidet (euch)! entscheiden Sie (sich)!
entschließen (sich)	entschließe, entschließt	entschloss	entschlossen (h)	entschließe	entschließ (dich)! entschließt (euch)! entschließen Sie (sich)!
essen	esse, isst	aß	gegessen (h)	esse	iss! esst! essen Sie!
fahren	fahre, fährst	fuhr	gefahren (s)	fahre	fahr(e)! fahrt! fahren Sie!
fallen	falle, fällst	fiel	gefallen (s)	falle	fall(e)! fallt! fallen Sie!
fangen	fange, fängst	fing	gefangen (h)	fange	fang(e)! fangt! fangen Sie!
finden	finde, findest	fand	gefunden (h)	finde	find(e)! findet! finden Sie!
fliegen	fliege, fliegst	flog	geflogen (s)	fliege	flieg(e)! fliegt! fliegen Sie!
geben	gebe, gibst	gab	gegeben (h)	gebe	gib! gebt! geben Sie!

Infinitiv	Präsens	Imperfekt	Perfekt	Konjunktiv I (nur er, sie, es)	Imperativ
gehen	gehe, gehst	ging	gegangen (s)	gehe	geh(e)! geht! gehen Sie!
gelten	gelte, giltst	galt	gegolten (h)	gelte	
genießen	genieße, genieß(es)t	genoss	genossen (h)	genieße	genieß(e)! genießt! genießen Sie!
geschehen	geschehe, geschiehst	geschah	geschehen (s)	geschehe	
gewinnen	gewinne, gewinnst	gewann	gewonnen (h	gewinne	gewinn(e)! gewinnt! gewinnen Sie!
halten	halte, hältst	hielt	gehalten (h)	halte	halt(e)! haltet! halten Sie!
hängen	hänge, hängst	hing	gehangen (h)	hänge	
heben	hebe, hebst	hob	gehoben (h)	hebe	heb(e)! hebt! heben Sie!
heißen	heiße, heißt	hieß	geheißen (h)	heiße	
helfen	helfe, hilfst	half	geholfen (h)	helfe	hilf! helft! helfen Sie!
kennen	kenne, kennst	kannte	gekannt (h)	kenne	
klingen	klinge, klingst	klang	geklungen (h)	klinge	
kommen	komme, kommst	kam	gekommen (s)	komme	komm(e)! kommt! kommen Sie!

Infinitiv	Präsens	Imperfekt	Perfekt	Konjunktiv I (nur er, sie, es)	Imperativ
können	kann, kannst	konnte	können / gekonnt (h)	könne	
laden	lade, lädst	lud	geladen (h)	lade	lad(e)! ladet! laden Sie!
lassen	lasse, lässt	ließ	lassen / gelassen (h)	lasse	lass! lasst! lassen Sie!
laufen	laufe, läufst	lief	gelaufen (s)	laufe	lauf(e)! lauft! laufen Sie!
leiden	leide, leidest	litt	gelitten (h)	leide	leide! leidet! leiden Sie!
lesen	lese, liest	las	gelesen (h)	lese	lies! lest! lesen Sie!
liegen	liege, liegst	lag	gelegen (h)	liege	lieg(e)! liegt! liegen Sie!
lügen	lüge, lügst	log	gelogen (h)	lüge	lüg(e)! lügt! lügen Sie!
mögen	mag, magst	mochte	mögen / gemocht (h)	möge	
müssen	muss, musst	musste	müssen / gemusst (h)	müsse	
nehmen	nehme, nimmst	nahm	genommen (h)	nehme	nimm! nehmt! nehmen Sie!
nennen	nenne, nennst	nannte	genannt (h)	nenne	nenn(e)! nennt! nennen Sie!

Infinitiv	Präsens	Imperfekt	Perfekt	Konjunktiv I (nur er, sie, es)	Imperativ
raten	rate, rätst	riet	geraten (h)	rate	rate! ratet! raten Sie!
reißen	reiße, reißt	riss	gerissen (h)	reiße	reiß! reißt! reißen Sie!
riechen	rieche, riechst	roch	gerochen (h)	rieche	riech(e)! riecht! riechen Sie!
rufen	rufe, rufst	rief	gerufen (h)	rufe	ruf(e)! ruft! rufen Sie!
scheinen	scheine, scheinst	schien	geschienen (h)	scheine!	
schieben	schiebe, schiebst	schob	geschoben (s)	schiebe	schieb(e)! schiebt! schieben Sie!
schießen	schieße, schießt	schoss	geschossen (h)	schieße	schieß(e)! schießt! schießen Sie!
schlafen	schlafe, schläfst	schlief	geschlafen (h)	schlafe	schlaf(e)! schlaft! schlafen Sie!
schlagen	schlage, schlägst	schlug	geschlagen (h)	schlage	schlag(e)! schlagt! schlagen Sie!
schließen	schließe, schließt	schloss	geschlossen (h)	schließe	schließ(e)! schließt! schließen Sie!
schneiden	schneide, schneidest	schnitt	geschnitten (h)	schneide	schneid(e)! schneidet! schneiden Sie!
schreiben	schreibe, schreibst	schrieb	geschrieben (h)	schreibe	schreib(e)! schreibt! schreiben Sie!

Infinitiv	Präsens	Imperfekt	Perfekt	Konjunktiv I (nur er, sie, es)	Imperativ
schwimmen	schwimme, schwimmst	schwamm	geschwommen (h)	schwimme	schwimm(e)! schwimmt! schwimmen Sie!
sehen	sehe, siehst	sah	gesehen (h)	sehe	sieh(e)! seht! sehen Sie!
singen	singe, singst	sang	gesungen (h)	singe	sing(e)! singt! singen Sie!
sitzen	sitze, sitzt	saß	gesessen (h)	sitze	sitz(e)! sitzt! sitzen Sie!
sollen	soll, sollst	sollte	sollen / gesollt (h)	solle	
sprechen	spreche, sprichst	sprach	gesprochen (h)	spreche	sprich! sprecht! sprechen Sie!
springen	springe, springst	sprang	gesprungen (s)	springe	spring! springt! springen Sie!
stehen	stehe, stehst	stand	gestanden (h)	stehe	steh(e)! steht! stehen Sie!
steigen	steige, steigst	stieg	gestiegen (s)	steige	steig(e)! steigt! steigen Sie!
stoßen	stoße, stößt	stieß	gestoßen (h)	stoße	stoß(e)! stoßt! stoßen Sie!
streichen	streiche, streichst	strich	gestrichen (h)	streiche	streich(e)! streicht! streichen Sie!
tragen	trage, trägst	trug	getragen (h)	trage	trag(e)! tragt! tragen Sie!

Infinitiv	Präsens	Imperfekt	Perfekt	Konjunktiv I (nur er, sie, es)	Imperativ
treffen	treffe, triffst	traf	getroffen (h)	treffe	triff! trefft! treffen Sie!
treiben	treibe, treibst	trieb	getrieben (h)	treibe	treib(e)! treibt! treiben Sie!
treten	trete, trittst	trat	getreten (h)	trete	tritt! tretet! treten Sie!
trinken	trinke, trinkst	trank	getrunken (h)	trinke	trink(e)! trinkt! trinken Sie!
tun	tue, tust	tat	getan (h)	tue	tu(e)! tut! tun Sie!
überwinden	überwinde, überwindest	überwand	überwunden (h)	überwinde	überwinde! überwindet! überwinden Sie!
verbiegen	verbiege, verbiegst	verbog	verbogen (h)	verbiege	verbieg(e)! verbiegt! verbiegen Sie!
verbinden	verbinde, verbindest	verband	verbunden (h)	verbinde	verbinde! verbindet! verbinden Sie!
vergessen	vergesse, vergisst	vergaß	vergessen (h)	vergesse	vergiss! vergesst! vergessen Sie!
verlieren	verliere, verlierst	verlor	verloren (h)	verliere	verlier(e)! verliert! verlieren Sie!
verschlingen	verschlinge, verschlingst	verschlang	verschlungen (h)	verschlinge	verschling(e)! verschlingt! verschlingen Sie!

Infinitiv	Präsens	Imperfekt	Perfekt	Konjunktiv I (nur er, sie, es)	Imperativ
verschwinden	verschwinde, verschwindest	verschwand	verschwunden (s)	verschwinde	verschwinde! verschwindet! verschwinden Sie!
wachsen	wachse, wächst	wuchs	gewachsen (s)	wachse	wachs(e)! wachst! wachsen Sie!
weisen	weise, weist	wies	gewiesen (h)	weise	weis(e)! weist! weisen Sie!
werben	werbe, wirbst	warb	geworben (h)	werbe	wirb! werbt! werben Sie!
werfen	werfe, wirfst	warf	geworfen (h)	werfe	werf! werft! werfen Sie!
wissen	weiß, weißt	wusste	gewusst (h)	wisse	
wollen	will, willst	wollte	wollen / gewollt (h)	wolle	
ziehen	ziehe, ziehst	zog	gezogen (h)	ziehe	zieh(e)! zieht! ziehen Sie!

Stammverben	ebenso:
bieten	an/bieten
bleiben	verbleiben
brechen	zerbrechen
bringen	mit/bringen, zurück/bringen
denken	nach/denken
fahren	heran/fahren, sich verfahren, weiter/fahren
fallen	auf/fallen, gefallen
fangen	an/fangen
finden	sich befinden
fliegen	ab/fliegen
geben	ab/geben, aus/geben, sich ergeben, vergeben, zu/geben
gehen	an/gehen, auseinander/gehen, entgehen, los/gehen, schief/gehen
gleichen	vergleichen
haben	dabei/haben, da/haben, teil/haben, vor/haben
halten	behalten, erhalten, offen/halten, (sich) unterhalten
hängen	ab/hängen
heben	erheben
kennen	sich aus/kennen, erkennen
kommen	an/kommen, bekommen, herein/kommen, herüber/kommen, hin/kommen, überkommen, vor/kommen, zurecht/kommen
laden	ein/laden
lassen	hinterlassen
laufen	an/laufen, unterlaufen, (sich) verlaufen
leiden	erleiden
liegen	an/liegen

*Trennbare Verben sind durch einen Schrägstrich (/) zwischen Präfix und Verb gekennzeichnet. (an/bieten)

Stammverben	ebenso:
nehmen	ab/nehmen, an/nehmen, teil/nehmen, übernehmen, unternehmen
nennen	benennen
raten	ab/raten
rufen	an/rufen, zurück/rufen
scheinen	erscheinen
schieben	verschieben
schlafen	aus/schlafen, ein/schlafen
schlagen	(sich) herum/schlagen, vor/schlagen
schließen	ab/schließen, ein/schließen, (sich) entschließen
schneiden	zerschneiden
schreiben	auf/schreiben, beschreiben
sehen	(sich) an/sehen, aus/sehen, durch/sehen, fern/sehen, nach/sehen, (sich) um/sehen
sitzen	besitzen, da/sitzen
sprechen	an/sprechen, aus/sprechen, besprechen, versprechen
springen	an/springen
stehen	bestehen, still/stehen, überstehen, verstehen, widerstehen, zusammen/stehen, zu/stehen
stoßen	an/stoßen
tragen	bei/tragen, ein/tragen, ertragen, übertragen
treffen	ein/treffen, übertreffen
treiben	übertreiben
treten	betreten, bei/treten, ein/treten
weisen	beweisen
werben	bewerben
ziehen	an/ziehen, aus/ziehen, (sich) um/ziehen

TONBANDTEXTE

BAND 1 EIN ZUFÄLLIGES WIEDERSEHEN

Die Firma ULTRASPORT hat ihre Hauptgeschäftsstelle in Frankfurt am Main. Günter Meinrat, der Marketingdirektor der Schweizer Filiale, ist zu Besprechungen mit seinem Chef, Helmut Siebert, nach Frankfurt gekommen. Er ist gerade mit der Maschine aus Zürich auf dem Frankfurter Flughafen gelandet. Auf dem Weg zum Ausgang entdeckt er plötzlich einen altern Bekannten.

Meinrat: *Hallo! Herr Korte! Das ist aber eine Überraschung!*

Korte: *Guten Tag, Herr Meinrat. Na, so ein Zufall! Wir haben uns ja ewig nicht gesehen.*

Meinrat: *Was machen Sie denn hier? Sind Sie auch gerade angekommen?*

Korte: *Ja, ich bin vor ungefähr einer Stunde aus Wien eingetroffen. Nun warte ich noch auf einen Kollegen aus Zürich, aber seine Maschine hat wohl Verspätung.*

Meinrat: *Meinen Sie zufällig die Swissair-Maschine? Die ist eben gelandet. Ich bin als erster durch die Passkontrolle gegangen.*

Korte: *Na, wunderbar! Ich habe anscheinend den Aufruf überhört. Wie war denn Ihr Flug?*

Meinrat: *Ach, eigentlich ganz angenehm. Wir sind allerdings etwas verspätet abgeflogen, da das Wetter ziemlich schlecht war. Unterwegs kamen wir dann durch einige Turbulenzen, aber damit muss man wohl rechnen.*

Korte: *Ich hatte einen herrlichen Flug. Das Wetter war ausgezeichnet und die Sicht ganz klar. Aber dann habe ich fast eine Stunde auf meinen Koffer gewartet. Ich verstehe gar nicht, warum das diesmal so lange gedauert hat.*

Meinrat: *(Er zeigt auf sein Fluggepäck.) Den Ärger habe ich zum Glück nicht gehabt: Für nur zwei Tage Aufenthalt passt alles in meinen kleinen Bordkoffer. Den kann ich dann mit ins Flugzeug nehmen und brauche dann nicht am Gepäckband zu warten.*

Korte: *Ja, ja, Sie machen das richtig! Sagen Sie, Herr Meinrat, Sie sind doch oft in Frankfurt und können mir vielleicht einen Tipp geben. Ich möchte heute Abend mit einem Kollegen essen gehen und habe an die Alte Kanzlei gedacht. Kennen Sie die?*

Meinrat: *Die Alte Kanzlei? Da haben Sie eine gute Wahl getroffen. Dort ist das Essen immer erstklassig.*

Korte: *Na, prima! Aha, da kommt ja mein Kollege! ... Herr Meinrat, darf ich vorstellen: Das ist mein Schweizer Kollege Herr Berger ... Herr Berger, das ist Herr Meinrat, ein früherer Mitarbeiter von mir.*

Meinrat:	Sehr angenehm, aber Herr Berger und ich kennen uns schon. Er hat nämlich im Flugzeug neben mir gesessen.

So, jetzt hören Sie bitte noch einmal zu!

Meinrat:	Hallo! Herr Korte! Das ist aber eine Überraschung!
Korte:	Guten Tag, Herr Meinrat. Na, so ein Zufall! Wir haben uns ja ewig nicht gesehen.
Meinrat:	Was machen Sie denn hier? Sind Sie auch gerade angekommen?
Korte:	Ja, ich bin vor ungefähr einer Stunde aus Wien eingetroffen. Nun warte ich noch auf einen Kollegen aus Zürich, aber seine Maschine hat wohl Verspätung.
Meinrat:	Meinen Sie zufällig die Swissair Maschine? Die ist eben gelandet. Ich bin als erster durch die Passkontrolle gegangen.
Korte:	Na, wunderbar. Ich habe anscheinend den Aufruf überhört.

Antworten Sie!

Ist Herr Meinrat gerade am Flughafen angekommen?	Ja, er ist gerade am Flughafen angekommen.
Wen hat er begrüßt, Sie oder Herrn Korte?	Er hat Herrn Korte begrüßt.
Ist Herr Korte aus Tokio oder aus Wien eingetroffen?	Er ist aus Wien eingetroffen.
Wartet er jetzt auf seine Frau?	Nein, er wartet nicht auf seine Frau.
Herr Korte wartet auf einen Kollegen, nicht?	Ja, er wartet auf einen Kollegen.
Welche Maschine ist gelandet, die Lufthansa-Maschine oder die Swissair-Maschine?	Die Swissair-Maschine ist gelandet.

Sehr gut! Wiederholen Sie!
Die Swissair-Maschine landet.
Gestern ist sie gelandet.

Herr Meinrat kommt durch Ausgang 3. Gestern ist er durch ...	Gestern ist er durch Ausgang 3 gekommen.
Viele Leute tragen Koffer. Gestern haben viele ...	Gestern haben viele Leute Koffer getragen.
Herr Korte wartet auf einen Kollegen. Gestern hat ...	Gestern hat er auf einen Kollegen gewartet.
Die Passagiere gehen durch die Passkontrolle.	Gestern sind sie durch die Passkontrolle gegangen.

Gut! Hören Sie jetzt wieder zu!

Korte: Na, wunderbar. Ich habe anscheinend den Aufruf überhört. Wie war denn Ihr Flug?

Meinrat: Ach, eigentlich ganz angenehm. Wir sind allerdings etwas verspätet abgeflogen, da das Wetter ziemlich schlecht war. Unterwegs kamen wir dann durch einige Turbulenzen, aber damit muss man wohl rechnen.

Antworten Sie!

War Herrn Meinrats Flug angenehm?	Ja, er war angenehm.
War das Wetter schlecht oder gut?	Es war schlecht.
Ist Herr Meinrat verspätet abgeflogen?	Ja, er ist verspätet abgeflogen.
Hatte er etwa einen ruhigen Flug?	Nein, er hatte keinen ruhigen Flug.
Kam er durch einige Turbulenzen?	Ja, er kam durch einige Turbulenzen.
Aber damit muss man wohl rechnen, nicht?	Ja, damit muss man wohl rechnen.

Sehr schön! Hören Sie wieder zu!

Korte: Ich hatte einen herrlichen Flug. Das Wetter war ausgezeichnet und die Sicht ganz klar. Aber dann habe ich fast eine Stunde auf meinen Koffer gewartet. Ich verstehe gar nicht, warum das diesmal so lange gedauert hat.

Meinrat: (Er zeigt auf sein Fluggepäck.) Den Ärger habe ich zum Glück nicht gehabt: Für nur zwei Tage Aufenthalt passt alles in meinen kleinen Bordkoffer. Den kann ich dann mit ins Flugzeug nehmen und brauche dann nicht am Gepäckband zu warten.

Korte: Ja, ja, Sie machen das richtig!

Antworten Sie!

Herr Korte hatte einen herrlichen Flug, nicht?	Ja, er hatte einen herrlichen Flug.
Hatte er schönes oder schlechtes Wetter?	Er hatte schönes Wetter.
Wie lange hat Herr Korte auf seinen Koffer gewartet, fünf Minuten oder eine Stunde?	Er hat eine Stunde auf seinen Koffer gewartet.
Aber Herr Meinrat hat nur einen kleinen Koffer dabei, richtig?	Ja, er hat nur einen kleinen Koffer dabei.
Hat er etwa lange gewartet?	Nein, er hat nicht lange gewartet.
Also, er hat nur einen kleinen Koffer dabei, und deschalb hat er nicht lange gewartet, stimmt's?	Ja, er hat nur einen kleinen Koffer dabei und deshalb hat er nicht lange gewartet.

Sehr gut! Hören Sie wieder zu!

Korte: Sagen Sie, Herr Meinrat, Sie sind doch oft in Frankfurt und können mir vielleicht einen Tipp geben. Ich möchte heute Abend mit einem Kollegen essen gehen und habe an die Alte Kanzlei gedacht. Kennen Sie die?

Meinrat: Die Alte Kanzlei? Da haben Sie eine gute Wahl getroffen. Dort ist das Essen immer erstklassig.

Antworten Sie!

Möchte Herr Korte ins Kino gehen oder in ein Restaurant?	Er möchte in ein Restaurant gehen.
Hat er vor, in die *Alte Kanzlei* zu gehen?	Ja, er hat vor, in die *Alte Kanzlei* zu gehen.
Kennt Herr Meinrat dieses Restaurant auch?	Ja, er kennt dieses Restaurant auch.
Ist das Essen dort schlecht?	Nein, es ist nicht schlecht.
Es ist erstklassig, nicht?	Ja, es ist erstklassig.

Hören Sie noch einmal zu!

Meinrat: Die Alte Kanzlei? Da haben Sie eine gute Wahl getroffen. Dort ist das Essen immer erstklassig.

Korte: Na, prima! Aha, da kommt ja mein Kollege! ... Herr Meinrat, darf ich vorstellen: Das ist mein Schweizer Kollege Herr Berger ... Herr Berger, das ist Herr Meinrat, ein früherer Mitarbeiter von mir.

Meinrat: Sehr angenehm, aber Herr Bergerr und ich kennen uns schon. Er hat nämlich im Flugzeug neben mir gesessen.

Antworten Sie!

Wartet Herr Korte auf einen Freund oder auf seinen Kollegen Berger?	Er wartet auf seinen Kollegen Berger.
Stellt Herr Korte Herrn Berger vor?	Ja, er stellt ihn vor.
Aber Herr Meinrat und Herr Berger kennen sich schon, was?	Ja, sie kennen sich schon.
Kennen Sie sich vom Urlaub?	Nein, sie kennen sich nicht vom Urlaub.
Sie haben im Flugzeug nebeneinander gesessen, stimmt's?	Ja, sie haben im Flugzeug nebeneinander gesessen.

Gut! Zum Schluss hören wir noch einmal die ganze Unterhaltung. Aber diesmal zuhören ... und wiederholen!

- Hallo, Herr Korte, das ist aber eine Überraschung!
- Guten Tag, Herr Meinrat. Na, so ein Zufall!
- Sind Sie auch gerade angekommen?

- Ja, ich bin vor ungefähr einer Stunde aus Wien eintgeroffen.
  Nun warte ich noch auf einen Kollegen aus Zürich,
  aber seine Maschine hat wohl Verspätung.
- Wie war denn Ihr Flug?
- Ach, eigentlich ganz angenehm.
  Wir sind allerdings etwas verspätet abgeflogen,
  da das Wetter ziemlich schlecht war.
- Ich hatte einen herrlichen Flug.
  Aber dann habe ich fast eine Stunde auf meinen Koffer gewartet.
- Den Ärger habe ich zum Glück nicht gehabt.
  Für nur zwei Tage Aufenthalt passt alles in meinen kleinen Bordkoffer.
- Aha, da kommt ja mein Kollege!
  Herr Meinrat, darf ich vorstellen:
  Das ist mein Schweizer Kollege Herr Berger.
  Herr Berger, das ist Herr Meinrat, ein früherer Mitarbeiter von mir.
- Sehr angenehm, aber Herr Berger und ich kennen uns schon.
  Er hat nämlich im Flugzeug neben mir gesessen.

Ausgezeichnet! Und hier endet Band 1. Tja, das ist das Ende des ersten Kapitels.
Vielen Dank und ... auf Wiederhören.

BAND 2   DIE ZIMMERRESERVIERUNG

Es ist 13 Uhr. Herr Meinrat ist mit dem Taxi vom Flughafen zum Hotel gefahren.
Nun steht er an der Rezeption.

Meinrat:	Guten Tag. Mein Name ist Meinrat. Ich habe eine Zimmerreservierung.
Angestellte:	Guten Tag, Herr Meinrat. Einen Augenblick bitte, ich werde sofort nachschauen. Ja, hier steht Zimmer 71. Es wird aber leider erst in zwei Stunden frei sein.
Meinrat:	Wirklich? Hat man Ihnen denn nicht Bescheid gesagt, dass ich schon mittags ankomme?
Angestellte:	Nein, wir haben erst heute Nachmittag mit Ihnen gerechnet. Es tut mir sehr Leid.
Meinrat:	Das ist aber ärgerlich. Können Sie mir dann bitte mein Gepäck aufbewahren? Oder ist vielleicht noch ein anderes Zimmer frei?
Angestellte:	Ich glaube kaum, aber ich werde es kurz am Computer überprüfen. Einen Moment, bitte. (Sie geht zum Computer.) Oh, wir haben Glück. Die Gäste von Zimmer 24 sind früher abgereist als erwartet. Von dort haben Sie sogar einen Blick auf den Park.

Meinrat:	Ausgezeichnet! Dann ist es bestimmt auch besonders ruhig.
Angestellte:	Würden Sie sich bitte hier eintragen, Herr Meinrat? Werden Sie mit Ihrem Gepäck allein zurechtkommen, oder brauchen Sie Hilfe?
Meinrat:	Nein, danke, ich habe nur diesen leichten Koffer für die zwei Tage dabei.
Angestellte:	Gut. Noch etwas, Herr Meinrat. Heute Morgen kam ein Anruf für Sie. Sie sollen bitte gleich im Büro der Firma ULTRASPORT anrufen. Ich habe Ihnen hier die Telefonnummer aufgeschrieben.
Meinrat:	Besten Dank für Ihre Mühe. Ich werde das vom Zimmer aus erledigen. Noch eine Frage: Ab wie viel Uhr kann ich Frühstück bekommen?
Angestellte:	Ab sechs. Sie brauchen nur den Zettel an Ihrer Zimmertür auszufüllen, der Zimmerkellner wird es Ihnen dann zur gewünschten Zeit bringen. Ab 7 Uhr ist auch der Frühstücksraum geöffnet.
Meinrat:	Sehr gut. Ich gehe dann jetzt auf mein Zimmer. Bis später.

Jetzt hören Sie bitte noch einmal zu!

Meinrat:	Guten Tag. Mein Name ist Meinrat. Ich habe eine Zimmer-reservierung.
Angestellte:	Guten Tag, Herr Meinrat. Einen Augenblick bitte, ich werde sofort nachschauen. Ja, hier steht Zimmer 71. Es wird aber leider erst in zwei Stunden frei sein.
Meinrat:	Wirklich? Hat man Ihnen denn nicht Bescheid gesagt, dass ich schon mittags ankomme?
Angestellte:	Nein, wir haben erst heute Nachmittag mit Ihnen gerechnet. Es tut mir sehr Leid.
Meinrat:	Das ist aber ärgerlich.

Antworten Sie!

Herr Meinrat steht an der Rezeption im Hotel, nicht?	Ja, er steht an der Rezeption im Hotel.
Mit wem spricht er, mit mir oder mit einer Angestellten?	Er spricht mit einer Angestellten.
Wird er sie nach seiner Zimmerreservierung fragen?	Ja, er wird sie nach seiner Zimmerreservierung fragen.
Aber sein Zimmer ist nicht frei, oder?	Nein, es ist nicht frei.
Wieso? Hat das Hotel nicht so früh mit ihm gerechnet?	Ja, es hat nicht so früh mit ihm gerechnet.

Wird das Zimmer morgen oder in zwei Stunden frei sein?

Es wird in zwei Stunden frei sein.

Also, das Zimmer ist noch nicht frei, weil das Hotel nicht so früh mit ihm gerechnet hat, richtig?

Ja, das Zimmer ist noch nicht frei, weil das Hotel nicht so früh mit ihm gerechnet hat.

Sehr gut! Wiederholen Sie bitte!
Das Zimmer ist nicht frei.
Später wird das Zimmer frei sein.

Herr Meinrat geht nicht auf sein Zimmer.
Später wird er auf sein Zimmer ...

Später wird er auf sein Zimmer gehen.

Er packt seine Koffer nicht aus.
Später wird er seine ...

Später wird er seine Koffer auspacken.

Seine Frau ruft ihn nicht an.
Später wird sie ihn ...

Später wird sie ihn anrufen.

Die Angestellte gibt ihm nicht den Schlüssel.
Später wird sie ...

Später wird sie ihm den Schlüssel geben.

Herr Meinrat schreibt jetzt keine Postkarte.
Später ...

Später wird er eine Postkarte schreiben.

Er fährt nicht ins Büro.

Später wird er ins Büro fahren.

Gut! Hören Sie wieder zu!

Meinrat: *Das ist aber ärgerlich. Können Sie mir dann bitte mein Gepäck aufbewahren? Oder ist vielleicht noch ein anderes Zimmer frei?*

Angestellte: *Ich glaube kaum, aber ich werde es kurz am Computer überprüfen. Einen Moment, bitte. (Sie geht zum Computer.) Oh, wir haben Glück. Die Gäste von Zimmer 24 sind früher abgereist als erwartet. Von dort haben Sie sogar einen Blick auf den Park.*

Meinrat: *Ausgezeichnet! Dann ist es bestimmt auch besonders ruhig.*

Antworten Sie!
Wonach fragt Herr Meinrat, nach der Uhrzeit oder nach einem anderen Zimmer?

Er fragt nach einem anderen Zimmer.

Die Angestellte überprüft es am Computer, nicht?

Ja, sie überprüft es am Computer.

Sind alle Zimmer noch belegt, oder sind einige Gäste schon abgereist?

Einige Gäste sind schon abgereist.

Deshalb wird ein Zimmer frei, richtig?

Ja, deshalb wird ein Zimmer frei.

Hat man von dort einen schönen Blick?	Ja, man hat von dort einen schönen Blick.
Also hat Herr Meinrat noch einmal Glück gehabt, was?	Ja, er hat noch einmal Glück gehabt.

Sehr schön! Hören Sie bitte wieder zu!

> *Angestellte:* *Würden Sie sich bitte hier eintragen, Herr Meinrat? Werden Sie mit Ihrem Gepäck allein zurechtkommen, oder brauchen Sie Hilfe?*
>
> *Meinrat:* *Nein, danke, ich habe nur diesen leichten Koffer für die zwei Tage dabei.*

Antworten Sie!

Wird sich Herr Meinrat jetzt eintragen?	Ja, er wird sich jetzt eintragen.
Hat er einen schweren oder leichten Koffer dabei?	Er hat einen leichten Koffer dabei.
Wird er mit seinem Gepäck Hilfe brauchen?	Nein, er wird damit keine Hilfe brauchen.
Also, er hat einen kleinen Koffer dabei und braucht deshalb keine Hilfe, richtig?	Ja, er hat einen kleinen Koffer dabei und braucht deshalb keine Hilfe.

Sehr gut! Hören Sie noch einmal zu!

> *Angestellte:* *Gut. Noch etwas, Herr Meinrat. Heute Morgen kam ein Anruf für Sie. Sie sollen bitte gleich im Büro der Firma ULTRASPORT anrufen. Ich habe Ihnen hier die Telefonnummer aufgeschrieben.*
>
> *Meinrat:* *Besten Dank für Ihre Mühe. Ich werde das vom Zimmer aus erledigen. Noch eine Frage: Ab wie viel Uhr kann ich Frühstück bekommen?*
>
> *Angestellte:* *Ab sechs. Sie brauchen nur den Zettel an Ihrer Zimmertür auszufüllen, der Zimmerkellner wird es Ihnen dann zur gewünschten Zeit bringen. Ab 7 Uhr ist auch der Frühstücksraum geöffnet.*
>
> *Meinrat:* *Sehr gut. Ich gehe dann jetzt auf mein Zimmer. Bis später.*

Antworten Sie

Kam heute Morgen ein Anruf für Herrn Meinrat?	Ja, heute Morgen kam ein Anruf für ihn.
Soll er bei einem Bekannten oder bei ULTRASPORT anrufen?	Er soll bei ULTRASPORT anrufen.
Hat ihm die Angestellte die Telefonnummer aufgeschrieben?	Ja, sie hat ihm die Telefonnummer aufgeschrieben.

Von wo wird Herr Meinrat anrufen, von der Bar aus oder von seinem Zimmer aus?	Er wird von seinem Zimmer aus anrufen.
Sagen Sie, gibt es im Hotel Frühstück?	Ja, es gibt dort Frühstück.
Aber doch nicht um sechs Uhr abends, oder?	Nein, nicht um sechs Uhr abends.
Es gibt im Hotel morgens um sechs Frühstück, stimmt's?	Ja, es gibt im Hotel morgens um sechs Frühstück.

Gut! Zum Schluss hören wir noch einmal die ganze Unterhaltung. Diesmal bitte zuhören ... und wiederholen!

- *Guten Tag. Mein Name ist Meinrat.*
  Ich habe eine Zimmerreservierung.

- *Guten Tag, Herr Meinrat.*
  Einen Augenblick bitte, ich werde sofort nachschauen.
  Ja, hier steht Zimmer 71.
  Es wird aber leider erst in zwei Stunden frei sein.

- *Wirklich?*
  Hat man Ihnen denn nicht Bescheid gesagt, dass ich schon mittags ankomme?

- *Nein, wir haben erst heute Nachmittag mit Ihnen gerechnet. Es tut mir sehr Leid.*

- *Das ist aber ärgerlich.*
  Können Sie mir dann bitte mein Gepäck aufbewahren?
  Oder ist vielleicht noch ein anderes Zimmer frei?

- *Die Gäste von Zimmer 24 sind früher abgereist als erwartet.*
  Von dort haben Sie sogar einen Blick auf den Park.

- *Ausgezeichnet! Dann ist es bestimmt auch besonders ruhig.*

- *Würden Sie sich bitte hier eintragen, Herr Meinrat?*
  Heute Morgen kam ein Anruf für Sie.
  Sie sollen bitte gleich im Büro der Firma ULTRASPORT anrufen.
  Ich habe Ihnen hier die Telefonnummer aufgeschrieben.

- *Besten Dank für Ihre Mühe.*
  Ich werde das vom Zimmer aus erledigen.
  Ab wie viel Uhr kann ich Frühstück bekommen?

- *Ab sechs. Ab 7 Uhr ist auch der Frühstücksraum geöffnet.*

- *Sehr gut. Ich gehe dann jetzt auf mein Zimmer.*
  Bis später.

Sehr schön! Und wir sind jetzt am Ende des zweiten Kapitels. Das ist das Ende von Band 2. Vielen Dank ... und auf Wiederhören.

BAND 3   AUF GESCHENKSUCHE

Nach Besprechungen bei der Firma ULTRASPORT in Frankfurt wollte Günter
Meinrat ein paar Einkäufe machen. Er ging in die Freßgaß, eine schicke
Fußgängerzone in der Innenstadt, die er schon von seinem letzten Aufenthalt her
kannte. Dort sprach er eine Passantin an:

Meinrat: *Entschuldigen Sie bitte, kennen Sie sich hier aus? Ich suche einen
ganz bestimmten Laden, in dem ich früher oft Geschenke gekauft
habe. Nur komme ich leider nicht mehr auf den Namen. Es gab
alles Mögliche dort.*

Passantin: *Hm, mal sehen. Wissen Sie denn noch, wie der Laden aussah?*

Meinrat: *Na ja, es ist schon ziemlich lange her, seitdem ich das letzte Mal
hier war. Ich erinnere mich aber, dass der Eingang eine knallrote
Markise hatte.*

Passantin: *Ah, Sie meinen bestimmt die Schatzkammer. Tja, der Laden musste
leider vor einem halben Jahr schließen. Es gibt hier aber noch
andere kleine Geschäfte. An was für ein Geschenk dachten Sie
denn?*

Meinrat: *Ich suche etwas für meine Frau. Sie hatte nämlich gestern
Geburtstag, und ich wollte ihr etwas Besonderes von meiner
Geschäftsreise mitbringen.*

Passantin: *In dem Fall schlage ich Ihnen die Galerie 13 vor. Da gibt es eine
Kunstabteilung und Geschenke aller Art.*

Meinrat: *Das hört sich gut an. Und wie komme ich da am besten hin?*

Passantin: *Ganz einfach: An der nächsten Querstraße gehen Sie links. Dann
immer geradeaus bis zur Post. Die Galerie 13 liegt direkt
gegenüber.*

Meinrat: *Also nochmal: die nächste links bis zur Post, und dann ist das
Geschäft direkt gegenüber. Richtig?*

Passantin: *Genau! Sie können es gar nicht verfehlen.*

Meinrat: *Na, wunderbar. Sie kennen sich ja offensichtlich gut hier aus.*

Passantin: *Da haben Sie Recht. Ich wohne seit 40 Jahren hier und kannte
diesen Stadtteil schon, als hier noch nicht so viel los war.*

Meinrat: *Also, dann mache ich mich mal auf den Weg. Auf Wiedersehen,
und haben Sie vielen Dank für Ihre Hilfe.*

Passantin: *Keine Ursache. Auf Wiedersehen!*

So, jetzt hören Sie noch einmal zu!

Meinrat: *Entschuldigen Sie bitte, kennen Sie sich hier aus? Ich suche einen
ganz bestimmten Laden, in dem ich früher oft Geschenke*

gekauft habe. Nur komme ich leider nicht mehr auf den Namen.
Es gab alles Mögliche dort.

Passantin: Hm, mal sehen. Wissen Sie denn noch, wie der Laden aussah?

Meinrat: Na ja, es ist schon ziemlich lange her, seitdem ich das letzte Mal hier war.
Ich erinnere mich aber, dass der Eingang eine knallrote Markise hatte.

Passantin: Ah, Sie meinen bestimmt die Schatzkammer.

Antworten Sie!

Will Herr Meinrat in Frankfurt ein Geschenk kaufen?	Ja, er will dort ein Geschenk kaufen.
Will er das Geschenk in einem Museum oder in einem Laden kaufen?	Er will es in einem Laden kaufen.
Wann war er das letzte Mal in der *Freßgaß*, vor einer Woche oder vor einem Jahr?	Er war das letzte Mal vor einem Jahr in der *Freßgaß*.
Weiß er noch den Namen des Ladens?	Nein, er weiß nicht mehr den Namen des Ladens.
Wusste er damals den Namen?	Ja, damals wusste er den Namen.
Jetzt kommt er nicht mehr darauf, stimmt's?	Ja, jetzt kommt er nicht mehr darauf.
Fragt er deshalb einen Polizisten?	Nein, er fragt keinen Polizisten.
Er fragt eine Passantin, nicht?	Ja, er fragt eine Passantin.
Also, er weiß nicht mehr den Namen des Ladens, und deshalb fragt er eine Passantin, richtig?	Ja, er weiß nicht mehr den Namen des Ladens, und deshalb fragt er eine Passantin.

Sehr gut! Wiederholen Sie!

Er weiß nicht mehr den Namen. Früher wusste er den Namen.	
Er kennt nicht mehr den Laden. Früher kannte er ...	Früher kannte er den Laden.
Er wohnt nicht mehr in Deutschland. Früher ...	Früher wohnte er in Deutschland.
Er kauft nicht mehr gern Souvenirs. Früher ...	Früher kaufte er gern Souvenirs.
Er besucht nicht mehr oft die *Freßgaß*.	Früher besuchte er oft die *Freßgaß*.
Er geht dort nicht mehr spazieren.	Früher ging er dort spazieren.

Schön! Hören Sie wieder zu!

Meinrat: Ich erinnere mich aber, dass der Eingang eine knallrote Markise hatte.

Passantin:	Ah, Sie meinen bestimmt die *Schatzkammer*. Tja, der Laden musste leider vor einem halben Jahr schließen. Es gibt hier aber noch andere kleine Geschäfte. An was für ein Geschenk dachten Sie denn?
Meinrat:	Ich suche etwas für meine Frau. Sie hatte nämlich gestern Geburtstag, und ich wollte ihr etwas Besonderes von meiner Geschäftsreise mitbringen.
Passantin:	In dem Fall schlage ich Ihnen die *Galerie 13* vor. Da gibt es eine Kunstabteilung und Geschenke aller Art.
Meinrat:	Das hört sich gut an.

Antworten Sie!

Kannte die Passantin die *Schatzkammer*? Ja, sie kannte die *Schatzkammer*.

Aber der Laden musste schließen, oder? Ja, er musste schließen.

War das vor zwei Wochen oder vor einem halben Jahr? Das war vor einem halben Jahr.

Sucht Herr Meinrat ein Geschenk für seine Sekretärin? Nein, er sucht kein Geschenk für seine Sekretärin.

Er sucht ein Geschenk für seine Frau, nicht? Ja, er sucht ein Geschenk für seine Frau.

Warum? Ist Weihnachten oder hat seine Frau Geburtstag? Seine Frau hat Geburtstag.

Also, Herr Meinrat sucht ein Geschenk für seine Frau, weil sie Geburtstag hat, stimmt's? Ja, er sucht ein Geschenk für seine Frau, weil sie Geburtstag hat.

Sehr schön! Hören Sie wieder zu!

Meinrat:	Das hört sich gut an. Und wie komme ich da am besten hin?
Passantin:	Ganz einfach: An der nächsten Querstraße gehen Sie links. Dann immer geradeaus bis zur Post. Die *Galerie 13* liegt direkt gegenüber.
Meinrat:	Also nochmal: die nächste links bis zur Post, und dann ist das Geschäft direkt gegenüber. Richtig?
Passantin:	Genau! Sie können es gar nicht verfehlen.

Antworten Sie!

Ist der Laden einfach zu finden? Ja, er ist einfach zu finden.

Muss Herr Meinrat mit dem Auto fahren? Nein, er muss nicht mit dem Auto fahren.

Er kann zu Fuß gehen, nicht? Ja, er kann zu Fuß gehen.

Wo ist der Laden, gegenüber dem
Theater oder der Post?   Er ist gegenüber der Post.

Sehr gut! Hören Sie noch einmal zu!

    Meinrat: *Na, wunderbar. Sie kennen sich ja offensichtlich gut hier aus.*

    Passantin: *Da haben Sie Recht. Ich wohne seit 40 Jahren hier und kannte
        diesen Stadtteil schon, als hier noch nicht so viel los war.*

    Meinrat: *Also, dann mache ich mich mal auf den Weg. Auf Wiedersehen,
        und haben Sie vielen Dank für Ihre Hilfe.*

    Passantin: *Keine Ursache. Auf Wiedersehen.*

Antworten Sie!

Kennt sich die Passantin gut aus?   Ja, sie kennt sich gut aus.

Warum? Wohnt sie in Frankfurt?   Ja, sie wohnt in Frankfurt.

Wohnt sie erst kurz oder schon lange dort?   Sie wohnt schon lange dort.

War früher in der *Freßgaß* viel los?   Nein, dort war früher nicht viel los.

Aber das war vor 40 Jahren, oder?   Ja, das war vor 40 Jahren.

Also, vor 40 Jahren war in der *Freßgaß*   Ja, vor 40 Jahren war in der
noch nicht viel los, richtig?   *Freßgaß* noch nicht viel los.

Gut! Zum Schluss hören wir wieder die ganze Unterhaltung. Diesmal bitte
zuhören ... und wiederholen!

 – *Entschuldigen Sie bitte, kennen Sie sich hier aus?
  Ich suche einen ganz bestimmten Laden, in dem ich früher oft Geschenke
  gekauft habe.*

 – *Wissen Sie denn noch, wie der Laden aussah?*

 – *Na ja, es ist schon ziemlich lange her, seitdem ich das letzte Mal hier war.
  Ich erinnere mich aber, dass der Eingang eine knallrote Markise hatte.*

 – *Ah, Sie meinen bestimmt die Schatzkammer.
  Tja, der Laden musste leider vor einem hatten Jahr schließen.*

 – *Ich suche etwas für meine Frau.*

 – *In dem Fall schlage ich Ihnen die Galerie 13 vor.*

 – *Und wie komme ich da am besten hin?*

 – *An der nächsten Querstraße gehen Sie links.
  Dann immer geradeaus bis zur Post.
  Die Galerie 13 liegt direkt gegenüber.*

 – *Auf Wiedersehen, und haben Sie vielen Dank für ihre Hilfe.*

Sehr gut! Und wir machen uns jetzt auch auf den Weg, denn wir sind hier am
Ende des dritten Kapitels. Ja, hier endet Band 3. Vielen Dank ... und auf
Wiederhören.

TONBANDTEXTE

BAND 4   MORGENS IM BÜRO

Es ist acht Uhr morgens. Herr Siebert, Marketingmanager bei ULTRASPORT in Frankfurt, kommt früher als sonst in die Firma, da viel Arbeit auf ihn wartet. Auch Rolf Treppmann, sein Assistent, ist schon da. Als er das Büro seiner Sekretärin betritt, sieht er sie schon am Schreibtisch sitzen.

Siebert: *Ah, guten Morgen, Frau Köhler. Sie sind aber früh da!*

Köhler: *Guten Morgen, Herr Siebert. Ja, ich bin heute eine Stunde früher gekommen. Ich habe ein kleines Problem, das ich mit Ihnen besprechen möchte. Kann ich heute vielleicht schon um 16 Uhr gehen? In der Universität fängt nämlich um 17 Uhr ein Vortrag über Umweltschutz an, und den möchte ich mir gern anhören.*

Siebert: *Da sehe ich kein Problem. Sie haben ja in letzter Zeit einige Überstunden gemacht. Und ich muss heute am späten Nachmittag sowieso weg. Liegt sonst noch etwas an?*

Köhler: *(Sie sieht auf ihren Notizblock.) Ja, Herr Meinrat hat gestern noch angerufen. Er hat nur Bescheid sagen wollen, dass er gut aus Zürich angekommen ist. Er wird um 14 Uhr wie vereinbart hier sein können. Außerdem hat Frau Hansen von der Werbeagentur angerufen. Sie möchte gern mit Ihnen über die neue Werbekampagne sprechen.*

Siebert: *Oh ja, das ist wichtig! Ich muss sie dringend zurückrufen.*

Köhler: *Soll ich versuchen, sie jetzt sofort zu erreichen?*

Siebert: *Nein, es ist noch zu früh. Ich möchte erst die Post von gestern durchsehen und danach mit Herrn Treppmann etwas besprechen.*

            (Er geht in sein Büro. Etwas später klingelt das Telefon auf Herrn Sieberts Schreibtisch. Er nimmt den Hörer ab.)

            Siebert!

Köhler: *Herr Siebert, Frau Hansen ist am Apparat. Möchten Sie jetzt mit ihr sprechen?*

Siebert: *Selbstverständlich, danke ... Guten Morgen, Frau Hansen. Ich wollte Sie auch gerade anrufen. Es geht um die Webeaktion, oder?*

Hansen: *Ja, genau. Wir sollten uns zusammensetzen. Ich möchte einige Punkte mit Ihnen besprechen, die mir am Herzen liegen.*

Siebert: *Ich habe einen Vorschlag. Kennen Sie eigentlich Herrn Meinrat, unseren Marketingdirektor aus der Schweiz? Er ist gerade für ein paar Tage zu Besprechungen hier im Hause. Vielleicht können wir uns heute ... hmmm ... , sagen wir um 14 Uhr, alle drei bei mir im Büro treffen?*

Hansen: *Das passt mir ausgezeichnet. Und Herrn Meinrat wollte ich schon seit langem kennen lernen.*

Siebert: *Gut, also dann bis später, Frau Hansen. (Er legt den Hörer auf.) Frau Köhler, schicken Sie mir doch bitte jetzt Herrn Treppmann herein.*

Jetzt hören Sie noch einmal zu!

Siebert: *Ah, guten Morgen, Frau Köhler. Sie sind aber früh da!*

Köhler: *Guten Morgen, Herr Siebert. Ja, ich bin heute eine Stunde früher gekommen. Ich habe ein kleines Problem, das ich mit Ihnen besprechen möchte. Kann ich heute vielleicht schon um 16 Uhr gehen? In der Universität fängt nämlich um 17 Uhr ein Vortrag über Umweltschutz an, und den möchte ich mir gern anhören.*

Siebert: *Da sehe ich kein Problem. Sie haben ja in letzter Zeit einige Überstunden gemacht. Und ich muss heute am späten Nachmittag sowieso weg.*

Antworten Sie!

Ist Herr Siebert heute früher ins Büro gekommen?	Ja, er ist heute früher ins Büro gekommen.
Weshalb? Geht seine Uhr falsch, oder wartet viel Arbeit auf ihn?	Es wartet viel Arbeit auf ihn.
Und seine Sekretärin Frau Köhler ist auch schon da, oder?	Ja, sie ist auch schon da.
Möchte Sie heute früher oder später gehen?	Sie möchte heute früher gehen.
Warum? möchte sie einen Vortrag hören?	Ja, sie möchte einen Vortrag hören.
Ist das ein Vortrag über Computer oder über Umweltschutz?	Es ist ein Vortrag über Umweltschutz.
Also, Frau Köhler möchte früher gehen, weil sie einen Vortrag über Umweltschutz hören will, richtig?	Ja, sie möchte früher gehen, weil sie einen Vortrag über Umweltschutz hören will.

Gut! Hören Sie wieder zu!

Siebert: *Da sehe ich kein Problem, Sie haben ja in letzter Zeit einige Überstunden gemacht. Und ich muss heute am späten Nachmittag sowieso weg. Liegt sonst noch etwas an?*

Köhler: *(Sie sieht auf ihren Notizblock.) Ja, Herr Meinrat hat gestern noch angerufen. Er hat nur Bescheid sagen wollen, dass er gut aus Zürich angekommen ist. Er wird um 14 Uhr wie vereinbart hier sein können. Außerdem hat Frau Hansen von der Werbeagentur angerufen. Sie möchte gern mit Ihnen über die neue Werbekampagne sprechen.*

Antworten Sie!

Hat gestern Herr Korte oder Herr Meinrat angerufen?	Herr Meinrat hat angerufen.
Wollte er sagen, dass er gut aus Zürich angekommen ist?	Ja, er wollte sagen, dass er gut aus Zürich angekommen ist.
Wird er wie vereinbart in Sieberts Büro sein können?	Ja, er wird wie vereinbart in Sieberts Büro sein können.
Wer hat noch angerufen, Frau Köhlers Freund oder Frau Hansen?	Frau Hansen hat noch angerufen.
Möchte sie über die Werbekampagne sprechen?	Ja, sie möchte über die Werbekampagne sprechen.
Also, Frau Hansen hat angerufen, weil sie über die Werbekampagne sprechen möchte, stimmt's?	Ja, Frau Hansen hat angerufen, weil sie über die Werbekampagne sprechen möchte.

Sehr schön! Hören Sie jetzt wieder zu!

> *Köhler:* Außerdem hat Frau Hansen von der Werbeagentur angerufen. Sie möchte gern mit Ihnen über die neue Werbekampagne sprechen.
>
> *Siebert:* Oh ja, das ist wichtig! Ich muss sie dringend zurückrufen.
>
> *Köhler:* Soll ich versuchen, sie jetzt sofort zu erreichen?
>
> *Siebert:* Nein, es ist noch zu früh. Ich möchte erst die Post von gestern durchsehen und danach mit Herrn Treppmann etwas besprechen.

Antworten Sie!

Soll Herr Siebert Frau Hansen zurückrufen?	Ja, er soll sie zurückrufen.
Wann will er sie anrufen, sofort oder später?	Er will sie später anrufen.
Warum? Ist es noch zu früh?	Ja, es ist noch zu früh.
Herr Siebert will erst die Post durchsehen, nicht?	Ja, er will erst die Post durchsehen.

Sehr gut! Wiederholen Sie!
Herr Siebert sieht die Post durch.
Er will die Post durchsehen.

Er ruft Frau Hansen an. Er soll Frau Hansen ...	Er soll Frau Hansen anrufen.
Die Sekretärin bereitet die Besprechung vor. Sie muss die Besprechung ...	Sie muss die Besprechung vorbereiten.

Die Kollegen gehen ins Büro zurück.
Sie möchten ins Büro ...

Sie möchten ins Büro zurückgehen.

Herr Siebert liest den Bericht vor.
Er soll ...

Er soll den Bericht vorlesen.

Andere Firmen bieten billige
Kleidung an.
Sie können ...

Sie können billige Kleidung
anbieten.

Gehen wir heute Abend aus?
Wollen wir ...

Wollen wir heute Abend
ausgehen?

Gut! Hören Sie wieder zu!

> Siebert: *(Etwas später klingelt das Telefon auf Herrn Sieberts Schreibtisch. Er nimmt den Hörer ab.)*
> *Siebert!*
>
> Köhler: *Herr Siebert, Frau Hansen ist am Apparat. Möchten Sie jetzt mit ihr sprechen?*
>
> Siebert: *Selbstverständlich, danke ... Guten Morgen, Frau Hansen. Ich wollte Sie auch gerade anrufen. Es geht um die Werbeaktion, oder?*
>
> Hansen: *Ja, genau. Wir sollten uns zusammensetzen. Ich möchte einige Punkte mit Ihnen besprechen, die mir am Herzen liegen.*

Antworten Sie!
Was hat geklingelt, der Wecker
oder das Telefon?

Das Telefon hat geklingelt.

Ruft etwa Sieberts Frau an?

Nein, seine Frau ruft an.

Worum geht es, um die Werbeaktion?

Ja, es geht um die Werbeaktion.

Will Frau Hansen mit Herrn
Siebert ins Kino gehen?

Nein, sie will nicht mit ihm ins
Kino gehen.

Möchte sie mit ihm einige
Punkte besprechen?

Ja, sie möchte mit ihm einige
Punkte besprechen.

Also, sie ruft an, um einige Punkte
mit ihm zu besprechen, stimmt's?

Ja, sie ruft an, um einige Punkte
mit ihm zu besprechen.

Sehr schön! Nun hören Sie wieder zu!

> Siebert: *Ich habe einen Vorschlag. Kennen Sie eigentlich Herrn Meinrat, unseren Marketingdirektor aus der Schweiz? Er ist gerade für ein paar Tage zu Besprechungen hier im Hause. Vielleicht können wir uns heute ... hm ... , sagen wir um 14 Uhr, alle drei bei mir im Büro treffen?*
>
> Hansen: *Das passt mir ausgezeichnet. Und Herrn Meinrat wollte ich schon seit langem kennen lernen.*

Siebert: Gut, also dann bis später, Frau Hansen. *(Er legt den Hörer auf.)* Frau
            Köhler, schicken Sie mir doch bitte jetzt Herrn Treppmann herein.

Antworten Sie!

Ist Herr Meinrat gerade zu Besprechungen im Hause?	Ja, er ist gerade zu Besprechungen im Hause.
Können sich alle drei am Nachmittag treffen?	Ja, alle drei können sich am Nachmittag treffen.
Kennt Frau Köhler Herrn Meinrat?	Nein, sie kennt ihn nicht.
Sie kennt ihn nicht, aber sie möchte ihn seit langem kennen lernen, ja?	Ja, sie kennt ihn nicht, aber sie möchte ihn seit langem kennen lernen.

Gut! Jetzt hören wir noch einmal die ganze Unterhaltung. Diesmal bitte zuhören ...
und wiederholen!

– *Ah, guten Morgen, Frau Köhler.*

– *Guten Morgen, Herr Siebert.*
  Kann ich heute vielleicht schon um 16 Uhr gehen?

– *Da sehe ich kein Problem.*
  Liegt sonst noch etwas an?

– *Ja, Herr Meinrat hat gestern noch angerufen.*
  Außerdem hat Frau Hansen von der Werbeagentur angerufen.

– *Oh ja, das ist wichtig!*

– *Guten Morgen, Frau Hansen.*
  Es geht um die Werbeaktion, oder?

– *Ja, genau!*

– *Kennen Sie eigentlich Herrn Meinrat,*
  unseren Marketingdirektor aus der Schweiz?
  Vielleicht können wir uns heute ...
  hm ..., sagen wir um 14 Uhr, alle drei bei mir im Büro treffen?

– *Das passt mir ausgezeichnet.*

Sehr gut! Das Gespäch zwischen Herrn Siebert und Frau Hansen ist beendet. Und das
ist hier auch das Ende des vierten Kapitels. Ja, hier endet Band 4. Vielen Dank ... und
auf Wiederhören.

BAND 5   SONST NOCH ETWAS, DER HERR?

Beate Köhler, Herrn Sieberts Sekretärin, hat sich mit ihrem Bruder Klaus und ihrer
Freundin Elke zum Mittagessen in einem Restaurant in der Nähe des Büros getroffen.
Der Ober hat gerade das Essen gebracht.

Beate:	Sag mal, Klaus, was hast du denn da auf dem Teller? Hast du nicht Kalbfleisch bestellt?
Klaus:	Ach so, ich habe jetzt gar nicht aufgepasst ... Also wirklich, da habe ich Schweinebraten bekommen! Herr Ober!
Ober:	Ja, bitte? Hatten Sie noch einen Wunsch?
Klaus:	Ich glaube, da ist Ihnen ein Fehler unterlaufen: Ich habe Kalbfleisch bestellt. Sie haben mir aber Schweinebraten gebracht!
Ober:	Oh, tatsächlich! Ich bitte vielmals um Entschuldigung, mein Herr! Einmal Kalbfleisch also. Sonst noch etwas?
Elke:	Bringen Sie mir bitte noch ein kleines Helles. Und Senf für meinen Braten bitte, ich esse gern scharf.
Ober:	(Er holt das Senfglas vom anderen Tisch.) Bitte schön. Also, einmal Kalbfleisch und ein Bier. Kommt sofort.
Klaus:	Bitte, fangt schon mal an, euer Essen wird ja sonst kalt! Ich trinke inzwischen mein Bier. Der Ober wird sich ja hoffentlich beeilen. Die Mittagspause ist bald vorbei.
Elke:	(Sie fangen an.) Also, ich weiß ja nicht ... dieses Essen ist nur lauwarm, und der Salat sieht auch nicht gerade frisch aus.
Klaus:	Na, nun übertreib aber nicht, Elke. Dein Braten sieht doch sehr lecker aus!
Elke:	Aber er schmeckt nach nichts und er ist kalt! Da nützt auch kein Senf. Also, ich finde, dieses Restaurant lässt viel zu wünschen übrig!
Klaus:	Sei doch nicht so negativ, Elke! Ich finde es sehr gemütlich hier. Wie schmeckt denn deine Forelle, Beate?
Beate:	Hm, es geht so! Ich habe schon Bessere gegessen!
Elke:	Sag mal, gibt es das Lokal hier schon lange? Beate, du weißt doch so etwas immer.
Beate:	Bis vor kurzem war hier ein chinesisches Restaurant. Der neue Besitzer hat erst vor einem Monat eröffnet. Habt ihr die Anzeigen nicht gesehen? In der Zeitung war wochenlang ganz groß inseriert: „Ausgezeichnete Küche, prompte Bedienung, gepflegte Atmosphäre."
Klaus:	Nun, das mit der gepflegten Atmosphäre mag ja sein, aber gutes Essen und schnelle Bedienung? Na ja! Wo bleibt denn dieser Ober? Ich muss in einer halben Stunde wieder im Büro sein.
Beate:	Nur keine Aufregung. Da kommt er schon ... Aber was bringt er denn jetzt?
Ober:	So, einmal Kalbfleisch, ... und einen Tomatensaft für den Herrn ...

So jetzt hören Sie bitte noch einmal zu!

Beate:	*Sag mal, Klaus, was hast du denn da auf dem Teller? Hast du nicht Kalbfleisch bestellt?*
Klaus:	*Ach so, ich habe jetzt gar nicht aufgepasst ... Also wirklich, da habe ich Schweinebraten bekommen! Herr Ober!*
Ober:	*Ja, bitte? Hatten Sie noch einen Wunsch?*
Klaus:	*Ich glaube, da ist Ihnen ein Fehler unterlaufen: Ich habe Kalbfleisch bestellt. Sie haben mir aber Schweinebraten gebracht!*
Ober:	*Oh, tatsächlich!*

Antworten Sie!

Hat der Ober gerade die Karte oder das Essen gebracht?	Er hat gerade das Essen gebracht.
Hat Klaus Schweinebraten bestellt?	Nein, er hat nicht Schweinebraten bestellt.
Er hat Kalbfleisch bestellt, richtig?	Ja, er hat Kalbfleisch bestellt.
Also, Klaus hat Kalbfleisch bestellt, aber der Ober hat Schweinebraten gebracht, stimmt's?	Ja, Klaus hat Kalbfleisch bestellt, aber der Ober hat Schweinebraten gebracht.
Sagen Sie, wie spricht Beate Klaus an? Spricht sie ihn mit *Sie* oder mit *Du* an?	Sie spricht ihn mit *Du* an.
Sie spricht ihn mit *Du* an, weil er ihr Bruder ist, nicht?	Ja, sie spricht ihn mit *Du* an, weil er ihr Bruder ist.
Fragt sie ihn: „Wie geht es *Ihnen*" oder „Wie geht es *dir?*"	Sie fragt ihn: „Wie geht es *dir?*"

Sehr gut! Wiederholen Sie!

Nicht: „Wie geht es *Ihnen?*", sondern: „Wie geht es *dir?*"	
Nicht: „Was essen *Sie?*", sondern: „Was isst, ..."	„Was isst *du?*"
Nicht: „Wie war *Ihre* Suppe?", sondern: „Wie war ..."	„Wie war *deine* Suppe?
Nicht: „Wie schmeckt *Ihnen* der Salat?", sondern: „Wie schmeckt ..."	„Wie schmeckt *dir* der Salat?"
Nicht: „Was haben *Sie* auf dem Teller?", sondern: „Was ..."	„Was hast *du* auf dem Teller?"
Nicht: „Haben *Sie* Kalbfleisch bestellt?", sondern, „..."	„Hast *du* Kalbfleisch bestellt?
Nicht: „Ich liebe *Sie!*", sondern:	„Ich liebe *dich!*"
Gut! Hören Sie jetzt wieder zu!	

Klaus: Ich habe Kalbfleisch bestellt. Sie haben mir aber Schweinebraten gebracht!

Ober: Oh, tatsächlich! Ich bitte vielmals um Entschuldigung, mein Herr! Einmal Kalbfleisch also. Sonst noch etwas?

Elke: Bringen Sie mir bitte noch ein kleines Helles. Und Senf für meinen Braten bitte, ich esse gern scharf.

Ober: Bitte schön. Also, einmal Kalbfleisch und ein Bier. Kommt sofort.

Klaus: Bitte, fangt schon mal an, euer Essen wird ja sonst kalt! Ich trinke inzwischen mein Bier. Der Ober wird sich ja hoffentlich beeilen. Die Mittagspause ist bald vorbei.

Antworten Sie!

Hat der Ober um Entschuldigung gebeten?

Ja, er hat um Entschuldigung gebeten.

Warum? Hat er Klaus Kalbfleisch gebracht?

Nein, er hat ihm nicht Kalbfleisch gebracht.

Er hat ihm Schweinebraten gebracht, richtig?

Ja, er hat ihm Schweinebraten gebracht.

Bestellt Elke noch etwas?

Ja, sie bestellt noch etwas.

Was bestellt sie, ein Glas Wasser oder ein kleines Helles?

Sie bestellt ein kleines Helles.

War ihr Essen heiß oder lauwarm?

Es war lauwarm.

Haben Elke und Beate schon mit dem Essen angefangen?

Ja, sie haben schon mit dem Essen angefangen.

Sie haben mit dem Essen angefangen, damit es nicht kalt wird, richtig?

Ja, sie haben mit dem Essen angefangen, damit es nicht kalt wird.

Gut! Hören Sie jetzt wieder zu!

Elke: Also, ich weiß ja nicht ... dieses Essen ist nur lauwarm, und der Salat sieht auch nicht gerade frisch aus.

Klaus: Na, nun übertreib aber nicht, Elke. Dein Braten sieht doch sehr lecker aus!

Elke: Aber er schmeckt nach nichts, und er ist kalt! Da nützt auch kein Senf. Also, ich finde, dieses Restaurant lässt viel zu wünschen übrig!

Klaus: Sei doch nicht so negativ, Elke! Ich finde es sehr gemütlich hier. Wie schmeckt denn deine Forelle, Beate?

Beate: Hm, es geht so. Ich habe schon Bessere gegessen!

Antworten Sie!

Wie sieht Elkes Salat aus? Sieht er lecker aus?

Nein, er sieht nicht lecker aus.

Sie sagt, dass er nicht gerade frisch aussieht, stimmt's?

Ja, sie sagt, dass er nicht gerade frisch aussieht.

Sagen Sie, wie sprechen die drei Freunde sich an, mit *Du* oder mit *Sie*?

Sie sprechen sich mit *Du* an.

Sie duzen sich also, nicht?

Ja, sie duzen sich.

Sagt Klaus zu Elke: *„Sie haben Wein bestellt"*?

Nein, er sagt nicht: *„Sie haben Wein bestellt"*.

Er sagt: *„Du hast* Wein bestellt", nicht?
Fragt er: *„Was möchten Sie* essen"?

Ja, er sagt: *„Du hast* Wein bestellt".
Nein, er fragt nicht: *„Was möchten Sie* essen".

Er fragt: *„Was möchtest du* essen", oder?

Ja, er fragt: *„Was möchtest du* essen".

Sehr gut! Wiederholen Sie!

Nicht: *„Was möchten Sie* essen",
sondern: *„Was möchtest du* essen".

Nicht: *„Haben Sie* ein Bier bestellt",
sondern: *„Hast du* ein ..."

„Hast du ein Bier bestellt?"

Nicht: *„Reichen Sie* mir das Salz",
sondern: ...

„Reiche mir das Salz!"

Nicht: *„Wie gefällt Ihnen* das Restaurant",
sondern: *„Wie gefällt* ..."

„Wie gefällt dir das Restaurant?"

Nicht: *„Ist Ihre* Mittagspause vorbei",
sondern: ...

„Ist deine Mittagspause vorbei?"

Nicht: *„Werden Sie* die Rechnung bezahlen",
sondern: ...

„Wirst du die Rechnung bezahlen?"

Gut! Hören Sie jetzt wieder zu!

Elke: *Sag' mal, gibt es das Lokal hier schon lange? Beate, du weißt noch so etwas immer.*

Beate: *Bis vor kurzem war hier ein chinesisches Restaurant. Der neue Besitzer hat erst vor einem Monat eröffnet. Habt ihr die Anzeigen nicht gesehen? In der Zeitung war wochenlang ganz groß inseriert: „Ausgezeichnete Küche, prompte Bedienung, gepflegte Atmosphäre."*

Klaus: *Nun, das mit der gepflegten Atmosphäre mag ja sein, aber gutes Essen und schnelle Bedienung? Na ja! Wo bleibt denn dieser Ober? Ich muss in einer halben Stunde wieder im Büro sein.*

Beate: *Nur keine Aufregung. Da kommt er schon ... Aber was bringt er denn jetzt?*

Ober: *So, einmal Kalbfleisch, ... und einen Tomatensaft für den Herrn ...*

Antworten Sie!

War hier vor kurzem ein chinesisches Restaurant?

Ja, hier war vor kurzem ein chinesisches Restaurant.

Aber jetzt gibt es einen neuen Besitzer, nicht?

Ja, jetzt gibt es einen neuen Besitzer.

Bringt der Ober jetzt Elkes Bier?

Nein, er bringt nicht Elkes Bier.

Er bringt Klaus Tomatensaft, nicht?

Ja, er bringt Klaus Tomatensaft.

Also, Elke hat Bier bestellt, aber der Ober hat Klaus Tomatensaft gebracht, was?

Ja, Elke hat Bier bestellt, aber der Ober hat Klaus Tomatensaft gebracht.

Gut! Zum Schluss hören wir wieder die ganze Unterhaltung. Diesmal bitte zuhören ... und wiederholen!

– *Sag mal, Klaus, was hast du denn da auf dem Teller?*
– *Also wirklich, da habe ich Schweinebraten bekommen!*
  Herr Ober!
– *Ja, bitte? Hatten Sie noch einen Wunsch?*
– *Ich habe Kalbfleisch bestellt.*
– *Ich bitte vielmals um Entschuldigung, mein Herr!*
– *Bringen Sie mir bitte noch ein kleines Helles.*
– *Also einmal Kalbfleisch und ein Bier.*
– *Wie schmeckt denn deine Forelle, Beate?*
– *Ich habe schon Bessere gegessen!*
– *Wo bleibt denn dieser Ober?*
– *So, einmal Kalbfleisch, ... und einen Tomatensaft für den Herrn ...*

Sehr Gut! Also, die Freunde sind mit dem Essen noch nicht fertig, aber wir sind mit dem fünften Kapitel fertig. Tja, hier endet Band 5. Vielen Dank ... und auf Wiederhören.

BAND 6   DAS JACKETT IM SONDERANGEBOT

Günter Meinrat betritt ein großes Geschäft für Herrenbekleidung in Frankfurt. Plakate mit interessanten Sonderangeboten haben sein Interesse geweckt: Anzüge sind auf die Hälfte herabgesetzt, und Jacketts und Hemden sind um 20% reduziert.

Verkäufer:	Guten Tag. Kann ich Ihnen behilflich sein? Suchen Sie etwas Bestimmtes?
Meinrat:	Hm, ja ... ein Jackett. Ein sportliches, das man zu jeder Jahreszeit tragen kann, auch auf Reisen.
Verkäufer:	Welche Größe, wenn ich fragen darf?
Meinrat:	Normalerweise trage ich 52. Das hängt aber ganz vom Schnitt ab.
Verkäufer:	Nun, wenn Sie nicht sicher sind, will ich lieber Maß nehmen. Ja, Größe 52, das kommt hin. Ich fürchte allerdings, in der Größe haben wir nicht mehr viel Auswahl. Nur noch in Grün, aber sehen Sie gern mal selbst durch.
Meinrat:	Nein, Grün kommt nicht in Frage. Das ist mir zu auffallend.
Verkäufer:	Meinen Sie wirklich? Wenn Sie es auch auf Reisen tragen wollen, ist es eigentlich sehr vorteilhaft: unempfindlich und fast knitterfrei. Aber wie würde Ihnen denn Grau gefallen? Wir haben gerade neue Jacketts bekommen, nur sind sie nicht im Angebot. Soll ich trotzdem einmal nachsehen, was wir dahaben?
Meinrat:	Ja, was wäre nett von Ihnen. Ich lasse mir inzwischen die Hemden zeigen.
	(Der Verkäufer verschwindet für einen Moment.)
Verkäufer:	So, da habe ich drei sehr schicke graue Jacketts. Das hier ist aus Schottland, 100% Schurwolle. Probieren Sie es doch bitte einmal an. Wenn es Ihnen nicht gefällt, habe ich hier noch zwei andere. Der Spiegel steht gleich hinter Ihnen.
	(Meinrat zieht das Jackett an.)
	Hm, lassen Sie mich mal sehen ... steht Ihnen gut, sehr gut sogar. Und es sitzt wie angegossen.
Meinrat:	Finden Sie? Ist es nicht ein bisschen weit im Rücken?
Verkäufer:	Aber nein! Ganz und gar nicht! Das ist der neueste Schnitt! Man trägt die Jacketts jetzt sowieso etwas lässiger, und es ist wirklich ideal für jede Jahreszeit.
Meinrat:	Bequem ist es ja, nur an den neuen Stil muss ich mich erst gewöhnen. So auf Anhieb kann ich mich nicht dazu entschließen, aber ich werde es mir überlegen. Haben Sie vielen Dank für Ihre Mühe. Vorerst nehme ich nur die beiden Hemden, die ich mir ausgesucht habe.

So, jetzt hören Sie bitte noch einmal zu!

Verkäufer:	Guten Tag. Kann ich Ihnen behilflich sein? Suchen Sie etwas Bestimmtes?

Meinrat:	Hm, ja ... ein Jackett. Ein sportliches, das man zu jeder Jahreszeit tragen kann, auch auf Reisen.
Verkäufer:	Welche Größe, wenn ich fragen darf?
Meinrat:	Normalerweise trage ich 52. Das hängt aber ganz vom Schnitt ab.
Verkäufer:	Nun, wenn Sie nicht sicher sind, will ich lieber Maß nehmen. Ja, Größe 52, das kommt hin. Ich fürchte allerdings, in der Größe haben wir nicht mehr viel Auswahl. Nur noch in Grün, aber sehen Sie gern mal selbst durch.

Antworten Sie!

Betritt Herr Meinrat ein Geschäft für Herrenbekleidung?	Ja, er betritt ein Geschäft für Herrenbekleidung.
Warum? Sucht er etwa eine Hose?	Nein, er sucht keine Hose.
Er sucht ein Jackett, nicht?	Ja, er sucht ein Jackett.
Möchte er ein elegantes oder ein sportliches Jackett?	Er möchte ein sportliches Jackett.
Gibt es in seiner Größe viel Auswahl?	Nein, es gibt in seiner Größe nicht viel Auswahl.
Aber es gibt seine Größe noch in Grün, oder?	Ja, es gibt seine Größe noch in Grün.

Gut! Hören Sie jetzt weiter zu!

Verkäufer:	Ja, Größe 52, das kommt hin. Ich fürchte allerdings, in der Größe haben wir nicht mehr viel Auswahl. Nur noch in Grün, aber sehen Sie gern mal selbst durch.
Meinrat:	Nein, Grün kommt nicht in Frage. Das ist mir zu auffallend.
Verkäufer:	Meinen Sie wirklich? Wenn Sie es auch auf Reisen tragen wollen, ist es eigentlich sehr vorteilhaft: unempfindlich und fast knitterfrei. Aber wie würde Ihnen denn Grau gefallen? Wir haben gerade neue Jacketts bekommen, nur sind sie nicht im Angebot. Soll ich trotzdem einmal nachsehen, was wir dahaben?
Meinrat:	Ja, was wäre nett von Ihnen. Ich lasse mir inzwischen die Hemden zeigen.

Antworten Sie!

Möchte Herr Meinrat ein grünes Jackett?	Nein, er möchte kein grünes Jackett.
Warum? ist es ihm zu auffallend?	Ja, es ist ihm zu auffallend.
Was gefällt ihm besser, Grün oder Grau?	Grau gefällt ihm besser.
Gibt es noch andere Jacketts?	Ja, es gibt noch andere Jacketts.

Wenn er ein graues Jackett findet, kauft er es, oder?

Ja, wenn er ein graues Jackett findet, kauft er es.

Sehr gut! Wiederholen Sie!
Er findet ein graues Jackett.
Wenn er ein graues Jackett findet, kauft er es.

Das Jackett kostet nicht zu viel.
Wenn das Jackett nicht zu viel kostet, kauft er ...

Wenn das Jackett nicht zu viel kostet, kauft er es.

Das Jackett passt ihm.
Wenn ihm das Jackett ...

Wenn ihm das Jackett passt, kauft er es.

Das Jackett kommt aus Schottland.
Wenn das Jackett ...

Wenn das Jackett aus Schottland kommt, kauft er es.

Das Jackett sieht sportlich aus.
Wenn ...

Wenn das Jackett sportlich aussieht, kauft er es.

Das Jackett gefällt ihm.

Wenn das Jackett ihm gefällt, kauft er es.

Das Jackett ist im Sonderangebot.

Wenn das Jackett im Sonderangebot ist, kauft er es.

Gut! Hören Sie wieder zu!

Verkäufer: *So, da habe ich drei sehr schicke graue Jacketts. Das hier ist aus Schottland, 100% Schurwolle. Probieren Sie es doch bitte einmal an. Wenn es Ihnen nicht gefällt, habe ich hier noch zwei andere. Der Spiegel steht gleich hinter Ihnen.*

Hm, lassen Sie mich mal sehen ... steht Ihnen gut, sehr gut sogar. Und es sitzt wie angegossen.

Antworten Sie!
Hat der Verkäufer drei Jacketts gebracht?

Ja, er hat drei Jacketts gebracht.

Kommt eins davon aus Japan?

Nein, keins davon kommt aus Japan.

Eins kommt aus Schottland, nicht?

Ja, eins kommt aus Schottland.

Hat Herr Meinrat es anprobiert?

Ja, er hat es anprobiert.

Wie sitzt das Jackett, schlecht oder gut!

Es sitzt gut.

Es sitzt wie angegossen, nicht?

Ja, es sitzt wie angegossen.

Schön. Jetzt bitte noch einmal zuhören.

Verkäufer: *Hm, lassen Sie mich mal sehen ... steht Ihnen gut, sehr gut sogar. Und es sitzt wie angegossen.*

Meinrat: *Finden Sie? Ist es nicht ein bisschen weit im Rücken?*

Tonbandtexte

Verkäufer: *Aber nein! Ganz und gar nicht! Das ist der neueste Schnitt! Man trägt die Jacketts jetzt sowieso etwas lässiger, und es ist wirklich ideal für jede Jahreszeit.*

Meinrat: *Bequem ist es ja, nur an den neuen Stil muss ich mich erst gewöhnen. So auf Anhieb kann ich mich nicht dazu entschließen, aber ich werde es mir überlegen. Haben Sie vielen Dank für Ihre Mühe. Vorerst nehme ich nur die beiden Hemden, die ich mir ausgesucht habe.*

Antworten Sie!

Ist Herr Meinrat von dem Jackett begeistert?

Nein, er ist nicht davon begeistert.

Warum? Ist das Jackett nicht bequem?

Doch, es ist bequem.

Herr Meinrat muss sich erst an den Stil gewöhnen, nicht?

Ja, er muss sich erst an den Stil gewöhnen.

Entschließt er sich für das Jackett, oder wird er es sich überlegen?

Er wird es sich überlegen.

Gut! Zum Schluss hören wir noch einmal die ganze Unterhaltung. Diesmal bitte zuhören ... und wiederholen!

– *Suchen Sie etwas Bestimmtes?*

– *Hm, ja ... ein Jackett.*

– *Welche Größe, wenn ich fragen darf?*

– *Normalerweise trage ich 52.*

– *Nun, wenn Sie nicht sicher sind, will ich lieber Maß nehmen.*
  Ich fürchte allerdings, in der Größe haben wir nicht mehr viel Auswahl.
  Nur noch in Grün, aber sehen Sie gern mal selbst durch.

– *Nein, Grün kommt nicht in Frage.*

– *Aber wie würde Ihnen denn Grau gefallen?*
  Das hier ist aus Schottland, 100% Schurwolle.
  Steht Ihnen gut, sehr gut sogar.

– *Finden Sie?*

– *Das ist der neueste Schnitt!*

– *So auf Anhieb kann ich mich nicht dazu entschließen,*
  aber ich werde es mir überlegen.

Sehr schön! Also, Herr Meinrat dankt dem Verkäufer für seine Mühe, und wir danken Ihnen auch für Ihre Aufmerksamkeit. So, das ist nun das Ende des sechsten Kapitels. Hier endet Band 6. Vielen Dank ... und auf Wiederhören.

EINE MARKETINGKONFERENZ

Um 14 Uhr findet eine Besprechung im Büro von Herrn Siebert statt. Es geht um die neue Werbekampagne. Anwesend sind Herr Siebert, der Marketingmanager, Frau Hansen von der Werbeagentur und Herr Meinrat, der Marketingdirektor aus der Schweiz.

Siebert: *Herr Meinrat, wie ich höre, verkauft sich unsere Sportkleidung in der Schweiz weiterhin sehr gut. Der Umsatz ist im letzten Quartal erfreulich gestiegen.*

Meinrat: *Ja, das stimmt. Besonders die Nachfrage nach Sportjacken hat in diesem Jahr alle unsere Erwartungen übertroffen. Meinen Informationen nach hatten andere Hersteller in der Schweiz ähnlich gute Verkaufsergebnisse.*

Siebert: *Also in Deutschland ist unser Umsatz auch stark gestiegen. Es handelt sich wohl um einen allgemeinen Aufwärtstrend. Wir sollten jetzt besprechen, wie wir hier am Ball bleiben.*

Hansen: *Über dieses Thema habe ich bereits nachgedacht, und ich kann Ihnen dazu folgenden Vorschlag machen: Ich habe zwei Spitzenspieler aus der Bundesliga an der Hand, die bereit sind für unsere Sportkleidung zu werben. Die Bezahlung muss natürlich stimmen, versteht sich.*

Siebert: *Die Geldfrage soll unsere geringste Sorge sein. Bisher haben sich solche Werbeaktionen ja eigentlich immer ausgezahlt. Was meinen Sie, Herr Meinrat?*

Meinrat: *Wir haben in der Schweiz auch gute Erfahrungen gemacht. Wenn die Aktion gut geplant ist, könnte sie ein Riesenerfolg werden. Bei der momentanen Marktlage ist vor allem der richtige Zeitpunkt entscheidend.*

Siebert: *Genau! Wir sollten das Eisen schmieden, solange es noch heiß ist. Wenn wir uns beeilen, könnte die Kampagne noch vor der Skisaison anlaufen. Frau Hansen, können Sie für uns die Vertragsverhandlungen übernehmen?*

Hansen: *Ja, ich werde mich gleich mit den beiden in Verbindung setzen.*

Siebert: *Ich dachte an eine überregionale Aktion im Werbefernsehen. Ich brauche von Ihnen sobald wie möglich eine genaue Aufstellung der Kosten.*

Hansen: *Ich werde mich gleich daransetzen. In ein paar Tagen weiß ich bestimmt schon Genaueres. Ich werde mich dann sofort bei Ihnen melden.*

So, jetzt hören Sie bitte noch einmal zu!

Siebert: *Herr Meinrat, wie ich höre, verkauft sich unsere Sportkleidung in der Schweiz weiterhin sehr gut. Der Umsatz ist im letzten Quartal erfreulich gestiegen.*

Meinrat: *Ja, das stimmt. Besonders die Nachfrage nach Sportjacken hat in diesem Jahr alle unsere Erwartungen übertroffen. Meinen Informationen nach hatten andere Hersteller in der Schweiz ähnlich gute Verkaufsergebnisse.*

Antworten Sie!

Findet in Herrn Sieberts Büro eine Besprechung statt?

Ja, in seinem Büro findet eine Besprechung statt.

Worum geht es? Um die Werbekampagne?

Ja, es geht um die Werbekampagne.

Verkauft sich die Sportkleidung schlecht?

Nein, sie verkauft sich nicht schlecht.

Sie verkauft sich gut, nicht?

Ja, sie verkauft sich gut.

Und wo verkauft sich die Sportkleidung gut, in Japan oder in der Schweiz?

Sie verkauft sich gut in der Schweiz.

Das heißt, der Umsatz ist gestiegen, nicht?

Ja, der Umsatz ist gestiegen.

Hatten andere Hersteller ähnliche Verkaufsergebnisse?

Ja, sie hatten ähnliche Verkaufsergebnisse.

Gut! Hören wir jetzt weiter zu!

Siebert: *Also in Deutschland ist unser Umsatz auch stark gestiegen. Es handelt sich wohl um einen allgemeinen Aufwärtstrend. Wir sollten jetzt besprechen, wie wir hier am Ball bleiben.*

Hansen: *Über dieses Thema habe ich bereits nachgedacht, und ich kann Ihnen dazu folgenden Vorschlag machen: Ich habe zwei Spitzenspieler aus der Bundesliga an der Hand, die bereit sind für unsere Sportkleidung zu werben. Die Bezahlung muss natürlich stimmen, versteht sich.*

Antworten Sie!

Ist der Umsatz auch in Deutschland gestiegen?

Ja, er ist auch in Deutschland gestiegen.

Diesen Aufwärtstrend will man nutzen, nicht?

Ja, diesen Aufwärtstrend will man nutzen.

Wer hat dazu einen Vorschlag, Herr Treppmann oder Frau Hansen?

Frau Hansen hat dazu einen Vorschlag.

Hat sie zwei Spitzenspieler an der Hand?

Ja, sie hat zwei Spitzenspieler an der Hand.

Spielen die etwa im Theater?	Nein, die spielen nicht im Theater.
Sie spielen in der Bundesliga, nicht?	Ja, sie spielen in der Bundesliga.
Werden die Spieler für die Sportkleidung werben?	Ja, sie werden für die Sportkleidung werben.
Also, sie haben sich bereit erklärt für die Sportkleidung zu werben, oder?	Ja, sie haben sich bereit erklärt für die Sportkleidung zu werben.

Sehr gut! Wiederholen Sie!
Die Spieler erklären sich bereit.
Sie haben sich bereit erklärt.

Es handelt sich um einen Aufwärtstrend. Es hat sich um einen Aufwärtstrend ...	Es hat sich um einen Aufwärtstrend gehandelt.
Die Kollegen setzen sich zusammen. Sie haben sich ...	Sie haben sich zusammengesetzt.
Die Werbeaktion zahlt sich aus. Sie hat ...	Sie hat sich ausgezahlt.
Die Jacken verkaufen sich nicht überall gut. Sie ...	Sie haben sich nicht überall gut verkauft.
Herr Siebert erkundigt sich nach den Spielern.	Er hat sich nach den Spielern erkundigt.
Frau Köhler meldet sich im Büro.	Sie hat sich im Büro gemeldet.

Gut! Hören Sie jetzt wieder zu!

Hansen: *Ich habe zwei Spitzenspieler aus der Bundesliga an der Hand, die bereit sind für unsere Sportkleidung zu werben. Die Bezahlung muss natürlich stimmen, versteht sich.*

Siebert: *Die Geldfrage soll unsere geringste Sorge sein. Bisher haben sich solche Werbeaktionen ja eigentlich immer ausgezahlt. Was meinen Sie, Herr Meinrat?*

Meinrat: *Wir haben in der Schweiz auch gute Erfahrungen gemacht. Wenn die Aktion gut geplant ist, könnte sie ein Riesenerfolg werden. Bei der momentanen Marktlage ist vor allem der richtige Zeitpunkt entscheidend.*

Siebert: *Genau! Wir sollten das Eisen schmieden, solange es noch heiß ist.*

Antworten Sie!

Haben sich die Werbeaktionen immer ausgezahlt?	Ja, sie haben sich immer ausgezahlt.
Wo hat man gute Erfahrungen gemacht, in Frankreich oder in der Schweiz?	Man hat in der Schweiz gute Erfahrungen gemacht.

Könnte die Aktion ein Riesenerfolg werden?	Ja, sie könnte ein Riesenerfolg werden.
Wie muss sie geplant sein, gut oder schlecht?	Sie muss gut geplant sein.
Also, wenn die Aktion gut geplant ist, könnte sie ein Riesenerfolg werden, nicht?	Ja, wenn die Aktion gut geplant ist, könnte sie ein Riesenerfolg werden.

Schön. Jetzt bitte noch einmal zuhören!

Meinrat: *Bei der momentanen Marktlage ist vor allem der richtige Zeitpunkt entscheidend.*

Siebert: *Genau! Wir sollten das Eisen schmieden, solange es noch heiß ist. Wenn wir uns beeilen, könnte die Kampagne noch vor der Skisaison anlaufen. Frau Hansen, können Sie für uns die Vertragsverhandlungen übernehmen?*

Hansen: *Ja, ich werde mich gleich mit den beiden in Verbindung setzen.*

Siebert: *Ich dachte an eine überregionale Aktion im Werbefernsehen. Ich brauche von Ihnen sobald wie möglich eine genaue Aufstellung der Kosten.*

Hansen: *Ich werde mich gleich daransetzen. In ein paar Tagen weiß ich bestimmt schon Genaueres. Ich werde mich dann sofort bei Ihnen melden.*

Antworten Sie!

Könnte die Kampagne noch vor der Skisaison anlaufen?	Ja, sie könnte noch vor der Skisaison anlaufen.
Wer wird die Vertragsverhandlungen übernehmen, Sie oder Frau Hansen?	Frau Hansen wird die Vertragsverhandlungen übernehmen.
Setzt sie sich mit einem Freund in Verbindung?	Nein, sie setzt sich nicht mit einem Freund in Verbindung.
Sie setzt sich mit den Fußballern in Verbindung, richtig?	Ja, sie setzt sich mit den Fußballern in Verbindung.
Denkt Siebert an eine Aktion im Radio oder im Werbefernsehen?	Er denkt an eine Aktion im Werbefernsehen.
Braucht er eine genaue Aufstellung der Kosten?	Ja, er braucht eine genaue Aufstellung der Kosten.

Gut! Zum Schluss hören wir wieder die ganze Unterhaltung. Diesmal bitte zuhören ... und wiederholen!

– *Herr Meinrat, wie ich höre, verkauft sich unsere Sportkleidung in der Schweiz weiterhin sehr gut.*

- *Besonders die Nachfrage nach Sportjacken hat in diesem Jahr alle unsere Erwartungen übertroffen.*
- *Es handelt sich wohl um einen allgemeinen Aufwärtstrend.*
- *Ich habe zwei Spitzenspieler aus der Bundesliga an der Hand, die bereit sind für unsere Sportkleidung zu werben.*
- *Was meinen Sie, Herr Meinrat?*
- *Wenn die Aktion gut geplant ist, könnte sie ein Riesenerfolg werden.*
- *Frau Hansen, können Sie für uns die Vertragsverhandlungen übernehmen?*
- *Ja, ich werde mich gleich mit den beiden in Verbindung setzen.*
- *Ich dachte an eine überregionale Aktion im Werbefernsehen.*
- *Ich werde mich gleich daransetzen.*

Sehr schön! Ja, die Besprechung der Kollegen kommt jetzt zum Ende. Und hier endet auch Band 7. So, das ist das Ende des siebten Kapitels. Vielen Dank ... und auf Wiederhören.

BAND 8   ÄRGER MIT DER AUTOWERKSTATT

Beate Köhlers Wagen ist gerade drei Tage in der Werkstatt gewesen. Als sie zur Arbeit fahren will, springt der Wagen wieder nicht an. Sie ist verärgert und ruft in der Werkstatt an.

Angestellter:	*Autowerkstatt Blomberg. Rentz hier. Guten Tag.*
Köhler:	*Guten Tag, Herr Rentz. Hier Frau Köhler. Ich habe gestern Mittag meinen Golf bei Ihnen von der Reparatur abgeholt. Den blauen GTI, wissen Sie noch? Sie mussten ihn suchen, als ich kam. Er stand dann hinter der Werkstatt.*
Angestellter:	*Der blaue GTI? Ja, ja, ich erinnere mich. Ich musste ihn selbst hinters Haus bringen, weil vorne alles voll war. Da war etwas mit dem Anlasser nicht in Ordnung, stimmt's?*
Köhler:	*Richtig! Und jetzt springt er schon wieder nicht an. Erst lief er einwandfrei. Ich fuhr in die Stadt, dann zum Flughafen, um meinen Bruder abzusetzen und später nach Hause. Aber heute Morgen, als ich den Wagen starten wollte, rührte er sich einfach nicht.*
Angestellter:	*Das ist aber merkwürdig. Wenn Sie uns den Wagen wieder zurückbringen, sehen wir ihn uns gleich noch einmal an.*
Köhler:	*Aber, Herr Rentz, ich sagte doch schon: Er springt nicht an! Da müssen Sie mir schon einen Abschleppwagen schicken!*
Angestellter:	*Es tut mir wirklich Leid, aber alle unsere Abschleppwagen sind momentan im Einsatz. Vielleicht rufen Sie später nochmal an?*

Köhler:	Jetzt reicht's mir aber! Ich habe über 400 [200 €] Mark für diese Reparatur bezahlt, und der Wagen läuft schon wieder nicht! Ich habe keine Zeit, hier lange herumzutelefonieren! Ich muss jetzt sehen, wie ich ins Büro komme.
Angestellter:	Schon gut, schon gut! Ich will sehen, was sich machen lässt! Also, wo steht denn der Wagen?
Köhler:	Auf der Straße direkt vor meiner Wohnung, Bockenheimer Weg 16. Ich werde den Schlüssel bei meiner Nachbarin abgeben. Sie heißt Wegener und wohnt im selben Haus. Sie ist den ganzen Tag da. Aber wenn sie mal kurz weg muss, legt sie den Schlüssel auf das Fensterbrett neben der Haustür.
Angestellter:	In Ordnung, Frau Köhler! Aber noch eine Frage: Können wir mit dem Abschleppwagen direkt an Ihren Wagen heranfahren?
Köhler:	Ja, der Wagen steht an einer Einfahrt, und da ist genug Platz.
Angestellter:	Gut. Ich kann Ihnen nichts versprechen, aber ich werde tun, was in meinen Kräften steht.

So jetzt hören Sie noch einmal zu!

Angestellter:	Autowerkstatt Blomberg. Rentz hier. Guten Tag.
Köhler:	Guten Tag, Herr Rentz. Hier Frau Köhler. Ich habe gestern Mittag meinen Golf bei Ihnen von der Reparatur abgeholt. Den blauen GTI, wissen Sie noch? Sie mussten ihn suchen, als ich kam. Er stand dann hinter der Werkstatt.
Angestellter:	Der blaue GTI? Ja, ja, ich erinnere mich. Ich musste ihn selbst hinters Haus bringen, weil vorne alles voll war. Da war etwas mit dem Anlasser nicht in Ordnung, stimmt's?
Köhler:	Richtig! Und jetzt springt er schon wieder nicht an. Erst lief er einwandfrei. Ich fuhr in die Stadt, dann zum Flughafen, um meinen Bruder abzusetzen und später nach Hause. Aber heute Morgen, als ich den Wagen starten wollte, rührte er sich einfach nicht.

Antworten Sie!

Springt Beates Wagen heute Morgen an?	Nein, er springt heute Morgen nicht an.
Deshalb ruft sie in der Autowerkstatt an, nicht?	Ja, deshalb ruft sie in der Autowerkstatt an.
Wie lange war der Golf in der Werkstatt, drei Stunden oder drei Tage?	Er war drei Tage in der Werkstatt.
Warum? War etwas mit dem Anlasser nicht in Ordnung?	Ja, etwas war mit dem Anlasser nicht in Ordnung.

Freut sich Frau Köhler, oder ist sie verärgert?	Sie ist verärgert.
Muss der Wagen jetzt wieder in die Werkstatt?	Ja, er muss jetzt wieder in die Werkstatt.
Also, Beate ist verärgert, weil der Wagen wieder in die Werkstatt muss, stimmt's?	Ja, sie ist verärgert, weil der Wagen wieder in die Werkstatt muss.

Gut! Hören Sie jetzt weiter zu!

Köhler: *Ich fuhr in die Stadt, dann zum Flughafen, um meinen Bruder abzusetzen und später nach Hause. Aber heute Morgen, als ich den Wagen starten wollte, rührte er sich einfach nicht.*

Angestellter: *Das ist aber merkwürdig. Wenn Sie uns den Wagen wieder zurückbringen, sehen wir ihn uns gleich noch einmal an.*

Köhler: *Aber, Herr Rentz, ich sagte doch schon: Er springt nicht an! Da müssen Sie mir schon einen Abschleppwagen schicken!*

Angestellter: *Es tut mir wirklich Leid, aber alle unsere Abschleppwagen sind momentan im Einsatz. Vielleicht rufen Sie später nochmal an?*

Antworten Sie!

Ist Frau Köhler am Flughafen?	Nein, sie ist nicht am Flughafen.
Aber gestern fuhr sie zum Flughafen, nicht?	Ja, gestern fuhr sie zum Flughafen.
War sie heute in der Stadt?	Nein, sie war heute nicht in der Stadt.
Aber gestern fuhr sie in die Stadt, oder?	Ja, gestern fuhr sie in die Stadt.
Ist ihr Wagen jetzt in der Werkstatt	Nein, er ist jetzt nicht in der Werkstatt.
Aber man wird ihn in die Werkstatt bringen, nicht?	Ja, man wird ihn in die Werkstatt bringen.

Sehr gut! Wiederholen Sie!
Frau Köhler ist nicht in der Stadt.
Gestern fuhr sie in die Stadt.

Der Wagen steht nicht in der Werkstatt. Man bringt ihn in die ...	Man bringt ihn in die Werkstatt.
Frau Köhler ist jetzt nicht im Büro. Aber morgen geht sie ...	Aber morgen geht sie ins Büro.
Die Papiere liegen nicht auf dem Schreibtisch. Später legen wir sie ...	Später legen wir sie auf den Schreibtisch.

Das Bild hängt nicht an der Wand.
Bitte hängen Sie das Bild ...

Bitte hängen Sie das Bild an die
Wand.

Gut! Hören Sie jetzt wieder zu!

Angestellter: *Es tut mir wirklich Leid, aber alle unsere Abschleppwagen sind momentan im Einsatz. Vielleicht rufen Sie später nochmal an?*

Köhler: *Jetzt reicht's mir aber! Ich habe über 400 Mark [200 €] für diese Reparatur bezahlt, und der Wagen läuft schon wieder nicht! Ich habe keine Zeit, hier lange herumzutelefonieren! Ich muss jetzt sehen, wie ich ins Büro komme.*

Angestellter: *Schon gut, schon gut! Ich will sehen, was sich machen lässt!*

Antworten Sie!

Kann der Abschleppwagen kommen?

Nein, er kann nicht kommen.

Alle Wagen sind unterwegs, nicht?

Ja, alle Wagen sind unterwegs.

Wie viel hat Frau Köhler für die Reparatur bezahlt, 40 Mark [20 €] oder 400 Mark [200 €]?

Sie hat 400 Mark [200 €] bezahlt.

Läuft der Wagen etwa?

Nein, er läuft nicht.

Hat Frau Köhler Zeit zu telefonieren?

Nein, sie hat keine Zeit zu telefonieren.

Warum nicht? Muss sie gleich zur Arbeit?

Ja, sie muss gleich zur Arbeit.

Sie hat keine Zeit zu telefonieren, weil sie gleich zur Arbeit muss, stimmt's?

Ja, sie hat keine Zeit zu telefonieren, weil sie gleich zur Arbeit muss.

Schön. Jetzt bitte noch einmal zuhören!

Angestellter: *Schon gut, schon gut! Ich will sehen, was sich machen läßt! Also, wo steht denn der Wagen?*

Köhler: *Auf der Straße direkt vor meiner Wohnung, Bockenheimer Weg 16. Ich werde den Schlüssel bei meiner Nachbarin abgeben. Sie heißt Wegener und wohnt im selben Haus. Sie ist den ganzen Tag da. Aber wenn sie mal kurz weg muss, legt sie den Schlüssel auf das Fensterbrett neben der Haustür.*

Angestellter: *In Ordnung, Frau Köhler! Aber noch eine Frage: Können wir mit dem Abschleppwagen direkt an Ihren Wagen heranfahren?*

Köhler: *Ja, der Wagen steht an einer Einfahrt, und da ist genug Platz.*

Angestellter: *Gut. Ich kann Ihnen nichts versprechen, aber ich werde tun, was in meinen Kräften steht.*

Antworten Sie!

Steht der Wagen vor Frau Köhlers Wohnung?

Ja, er steht vor ihrer Wohnung.

Wo gibt sie den Schlüssel ab, bei mir oder bei ihrer Nachbarin?	Sie gibt ihn bei ihrer Nachbarin ab.
Die Nachbarin heißt Frau Wegener, nicht?	Ja, sie heißt Frau Wegener.
Wohnt Frau Wegener etwa in einer anderen Stadt?	Nein, sie wohnt nicht in einer anderen Stadt.
Sie wohnt im selben Haus, oder?	Ja, sie wohnt im selben Haus.
Frau Köhler gibt den Schlüssel bei ihrer Nachbarin ab, weil sie im selben Haus wohnt, nicht?	Ja, sie gibt ihn bei ihrer Nachbarin ab, weil sie im selben Haus wohnt.
Kann der Abschleppwagen an Frau Köhlers Golf heranfahren?	Ja, er kann an ihn heranfahren.
Steht der Golf auf einem Parkplatz oder an einer Einfahrt?	Er steht an einer Einfahrt.
Also, der Abschleppwagen kann heranfahren, weil der Golf an einer Einfahrt steht, stimmt's?	Ja, der Abschleppwagen kann heranfahren, weil der Golf an einer Einfahrt steht.

Gut! Jetzt hören wir noch einmal die ganze Unterhaltung. Aber diesmal bitte zuhören ... und wiederholen!

- *Autowerkstatt Blomberg. Rentz hier. Guten Tag.*
- *Ich habe gestern Mittag meinen Golf bei Ihnen von der Reparatur abgeholt.*
- *Da war etwas mit dem Anlasser nicht in Ordnung, stimmt's?*
- *Richtig! Und jetzt springt er schon wieder nicht an.*
- *Wenn Sie uns den Wagen wieder zurückbringen, sehen wir ihn uns gleich noch einmal an.*
- *Da müssen Sie mir schon einen Abschleppwagen schicken.*
- *Es tut mir wirklich Leid, aber alle unsere Abschleppwagen sind momentan im Einsatz. Vielleicht rufen Sie später nochmal an?*
- *Jetzt reicht's mir aber! Ich habe keine Zeit, hier lange herumzutelefonieren!*
- *Also, wo steht denn der Wagen?*
- *Auf der Straße direkt vor meiner Wohnung, Bockenheimer Weg 16.*
- *Gut. Ich kann Ihnen nichts versprechen, aber ich werde tun, was in meinen Kräften steht.*

Sehr schön! Tja, hier endet Frau Köhlers Telefonat mit der Werkstatt, und hier endet auch Band 8. Ja, das ist das Ende des achten Kapitels. Vielen Dank ... und auf Wiederhören.

Günter Meinrat aus Zürich ist zur Zeit auf Geschäftsreise in Frankfurt. Um 18 Uhr ist er nach einer Besprechung zurück im Hotel, als seine Frau anruft:

Frau Meinrat: *Guten Abend! Ich möchte bitte mit Herrn Meinrat sprechen. Zimmer 160.*

Angestellte: *Augenblick, bitte ... Es tut mir Leid, aber die Leitung ist besetzt. Wollen Sie warten, oder möchten Sie eine Nachricht hinterlassen?*

Frau Meinrat: *Tja, wenn ich sicher wäre, dass es nicht lange dauert, würde ich ja warten. Aber ich rufe aus der Schweiz an ... na, vielleicht erreiche ich ihn ja später ...*

Angestellte: *Ah, Moment bitte. Die Leitung ist gerade frei geworden. Ich verbinde.*

Herr Meinrat: *Hier Meinrat!*

Frau Meinrat: *Hallo, Günter? Bist du's? Ich kann dich kaum hören.*

Herr Meinrat: *Es muss die Verbindung sein, Heidi, aber gut, dass du gerade jetzt anrufst! Zehn Minuten später, und ich wäre schon wieder weg. Ich treffe mich nämlich noch mit ein paar Kollegen zum Abendessen.*

Frau Meinrat: *Ich kann dich immer noch nicht richtig hören, Günter. Da ist ein zunehmendes Rauschen in der Leitung. Ich lege lieber auf. Ruf mich bitte zurück, ja?*

Herr Meinrat: *Alles klar, bis gleich. (Er legt den Hörer auf, hebt wieder ab, wählt, wartet.) Heidi? Ist es jetzt besser?*

Frau Meinrat: *Kein Vergleich! Wenn du nicht in Frankfurt wärst, könnte man meinen, du wärst im Nebenzimmer! Du, ich muss dir was erzählen. Stell dir vor, ich soll eine Gehaltserhöhung bekommen!*

Herr Meinrat: *Tatsächlich? Die hast du aber auch wirklich verdient. Vergiss nicht, wenn dein Chef dich nicht hätte, müsste er zwei Sekretärinnen bezahlen. Er weiß schon, auf wen er sich verlassen kann.*

Frau Meinrat: *Mir ist so richtig nach Ausgehen zumute. Schade, dass du noch in Frankfurt bist. Wenn du hier wärst, würden wir heute Abend ordentlich feiern!*

Herr Meinrat: *Hm, und das lässt sich nicht auf morgen verschieben?*

Frau Meinrat: *Nun, ich denke schon. Ich habe für alle Fälle schon eine Flasche Sekt kalt gestellt.*

So jetzt hören Sie bitte noch einmal zu!

Frau Meinrat:	Guten Abend! Ich möchte bitte mit Herrn Meinrat sprechen. Zimmer 160.
Angestellte:	Augenblick, bitte ... Es tut mir Leid, aber die Leitung ist besetzt. Wollen Sie warten, oder möchten Sie eine Nachricht hinterlassen?
Frau Meinrat:	Tja, wenn ich sicher wäre, dass es nicht lange dauert, würde ich ja warten. Aber ich rufe aus der Schweiz an ... na, vielleicht erreiche ich ihn ja später ...

Antworten Sie!

Hat Frau Meinrat im Hotel angerufen?	Ja, sie hat im Hotel angerufen.
Wen möchte sie sprechen, mich oder ihren Mann?	Sie möchte ihren Mann sprechen.
Ist die Leitung etwa frei?	Nein, sie ist nicht frei.
Sie ist besetzt, nicht?	Ja, richtig, sie ist besetzt.
Ist Frau Meinrat sicher, wie lange die Leitung besetzt ist?	Nein, sie ist nicht sicher, wie lange die Leitung besetzt ist.
Würde sie sonst warten?	Ja, sie würde sonst warten.
Also, wenn sie sicher wäre, würde sie warten, richtig?	Richtig, wenn sie sicher wäre, würde sie warten.

Sehr gut! Wiederholen Sie!

Sie ist nicht sicher.
Wenn sie sicher wäre, würde sie warten.

Sie hat viel zu tun.
Wenn sie nicht viel zu tun hätte, würde sie warten.

Sie kann heute fahren. Wenn sie heute nicht fahren könnte, würde sie ...	Wenn sie heute nicht fahren könnte, würde sie warten.
Sie hat nicht viel Zeit. Wenn sie viel Zeit ...	Wenn sie viel Zeit hätte, würde sie warten.
Sie muss ins Büro. Wenn sie ...	Wenn sie nicht ins Büro müsste, würde sie warten.
Sie ist nicht zu Hause.	Wenn sie zu Hause wäre, würde sie warten.

Hören Sie jetzt weiter zu!

Angestellte:	Ah, Moment bitte. Die Leitung ist gerade frei geworden. Ich verbinde.
Herr Meinrat:	Hier Meinrat!
Frau Meinrat:	Hallo, Günter? Bist du's? Ich kann dich kaum hören.

Herr Meinrat:	*Es muss die Verbindung sein, Heidi, aber gut, dass du gerade jetzt anrufst! Zehn Minuten später, und ich wäre schon wieder weg. Ich treffe mich nämlich noch mit ein paar Kollegen zum Abendessen.*

Antworten Sie!

Ist die Leitung gerade frei geworden?	Ja, sie ist gerade frei geworden.
Kann Frau Meinrat ihren Mann gut hören?	Nein, sie kann ihn nicht gut hören.
Warum? Ist die Verbindung schlecht?	Ja, die Verbindung ist schlecht.
Wird Herr Meinrat in zehn Minuten noch da sein?	Nein, er wird in zehn Minuten nicht mehr da sein.
Will er sich mit Kollegen treffen?	Ja, er will sich mit Kollegen treffen.
Also, er wird in zehn Minuten nicht mehr da sein, weil er sich mit Kollegen treffen will, stimmt's?	Stimmt, er wird in zehn Minuten nicht mehr da sein, weil er sich mit Kollegen treffen will.

Gut! Hören Sie jetzt wieder zu!

Frau Meinrat:	*Ich kann dich immer noch nicht richtig hören, Günter. Da ist ein zunehmendes Rauschen in der Leitung. Ich lege lieber auf. Ruf mich bitte zurück, ja?*
Herr Meinrat:	*Alles klar, bis gleich. (Er legt den Hörer auf, hebt wieder ab, wählt, wartet.) Heidi? Ist es jetzt besser?*
Frau Meinrat:	*Kein Vergleich! Wenn du nicht in Frankfurt wärst, könnte man meinen, du wärst im Nebenzimmer!*

Antworten Sie!

Kann Frau Meinrat ihren Mann richtig hören?	Nein, sie kann ihn nicht richtig hören.
Warum? Ist ein Rauschen in der Leitung?	Ja, es ist ein Rauschen in der Leitung.
Könnte sie ihn hören, wenn kein Rauschen in der Leitung wäre?	Ja, sie könnte ihn hören, wenn kein Rauschen in der Leitung wäre.
Was tut sie, spricht sie weiter oder legt sie auf?	Sie legt auf.
Ruft ihr Mann sie zurück?	Ja, ihr Mann ruft sie zurück.
Ist die Verbindung schlechter oder besser geworden?	Sie ist besser geworden.
Wo ist Herr Meinrat, im Nebenzimmer oder im Hotel?	Er ist im Hotel.
Wenn er nicht im Hotel wäre, müsste seine Frau ihn nicht anrufen, stimmt's?	Stimmt, wenn er nicht im Hotel wäre, müsste seine Frau ihn nicht anrufen.

Wiederholen Sie!

Herr Meinrat ist im Hotel.

Wenn er nicht im Hotel wäre, müsste sie ihn nicht anrufen.

Herr Meinrat kann sie nicht treffen.
Wenn er sie treffen könnte, müsste sie ...

Wenn er sie treffen könnte, müsste sie ihn nicht anrufen.

Frau Meinrat kann ihn nicht besuchen.
Wenn sie ihn besuchen könnte, ...

Wenn sie ihn besuchen könnte, müsste sie ihn nicht anrufen.

Herr Meinrat ist oft unterwegs.
Wenn er nicht oft ...

Wenn er nicht oft unterwegs wäre, müsste sie ihn nicht anrufen.

Frau Meinrat hat Neuigkeiten..
Wenn sie ...

Wenn sie keine Neuigkeiten hätte, müsste sie ihn nicht anrufen.

Sie ist nicht in Frankfurt.

Wenn sie in Frankfurt wäre, müsste sie ihn nicht anrufen.

Schön. Jetzt bitte noch einmal zuhören.

> *Frau Meinrat:*   *Du, ich muss dir was erzählen. Stell dir vor, ich soll eine Gehaltserhöhung bekommen!*
>
> *Herr Meinrt:*   *Tatsächlich? Die hast du aber auch wirklich verdient. Vergiss nicht, wenn dein Chef dich nicht hätte, müsste er zwei Sekretärinnen bezahlen. Er weiß schon, auf wen er sich verlassen kann.*
>
> *Frau Meinrat:*   *Mir ist so richtig nach Ausgehen zumute. Schade, dass du noch in Frankfurt bist. Wenn du hier wärst, würden wir heute Abend ordentlich feiern!*
>
> *Herr Meinrat:*   *Hm, und das lässt sich nicht auf morgen verschieben?*
>
> *Frau Meinrat:*   *Nun, ich denke schon. Ich habe für alle Fälle schon eine Flasche Sekt kalt gestellt.*

Antworten Sie!

Soll Frau Meinrat ein Geschenk oder eine Gehaltserhöhung bekommen?

Sie soll eine Gehaltserhöhung bekommen.

Hat sie die Gehaltserhöhung verdient?

Ja, sie hat sie verdient.

Warum? Ist Ihr Chef froh, dass er Frau Meinrat hat?

Ja, er ist froh, dass er sie hat.

Müsste ihr Chef sonst zehn oder zwei Sekretärinnen bezahlen?

Er müsste sonst zwei Sekretärinnen bezahlen.

Möchte Frau Meinrat ihre Gehaltserhöhung feiern?

Ja, sie möchte sie feiern.

Aber ist Herr Meinrat jetzt zu Hause?

Nein, er ist jetzt nicht zu Hause.

Wenn er zu Hause wäre, würden sie ordentlich feiern, nicht?

Ja, richtig, wenn er zu Hause wäre, würden sie ordentlich feiern.

Gut! Zum Schluss hören wir die ganze Unterhaltung. Aber diesmal bitte zuhören ... und wiederholen!

– *Guten Abend! Ich möchte bitte mit Herrn Meinrat sprechen.*

– *Es tut mir Leid, aber die Leitung ist besetzt.*

– *Na, vielleicht erreiche ich ihn ja später ...*

– *Ah, Moment bitte.*
  Die Leitung ist gerade frei geworden.

– *Hallo Günter? Bist du's?*
  Stell dir vor, ich soll eine Gehaltserhöhung bekommen!

– *Die hast du aber auch wirklich verdient.*

Sehr gut! Die Unterhaltung der Meinrats ist jetzt zu Ende, und das neunte Kapitel ist auch zu Ende. Tja, hier endet Band 9. Vielen Dank ... und auf Wiederhören.

BAND 10 DER GEEIGNETE MANN

Helmut Siebert, Marketingmanager der Firma ULTRASPORT in Frankfurt, sitzt wieder einmal in einer Besprechung mit Günter Meinrat. Herr Meinrat, Marketingdirektor in der Schweiz, hat soeben seinen Jahresbericht vorgelegt.

Siebert: *Nun, Herr Meinrat, Ihre Verkaufszahlen klingen sehr erfreulich. Und die Profite sind um mehr als 12% gestiegen! Das ist ja ein echter Erfolg!*

Meinrat: *Ich bin auch sehr zufrieden, zumal ich mir das vor einem Jahr kaum vorstellen konnte. Die gute Teamarbeit meiner Kollegen hat sich offensichtlich ausgezahlt.*

Siebert: *Sie sind aber sehr bescheiden. Ich behaupte, die guten Ergebnisse sind allein Ihrer einfallsreichen Werbung zu verdanken. Die meisten Aufträge kamen erst in der zweiten Jahreshälfte herein, also nach Einsatz Ihrer großen Werbekampagne. Und seitdem ist die Nachfrage unaufhörlich gestiegen.*

Meinrat: *Ja, ich meine auch, dass wir mit unserer Werbeaktion den Nagel auf den Kopf getroffen haben. Und wenn die gute Konjunktur andauert, dürften wir in der Schweiz auch im kommenden Jahr keine Probleme haben.*

Siebert: *Ich wünschte, in Österreich wäre die Lage genauso viel versprechend. Wie Sie wissen, ist sie in Wien im Moment etwas problematisch: Der Leiter der Marketingabteilung, Herr Huber, geht bald in den Ruhestand. Wir haben uns nun überlegt, die Führung der Marketingabteilungen Schweiz und Österreich in Zukunft zusammenzulegen.*

Meinrat:	Das ist eine verantwortungsvolle Position, die viel Erfahrung fordert.
Siebert:	Sie haben ganz Recht. Wir brauchen jemanden, der den Markt kennt, der mit unserer Werbestrategie vertraut ist, der Menschenkenntnis besitzt und der seine Führungsqualitäten bereits unter Beweis gestellt hat ...
Meinrat:	Haben Sie schon jemanden im Auge?
Siebert:	Ja, allerdings, und er sitzt mir im Moment direkt gegenüber. Ich konnte mir ja bereits ein Bild von Ihren Fähigkeiten machen, Herr Meinrat, und bin der Ansicht, dass Sie der geeignete Mann sind. Sie werden die Aufgabe bestimmt gut bewältigen. Aber vielleicht wollen Sie ja erst ein paar Tage in Ruhe darüber nachdenken.
Meinrat:	Nein, da gibt es nichts zu überlegen! Natürlich nehme ich an! Und ich danke Ihnen für das Vertrauen, das Sie in mich setzen.

So, jetzt hören Sie bitte noch einmal zu!

Siebert:	Nun, Herr Meinrat, Ihre Verkaufszahlen klingen sehr erfreulich. Und die Profite sind um mehr als 12% gestiegen! Das ist ja ein echter Erfolg!
Meinrat:	Ich bin auch sehr zufrieden, zumal ich mir das vor einem Jahr kaum vorstellen konnte. Die gute Teamarbeit meiner Kollegen hat sich offensichtlich ausgezahlt.
Siebert:	Sie sind aber sehr bescheiden.

Antworten Sie!

Hat Herr Meinrat sein Fotoalbum oder seinen Jahresbericht vorgelegt?	Er hat seinen Jahresbericht vorgelegt.
Die Verkaufszahlen klingen erfreulich, oder?	Ja, sie klingen erfreulich.
Sind die Profite etwa gefallen?	Nein, sie sind nicht gefallen.
Die Profite sind gestiegen, stimmt's?	Stimmt, sie sind gestiegen.
Und wie klingen die Verkaufszahlen, schlecht oder erfreulich?	Sie klingen erfreulich.
Also hat sich die Teamarbeit der Kollegen ausgezahlt, nicht?	Ja, richtig, die Teamarbeit der Kollegen hat sich ausgezahlt.

Gut! Hören Sie jetzt weiter zu!

Meinrat:	Die gute Teamarbeit meiner Kollegen hat sich offensichtlich ausgezahlt.
Siebert.	Sie sind aber sehr bescheiden. Ich behaupte, die guten Ergebnisse sind allein Ihrer einfallsreichen Werbung zu verdanken. Die meisten Aufträge kamen erst in der zweiten Jahreshälfte herein, also nach

Einsatz Ihrer großen Werbekampagne. Und seitdem ist die Nachfrage unaufhörlich gestiegen.

Meinrat: *Ja, ich meine auch, dass wir mit unserer Werbeaktion den Nagel auf den Kopf getroffen haben. Und wenn die gute Konjunktur andauert, dürften wir in der Schweiz auch im kommenden Jahr keine Probleme haben.*

Siebert: *Ich wünschte, in Österreich wäre die Lage genauso viel versprechend.*

Antworten Sie!

Sind die Verkaufsergebnisse der Werbung zu verdanken?	Ja, sie sind der Werbung zu verdanken.
Kamen die meisten Aufträge vor oder nach der Werbekampagne herein?	Sie kamen nach der Werbekampagne herein.
Ist die Lage in Österreich genauso oder weniger viel versprechend?	Sie ist weniger viel versprechend.
Siebert stellt sich bessere Verkaufszahlen in Österreich vor, nicht?	Ja, richtig, er stellt sich bessere Verkaufszahlen in Österreich vor.
Bessere Verkaufszahlen in Österreich? Stellt er sich die vor?	Ja, die stellt er sich vor.

Gut! Hören Sie jetzt wieder zu!

Siebert: *Ich wünschte, in Österreich wäre die Lage genauso viel versprechend. Wie Sie wissen, ist sie in Wien im Moment etwas problematisch: Der Leiter der Marketingabteilung, Herr Huber, geht bald in den Ruhestand. Wir haben uns nun überlegt, die Führung der Marketingabteilungen Schweiz und Österreich in Zukunft zusammenzulegen.*

Meinrat: *Das ist eine verantwortungsvolle Position, die viel Erfahrung fordert.*

Antworten Sie!

Ist die Lage in Wien problematisch?	Ja, sie ist problematisch.
Wieso? Wird Herr Huber in Urlaub oder in den Ruhestand gehen?	Er wird in den Ruhestand gehen.
Sollen die Führungen der zwei Marketingabteilungen zusammengelegt werden?	Ja, sie sollen zusammengelegt werden.
Sind etwa die Marketingabteilungen in Japan und Korea gemeint?	Nein, die sind nicht gemeint.
Herr Siebert spricht von der Schweiz und von Österreich, richtig?	Richtig, er spricht von der Schweiz und von Österreich.
Also, Herr Siebert hat sich überlegt, die Abteilungen zusammenzulegen, oder?	Ja, er hat sich überlegt, die Abteilungen zusammenzulegen.

Wie bitte, die Abteilungen
zusammenzulegen? Hat er
sich das überlegt?

Ja, das hat er sich überlegt.

Sehr gut! Wiederholen Sie!
Er hat sich überlegt, die Abteilungen zusammenzulegen.
Das hat er sich überlegt.

Er stellt sich bessere Verkaufszahlen vor.
Die stellt er sich vor.

Die Kollegen sehen sich den Bericht an.
Den sehen sie sich ...

Den sehen sie sich an.

Ich werde mir den Film ansehen.
Den werde ich ...

Den werde ich mir ansehen.

Wir müssen uns ein neues Auto kaufen.
Das ...

Das müssen wir uns kaufen.

Du hast dir eine Flasche Wein bestellt.

Die hast du dir bestellt.

Schön. Hören Sie noch einmal zu!

Siebert:	Wir haben uns nun überlegt, die Führung der Marketingabteilungen Schweiz und Österreich in Zukunft zusammenzulegen.
Meinrat:	Das ist eine verantwortungsvolle Position, die viel Erfahrung fordert.
Siebert:	Sie haben ganz Recht. Wir brauchen jemanden, der den Markt kennt, der mit unserer Werbestrategie vertraut ist, der Menschenkenntnis besitzt und der seine Führungsqualitäten bereits unter Beweis gestellt hat ...
Meinrat:	Haben Sie schon jemanden im Auge?
Siebert:	Ja, allerdings, und er sitzt mir im Moment direkt gegenüber. Ich konnte mir ja bereits ein Bild von Ihren Fähigkeiten machen, Herr Meinrat, und bin der Ansicht, dass Sie der geeignete Mann sind. Sie werden die Aufgabe bestimmt gut bewältigen. Aber vielleicht wollen Sie ja erst ein paar Tage in Ruhe darüber nachdenken.
Meinrat:	Nein, da gibt es nichts zu überlegen! Natürlich nehme ich an! Und ich danke Ihnen für das Vertrauen, das Sie in mich setzen.

Antworten Sie!
Braucht Siebert jemanden mit
Führungsqualitäten?

Ja, er braucht jemanden mit
Führungsqualitäten.

Wen hat er im Auge, seine
Sekretärin oder Herrn Meinrat?

Er hat Herrn Meinrat im Auge.

Hat er ihm eine Position angeboten?

Ja, er hat ihm eine Position angeboten.

Wird sich Herr Meinrat das Angebot
lange überlegen?

Nein, er wird es sich nicht lange
überlegen.

Er nimmt das Angebot an, richtig?   Richtig, er nimmt das Angebot an.

Sehr gut! Zum Schluss hören wir noch einmal die ganze Unterhaltung. Aber diesmal zuhören ... und wiederholen!

– *Nun, Herr Meinrat, Ihre Verkaufszahlen klingen sehr erfreulich.*
 Wir haben uns nun überlegt,
 die Führung der Marketingabteilungen Schweiz und Österreich in Zukunft
 zusammenzulegen.

– *Das ist eine verantwortungsvolle Position,*
 die viel Erfahrung fordert.
 Haben Sie schon jemanden im Auge?

– *Ja, allerdings, und er sitzt mir im Moment direkt gegenüber.*
 Aber vielleicht wollen Sie ja erst ein paar Tage in Ruhe darüber nachdenken.

– *Nein, da gibt es nichts zu überlegen!*

Sehr schön! Also, Herr Meinrat dankt Herrn Siebert für sein Vertrauen, und wir danken auch Ihnen dafür, dass Sie diese Übung mit uns gemacht haben. Tja, und das ist das Ende des zehnten Kapitels. Hier endet Band 10. Vielen Dank ... und auf Wiederhören.

BAND 11   JEDER SETZT SEINE PRIORITÄTEN

Herr Meinrat, Marketingdirektor der Firma ULTRASPORT, ruft von Frankfurt aus sein Büro in Zürich an. Er spricht mit seiner Sekretärin, Frau Weigel.

Weigel: *Ja, grüß Gott, Herr Meinrat! Ich denke, Sie sind schon auf dem Heimweg. Von wo aus rufen Sie denn an?*

Meinrat: *Tja, ich bin leider immer noch am Frankfurter Flughafen und warte seit einer halben Stunde auf den Abflug. Das Flugzeug hat Verspätung, und deshalb melde ich mich nochmal kurz.*

Weigel: *Gut, dass Sie anrufen. Ich habe einige wichtige Nachrichten für Sie. In Ihrer Abwesenheit hatten wir hier mehrere dringende Anfragen aus der Werbeabteilung: Frau Niessen wollte wissen, ob der Text für die neue Broschüre fertig sei und ob sie ihn schon in die Druckerei geben solle.*

Meinrat: *Ach ja, ich habe den Text gestern nochmal durchgesehen. Bestellen Sie Frau Niessen bitte, dass er so bleiben könne, und dass sie alles Nötige in die Wege leiten solle. Was liegt noch an?*

Weigel: *Herr Marquard hat mehrmals angerufen. Er sagt, er müsse Sie unbedingt gleich morgen früh sprechen. Es gibt offensichtlich Schwierigkeiten bei der Fertigstellung der Kataloge.*

Meinrat:	Er wird sich etwas gedulden müssen. Morgen früh klappt es nicht. Bitte rufen Sie Herrn Marquard zurück und sagen Sie ihm, dass ein Termin morgen unmöglich sei. Übermorgen lasse es sich einrichten, am besten am Nachmittag. Gibt es sonst noch etwas Wichtiges?
Weigel:	Alles andere kann warten, bis Sie zurück sind. Halt, jetzt habe ich doch fast das Wichtigste vergessen: Ihre Frau lässt Ihnen ausrichten, sie habe Karten für das Beethovenkonzert für heute Abend.
Meinrat:	Das ist ja herrlich! Dann ändere ich meine Pläne. Unter diesen Umständen fahre ich am besten vom Flughafen direkt nach Hause, damit ich mich noch umziehen kann.
Weigel:	Dann kommen Sie also nicht mehr ins Büro, um Ihren Monatsbericht abzuschließen?
Meinrat:	Nein, das verschieben wir auf morgen. Man muss seine Prioritäten setzen.

So, jetzt hören Sie bitte noch einmal zu!

Weigel:	Ja, grüß Gott, Herr Meinrat! Ich denke, Sie sind schon auf dem Heimweg. Von wo aus rufen Sie denn an?
Meinrat:	Tja, ich bin leider immer noch am Frankfurter Flughafen und warte seit einer halben Stunde auf den Abflug. Das Flugzeug hat Verspätung, und deshalb melde ich mich nochmal kurz.

Antworten Sie!

Ruft Herr Meinrat von Frankfurt aus an?	Ja, er ruft von Frankfurt aus an.
Ruft er aus seinem Büro an?	Nein, er ruft nicht aus seinem Büro an.
Er ruft vom Flughafen aus an, oder?	Ja, er ruft vom Flughafen aus an.
Wie lange hat er warten müssen, einen Monat oder eine halbe Stunde?	Er hat eine halbe Stunde warten müssen.
Wird das Flugzeug pünktlich abfliegen?	Nein, es wird nicht pünktlich abfliegen.
Es hat Verspätung, stimmt's?	Stimmt, es hat Verspätung.
Das Flugzeug hat Verspätung, und deshalb wird es nicht pünktlich abfliegen, richtig?	Richtig, das Flugzeug hat Verspätung, und deshalb wird es nicht pünktlich abfliegen.

Gut! Hören Sie jetzt weiter zu!

Weigel:	Gut, dass Sie anrufen. Ich habe einige wichtige Nachrichten für Sie. In Ihrer Abwesenheit hatten wir hier mehrere dringende Anfragen aus der Werbeabteilung: Frau Niessen wollte wissen, ob der Text für die neue Broschüre fertig sei und ob sie ihn schon in die Druckerei geben solle.

| Meinrat: | Ach ja, ich habe den Text gestern nochmal durchgesehen. Bestellen Sie Frau Niessen bitte, dass er so bleiben könne, und dass sie alles Nötige in die Wege leiten solle. |

Antworten Sie!

Es gab Anfragen aus der Werbeabteilung, nicht?	Ja, richtig, es gab Anfragen aus der Werbeabteilung.
Wollte Frau Niessen wissen, ob der Text fertig sei?	Ja, sie wollte wissen, ob der Text fertig sei.
Hat Herr Meinrat den Text durchgesehen?	Ja, er hat ihn durchgesehen.
Hat er gesagt, man müsse Änderungen machen?	Nein, er hat nicht gesagt, man müsse Änderungen machen.
Herr Meinrat hat gesagt, der Text könne so bleiben, oder?	Ja, er hat gesagt, der Text könne so bleiben.
Soll Frau Niessen nichts tun, oder alles in die Wege leiten?	Sie soll alles in die Wege leiten.
Also, Herr Meinrat hat gesagt, der Text könne so bleiben, und Frau Niessen solle alles in die Wege leiten, richtig?	Richtig, Herr Meinrat hat gesagt, der Text könne so bleiben, und Frau Niessen solle alles in die Wege leiten.

Sehr gut! Wiederholen Sie!

Frau Niessen soll alles in die Wege leiten. Er sagt, sie solle alles in die Wege leiten.	
Sie darf keine Zeit verlieren. Er sagt, sie dürfe keine ...	Er sagt, sie dürfe keine Zeit verlieren.
Er hat einen Termin um 12 Uhr. Er sagt, er habe einen ...	Er sagt, er habe einen Termin um 12 Uhr.
Er ist am Flughafen Er sagt, er ...	Er sagt, er sei am Flughafen.
Er muss mit ihr persönlich sprechen. Er sagt, ...	Er sagt, er müsse mit ihr persönlich sprechen.
Er geht alles noch einmal durch. Er ...	Er sagt, er gehe alles noch einmal durch.
Der Text kann so bleiben.	Er sagt, der Text könne so bleiben.

Gut! Hören Sie jetzt wieder zu!

| Meinrat: | Ach ja, ich habe den Text gestern nochmal durchgesehen. Bestellen Sie Frau Niessen bitte, dass er so bleiben könne, und dass sie alles Nötige in die Wege leiten solle. Was liegt noch an? |

TONBANDTEXTE

Weigel:	*Herr Marquard hat mehrmals angerufen. Er sagte, er müsse Sie unbedingt gleich morgen früh sprechen. Es gibt offensichtlich Schwierigkeiten bei der Fertigstellung der Kataloge.*
Meinrat:	*Er wird sich etwas gedulden müssen. Morgen früh klappt es nicht. Bitte rufen Sie Herrn Marquard zurück und sagen Sie ihm, dass ein Termin morgen unmöglich sei.*

Antworten Sie!

Hat Herr Marquard mehrmals angerufen?	Ja, er hat mehrmals angerufen.
Gab es Schwierigkeiten bei ihm zu Hause?	Nein, es gab keine Schwierigkeiten bei ihm zu Hause.
Es gab Schwierigkeiten bei der Fertigstellung der Kataloge, nicht?	Ja, richtig, es gab Schwierigkeiten bei der Fertigstellung der Kataloge.
Wollte er deshalb Herrn Meinrat sprechen?	Ja, er wollte ihn deshalb sprechen.
Hat Herr Meinrat morgen Zeit?	Nein, er hat morgen keine Zeit.
Er sagt, ein Termin sei morgen unmöglich, nicht?	Ja, richtig, er sagt, ein Termin sei morgen unmöglich.

Schön. Jetzt bitte noch einmal zuhören.

Meinrat:	*Bitte rufen Sie Herrn Marquard zurück und sagen Sie ihm, dass ein Termin morgen unmöglich sei. Übermorgen lasse es sich einrichten, am besten am Nachmittag. Gibt es sonst noch etwas Wichtiges?*
Weigel:	*Alles andere kann warten, bis Sie zurück sind. Halt, jetzt habe ich doch fast das Wichtigste vergessen: Ihre Frau lässt Ihnen ausrichten, sie habe Karten für das Beethovenkonzert für heute Abend.*
Meinrat:	*Das ist ja herrlich! Dann ändere ich meine Pläne. Unter diesen Umständen fahre ich am besten vom Flughafen direkt nach Hause, damit ich mich noch umziehen kann.*
Weigel:	*Dann kommen Sie also nicht mehr ins Büro, um Ihren Monatsbericht abzuschließen?*
Meinrat:	*Nein, das verschieben wir auf morgen. Man muss seine Prioritäten setzen.*

Antworten Sie!

Lässt Frau Meinrat ihrem Mann etwas ausrichten?	Ja, sie lässt ihm etwas ausrichten.
Sagt sie etwa, sie habe ein neues Kleid?	Nein, sie sagt nicht, sie habe ein neues Kleid.

Sie sagt, sie habe Konzertkarten, nicht?

Ja, richtig, sie sagt, sie habe Konzertkarten.

Wann wird das Konzert stattfinden, in einem Jahr oder heute Abend?

Es wird heute Abend stattfinden.

Ändert Herr Meinrat deshalb seine Pläne?

Ja, er ändert deshalb seine Pläne.

Fährt er ins Büro oder fährt er direkt nach Hause?

Er fährt direkt nach Hause.

Er fährt direkt nach Hause, damit er sich umziehen kann, stimmt's?

Stimmt, er fährt direkt nach Hause, damit er sich umziehen kann.

Gut! Zum Schluss hören wir noch einmal die ganze Unterhaltung. Aber diesmal bitte zuhören ... und wiederholen!

– *Ja, grüß Gott, Herr Meinrat!*
  Frau Niessen wollte wissen, ob der Text für die neue Broschüre fertig sei und ob sie ihn schon in die Druckerei geben solle.

– *Bestellen sie Frau Niessen bitte, dass er so bleiben könne, und dass sie alles Nötige in die Wege leiten solle.*

– *Herr Marquard hat mehrmals angerufen.*
  Er sagt, er müsse Sie unbedingt gleich morgen früh sprechen.

– *Bitte rufen Sie Herrn Marquard zurück und sagen Sie ihm, dass ein Termin morgen unmöglich sei.*

– *Ihre Frau lässt Ihnen ausrichten,*
  sie habe Karten für das Beethovenkonzert für heute Abend.

– *Dann ändere ich meine Pläne.*

Ausgezeichnet! Also, ... hoffen wir, dass den Meinrats das Konzert gefallen wird. Und wir hoffen auch, dass Ihnen Kapitel elf gefallen hat. Denn das ist das Ende des elften Kapitels. Hier endet Band 11. Vielen Dank ... und auf Wiederhören.

BAND 12   EIN VERLÄNGERTES WOCHENENDE

Brigitte Siebert ist gerade von ihrer Arbeit im Reisebüro nach Hause gekommen. Es ist ein grauer Tag in Frankfurt: kalt und regnerisch. Kurz darauf kommt auch ihr Mann herein, zieht seinen nassen Regenmantel aus und hängt ihn an die Garderobe.

Helmut: *Hallo, Brigitte, wie ging's denn heute im Büro?*

Brigitte: *Ach, nicht so besonders. Ich habe wirklich einen anstrengenden Tag hinter mir. Alle Kunden, mit denen ich zu tun hatte, waren heute ungeduldig und schlecht gelaunt. Es muss wohl am Wetter liegen.*

Helmut:	Du tust mir richtig Leid! Aber bei mir war es auch nicht viel besser. Ich hatte eine Besprechung nach der anderen, und zwischendurch ging auch noch andauernd das Telefon! Zwei eilige Angelegenheiten, um die ich mich heute eigentlich kümmern wollte, liegen deshalb immer noch auf meinem Schreibtisch.
Brigitte:	Bei uns stand das Telefon auch nicht still. Alle wollen plötzlich ihren Skiurlaub buchen. Wir haben heute über hundert Pauschalreisen verkauft.
Helmut:	Skiurlaub? Na, das ist eine Idee, für die ich auch zu haben wäre. So eine Winterurlaub würde uns beiden sehr gut tun, meinst du nicht auch?
Brigitte:	Ganz bestimmt, und bei diesem Wetter möchte man sowieso die Koffer packen und abreisen. Aber glaubst du wirklich, wir könnten für ein paar Tage verreisen? Also, für mich wäre es kein Problem, denn mir stehen dieses Jahr noch mindestens zehn Urlaubstage zu. Die sollte ich eigentlich noch vor Jahresende nehmen.
Helmut:	Und bei mir ist ein verlängertes Wochenende auf jeden Fall möglich. Das nächste würde sich geradezu anbieten. Ich habe nämlich am Mittwoch eine Besprechung in Bern, an der ich sowieso teilnehmen wollte. Vielleicht könnten wir ja das Angenehme mit dem Nützlichen verbinden.
Brigitte:	Hm, dann kann ich am Mittwoch einen Stadtbummel in Bern machen, und wenn du fertig bist, fahren wir anschließend weiter nach Kandersteg. Am liebsten möchte ich in das kleine romantische Hotel, in dem wir vor zwei Jahren schon einmal waren ... ah, ich sehe die Berge schon vor mir. Weiße Hänge und Pisten! Und die schönen, langen Abfahrten, von denen ich immer noch träume ...
Helmut:	Ja, und ich rieche schon das Fondue, das Raclette und den Glühwein ...
Brigitte:	Also wirklich, das ist typisch! Du denkst mal wieder nur ans Essen! Ich dachte, wir planen einen Skiurlaub.
Helmut:	Aber, Schatz, der Skiurlaub, an den ich denke, schließt natürich gute Verpflegung mit ein!

So jetzt hören Sie bitte noch einmal zu!

Helmut:	Hallo, Brigitte, wie ging's denn heute im Büro?
Brigitte:	Ach, nicht so besonders. Ich habe wirklich einen anstrengenden Tag hinter mir. Alle Kunden, mit denen ich zu tun hatte, waren heute ungeduldig und schlecht gelaunt. Es muss wohl am Wetter liegen.

Helmut: Du tust mir richtig Leid! Aber bei mir war es auch nicht viel besser. Ich hatte eine Besprechung nach der anderen, und zwischendurch ging auch noch andauernd das Telefon! Zwei eilige Angelegenheiten, um die ich mich heute eigentlich kümmern wollte, liegen deshalb immer noch auf meinem Schreibtisch.

Antworten Sie!

Hat Brigitte einen leichten oder einen anstrengenden Tag gehabt?	Sie hat einen anstrengenden Tag gehabt.
Wieso? Waren alle Kunden ungeduldig und schlecht gelaunt?	Ja, alle Kunden waren ungeduldig und schlecht gelaunt.
Lag das an Brigitte oder am Wetter?	Das lag am Wetter.
Bei Helmut Siebert war es auch nicht besser, stimmt's?	Stimmt, bei ihm war es auch nicht besser.
Wollte sich Siebert um eilige Angelegenheiten kümmern?	Ja, er wollte sich um eilige Angelegenheiten kümmern.
Liegen die Sachen im Schrank oder noch auf seinem Schreibtisch?	Sie liegen noch auf seinem Schreibtisch.
Also, er wollte sich um Angelegenheiten kümmern, die noch auf seinem Schreibtisch liegen, richtig!	Richtig, er wollte sich um Angelegenheiten kümmern, die noch auf seinem Schreibtisch liegen.

Gut! Hören Sie jetzt weiter zu!

Brigitte: Bei uns stand das Telefon auch nicht still. Alle wollen plötzlich ihren Skiurlaub buchen. Wir haben heute über hundert Pauschalreisen verkauft.

Helmut: Skiurlaub? Na, das ist eine Idee, für die ich auch zu haben wäre. So ein Winterurlaub würde uns beiden sehr gut tun, meinst du nicht auch?

Brigitte: Ganz bestimmt, und bei diesem Wetter möchte man sowieso die Koffer packen und abreisen.

Antworten Sie!

Wie viele Reisen hat das Reisebüro verkauft, zwanzig oder über hundert?	Es hat über hundert Reisen verkauft.
Alle wollten ihren Skiurlaub buchen, nicht?	Ja, richtig, alle wollten ihren Skiurlaub buchen.
Skiurlaub ist eine Idee, für die Sieberts auch zu haben wären, oder?	Ja, Skiurlaub ist eine Idee, für die sie auch zu haben wären.
Warum? Ist das ein Wetter, bei dem man die Koffer packen möchte?	Ja, das ist ein Wetter, bei dem man die Koffer packen möchte.

Sehr gut! Wiederholen Sie!
Bei dem Wetter möchte man die Koffer packen.
Das ist ein Wetter, bei dem man die Koffer packen möchte.

Frau Siebert freut sich auf ihren Urlaub.
Das ist ein Urlaub, auf den sie sich ...

Das ist ein Urlaub, auf den sie sich freut.

Sie hat mit Kunden zu tun.
Das sind Kunden, mit denen sie zu tun hat.

Sie kümmert sich um das Zimmer.
Das ist das Zimmer, um das ...

Das ist das Zimmer, um das sie sich kümmert.

Sieberts werden in einem Hotel wohnen.
Das ist das Hotel, in ...

Das ist das Hotel, in dem sie wohnen werden.

Sie sind zu Freunden gefahren.
Das sind die Freunde, zu ...

Das sind die Freunde, zu denen sie gefahren sind.

Sie verlassen sich auf den Fahrplan.
Das ist der Fahrplan, ...

Das ist der Fahrplan, auf den sie sich verlassen.

Wir freuen uns auf das Wochenende.
Das ist das Wochenende, ...

Das ist das Wochenende, auf das wir uns freuen.

Gut! Hören Sie jetzt wieder zu!

> **Brigitte:** *Aber glaubst du wirklich, wir könnten für ein paar Tage verreisen? Also, für mich wäre es kein Problem, denn mir stehen dieses Jahr noch mindestens zehn Urlaubstage zu. Die sollte ich eigentlich noch vor Jahresende nehmen.*

> **Helmut:** *Und bei mir ist ein verlängertes Wochenende auf jeden Fall möglich. Das nächste würde sich geradezu anbieten. Ich habe nämlich am Mittwoch eine Besprechung in Bern, an der ich sowieso teilnehmen wollte. Vielleicht könnten wir ja das Angenehme mit dem Nützlichen verbinden.*

Antworten Sie!
Herr Siebert denkt an ein verlängertes Wochenende, richtig?

Richtig, er denkt an ein verlängertes Wochenende.

Hat er etwa eine Besprechung in Rom?

Nein, er hat keine Besprechung in Rom.

Er hat eine Besprechung in Bern, oder?

Ja, er hat eine Besprechung in Bern.

Wollte er daran teilnehmen oder zu Hause bleiben?

Er wollte daran teilnehmen.

Also, er hat eine Besprechung in Bern, an der er teilnehmen wollte, stimmt's?

Stimmt er hat eine Besprechung in Bern, an der er teilnehmen wollte.

Schön. Jetzt bitte noch einmal zuhören.

Brigitte: *Hm, dann kann ich am Mittwoch einen Stadtbummel in Bern machen, und wenn du fertig bist, fahren wir anschließend weiter nach Kandersteg. Am liebsten möchte ich in das kleine romantische Hotel, in dem wir vor zwei Jahren schon einmal waren ... ah, ich sehe die Berge schon vor mir. Weiße Hänge und Pisten! Und die schönen, langen Abfahrten, von denen ich immer noch träume ...*

Helmut: *Ja, und ich rieche schon das Fondue, das Raclette und den Glühwein ...*

Brigitte: *Also wirklich, das ist typisch! Du denkst mal wieder nur ans Essen! Ich dachte, wir planen einen Skiurlaub.*

Helmut: *Aber, Schatz, der Skiurlaub, an den ich denke, schließt natürlich gute Verpflegung mit ein!*

Antworten Sie!

Möchte Frau Siebert einen Stadtbummel in Bern machen?	Ja, sie möchte einen Stadtbummel in Bern machen.
Werden Sieberts anschließend nach Berlin fahren?	Nein, sie werden anschließend nicht nach Berlin fahren.
Sie werden anschließend nach Kandersteg fahren, nicht?	Ja, richtig, sie werden anschließend nach Kandersteg fahren.
Wann waren sie das letzte Mal dort, vor zwanzig Jahren oder vor zwei Jahren?	Sie waren das letzte Mal vor zwei Jahren dort.
Und jetzt träumen sie von den Bergen und dem guten Essen dort, stimmt's?	Stimmt, jetzt träumen sie von den Bergen und dem guten Essen dort.

Gut! Zum Schluss hören wir noch einmal die ganz Unterhaltung. Aber diesmal bitte zuhören ... und wiederholen!

– *Hallo, Brigitte, wie ging's denn heute im Büro?*
– *Ich habe wirklich einen anstrengenden Tag hinter mir. Alle wollen plötzlich ihren Skiurlaub buchen.*
– *Skiurlaub? Na, das ist eine Idee, für die ich auch zu haben wäre.*
– *... ah, ich sehe die Berge schon vor mir.*
– *Ja, und ich rieche schon das Fondue, das Raclette und den Glühwein ...*
– *Du denkst mal wieder nur ans Essen! Ich dachte, wir planen einen Skiurlaub.*

Sehr schön! Tja, für die Sieberts ist diese anstrengende Woche bald zu Ende, und wir sind auch am Ende des zwölften Kapitels. Hier endet Band 12. Vielen Dank ... und auf Wiederhören.

BAND 13   DIE NEUE SEKRETÄRIN

Im Sekretariat der Firma ULTRASPORT wird eine zusätzliche Sekretärin gesucht, die Frau Köhler entlasten soll. Sie soll besonders Herrn Treppmann zur Hand gehen.

Treppmann: *Sagen Sie mal, Frau Köhler, bevor uns vom Arbeitsamt weitere Kandidatinnen geschickt werden, könnten wir nicht schon mal unsere ersten Eindrücke vergleichen?*

Köhler: *Aber gern, Herr Treppmann. Meinen Sie jetzt sofort?*

Treppmann: *Ja, am besten jetzt gleich, sonst kommen wieder tausend Dinge dazwischen. Also, welche der Bewerberinnen ist denn Ihrer Meinung nach am besten für die Position geeignet?*

Köhler: *Nun, ich finde, in die nähere Auswahl kommen eigentlich nur zwei.*

Treppmann: *Ich kann mir schon denken, wen Sie meinen: Frau Meisel und Frau Hausser, stimmt's?*

Köhler: *Ja, genau, ihre Qualifikationen sind recht überzeugend: Beide haben mehrjährige Büroerfahrung und tippen sehr ordentlich. Es ist kein Wunder, dass sie uns empfohlen wurden.*

Treppmann: *Und wie sieht es mit den Kenntnissen in EDV und Textverarbeitung aus?*

Köhler: *Beide haben Computererfahrung. Frau Meisel ist sogar mit unserem System vertraut. Frau Hausser dagegen müsste erst angelernt werden.*

Treppmann: *Nun, das wäre ja kein großes Problem. Wenn man ein System kennt, lernt man ein zweites meist schnell. Was für einen persönlichen Eindruck hatten Sie denn von den beiden?*

Köhler: *Also, ich finde, dass Frau Hausser beim Vorstellungsgespräch etwas nervös wirkte, während mir Frau Meisel dagegen viel ruhiger und konzentrierter zu sein schien.*

Treppmann: *Mir war Frau Meisel fast zu selbstsicher. Meinen Sie, dass sie sich zur Teamarbeit eignet, so wie wir es hier brauchen?*

Köhler: *Da bin ich sicher. Sie ist eine erfahrene Bürokraft und hat ausgezeichnete Sprachkenntnisse. Können Sie sich vorstellen, wie viel Arbeit mir abgenommen würde, wenn Frau Meisel den großen Teil der Auslandspost übernehmen würde?*

Treppmann: *Nun gut, es scheint, Sie haben sich schon entschieden! Am besten schreiben wir gleich die Zusage: Frau Meisel wird eingestellt und soll so bald wie möglich anfangen.*

| Köhler: | Ich glaube, sie hat schon gekündigt und kann gleich nächste Woche mit ihrer Arbeit hier beginnen. |
| Treppmann: | Na, was Sie alles wissen ... |

So, jetzt hören Sie bitte noch einmal zu!

Treppmann:	Sagen Sie mal, Frau Köhler, bevor uns vom Arbeitsamt weitere Kandidatinnen geschickt werden, könnten wir nicht schon mal unsere ersten Eindrücke vergleichen?
Köhler:	Aber gern, Herr Treppmann. Meinen Sie jetzt sofort?
Treppmann:	Ja, am besten jetzt gleich, sonst kommen wieder tausend Dinge dazwischen. Also, welche der Bewerberinnen ist denn Ihrer Meinung nach am besten für die Position geeignet?
Köhler:	Nun, ich finde, in die nähere Auswahl kommen eigentlich nur zwei.

Antworten Sie!

Vergleichen Frau Köhler und Herr Treppmann gerade ihre ersten Eindrücke?	Ja, sie vergleichen gerade ihre ersten Eindrücke.
Von wem wurden die Kandidatinnen geschickt, vom Reisebüro?	Nein, sie wurden nicht vom Reisebüro geschickt.
Sie wurden vom Arbeitsamt geschickt, nicht?	Ja, richtig, sie wurden vom Arbeitsamt geschickt.
Kommen zehn oder zwei Kandidatinnen in die nähere Auswahl?	Zwei Kandidatinnen kommen in die nähere Auswahl.

Gut! Hören Sie jetzt weiter zu!

Treppmann:	Ich kann mir schon denken, wen Sie meinen: Frau Meisel und Frau Hausser, stimmt's?
Köhler:	Ja, genau, ihre Qualifikationen sind recht überzeugend: Beide haben mehrjährige Büroerfahrung und tippen sehr ordentlich. Es ist kein Wunder, dass sie uns empfohlen wurden.
Treppmann:	Und wie sieht es mit den Kenntnissen in EDV und Textverarbeitung aus?
Köhler:	Beide haben Computererfahrung. Frau Meisel ist sogar mit unserem System vertraut. Frau Hausser dagegen müsste erst angelernt werden.

Antworten Sie!

| Kommen Frau Hausser und Frau Meisel in die engere Auswahl? | Ja, Frau Hausser und Frau Meisel Kommen in die engere Auswahl. |
| Ist Frau Meisel mit dem Computersystem von ULTRASPORT vertraut? | Ja, sie ist damit vertraut. |

Entschuldigung, womit ist sie vertraut?	Sie ist mit dem Computersystem von ULTRASPORT vertraut.
Ist Frau Hausser auch mit diesem System vertraut?	Nein, sie ist nicht damit vertraut.
Sie müsste von jemandem angelernt werden, oder?	Ja, sie müsste von jemandem angelernt werden.
Aha, weil sie nicht mit dem System vertraut ist, müsste sie von jemandem angelernt werden, richtig?	Richtig! Weil sie nicht mit dem System vertraut ist, müsste sie von jemandem angelernt werden.

Sehr gut! Wiederholen Sie!
Jemand müsste sie anlernen.
Sie müsste von jemandem angelernt werden.

Das Arbeitsamt hat mehrere Kandidatinnen empfohlen. Mehrere Kandidatinnen sind vom Arbeitsamt ...	Mehrere Kandidatinnen sind vom Arbeitsamt empfohlen worden.
Die Kandidatinnen geben ihre Bewerbungen ab. Die Bewerbungen werden von ...	Die Bewerbungen werden von den Kandidatinnen abgegeben.
Herr Treppmann fragte Frau Köhler um Rat. Frau Köhler wurde ...	Frau Köhler wurde von Herrn Treppmann um Rat gefragt.
ULTRASPORT sucht nur eine Sekretärin. Nur eine Sekretärin ...	Nur eine Sekretärin wird von ULTRASPORT gesucht.
Frau Köhler hat zwei Damen geprüft. Zwei Damen ...	Zwei Damen sind von Frau Köhler geprüft worden.
Herr Treppmann wird Frau Meisel einstellen. Frau Meisel ...	Frau Meisel wird von Herrn Treppmann eingestellt werden.

Gut! Hören sie jetzt wieder zu!

> *Köhler:* *Beide haben Computererfahrung. Frau Meisel ist sogar mit unserem System vertraut. Frau Hausser dagegen müsste erst angelernt werden.*
>
> *Treppmann:* *Nun, das wäre ja kein großes Problem. Wenn man ein System kennt, lernt man ein zweites meist schnell. Was für einen persönlichen Eindruck hatten Sie denn von den beiden?*
>
> *Köhler:* *Also, ich finde, dass Frau Hausser beim Vorstellungsgespräch etwas nervös wirkte, während mir Frau Meisel dagegen viel ruhiger und konzentrierter zu sein schien.*

Treppmann: Mir war Frau Meisel fast zu selbstsicher. Meinen Sie, dass sie sich zur Teamarbeit eignet, so wie wir es hier brauchen?

Köhler: Da bin ich sicher. Sie ist eine erfahrene Bürokraft und hat ausgezeichnete Sprachkenntnisse. Können Sie sich vorstellen, wie viel Arbeit mir abgenommen würde, wenn Frau Meisel den großen Teil der Auslandspost übernehmen würde?

Antworten Sie!

Wirkte Frau Hausser beim Vorstellungsgespräch nervös?	Ja, sie wirkte beim Vorstellungsgespräch nervös.
Und Frau Meisel, wirkte sie auch nervös?	Nein, sie wirkte nicht nervös.
Sie wirkte ruhiger und konzentrierter, oder?	Ja, sie wirkte ruhiger und konzentrierter.
Wie fand Herr Treppmann Frau Meisel, schweigsam oder zu selbstsicher?	Er fand sie zu selbstsicher.
Hat sie gute Sprachkenntnisse?	Ja, sie hat gute Sprachkenntnisse.
Deshalb würde Frau Köhler viel Arbeit abgenommen werden, oder?	Ja, deshalb würde Frau Köhler viel Arbeit abgenommen werden.

Schön. Jetzt bitte noch einmal zuhören.

Treppmann: Nun gut, es scheint, Sie haben sich schon entschieden! Am besten schreiben wir gleich die Zusage: Frau Meisel wird eingestellt und soll so bald wie möglich anfangen.

Köhler: Ich glaube, sie hat schon gekündigt und kann gleich nächste Woche mit ihrer Arbeit hier beginnen.

Treppmann: Na, was Sie alles schon wissen ...

Antworten Sie!

Für wen hat sich Frau Köhler entschieden, für Frau Hausser oder für Frau Meisel?	Sie hat sich für Frau Meisel entschieden.
Und, wird Frau Meisel eingestellt?	Ja, sie wird eingestellt.
Soll sie in einem Monat oder sobald wie möglich mit ihrer Arbeit anfangen?	Sie soll sobald wie möglich mit ihrer Arbeit anfangen.
Also, Frau Meisel wird eingestellt und soll sobald wie möglich mit ihrer Arbeit anfangen, richtig?	Richtig! Sie wird eingestellt und soll sobald wie möglich mit ihrer Arbeit anfangen.
Wann kann sie anfangen, nächstes Jahr oder nächste Woche?	Sie kann nächste Woche anfangen.
Muss sie erst kündigen, oder hat sie schon gekündigt?	Sie hat schon gekündigt.

Also, sie hat schon gekündigt und kann deshalb nächste Woche anfangen, ja?

Ja, sie hat schon gekündigt und kann deshalb nächste Woche anfangen.

Sehr gut! Zum Schluss hören wir noch einmal die ganze Unterhaltung. Aber diesmal bitte zuhören ... und wiederholen!

– *Könnten wir nicht schon mal unsere ersten Eindrücke vergleichen?*

– *Aber gern, Herr Treppmann.*

– *Also, welche der Bewerberinnen ist denn Ihrer Meinung nach am besten für die Position geeignet?*

– *Also, ich finde, dass Frau Hausser beim Vorstellungsgespräch etwas nervös wirkte, während mir Frau Meisel dagegen viel ruhiger und konzentrierter zu sein schien.*

– *Mir war Frau Meisel fast zu selbstsicher.*
  Meinen Sie, dass sie sich zur Teamarbeit eignet, so wie wir es hier brauchen?

– *Da bin ich sicher.*

– *Nun gut, es scheint, Sie haben sich schon entschieden!*

Sehr schön! So, die Unterhaltung zwischen Herrn Treppmann und Frau Köhler ist hier zu Ende. Und hier endet auch Band 13. Tja, das ist das Ende des dreizehnten Kapitels. Vielen Dank ... und auf Wiederhören.

BAND 14   EIN AUSGESPROCHENER GLÜCKSTAG

Freitag, 17.30 Uhr. Es ist Hauptverkehrszeit in Frankfurt. Rolf Treppmann hat gerade seine Frau von der Arbeit abgeholt. Jetzt sind sie in ihrem Auto auf dem Weg nach Hause.

Helga: *Sag mal, Rolf, denkst du noch daran, dass wir heute unseren Lottoschein abgeben müssen?*

Rolf: *Oh ja, gut, dass du mich daran erinnerst. Am besten fahren wir gleich bei der Lottoannahmestelle vorbei. In meinem Horoskop steht nämlich, dass ich heute einen ausgesprochenen Glückstag habe!*

Helga: *Na prima, ein paar tausend Mark kämen mir jetzt gerade recht! Eine Million wäre natürlich noch besser!*

Rolf: *Ich rechne fest damit, dass wir die Hauptgewinner sind. Stell dich ruhig darauf ein, dass wir ab morgen nur so in Geld schwimmen!*

(Rolf hält an einer roten Ampel. Plötzlich ein Quietschen und Treppmanns Auto wird mit einem kräftigen Stoß nach vorne geschoben.)

Meine Güte, was war denn das? Ist uns da jemand reingefahren? ist dir was passiert? Hast du dir wehgetan?

Helga: Nein, ich glaube, es ist alles in Ordnung. *Aber mir zittern ganz schön die Knie!*

(Rolf und Helga und der Fahrer des anderen Wagens steigen aus.)

Fahrer: Entschuldigen Sie, ich habe Sie gar nicht gesehen ... Das kam wohl daher, dass ich einen Sender im Radio suchte ...

Rolf: Na, Sie haben vielleicht Nerven, bei dem Verkehr an Ihrem Radio herumzudrehen! Sehen Sie sich das bloß mal an! Meine Stoßstange ist völlig verbogen, der Kofferraumdeckel hat eine Beule und das Bremslicht ist kaputt ...

Fahrer: Das tut mir wirklich Leid. *(Er sieht sich den Schaden an.)* Na, sowas! Wie ist das bloß möglich? An meinem Wagen ist fast gar nichts zu sehen, nicht mal die kleinste Schramme! Was für ein Glück!

Rolf: Glück kann man das ja kaum nennen! Die Reparatur wird bestimmt eine Menge Geld kosten. Ich darf gar nicht daran denken, was das wieder für einen Ärger gibt!

Fahrer: Machen Sie sich mal keine Gedanken. Meine Versicherung wird dafür sorgen, dass der Schaden voll ersetzt wird.

Helga: Na, das fängt ja gut an! Von einem Glückstag kann ja jetzt wohl keine Rede mehr sein! Hätten wir unseren Lottoschein nur früher abgegeben!

So, jetzt hören Sie bitte noch einmal zu!

Helga: Sag mal, Rolf, denkst du noch daran, dass wir heute unseren Lottoschein abgeben müssen?

Rolf: Oh ja, gut, dass du mich daran erinnerst. Am besten fahren wir gleich bei der Lottoannahmestelle vorbei. In meinem Horoskop steht nämlich dass ich heute einen ausgesprochenen Glückstag habe!

Helga: Na prima, ein paar tausend Mark kämen mir jetzt gerade recht! Eine Million wäre natürlich noch besser!

Rolf: Ich rechne fest damit, dass wir die Hauptgewinner sind. Stell' dich ruhig darauf ein, dass wir ab morgen nur so in Geld schwimmen!

Antworten Sie!

Was wollte Rolf mit dem Lottoschein tun?

Wollte er ihn abholen oder abgeben?	Er wollte ihn abgeben.
Wollten Helga und Rolf deshalb bei der Post vorbeifahren?	Nein, sie wollten deshalb nicht bei der Post vorbeifahren.
Sie wollten bei der Lottoannahmestelle vorbeifahren, nicht?	Ja, richtig, sie wollten bei der Lottoannahmestelle vorbeifahren.
Rolf rechnet damit, dass sie gewinnen werden, oder?	Ja, er rechnet damit, dass sie gewinnen werden.

Rechnet er mit einem kleinen Gewinn oder mit einem hohen Gewinn?

Er rechnet mit einem hohen Gewinn.

Wie bitte? Sie werden gewinnen? Damit rechnet er?

Ja, damit rechnet er.

Sehr gut! Und nun wiederholen Sie!
Sie werden gewinnen.
Damit rechnet er.
Er rechnet damit, dass sie gewinnen werden.

Darauf freut er sich.
Er freut sich darauf, dass ...

Er freut sich darauf, dass sie gewinnen werden.

Davon träumen sie.
Sie träumen davon, ...

Sie träumen davon, dass sie gewinnen werden.

Daran glauben sie fest.
Sie glauben ...

Sie glauben fest daran, dass sie gewinnen werden.

Darauf stellen sie sich ein.
Sie ...

Sie stellen sich darauf ein, dass sie gewinnen werden.

Gut! Hören Sie jetzt weiter zu!

Rolf: *Meine Güte, was war denn das? Ist uns da jemand reingefahren? Ist dir was passiert? Hast du dir wehgetan?*

Helga: *Nein, ich glaube, es ist alles in Ordnung. Aber mir zittern ganz schön die Knie!*

Antworten Sie!
Ist Rolf jemand reingefahren?

Ja, jemand ist ihm reingefahren.

Hat sich Helga wehgetan?

Nein, sie hat sich nicht wehgetan.

Es ist also alles in Ordnung, oder?

Ja, es ist alles in Ordnung.

Aber ist Helga ruhig?

Nein, sie ist nicht ruhig.

Ihr zittern noch die Knie, nicht?

Ja, richtig, ihr zittern noch die Knie.

Es ist alles in Ordnung, aber Helga zittern noch die Knie, was?

Ja, es ist alles in Ordnung, aber Helga zittern noch die Knie.

Gut! Hören Sie jetzt wieder zu!

Fahrer: *Entschuldigen Sie, ich habe Sie gar nicht gesehen ... Das kam wohl daher, dass ich einen Sender im Radio suchte ...*

Rolf: *Na, Sie haben vielleicht Nerven, bei dem Verkehr an Ihrem Radio herumzudrehen! Sehen Sie sich das bloß mal an! Meine Stoßstange ist völlig verbogen, der Kofferraumdeckel hat eine Beule und das Bremslicht ist kaputt ...*

Fahrer: *Das tut mir wirklich Leid. Na, sowas! Wie ist das bloß möglich? An meinem Wagen ist fast gar nichts zu sehen, nicht mal die kleinste*

Schramme! Was für ein Glück!

Rolf: Glück kann man das ja kaum nennen!

Antworten Sie!
Was tut der Fahrer des anderen
Wagens? Ärgert er sich? Nein, er ärgert sich nicht.

Er entschuldigt sich, oder? Ja, er entschuldigt sich.

Hat er Rolfs Auto gesehen? Nein, er hat es nicht gesehen.

Hat er im Radio einen Sender gesucht? Ja, er hat im Radio einen Sender
gesucht.

Ist Rolfs Auto in Ordnung
oder ist es beschädigt? Es ist beschädigt.

Und der Wagen des anderen Fahrers,
ist daran etwas zu sehen? Nein, daran ist nichts zu sehen.

Der Fahrer wundert sich darüber, dass Ja, er wundert sich darüber, dass
am Wagen nichts zu sehen ist, oder? am Wagen nichts zu sehen ist.

Wie bitte, an dem Wagen ist nichts zu
sehen? Darüber wundert er sich? Ja, darüber wundert er sich.

Sehr gut! Wiederholen Sie!
Am Wagen ist nichts zu sehen.
Darüber wundert er sich.
Er wundert sich darüber, dass am Wagen nichts zu sehen ist.

Darüber ist er glücklich. Er ist glücklich darüber, dass am
Er ist glücklich darüber, dass ... Wagen nichts zu sehen ist.

Davon spricht er noch tagelang. Er spricht noch tagelang davon,
Er spricht noch tagelang davon, ... dass am Wagen nichts zu sehen ist.

Daran wird er sich noch lange erinnern. Er wird sich noch lange daran
Er wird sich ... erninern, dass am Wagen nichts zu
sehen ist.

Darüber ist er froh. Er ist froh darüber, dass am Wagen
Er ... nichts zu sehen ist.

Schön. Jetzt bitte noch einmal zuhören.

Rolf: Glück kann man das ja kaum nennen! Die Reparatur wird bestimmt eine
Menge Geld kosten. Ich darf gar nicht daran denken, was das wieder für
einen Ärger gibt!

Fahrer: Machen Sie sich mal keine Gedanken. Meine Versicherung wird dafür
sorgen, dass der Schaden voll erstettzt wird.

Helga: Na, das fängt ja gut an! Von einem Glückstag kann ja jetzt wohl keine
Rede mehr sein! Hätten wir unseren Lottoschein nur früher abgegeben!

Antworten Sie!

Wird die Reparatur eine Menge Geld kosten?	Ja, sie wird eine Menge Geld kosten.
Muss Rolf die Reparatur bezahlen?	Nein, er muss sie nicht bezahlen.
Wer wird den Schaden ersetzen, der andere Fahrer oder die Versicherung?	Die Versicherung wird ihn ersetzen.
Wird sie ihn voll ersetzen?	Ja, sie wird ihn voll ersetzen.

Sehr gut! Zum Schluss hören wir noch einmal die ganze Unterhaltung. Aber diesmal bitte zuhören ... und wiederholen!

– *Sag mal, Rolf, denkst du noch daran, dass wir heute unseren Lottoschein abgeben müssen?*

– *Oh ja, gut, dass du mich daran erinnerst.*
   Meine Güte, was war denn das?
   Ist dir was passiert?

– *Nein, ich glaube es ist alles in Ordnung.*

– *Entschuldigen Sie, ich habe Sie gar nicht gesehen.*
   Das kam wohl daher, dass ich einen Sender im Radio suchte.

– *Na, Sie haben vielleicht Nerven!*
   Die Reparatur wird bestimmt eine Menge Geld kosten.

– *Meine Versicherung wird dafür sorgen, dass der Schaden voll ersetzt wird.*

– *Na, das fängt ja gut an!*
   Von einem Glückstag kann ja jetzt wohl keine Rede mehr sein!

Sehr schön! Tja, so kann ein Glückstag zu Ende gehen. Und das vierzehnte Kapitel geht hier auch zu Ende. So, hier endet Band 14. Vielen Dank ... und auf Wiederhören.

BAND 15   BESUCH AUS BERLIN

Beate Köhler hat Besuch von ihrer Freundin Gisela, die vor einem Jahr von Frankfurt nach Berlin gezogen ist. Es ist Giselas erster Besuch seit dem Umzug.

Beate: *Tag, Gisela. Es ist richtig schön dich endlich wiederzusehen. Du siehst prima aus! Ich glaube fast, du hast abgenommen.*

Gisela: *Richtig! Dir entgeht aber auch nichts! Ich habe in letzter Zeit ziemlich viel Sport getrieben und habe dadurch ein paar Pfunde verloren.*

Beate: *Na, dann kannst du es dir ja erlauben, ein Stück Frankfurter Kranz zu essen. Den habe ich nämlich extra für dich bei deinem alten Lieblingsbäcker geholt. Oder ist neuerdings Kuchen von deiner Speisekarte gestrichen?*

Gisela: Echter Frankfurter Kranz, wirklich? Na ja, vielleicht kann ich da einmal eine Ausnahme machen! Aber du hast schon Recht, eigentlich esse ich nicht mehr so oft Kuchen wie früher.

Beate: Dann stimmt es also: Ich habe schon gehört, dass du sehr gesundheitsbewusst geworden bist. Und ein Fahrrad hättest du dir auch gekauft, habe ich gehört.

Gisela: Ja, stimmt, ein Rennrad sogar! Damit radele ich am Wochenende am Wannsee entlang. Aber woher weißt du denn das?

Beate: Och, ich habe gestern deine Mutter in der Stadt getroffen. Sie sagte, du hättest eine schöne Wohnung mit Balkon gefunden, du hättest dich gut eingelebt, aber leider wärst du schon seit Monaten nicht mehr zu Besuch gewesen.

Gisela: Das hat dir alles meine Mutter erzählt?

Beate: Und nicht nur das: Sie erwähnte außerdem, dass du auf einer Radtour einen gewissen Markus kennen gelernt hättest!

Gisela: Da bin ich aber überrascht! Das weißt du alles schon? Da kann ich dir ja gar nichts Neues mehr berichten.

Beate: Es gibt doch bestimmt noch Dinge, von denen deine Mutter nichts ahnt! übrigens hat mein Bruder Klaus vor einer Stunde angerufen. Er wollte wissen, ob wir schon Pläne für heute Abend gemacht hätten. Ich habe ihm gesagt, dass ich noch nicht mit dir gesprochen hätte. Er will aber später noch einmal anrufen.

Gisela: Prima! Dann haben wir ja noch etwas Zeit für einen gemütlichen Kaffeeklatsch wie in alten Zeiten! Aber ich warne dich: Da du ja über mich bestens informiert bist, erwarte ich jetzt auch einiges von dir ...

So, jetzt hören Sie bitte noch einmal zu!

Beate: Tag, Gisela. Es ist richtig schön, dich endlich wiederzusehen. Du siehst prima aus! Ich glaube fast, du hast abgenommen.

Gisela: Richtig! Dir entgeht aber auch nichts! Ich habe in letzter Zeit ziemlich viel Sport getrieben und habe dadurch ein paar Pfunde verloren.

Beate: Na, dann kannst du es dir ja erlauben, ein Stück Frankfurter Kranz zu essen. Den habe ich nämlich extra für dich bei deinem alten Lieblingsbäcker geholt. Oder ist neuerdings Kuchen von deiner Speisekarte gestrichen?

Gisela: Echter Frankfurter Kranz, wirklich?

Antworten Sie!

| Freut sich Beate, ihre Freundin Gisela wiederzusehen? | Ja, sie freut sich, sie wiederzusehen. |

Und wie sieht Gisela aus? Sieht sie schlecht aus?	Nein, sie sieht nicht schlecht aus.
Sie sieht prima aus, oder?	Ja, sie sieht prima aus.
Sagt Gisela, sie hätte ein paar Pfunde zugenommen?	Nein, sie sagt nicht, sie hätte ein paar Pfunde zugenommen.
Sie sagt, sie hätte ein paar Pfunde verloren, nicht?	Ja, richtig, sie sagt, sie hätte ein paar Pfunde verloren.
Hat Beate Kuchen geholt?	Ja, sie hat Kuchen geholt.
Wo hat sie Kuchen geholt, im Supermarkt oder bei Giselas Lieblingsbäcker?	Sie hat ihn bei Giselas Lieblingsbäcker geholt.
Also, Beate sagt, sie hätte Kuchen bei Giselas Lieblingsbäcker geholt, oder?	Ja, sie sagt, sie hätte Kuchen bei Giselas Lieblingsbäcker geholt.

Gut! Hören Sie jetzt weiter zu!

Gisela: *Echter Frankfurter Kranz, wirklich? Na ja, vielleicht kann ich da einmal eine Ausnahme machen! Aber du hast schon Recht, eigentlich esse ich nicht mehr so oft Kuchen wie früher.*

Beate: *Dann stimmt es also: Ich habe schon gehört, dass du sehr gesundheitsbewusst geworden bist. Und ein Fahrrad hättest du dir auch gekauft, habe ich gehört.*

Gisela: *Ja, stimmt, ein Rennrad sogar! Damit radele ich am Wochenende am Wannsee entlang. Aber woher weißt du denn das?*

Beate: *Och, ich habe gestern deine Mutter in der Stadt getroffen.*

Antworten Sie!

Beate hat gehört, Gisela wäre gesundheitsbewusst geworden, nicht?	Ja, richtig, Beate hat gehört, sie wäre gesundheitsbewusst geworden.
Was hat sich Gisela gekauft, ein Auto oder ein Rennrad?	Sie hat sich ein Rennrad gekauft.
Hat sie das zu Beate gesagt?	Ja, das hat sie zu ihr gesagt.
Sie hat ihr gesagt, sie hätte sich ein Rennrad gekauft?	Ja, sie hat ihr gesagt, sie hätte sich ein Rennrad gekauft.
Ist sie am Bodensee oder am Wannsee geradelt?	Sie ist am Wannsee geradelt.
Was hat sie gesagt?	Sie hat gesagt, sie wäre am Wannsee geradelt.
Sagt Beate, sie hätte Giselas Mutter im Urlaub getroffen?	Nein, sie sagt nicht, sie hätte sie im Urlaub getroffen.

Sie sagt, sie hätte sie in der Stadt getroffen, richtig?

Richtig! Sie sagt, sie hätte sie in der Stadt getroffen.

Sehr gut! Wiederholen Sie!

„Ich habe sie in der Stadt getroffen."
Sie sagt, sie hätte sie in der Stadt getroffen.

„Wir haben uns lange nicht gesehen."
Sie sagt, sie hätten sich lange nicht ...

Sie sagt, sie hätten sich lange nicht gesehen.

„Wir sind spazierengegangen."
Sie sagt, sie wären ...

Sie sagt, sie wären spazierengegangen.

„Wir haben uns lange unterhalten."
Sie sagt, sie hätten sich ...

Sie sagt, sie hätten sich lange unterhalten.

„Sie hat mir viel erzählt."
Sie sagt, sie ...

Sie sagt, sie hätte ihr viel erzählt.

„Das war sehr interessant."
Sie sagt, ...

Sie sagt, das wäre sehr interessant gewesen.

„Ich habe viel erfahren."

Sie sagt, sie hätte viel erfahren.

Sehr gut! Ausgezeichnet! Hören Sie jetzt wieder zu!

> Beate: *Och, ich habe gestern deine Mutter in der Stadt getroffen. Sie sagte, du hättest eine schöne Wohnung mit Balkon gefunden, du hättest dich gut eingelebt, aber leider wärst du schon seit Monaten nicht mehr zu Besuch gewesen.*
>
> Gisela: *Das hat dir alles meine Mutter erzählt?*
>
> Beate: *Und nicht nur das: Sie erwähnte außerdem, dass du auf einer Radtour einen gewissen Markus kennen gelernt hättest!*
>
> Gisela: *Da bin ich aber über überrascht! Das weißt du alles schon?*

Antworten Sie!

Beate hat Giselas Mutter in der Stadt getroffen, stimmt's?

Stimmt, sie hat Giselas Mutter in der Stadt getroffen.

Hat sie ihr gesagt, Gisela hätte sich in Berlin gut eingelebt?

Ja, sie hat ihr gesagt, Gisela hätte sich in Berlin gut eingelebt.

Erzählte ihre Mutter auch, Gisela hätte den Bundeskanzler kennen gelernt?

Nein, sie erzählte nicht, sie hätte den Bundeskanzler kennen gelernt.

Sie erzählte, sie hätte Markus kennen gelernt, nicht?

Ja, richtig, sie erzählte, sie hätte Markus kennen gelernt.

Schön. Jetzt bitte noch einmal zuhören.

> Gisela: *Das weißt du alles schon? Da kann ich dir ja gar nichts Neues mehr berichten.*

Beate: Es gibt doch bestimmt noch Dinge, von denen deine Mutter nichts ahnt! Übrigens hat mein Bruder Klaus vor einer Stunde angerufen. Er wollte wissen, ob wir schon Pläne für heute Abend gemacht hätten. Ich habe ihm gesagt, dass ich noch nicht mit dir gesprochen hätte. Er will aber später noch einmal anrufen.

Gisela: Prima! Dann haben wir ja noch etwas Zeit für einen gemütlichen Kaffeeklatsch wie in alten Zeiten! Aber ich warne dich: Da du ja über mich bestens informiert bist, erwarte ich jetzt auch einiges von dir ...

Antworten Sie!

Hat jemand Beate und Gisela angerufen?	Ja, jemand hat sie angerufen.
Wer hat angerufen, Beates Chef oder ihr Bruder?	Ihr Bruder hat angerufen.
Wollte er wissen, ob sie Pläne für heute Abend gemacht hätten?	Ja, er wollte wissen, ob sie Pläne für heute Abend gemacht hätten.
Wie bitte, was wollte er wissen?	Er wollte wissen, ob sie Pläne für heute Abend gemacht hätten.
Sagte Beate, sie hätte schon mit Gisela gesprochen?	Nein, sie sagte nicht, sie hätte schon mit ihr gesprochen.
Sie sagte, sie hätte mit ihr noch nicht gesprochen, oder?	Ja, sie sagte, sie hätte mit ihr noch nicht gesprochen.

Gut! Zum Schluss hören wir noch einmal die ganze Unterhaltung. Aber diesmal bitte zuhören ... und wiederholen!

– Tag, Gisela. Du siehst prima aus.

– Ich habe in letzter Zeit ziemlich viel Sport getrieben und habe dadurch ein paar Pfunde verloren.

– Ich habe schon gehört, dass du sehr gesundheitsbewusst geworden bist.

– Aber woher weißt du denn das?

– Och, ich habe gestern deine Mutter in der Stadt getroffen.

– Da kann ich dir ja gar nichts Neues mehr berichten.

– Übrigens hat mein Bruder Klaus vor einer Stunde angerufen. Er will aber später noch einmal anrufen.

– Prima! Dann haben wir ja noch etwas Zeit für einen gemütlichen Kaffeeklatsch wie in alten Zeiten!

Sehr gut! Prima! So, die beiden jungen Damen freuen sich schon auf ihren Kaffeeklatsch. Und wir freuen uns, dass Sie diese Übung mit uns gemacht haben. Tja, das ist das Ende des fünfzehnten Kapitels. Hier endet Band 15. Vielen Dank ... und auf Wiederhören.

BAND 16 UND DAS BEI DEM WETTER!

Rolf Treppmann, Direktionsassistent bei ULTRASPORT, war mit seiner Frau, Helga, bei seinem Chef zum Abendessen eingeladen. Herr und Frau Siebert hatten schon eine Weile auf ihre Gäste gewartet, als das Telefon klingelte. Herr Siebert sprach kurz am Apparat und legte dann den Hörer auf.

Helmut Siebert: *Das waren Treppmanns. Sie haben eine Reifenpanne und werden sich etwas verspäten. Es könnte wohl noch zwanzig Minuten dauern, bis sie hier sind.*

Brigitte Siebert: *Ach, die Armen! Ein Reifenwechsel bei dem Wetter? Es regnet ja in Strömen.*

Helmut: *Dann haben wir ja noch ein bisschen Zeit. Hast du mir nicht den neuen „Spiegel" mitgebracht?*

Brigitte: *Ja, er liegt dort auf dem Regal ... (Es läutet.) Ah, da sind sie ja! Machst du auf?*

Helmut: *Ah, Herr und Frau Treppmann, guten Abend. Schön, dass Sie es doch noch geschafft haben ... Sie kennen ja meine Frau ...*

Brigitte: *Guten Abend, Frau Treppmann ... Herr Treppmann. Wir hatten schon angefangen, uns Sorgen zu machen, als Sie anriefen.*

Rolf Treppmann: *Guten Abend, Frau Siebert ... Herr Siebert. Haben Sie vielen Dank für die Einladung. Es tut mir Leid, dass wir uns verspätet haben. (Er reicht Frau Siebert einen Blumenstrauß.) Ich hoffe, dass wenigstens die Blumen unsere Panne gut überstanden haben.*

Brigitte: *Das ist aber ein hübscher Strauß, vielen herzlichen Dank! Das war doch nicht nötig.*

Helga Treppmann: *Entschuldigen Sie bitte die Verspätung. Zum Glück sind wir sehr zeitig losgefahren. Sonst wäre es noch später geworden.*

Helmut: *Wo hatten Sie denn die Panne?*

Rolf: *In der Nähe vom Flughafen! Es ging alles ganz schnell. Ich hatte gerade auf die linke Fahrspur gewechselt, da platzte ein Reifen, und der Wagen blieb liegen. Natürlich kam der ganze Verkehr ins Stocken, und das Hupkonzert hörte erst auf, als wir den Wagen von der Fahrbahn geschoben hatten.*

Helga: *Und dann mussten wir bei strömendem Regen den Reifen wechseln. Ich hatte keinen Regenmantel mitgenommen, und so war ich nach zwei Minuten klatschnass.*

Rolf: *Und ich hatte ausgerechnet heute meinen Regenschirm im Büro liegen lassen!*

Helmut:	Na, nun setzen wir uns erst einmal. Ein kleines Schnäpschen wird nicht schaden, bis das Essen aufgetragen ist.
Rolf:	Hmm, es riecht auch schon so einladend.

So, jetzt hören Sie bitte noch einmal zu!

Helmut Siebert:	Das waren Treppmanns. Sie haben eine Reifenpanne und werden sich etwas verspäten. Es könnte wohl noch zwanzig Minuten dauern, bis sie hier sind.
Brigitte Siebert:	Ach, die Armen! Ein Reifenwechsel bei dem Wetter? Es regnet ja in Strömen.
Helmut:	Dann haben wir ja noch ein bisschen Zeit. Hast du mir nicht den neuen „Spiegel" mitgebracht?
Brigitte:	Ja, er liegt dort auf dem Regal ... (Es läutet) Ah, da sind sie ja! Machst du auf?

Antworten Sie!

Haben Treppmanns gerade angerufen?	Ja, sie haben gerade angerufen.
Warum haben sie angerufen? Hatten sie eine Reifenpanne?	Ja, sie hatten eine Reifenpanne.
Werden sie pünktlich zur Einladung kommen?	Nein, sie werden nicht pünktlich zur Einladung kommen.
Sie werden sich verspäten, nicht?	Ja, richtig, sie werden sich verspäten.
Also, Treppmanns haben angerufen, weil sie sich verspäten werden, richtig?	Richtig! Treppmanns haben angerufen, weil sie sich verspäten werden.

Gut! Hören Sie jetzt weiter zu!

Helmut:	Ah, Herr und Frau Treppmann, guten Abend. Schön, dass Sie es doch noch geschafft haben ... Sie kennen ja meine Frau ...
Brigitte:	Guten Abend, Frau Treppmann ... Herr Treppmann. Wir hatten schon angefangen, uns Sorgen zu machen, als Sie anriefen.
Rolf Treppmann:	Guten Abend, Frau Siebert ... Herr Siebert. Haben Sie vielen Dank für die Einladung. Es tut mir Leid, dass wir uns verspätet haben. (Er reicht ihr einen Blumenstrauß.) Ich hoffe, dass wenigstens die Blumen unsere Panne gut überstanden haben.
Brigitte:	Das ist aber ein hübscher Strauß, vielen herzlichen Dank! Das war doch nicht nötig.

Antworten Sie!

Hat Herr Siebert Treppmanns an der Tür empfangen?	Ja, er hat sie an der Tür empfangen.
Hat man sich begrüßt?	Ja, man hat sich begrüßt.

Wofür hat sich Herr Treppmann bedankt? Für die Begrüßung oder für die Einladung?	Er hat sich für die Einladung bedankt.
Hat er Frau Siebert eine Flasche Wein mitgebracht?	Nein, er hat ihr keine Flasche Wein mitgebracht.
Er hat ihr einen Blumenstrauß mitgebracht, nicht?	Ja, richtig, er hat ihr einen Blumenstrauß mitgebracht.
Er hat ihr einen Blumenstrauß mitgebracht, um sich für die Einladung zu bedanken, richtig?	Richtig! Er hat ihr einen Blumenstrauß mitgebracht, um sich für die Einladung zu bedanken.
Haben sich Treppmanns verspätet?	Ja, sie haben sich verspätet.
Es tat ihnen Leid, dass sie sich verspätet hatten, oder?	Ja, es tat ihnen Leid, dass sie sich verspätet hatten.

Sehr gut! Wiederholen Sie!
Sie haben sich verspätet.
Es tat ihnen Leid, dass sie sich verspätet hatten.

Sie haben eine Panne gehabt. Es tat ihnen Leid, dass sie eine Panne gehabt ...	Es tat ihnen Leid, dass sie eine Panne gehabt hatten.
Sie sind nicht pünktlich angekommen Es tat ihnen Leid, dass sie nicht pünktlich ...	Es tat ihnen Leid, dass sie nicht pünktlich angekommen waren.
Sie haben Probleme mit dem Auto gehabt. Es tat ihnen Leid, dass sie ...	Es tat ihnen Leid, dass sie Probleme mit dem Auto gehabt hatten.
Ein Reifen ist geplatzt. Es tat ihnen Leid, dass ...	Es tat ihnen Leid, dass ein Reifen geplatzt war.
Der Verkehr ist ins Stocken gekommen. Es tat ...	Es tat ihnen Leid, dass der Verkehr ins Stocken gekommen war.
Sieberts haben sich Sorgen gemacht.	Es tat ihnen Leid, dass Sieberts sich Sorgen gemacht hatten.

Gut! Hören Sie jetzt wieder zu!

Helga Treppmann:	*Entschuldigen Sie bitte die Verspätung. Zum Glück sind wir sehr zeitig losgefahren. Sonst wäre es noch später geworden....*
Helmut:	*Wo hatten Sie denn die Panne?*
Rolf:	*In der Nähe vom Flughafen! Es ging alles ganz schnell. Ich hatte gerade auf die linke Fahrspur gewechselt, da platzte ein Reifen, und der Wagen blieb liegen. Natürlich kam der ganze Verkehr ins Stocken, und das Hupkonzert hörte erst auf, als wir den Wagen von der Fahrbahn geschoben hatten.*

Helga: *Und dann mussten wir bei strömendem Regen den Reifen*
              wechseln.

Antworten Sie!

Hatten Treppmanns die Panne in der Nähe vom Flughafen?	Ja, sie hatten die Panne in der Nähe vom Flughafen.
Ist etwa ein Luftballon geplatzt?	Nein, es ist kein Luftballon geplatzt.
Es ist ein Reifen geplatzt, nicht?	Ja, richtig, es ist ein Reifen geplatzt.
Haben deshalb alle Autos angefangen zu hupen?	Ja, deshalb haben alle Autos angefangen zu hupen.
Es hat also ein Hupkonzert gegeben, stimmt's?	Stimmt, es hat ein Hupkonzert gegeben.

Schön. Jetzt bitte noch einmal zuhören.

Helga: *Und dann mussten wir bei strömendem Regen den Reifen*
              wechseln. Ich hatte keinen Regenmantel mitgenommen, und so
              war ich nach zwei Minuten klatschnass.

Rolf: *Und ich hatte ausgerechnet heute meinen Regenschirm im Büro*
              liegen lassen!

Helmut: *Na, nun setzen wir uns erst einmal. Ein kleines Schnäpschen wird*
              nicht schaden, bis das Essen aufgetragen ist.

Rolf: *Hmm, es riecht auch schon so einladend.*

Antworten Sie!

Hatte Helga einen Regenmantel mitgenommen?	Nein, sie hatte keinen Regenmantel mitgenommen.
Und deshalb war sie nach zwei Minuten klatschnass, ja?	Ja, deshalb war sie nach zwei Minuten klatschnass.
Hatte Rolf seinen Regenschirm dabei?	Nein, er hatte ihn nicht dabei.
Hatte er ihn im Büro liegen lassen?	Ja, er hatte ihn im Büro liegen lassen.
Na, nach dieser Geschichte trinken alle einen Schnaps, was?	Ja, nach dieser Geschichte trinken alle einen Schnaps.

Gut! Zum Schluss hören wir noch einmal die ganze Unterhaltung. Aber diesmal bitte zuhören ... und wiederholen!

– *Das waren Treppmanns.*
  Sie haben eine Reifenpanne und werden sich etwas verspäten.

– *Ach die Armen!*
  Ah, da sind sie ja!

– *Guten Abend, Frau Siebert ... Herr Siebert.*
  Es tut mir Leid, dass wir uns verspätet haben.

– *Zum Glück sind wir sehr zeitig losgefahren.*
 Sonst wäre es noch später geworden.

– *Na, nun setzen wir uns erst einmal.*
 Ein kleines Schnäpschen wird nicht schaden,
 bis das Essen aufgetragen ist.

Sehr schön! So, Treppmanns machen jetzt erst einmal eine Pause. Und Sie können jetzt auch ruhig eine Pause machen, denn das ist das Ende des sechzehnten Kapitels. Tja, hier endet Band 16. Vielen Dank ... und auf Wiederhören.

BAND 17   EIN GESCHICKTER SCHACHZUG

Günter Meinrat hat ein Verkaufsgespräch mit Herrn Fürstner, dem Geschäftsführer einer großen österreichischen Ladenkette in Salzburg, vereinbart. Meinrat möchte, dass sein Chef an diesem Gespräch teilnimmt. Deshalb ruft er ihn in Frankfurt an.

Meinrat:	*Herr Siebert, ich halte es für sehr wichtig, dass Sie am nächsten Montag bei den Verhandlungen dabei sind, denn das würde unsere Position enorm stärken. Wie Sie wissen, leitet Fürstner über vierzig Sportgeschäfte. Ein Abschluss mit ihm könnte für uns den Durchbruch auf dem österreichischen Markt bedeuten.*
Siebert:	*Da bin ich ganz Ihrer Meinung, Herr Meinrat. Aber ich bin überrascht, dass das Treffen so kurzfristig stattfinden soll. Ich dachte, der Einkauf für die kommende Saison wäre schon abgeschlossen.*
Meinrat:	*Eigentlich ist er das auch, aber Fürstner hat unsere Sportkleidung erst vor ein paar Tagen auf der Sportmesse gesehen, und er war so begeistert davon, dass er sie vielleicht noch für die kommende Saison in seine Kollektion aufnehmen will.*
Siebert:	*Hm, das hört sich ja an, als hätten wir gute Karten.*
Meinrat:	*So sehe ich das auch. Er sagte, er würde erst einmal in Salzburg den Markt testen. Wenn sich unsere Artikel dort so gut verkaufen wie er hofft, dann würde er sie im Herbst in allen seinen Geschäften führen. Er interessiert sich besonders für unsere Wanderausrüstung. Ich habe ihm zugesagt, dass wir ihm bis Freitagnachmittag einige Muster zur Ansicht liefern würden.*
Siebert:	*Das dürfte kein Problem sein, denn morgen ist sowieso eine Lieferung nach Berchtesgaden geplant. Von da aus ist es nur ein Sprung nach Salzburg.*
Meinrat:	*Übrigens, Fürstner ist ein begeisterter Wanderer. Als er mir das erzählte, habe ich ihn sofort gefragt, ob er unsere Ausrüstung nicht*

selbst ausprobieren möchte. Er sagte, er würde das mit Vergnügen tun und hat mir gleich seine Schuhgröße und Kleidergröße genannt.

Siebert: *Donnerwetter, Ihnen hängen die Trauben auch nicht zu hoch, was? Ein geschickter Schachzug von Ihnen! Nun schicken Sie ihm aber auch unsere besten Modelle, und vielleicht fragen Sie ihn, ob die Familie auch wandert.*

Meinrat: *Gute Idee! Ach ja, und dann sagte er, er würde unsere Wanderausrüstung noch vor unserem Gespräch ausprobieren!*

Siebert: *Nun, wenn das so ist, sollten wir das Eisen schmieden, solange es heiß ist. Also, Sie können am Montag mit mir rechnen!*

So, jetzt hören Sie bitte noch einmal zu!

Meinrat: *Herr Siebert, ich halte es für sehr wichtig, dass Sie am nächsten Montag bei den Verhandlungen dabei sind, denn das würde unsere Position enorm stärken. Wie Sie wissen, leitet Fürstner über vierzig Sportgeschäfte. Ein Abschluss mit ihm könnte für uns den Durchbruch auf dem österreichischen Markt bedeuten.*

Siebert: *Da bin ich ganz Ihrer Meinung, Herr Meinrat. Aber ich bin überrascht, dass das Treffen so kurzfristig stattfinden soll. Ich dachte, der Einkauf für die kommende Saison wäre schon abgeschlossen.*

Meinrat: *Eigentlich ist er das auch, aber Fürstner hat unsere Sportkleidung erst vor ein paar Tagen auf der Sportmesse gesehen, und er war so begeistert davon, dass er sie vielleicht noch für die kommende Saison in seine Kollektion aufnehmen will.*

Antworten Sie!

Hält es Herr Meinrat für wichtig, dass Herr Siebert bei den Verhandlungen dabei ist?

Ja, er hält es für wichtig, dass Herr Siebert bei den Verhandlungen dabei ist.

Hat Herr Meinrat gesagt, das würde die Position der Firma stärken?

Ja, er hat gesagt, das würde die Position der Firma stärken.

Sagen Sie mal, wie viele Sportgeschäfte leitet Herr Fürstner? Über vier oder über vierzig?

Er leitet über vierzig Sportgeschäfte.

Hat Herr Fürstner die Sportkleidung bereits gesehen?

Ja, er hat sie bereits gesehen.

Hat er sie auf der Modemesse gesehen?

Nein, er hat sie nicht auf der Modemesse gesehen.

Herr Meinrat sagte, er hätte sie auf der Sportmesse gesehen, richtig?

Richtig! Er sagte, er hätte sie auf der Sportmesse gesehen.

Und? War er enttäuscht?

Nein, er war nicht enttäuscht.

War er begeistert davon?

Ja, er war begeistert davon.

Er war so begeistert davon, dass er
sie in seine Kollektion aufnehmen
will, stimmt's?

Ja, er war so begeistert davon,
dass er sie in seine Kollektion
aufnehmen will.

Gut! Hören Sie jetzt weiter zu!

Siebert: Hm, das hört sich ja an, als hätten wir gute Karten.

Meinrat: So sehe ich das auch. Er sagte, er würde erst einmal in Salzburg den
Markt testen. Wenn sich unsere Artikel dort so gut verkaufen wie er
hofft, dann würde er sie im Herbst in allen seinen Geschäften führen.
Er interessiert sich besonders für unsere Wanderausrüstung. Ich habe
ihm zugesagt, dass wir ihm bis Freitagnachmittag einige Muster zur
Ansicht liefern würden.

Siebert: Das dürfte kein Problem sein, denn morgen ist sowieso eine Lieferung
nach Berchtesgaden geplant. Von da aus ist es nur ein Sprung nach
Salzburg.

Antworten Sie!

Hat Fürstner gesagt, er würde erst
den Markt testen?

Ja, er hat gesagt, er würde erst
den Markt testen.

Wo wird er ihn testen, in Paris?

Nein, er wird ihn nicht in
Paris testen.

Er hat gesagt, er würde den Markt in
Salzburg testen, nicht?

Ja, richtig, er hat gesagt, er würde
den Markt in Salzburg testen.

Hat Herr Meinrat gesagt, er würde
Herrn Fürstner einige Muster liefern?

Ja, er hat gesagt, er würde ihm
einige Muster liefern.

Entschuldigung, was hat er gesagt?

Er hat gesagt, er würde Herrn
Fürstner einige Muster liefern.

Sehr gut! Wiederholen Sie!
„Ich werde ihnen einige Muster liefern."
Er hat gesagt, er würde ihm einige Muster liefern.

„Ich werde die Kollektion zeigen."
Er hat gesagt, er würde die Kollektion ...

Er hat gesagt, er würde die
Kollektion zeigen.

„Wir werden uns in Salzburg treffen."
Er hat gesagt, sie würden sich ...

Er hat gesagt, sie würden sich in
Salzburg treffen.

„Wir werden bald in die Schweiz fahren."
Er hat gesagt, sie ...

Er hat gesagt, sie würden bald in
die Schweiz fahren.

„Herr Fürstner wird alles ausprobieren."
Er hat gesagt, ...

Er hat gesagt, Herr Fürstner würde
alles ausprobieren.

„Er wird viel Spaß dabei haben."
Er ...

Er hat gesagt, er würde viel Spaß
dabei haben.

„Das wird ein großer Erfolg werden."

Er hat gesagt, das würde ein großer Erfolg werden.

Schön. Jetzt bitte noch einmal zuhören.

Meinrat: *Übrigens, Fürstner ist ein begeisterter Wanderer. Als er mir das erzählte, habe ich ihn sofort gefragt, ob er unsere Ausrüstung nicht selbst ausprobieren möchte. Er sagte, er würde das mit Vergnügen tun und hat mir gleich seine Schuhgröße und Kleidergröße gennant.*

Siebert: *Donnerwetter, Ihnen hängen die Trauben auch nicht zu hoch, was? Ein geschickter Schachzug von Ihnen! Nun schicken Sie ihm aber auch unsere besten Modelle, und vielleicht fragen Sie ihn, ob die Familie auch wandert.*

Meinrat: *Gute Idee! Ach ja, und dann sagte er, er würde unsere Wanderausrüstung noch vor unserem Gespräch ausprobieren!*

Siebert: *Nun, wenn das so ist, sollten wir das Eisen schmieden, solange es heiß ist. Also, Sie können am Montag mit mir rechnen!*

Antworten Sie!

Ist Herr Fürstner ein begeisterter Wanderer?

Ja, er ist ein begeisterter Wanderer.

Wem hat er das erzählt, seiner Frau oder Herrn Meinrat?

Er hat es Herrn Meinrat erzählt.

Also, Herr Fürstner hat Herrn Meinrat erzählt, er wäre ein begeisterter Wanderer, stimmt's?

Ja, er hat ihm erzählt, er wäre ein begeisterter Wanderer.

Hat Herr Meinrat ihm angeboten die Ausrüstung auszuprobieren?

Ja, er hat ihm angeboten die Ausrüstung auszuprobieren.

Und, hat Herr Fürstner abgelehnt?

Nein, er hat nicht abgelehnt.

Er hat gesagt, er würde die Ausrüstung mit Vergnügen ausprobieren, stimmt's?

Ja, er hat gesagt, er würde sie mit Vergnügen ausprobieren.

Gut! Jetzt hören wir noch einmal die ganze Unterhaltung. Aber diesmal bitte zuhören … und wiederholen!

– Herr Siebert, ich halte es für sehr wichtig,
   dass Sie am nächsten Montag bei den Verhandlungen dabei sind,
   denn das würde unsere Position enorm stärken.

– Ich dachte, der Einkauf für die kommende Saison wäre schon abgeschlossen.

– Eigentlich ist er das auch.
   Aber Fürstner hat unsere Sportkleidung erst vor ein paar Tagen auf der Sportmesse gesehen.
   Übrigens, Fürstner ist begeisterter Wanderer.
   Als er mir das erzählte, habe ich ihn sofort gefragt,

ob er unsere Ausrüstung nicht selbst ausprobieren möchte.

– *Ein geschickter Schachzug von Ihnen!*

– *Ach ja, und dann sagte er,*
er würde unsere Wanderausrüstung noch vor unserem Gespräch ausprobieren!

– *Nun, wenn das so ist, sollten wir das Eisen schmieden, solange es heiß ist. Also,*
Sie können am Montag mit mir rechnen!

Sehr schön! So, das Telefongespräch zwischen Herrn Siebert und Herrn Meinrat ist zu Ende. Und das siebzehnte Kapitel ist jetzt auch zu Ende. Tja, hier endet Band 17. Vielen Dank ... und auf Wiederhören.

BAND 18   KEINE SCHILLINGE MEHR?

Herr Siebert muss kurzfristig nach Salzburg zu einer Besprechung. Er hat Frau Köhler, seine Sekretärin, gebeten ihm österreichische Schillinge zu besorgen. Um 16.30 Uhr ruft sie bei der Bank an, um das Geld zu bestellen.

Angestellter: Tut mir Leid, aber Schillinge sind uns gerade ausgegangen.

Köhler: Wie bitte? Das darf doch wohl nicht wahr sein! Wie ist denn so was möglich?

Angestellter: Sie haben wirklich Pech. Vor fünf Minuten hat ein Kunde eine größere Summe in österreichischer Währung gekauft. Wie ich höre, soll aber schon nachbestellt worden sein.

Köhler: Aha, und wann kann damit gerechnet werden?

Angestellter: Normalerweise kommt morgens zwischen 11 und 12 Uhr die Lieferung.

Köhler: Wie ärgerlich! Das nützt mir nichts. Ich brauche die Schillinge morgen früh, spätestens um 10 Uhr.

Angestellter: Tja, dann sollten Sie vielleicht zu unserer Filiale am Bahnhof gehen. Dort muss immer eine größere Menge auf Vorrat gehalten werden. Soll ich mal anrufen und fragen, wie viel sie vorrätig haben?

Köhler: Zum Bahnhof? Aber da müsste ich ja quer durch die Stadt fahren. Und das mitten in der Hauptverkehrszeit?

Angestellter: Nun, Sie können es ja erst einmal bei einer anderen Bank hier in der Nähe versuchen. Ich bin sicher, dass Sie Ihre Schillinge reibungslos bekommen. Normalerweise haben wir ja auch immer genug da ...

Köhler: Ja, das ist wahr. Und wenn alle Stricke reißen, bleibt mir noch die Wechselstube der Post am Flughafen. Aber ich hätte wirklich nicht gedacht, dass es so schwierig ist, ein paar hundert Mark in Schillinge zu wechseln!

Angestellter: *Ja, wissen Sie, besonders in der Urlaubszeit ist es bei größeren Sortenkäufen immer ratsam, ein paar Tage vorher die Bank anzurufen. Dann kann das Geld für Sie beiseite geliegt werden.*

Köhler: *Ich weiß das wohl, aber man kann eben nicht immer so vorplanen, wie man gern möchte!*

Angestellter: *Das ist wirklich schade. Ich könnte Ihnen jede Menge Dollars geben, Schweizer Franken, englische Pfunde, japanische Yen ...*

Köhler: *Klar. Bloß leider fährt mein Chef nach Salzburg und nicht nach Japan!*

So, jetzt hören Sie bitte noch einmal zu!

Angestellter: *Tut mir Leid, aber Schillinge sind uns gerade ausgegangen.*

Köhler: *Wie bitte? Das darf doch wohl nicht wahr sein! Wie ist denn so was möglich?*

Angestellter: *Sie haben wirklich Pech. Vor fünf Minuten hat ein Kunde eine größere Summe in österreichischer Währung gekauft. Wie ich höre, soll aber schon nachbestellt worden sein.*

Köhler: *Aha, und wann kann damit gerechnet werden?*

Angestellter: *Normalerweise kommt morgens zwischen 11 und 12 Uhr die Lieferung.*

Antworten Sie!

Welche Währung ist der Bank ausgegangen, Mark oder Schilling?	Der Bank sind Schillinge ausgegangen.
Warum? Hat ein Kunde gerade eine größere Summe gekauft?	Ja, ein Kunde hat gerade eine größere Summe gekauft.
War das vor fünf Stunden oder vor fünf Minuten?	Das war vor fünf Minuten.
Aber der Angestellte sagt, dass schon nachbestellt wurde, nicht?	Ja, richtig, er sagt, dass schon nachbestellt wurde.
Wann werden die Schillinge geliefert, spät abends?	Nein, sie werden nicht spät abends geliefert.
Sie werden morgens zwischen 11 und 12 Uhr geliefert, oder?	Ja, sie werden morgens zwischen 11 und 12 Uhr geliefert.

Sehr schön! Hören wir jetzt weiter zu!

Angestellter: *Normalerweise kommt morgens zwischen 11 und 12 Uhr die Lieferung.*

Köhler: *Wie ärgerlich! Das nützt mir nichts. Ich brauche die Schillinge morgen früh, spätestens um zehn Uhr.*

Angestellter: Tja, dann sollten Sie vielleicht zu unserer Filiale am Bahnhof gehen. Dort muß immer eine größere Menge auf Vorrat gehalten werden. Soll ich mal anrufen und fragen, wie viel sie vorrätig haben?

Köhler: Zum Bahnhof? Aber da müsste ich ja quer durch die Stadt fahren. Und das mitten in der Hauptverkehrszeit?

Antworten Sie!

Wann werden die Schillinge gebraucht, nächste Woche?	Nein, sie werden nicht nächste Woche gebraucht.
Frau Köhler braucht sie bis spätestens morgen früh um zehn, nicht?	Ja, richtig, sie braucht sie bis spätestens morgen früh um zehn.
Hat ihr der Angestellte geraten, zu einer anderen Filiale zu gehen?	Ja, er hat ihr geraten, zu einer anderen Filiale zu gehen.
Hat er ihr geraten, zu einer Filiale an der Post oder am Bahnhof zu gehen?	Er hat ihr geraten, zu einer Filiale am Bahnhof zu gehen.
Wie bitte? Wohin soll sie gehen?	Sie soll zu einer Filiale am Bahnhof gehen.
Muss diese Filiale Schillinge immer auf Vorrat halten?	Ja, sie muss Schillinge immer auf Vorrat halten.
Aha, Schillinge müssen von dieser Filiale immer auf Vorrat gehalten werden, stimmt's?	Ja, Schillinge müssen von dieser Filiale immer auf Vorrat gehalten werden.

Sehr gut! Wiederholen Sie!

Diese Filiale muss Schillinge auf Vorrat halten.
Schillinge müssen von dieser Filiale auf Vorrat gehalten werden.

Frau Köhler soll die Schillinge besorgen. Die Schillinge sollen von Frau Köhler besorgt ...	Die Schillinge sollen von Frau Köhler besorgt werden.
Die Bank kann das Geld nicht wechseln. Das Geld kann von der Bank ...	Das Geld kann von der Bank nicht gewechselt werden.
Die Kunden müssen ein Formular ausfüllen. Ein Formular muss ...	Ein Formular muss von den Kunden ausgefüllt werden.
Frau Köhler soll das Geld nachzählen. Das Geld ...	Das Geld soll von Frau Köhler nachgezählt werden.
Die Angestellten dürfen den Chef nicht duzen. Der Chef ...	Der Chef darf von den Angestellten nicht geduzt werden.

Gut! Hören Sie jetzt wieder zu!

Angestellter: Nun, Sie können es ja erst einmal bei einer anderen Bank hier in der Nähe versuchen. Ich bin sicher, dass Sie Ihre Schillinge reibungslos bekommen. Normalerweise haben wir ja auch immer genug da ...

Köhler: Ja, das ist wahr. Und wenn alle Stricke reißen, bleibt mir noch die Wechselstube der Post am Flughafen. Aber ich hätte wirklich nicht gedacht, dass es so schwierig ist, ein paar hundert Mark in Schillinge zu wechseln!

Antworten Sie!

Wird Frau Köhler versuchen, bei einer anderen Bank Schillinge zu bekommen?

Ja, sie wird versuchen, bei einer anderen Bank Schillinge zu bekommen.

Und wenn das nicht geht? Wo könnte sie sonst noch Geld wechseln?

Sie könnte noch am Flughafen Geld wechseln.

Gibt es da eine Wechselstube der Lufthansa oder der Post?

Da gibt es eine Wechselstube der Post.

Ist Frau Köhler überrascht, dass es so schwierig ist, Geld zu wechseln?

Ja, sie ist überrascht, dass es so schwierig ist, Geld zu wechseln.

Sie hätte nie geglaubt, dass es so schwierig ist, ein paar hundert Mark zu wechseln, richtig?

Richtig! Sie hätte nie geglaubt, dass es so schwierig ist, ein paar hundert Mark zu wechseln.

Schön. Jetzt bitte noch einmal zuhören.

Angestellter: Ja, wissen Sie, besonders in der Urlaubszeit ist es bei größeren Sortenkäufen immer ratsam, ein paar Tage vorher die Bank anzurufen. Dann kann das Geld für Sie beiseite gelegt werden.

Köhler: Ich weiß das wohl, aber man kann eben nicht immer so vorplanen, wie man gern möchte!

Angestellter: Das ist wirklich schade. Ich könnte Ihnen jede Menge Dollars geben, Schweizer Franken, englische Pfunde, japanische Yen...

Köhler: Klar. Bloß leider fährt mein Chef nach Salzburg und nicht nach Japan!

Antworten Sie!

Ist es ratsam, bei größeren Sortenkäufen die Bank vorher anzurufen?

Ja, es ist ratsam, bei größeren Sortenkäufen die Bank vorher anzurufen.

Besonders in der Urlaubszeit ist es ratsam, die Bank vorher anzurufen, nicht?

Ja, richtig, besonders in der Urlaubszeit ist es ratsam, die Bank vorher anzurufen.

Wird das Geld dann von der Bank beiseite gelegt?

Ja, es wird dann von der Bank beiseite gelegt.

Aber kann man immer so vorplanen wie man möchte?	Nein, man kann nicht immer so vorplanen wie man möchte.
Sagen Sie, könnte Frau Köhler von der Bank Yen bekommen?	Ja, sie könnte von der Bank Yen bekommen.
Aber wohin wird ihr Chef denn fahren, nach Japan oder nach Österreich?	Er wird nach Österreich fahren.
Also, Frau Köhler könnte von der Bank Yen bekommen, aber leider fährt ihr Chef nicht nach Japan, richtig?	Richtig! Sie könnte von der Bank Yen bekommen, aber leider fährt ihr Chef nicht nach Japan.

Gut! Zum Schluss hören wir noch einmal die ganze Unterhaltung. Aber diesmal bitte zuhören ... und wiederholen!

– *Tut mir Leid,*
  aber Schillinge sind uns gerade ausgegangen.
– *Wie ist denn so was möglich?*
– *Wie ich höre, soll aber schon nachbestellt worden sein.*
– *Ich brauche die Schillinge morgen früh, spätestens um 10 Uhr.*
– *Ich könnte ihnen jede Menge Dollars geben,*
  Schweizer Franken, englische Pfunde, japanische Yen ...
– *Klar, bloß leider fährt mein Chef nach Salzburg und nicht nach Japan.*

Sehr schön! So, Beates Telefonat mit dem Bankangestellten ist hier zu Ende. Und Band 18 ist hier auch zu Ende. Tja, das ist das Ende des achtzehnten Kapitels. Vielen Dank ... und auf Wiederhören.

BAND 19   DAS ERFOLGSERLEBNIS

Freitag, am späten Nachmittag. Helga Treppmann hat ein paar Tage Urlaub. Sie liegt auf dem Sofa und liest, als ihre Schwester Gabriele vorbeikommt.

Gabriele: *Wie wär's, es ist so schön draußen, wollen wir nicht eine Partie Tennis spielen?*

Helga: *Da muss ich dich leider enttäuschen. Ich bin viel zu kaputt. Ich habe nämlich heute Morgen schon Tennis gespielt. Und rate mal, was mir dabei passiert ist!*

Gabriele: *Dein Trainer hat dir gesagt, du solltest regelmäßig trainieren ...?*

Helga: *Das wäre ja nichts Neues! Nein, ich habe im Klubturnier gegen Inge Wilms gespielt. Du weißt schon: die mit dem harten Aufschlag. Ihr Bruder ist Tennislehrer, und sie ist eine der besten Spielerinnen in unserem Verein.*

Gabriele: *Und wie hoch hast du verloren?*

Helga:	Verloren? Gewonnen habe ich! Bevor es losging, machten noch alle ihre Witze. Und Inge sagte, sie wolle mir mal zeigen, wie schnell so ein Satz gespielt werden könne.
Gabriele:	Aber wie hast du es denn nur geschafft, sie zu schlagen?
Helga:	Ach, weißt du, mich überkam plötzlich der Ehrgeiz, und ich habe gekämpft wie ein Weltmeister. Nur den ersten Satz konnte sie gewinnen, danach habe ich sie mit meiner Vorhand und mit Flugbällen kreuz und quer über den Platz gejagt. Je länger wir spielten, desto mehr kam ich in Fahrt.
Gabriele:	Du musst ja wirklich schwer in Form gewesen sein! Was für ein Erfolgserlebnis! Hast du sie wenigstens nach deinem Sieg gefragt, ob du ihr vielleicht ein paar Tricks zeigen solltest?
Helga:	Schade, auf die Idee bin ich gar nicht gekommen. Sie war nach dem Spiel auch sofort verschwunden. Die anderen meinten, sie könne eben Niederlagen sehr schlecht ertragen.
Gabriele:	Na ja, nicht jeder ist ein guter Verlierer. Und wie fühlst du dich jetzt, als neuer Champion?
Helga:	Frag nicht so scheinheilig! Alle Knochen tun mir weh! Morgen komme ich bestimmt vor Muskelkater nicht aus dem Bett.
Gabriele:	Brauchst du ja auch nicht. Morgen ist Samstag, und du kannst dich das ganze Wochenende auf deinen Lorbeeren ausruhen!

So, jetzt hören Sie bitte noch einmal zu!

Gabriele:	Wie wär's, es ist so schön draußen, wollen wir nicht eine Partie Tennis spielen?
Helga:	Da muss ich dich leider enttäuschen. Ich bin viel zu kaputt. Ich habe nämlich heute Morgen schon Tennis gespielt. Und rate mal, was mir dabei passiert ist!
Gabriele:	Dein Trainer hat dir gesagt, du solltest regelmäßig trainieren ...?
Helga:	Das wäre ja nichts Neues! Nein, ich habe im Klubturnier gegen Inge Wilms gespielt.

Antworten Sie!

Hat Helga Treppmann gerade ein paar Tage Urlaub?	Ja, sie hat gerade ein paar Tage Urlaub.
Kommt ihre Mutter oder ihre Schwester Gabriele vorbei?	Ihre Schwester Gabriele kommt vorbei.
Will Gabriele Karten spielen?	Nein, sie will nicht Karten spielen.
Sie sagt, sie wolle eine Partie Tennis spielen, nicht?	Ja, richtig, sie sagt, sie wolle eine Partie Tennis spielen.
Und, hat Helga Lust zu spielen?	Nein, sie hat keine Lust zu spielen.

Warum nicht? Sagt sie, sie hätte heute schon gespielt?

Ja, sie sagt, sie hätte heute schon gespielt.

Gegen wen hat sie gespielt, gegen mich oder gegen Inge Wilms?

Sie hat gegen Inge Wilms gespielt.

Und jetzt sagt sie, sie sei ziemlich kaputt, was?

Ja, jetzt sagt sie, sie sei ziemlich kaputt.

Also, Helga sagt, sie wolle kein Tennis spielen, weil sie ziemlich kaputt sei, richtig?

Richtig! Sie sagt, sie wolle kein Tennis spielen, weil sie ziemlich kaputt sei.

Gut! Hören wir jetzt weiter zu!

Helga: *Das wäre ja nichts Neues! Nein, ich habe im Klubturnier gegen Inge Wilms gespielt. Du weißt schon: die mit dem harten Aufschlag. Ihr Bruder ist Tennislehrer, und sie ist eine der besten Spielerinnen in unserem Verein.*

Gabriele: *Und wie hoch hast du verloren?*

Helga: *Verloren? Gewonnen habe ich! Bevor es los ging, machten noch alle ihre Witze. Und Inge sagte, sie wolle mir mal zeigen, wie schnell so ein Satz gespielt werden könne.*

Gabriele: *Aber wie hast du es denn nur geschafft, sie zu schlagen?*

Helga: *Ach weißt du, mich überkam plötzlich der Ehrgeiz, und ich habe gekämpft wie ein Weltmeister.*

Antworten Sie!

Haben Helga und Inge im Klubturnier gespielt?

Ja, sie haben im Klubturnier gespielt.

Hat Inge einen weichen oder einen harten Aufschlag?

Sie hat einen harten Aufschlag.

War Inge sicher, sie würde die Partie gewinnen?

Ja, sie war sicher, sie würde die Partie gewinnen.

Sie wollte Helga zeigen, wie schnell ein Satz gespielt werden kann, richtig?

Richtig! Sie wollte Helga zeigen, wie schnell ein Satz gespielt werden kann.

Und, wie ist es gelaufen? Hat Helga verloren?

Nein, sie hat nicht verloren.

Helga hat es geschafft, Inge zu schlagen, nicht?

Ja, richtig, sie hat es geschafft, Inge zu schlagen.

Gut! Hören Sie jetzt weiter zu!

Helga: *Ach, weißt du, mich überkam plötzlich der Ehrgeiz, und ich habe gekämpft wie ein Weltmeister. Nur den ersten Satz konnte sie gewinnen, danach habe ich sie mit meiner Vorhand und mit*

Flugbällen kreuz und quer über den Platz gejagt. Je länger wir
spielten, desto mehr kam ich in Fahrt.

Gabriele: Du musst ja wirklich schwer in Form gewesen sein! Was für ein
Erfolgserlebnis! Hast du sie wenigstens nach deinem Sieg gefragt, ob
du ihr vielleicht ein paar Tricks zeigen solltest?

Helga: Schade, auf die Idee bin ich gar nicht gekommen. Sie war nach dem
Spiel auch sofort verschwunden. Die anderen meinten, sie könne
eben Niederlagen sehr schlecht ertragen.

Antworten Sie!

Hat Helga den ersten Satz gewonnen?

Nein, sie hat ihn nicht gewonnen.

Aber je länger sie spielte, desto
mehr kam sie in Fahrt, nicht?

Ja, richtig, je länger sie spielte,
desto mehr kam sie in Fahrt.

Sie sagte, sie hätte gespielt wie ein
Weltmeister, was?

Ja, sie sagte, sie hätte gespielt wie
ein Weltmeister.

Sagte sie, Inge wäre nach dem
Spiel geblieben?

Nein, sie sagte nicht, Inge wäre
nach dem Spiel geblieben.

Sie sagte, sie wäre verschwunden,
oder?

Ja, sie sagte, sie wäre
verschwunden.

Schön. Jetzt bitte noch einmal zuhören.

Gabriele: Na ja, nicht jeder ist ein guter Verlierer. Und wie fühlst du dich jetzt,
als neuer Champion?

Helga: Frag nicht so scheinheilig! Alle Knochen tun mir weh! Morgen
komme ich bestimmt vor Muskelkater nicht aus dem Bett.

Gabriele: Brauchst du ja auch nicht. Morgen ist Samstag, und du kannst dich
das ganze Wochenende auf deinen Lorbeeren ausruhen!

Antworten Sie!

Wie fühlt sich Helga jetzt, ausgezeichnet
oder nicht so besonders?

Sie fühlt sich nicht so besonders.

Warum? Tun ihr alle Knochen weh?

Ja, ihr tun alle Knochen weh.

Aber Gabriele meint, sie könne sich
morgen ausruhen, nicht?

Ja, richtig, Gabriele meint, sie
könne sich morgen ausruhen.

Welcher Tag ist morgen, Montag
oder Samstag?

Morgen ist Samstag.

Sagt Gabriele, Helga könne sich am
Wochenende ausruhen?

Ja, sie sagt, Helga könne sich am
Wochenende ausruhen.

Wie bitte? Was sagt sie?

Sie sagt, Helga könne sich am
Wochenende ausruhen.

Sehr gut! Wiederholen Sie!

„Du kannst dich am Wochenende ausruhen."
Sie sagt, sie könne sich am Wochenende ausruhen.

„Du musst nächste Woche wieder spielen."
Sie sagt, sie müsse nächste
Woche wieder ...

Sie sagt, sie müsse nächste
Woche wieder spielen.

„Du kannst nie genug üben!"
Sie sagt, sie könne nie ...

Sie sagt, sie könne nie genug
üben.

„Du willst immer gewinnen!"
Sie sagt, sie wolle ...

Sie sagt, sie wolle immer
gewinnen.

„Du musst kämpfen wie ein Weltmeister."
Sie sagt, sie ...

Sie sagt, sie müsse kämpfen wie
ein Weltmeister.

„Du sollst Inge ein paar Tricks zeigen."
Sie sagt, ...

Sie sagt, sie solle Inge ein paar
Tricks zeigen.

Gut! Zum Schluss hören wir noch einmal die ganze Unterhaltung. Aber diesmal
bitte zuhören ... und wiederholen!

– *Wie wär's, es ist so schön draußen,*
  wollen wir nicht eine Partie Tennis spielen?

– *Ich bin viel zu kaputt.*
  Ich habe nämlich heute Morgen schon Tennis gespielt.

– *Und wie hoch hast du verloren?*

– *Verloren? Gewonnen habe ich!*

– *Und wie fühlst du dich jetzt, als neuer Champion?*

– *Morgen komme ich bestimmt vor Muskelkater nicht aus dem Bett.*

– *Morgen ist Samstag.*
  und du kannst dich das ganze Wochenende auf deinen Lorbeeren ausruhen!

Sehr schön! Ja ja, so kann ein anstrengendes Tennisspiel zu Ende gehen. Tja, und
das neunzehnte Kapitel geht hier auch zu Ende. Das ist das Ende von Band 19.
Vielen Dank ... und auf Wiederhören.

BAND 20   DER EINBRUCH

Es ist 18 Uhr. Brigitte Siebert kommt von der Arbeit nach Hause. Als sie aus dem
Auto steigt, sieht sie ihre Nachbarin, Frau Riemer, am Gartenzaun stehen. Die
beiden unterhalten sich eine Weile. Plötzlich bemerkt Frau Riemer, dass in ihrem
Haus Licht brennt.

Frau Riemer: *Hm, merkwürdig. Ich meine mich doch zu erinnern, das Licht*
                  heute Morgen ausgeschaltet zu haben!

Frau Siebert: *Sind vielleicht Ihr Mann oder die Kinder schon da?*

Frau Riemer:	Nein, das kann eigentlich nicht sein. Mein Mann ist im Büro, und die Jungs sind auf dem Sportplatz und kommen erst in einer Stunde zurück.
Frau Siebert:	Hat noch jemand einen Schlüssel? Eine Freundin vielleicht? Oder Ihre Mutter?
Frau Riemer:	Nein, nein. Nur mein Mann, die Kinder und ich haben einen Schlüssel. Um Himmels Willen! Und wenn jemand eingebrochen ist? Frau Siebert, würde es Ihnen etwas ausmachen, bei mir zu bleiben, bis ich mich vergewissert habe, dass wirklich niemand mehr im Haus ist?
Frau Siebert:	Natürlich nicht, kommen Sie, wir gehen mal ums Haus. Ach, es scheint wohl zu stimmen, was ich kürzlich in der Zeitung gelesen habe. Man kann nicht vorsichtig genug sein bei den vielen Einbrüchen in letzter Zeit!
Frau Riemer:	Sie machen mir ja richtig Angst, Frau Siebert! Vielleicht ist der Einbrecher ja noch im Haus. Sehen Sie mal, ... da, ... jemand scheint die Scheibe eingeschlagen zu haben.
Frau Siebert:	Oh Gott, oh Gott, bleiben Sie bloß von dem Fenster weg! Wir müssen sofort die Polizei holen! Hatten Sie eigentlich Bargeld im Haus?
Frau Riemer:	Nein, aber ... oje, meine Perlenkettte auf dem Nachttisch ... und im Wohnzimmerschrank Dieters Briefmarkensammlung!

(Von Sieberts aus rufen sie die Polizei an. Wenige Minuten später kommen zwei Polizeibeamte. Sie gehen durchs Haus und finden im Wohnzimmer ein Durcheinander von Büchern und Papieren vor. Auf dem Küchentisch liegt ein handgeschriebener Zettel. Etwa ein Drohbrief? Frau Riemer liest ihn und wendet sich den Beamten zu.)

Frau Riemer:	Meine Herren, ich glaube, es ist nicht nötig.. Fingerabdrücke zu nehmen. Es ist mir ja außerordentlich peinlich, aber das hier ist die Handschrift von meinem Sohn. Hören Sie sich das bloß an:
	Liebe Mami,
	ich habe noch die Bibliographie für mein Referat fertigmachen müssen. Ich hatte aber den Haustürschlüssel vergessen. Deshalb habe ich versucht, durchs Küchenfenster einzusteigen. Leider ging es dabei kaputt. Entschuldige bitte vielmals. Küsschen, Hans-Peter

So, jetzt hören Sie bitte noch einmal zu!

Frau Riemer:	Hm, merkwürdig. Ich meine mich doch zu erinnern, das Licht heute Morgen ausgeschaltet zu haben!

Frau Siebert:	Sind vielleicht Ihr Mann oder die Kinder schon da?
Frau Riemer:	Nein, das kann eigentlich nicht sein. Mein Mann ist im Büro, und die Jungs sind auf dem Sportplatz und kommen erst in einer Stunde zurück.
Frau Siebert:	Hat noch jemand einen Schlüssel? Eine Freundin vielleicht? Oder Ihre Mutter?
Frau Riemer:	Nein, nein.

Antworten Sie!

Frau Siebert unterhält sich mit ihrer Nachbarin Frau Riemer, nicht?

Ja, richtig, sie unterhält sich mit ihrer Nachbarin Frau Riemer.

Sieht Frau Riemer in ihrem Haus das Licht brennen?

Ja, sie sieht dort das Licht brennen.

Aber sie meint sich zu erinnern, das Licht ausgeschaltet zu haben, richtig?

Richtig, sie meint sich zu erinnern, das Licht ausgeschaltet zu haben.

Sind ihr Mann oder die Kinder zu Hause?

Nein, sie sind nicht zu Hause.

Ihr Mann ist im Büro und die Jungs sind auf dem Sportplatz, oder?

Ja, ihr Mann ist im Büro und die Jungs sind auf dem Sportplatz.

Gut! Hören Sie jetzt weiter zu!

Frau Riemer:	Nein, nein. Nur mein Mann, die Kinder und ich haben einen Schlüssel. Um Himmels Willen! Und wenn jemand eingebrochen ist? Frau Siebert, würde es Ihnen etwas ausmachen, bei mir zu bleiben, bis ich mich vergewissert habe, dass wirklich niemand mehr im Haus ist?
Frau Siebert:	Natürlich nicht, kommen Sie, wir gehen mal ums Haus. Ach, es scheint wohl zu stimmen, was ich kürzlich in der Zeitung gelesen habe. Man kann nicht vorsichtig genug sein bei den vielen Einbrüchen in letzter Zeit!
Frau Riemer:	Sie machen mir ja richtig Angst, Frau Siebert! Vielleicht ist der Einbrecher ja noch im Haus. Sehen Sie mal, ... da, ... jemand scheint die Scheibe eingeschlagen zu haben.

Antworten Sie!

Bittet Frau Riemer Frau Siebert, sie möchte bei ihr bleiben?

Ja, sie bittet sie, sie möchte bei ihr bleiben.

Warum? Will sie sich vergewissern, dass niemand im Haus ist?

Ja, sie will sich vergewissern, dass niemand im Haus ist.

Bleiben sie deshalb vor dem Haus stehen?

Nein, sie bleiben nicht vor dem Haus stehen.

Sie gehen ums Haus, oder?

Ja, sie gehen ums Haus.

Sie gehen ums Haus, um festzustellen, ob jemand eingebrochen ist, richtig?

Richtig! Sie gehen ums Haus, um festzustellen, ob jemand eingebrochen ist.

Hat jemand eine Scheibe eingeschlagen?

Ja, jemand hat eine Scheibe eingeschlagen.

Jemand scheint eine Scheibe eingeschlagen zu haben, oder?

Ja, jemand scheint eine Scheibe eingeschlagen zu haben.

Sehr Gut! Wiederholen Sie!
Jemand hat eine Scheibe eingeschlagen.
Jemand scheint eine Scheibe eingeschlagen zu haben.

Jemand ist eingebrochen.
Jemand scheint eingebrochen zu ...

Jemand scheint eingebrochen zu sein.

Jemand ist im Haus gewesen.
Jemand scheint im Haus gewesen ...

Jemand scheint im Haus gewesen zu sein.

Jemand hat das Fenster geöffnet.
Jemand scheint ...

Jemand scheint das Fenster geöffnet zu haben.

Jemand hat das Licht eingeschaltet.
Jemand ...

Jemand scheint das Licht eingeschaltet zu haben.

Jemand ist ins Haus eingestiegen.
Jemand ...

Jemand scheint ins Haus eingestiegen zu sein.

Gut! Hören Sie jetzt wieder zu!

> Frau Riemer: *Sehen Sie mal, ... da, ... jemand scheint die Scheibe eingeschlagen zu haben.*
>
> Frau Siebert: *Oh Gott, oh Gott, bleiben Sie bloß von dem Fenster weg! Wir müssen sofort die Polizei holen! Hatten Sie eigentlich Bargeld im Haus?*
>
> Frau Riemer: *Nein, aber ... oje, meine Perlenkette auf dem Nachttisch ... und im Wohnzimmerschrank Dieters Briefmarkensammlung.*

Antwtorten Sie!
Bitte Frau Siebert Frau Riemer, vom Fenster wegzubleiben?

Ja, sie bittet sie, vom Fenster wegzubleiben.

Hatte Frau Riemer Bargeld im Haus?

Nein, sie hatte kein Bargeld im Haus.

Was lag auf dem Nachttisch, eine Uhr oder eine Perlenkette?

Auf dem Nachttisch lag eine Perlenkette.

Also, sie hatte kein Bargeld im Haus, aber auf dem Nachttisch lag eine Perlenkette, oder?

Ja, sie hatte kein Bargeld im Haus, aber auf dem Nachttisch lag eine Perlenkette.

Schön. Jetzt bitte noch einmal zuhören.

Frau Riemer: *Meine Herren, ich glaube, es ist nicht nötig, Fingerabdrücke zu nehmen. Es ist mir ja außerordentlich peinlich, aber das hier ist die Handschrift von meinem Sohn. Hören Sie sich das bloß an: Liebe Mami, ich habe noch die Bibliographie für mein Referat fertigmachen müssen. Ich hatte aber den Haustürschlüssel vergessen. Deshalb habe ich versucht, durchs Küchenfenster einzusteigen. Leider ging es dabei kaputt. Entschuldige bitte vielmals.*
Küsschen, Hans-Peter

Antworten Sie!

Frau Riemer hat einen Zettel auf dem Küchentisch gefunden, nicht?

Ja, richtig, sie hat einen Zettel auf dem Küchentisch gefunden.

Wessen Handschrift war das, die von ihrem Mann oder die von ihrem Sohn?

Es war die von ihrem Sohn.

Er schrieb, er hätte seinen Haustürschlüssel vergessen, stimmt's?

Ja, er schrieb, er hätte seinen Haustürschlüssel vergessen.

Ist er deshalb durchs Küchenfenster eingestiegen?

Ja, deshalb ist er durchs Küchenfenster eingestiegen.

Er schrieb, er hätte seinen Schlüssel vergessen und wäre deshalb durchs Küchenfenster eingestiegen, richtig?

Richtig! Er schrieb, er hätte seinen Schlüssel vergessen und wäre deshalb durchs Küchenfenster eingestiegen.

Gut! Zum Schluss hören wir noch einmal die ganze Unterhaltung. Diesmal bitte zuhören ... und wiederholen!

– *Ich meine mich doch zu erinnern,*
  das Licht heute Morgen ausgeschaltet zu haben.
– *Hat noch jemand einen Schlüssel?*
– *Nein, nein. Nur mein Mann, die Kinder und ich haben einen Schlüssel.*
  Sehen Sie mal, ... da ...
  jemand scheint die Scheibe eingeschlagen zu haben.
  Hören sie sich das bloß an:
  Liebe Mami, ich hab noch die Bibliographie für mein Referat fertig machen müssen.
  Ich hatte aber den Haustürschlüssel vergessen.
  Deshalb habe ich versucht, durchs Küchenfenster einzusteigen.
  Entschuldige bitte vielmals.
  Küsschen, Hans-Peter

Sehr schön! Ausgezeichnet! Na ja, die Einbruchsgeschichte ist ja doch noch gut zu Ende gegangen, ... und Kapitel 20 geht hier auch zu Ende. So, das ist das Ende von Band 20. Vielen Dank ... und auf Wiederhören.

BAND 21   SO VIEL GELD!

Jeden Samstagabend, während der Ziehung der Lottozahlen, sitzen Treppmanns Eltern wie Millionen andere gespannt vor dem Fernseher. Haben sie diesmal etwa richtig getippt? Und ob! ... Endlich ist es passiert: Treppmanns haben einen Volltreffer gelandet! Am nächsten Morgen haben sie den Schock des Vorabends noch immer nicht überwunden.

Siegfried: *2 – 7 – 11 – 18 – 23 – 29 und 34! Ich habe nur noch diese Zahlen im Kopf, Hilde. Es ist einfach unglaublich!*

Hildegard: *Sind das auch wirklich unsere Zahlen? Wo ist der Lottoschein überhaupt? Hast du denn schon die Lottogesellschaft und das Fernsehen angerufen?*

Siegfried: *Zum hundertsten Male: Ja doch! Ich habe während der ganzen Nacht kein Auge zugetan. Bestimmt zwanzigmal bin ich aufgestanden, um zu sehen, ob die Zahlen auch wirklich stimmen. Freu dich, Hilde! Ich habe mir schon alles ausgemalt: Von heute an wird alles anders!*

Hildegard: *Ach, Siggi, ich weiß nicht, aber manch einer hat sich mit so viel Geld schon unglücklich gemacht. Letzten Endes bin ich doch ziemlich zufrieden mit unserem Leben, so wie es ist. Trotz aller kleinen Sorgen!*

Siegfried: *Ich ja auch, Hildchen, aber du willst doch deshalb das Geld nicht ablehnen, oder? Sobald es auf unserem Konto ist, fangen wir an zu reisen: nach Rio und Acapulco, auf die Kanarischen Inseln, nach Florida ...*

Hildegard: *Nun mal langsam! Statt solcher Weltreisen würde ich viel lieber erst einmal in den Bayrischen Wald zu meinem Vetter fahren. Der wartet schon seit zwei Jahren auf unseren Besuch.*

Siegfried: *Na gut, aber danach kaufen wir uns gleich ein Haus am Mittelmeer und ziehen dahin! Stell dir nur mal vor: Jeden Tag segeln und in der Sonne liegen ...*

Hildegard: *Segeln? Ich mag doch gar nicht segeln, Siggi! Und umziehen? Unsere Freunde und Kinder sind doch alle hier, und wir haben doch immer hier gelebt ...*

Siegfried: *Wart's nur ab! Wenn du erst das blaue Meer siehst, willst du nie mehr woanders leben. Dir wird doch unser neuer Reichtum nicht peinlich sein?*

Hildegard: *Nein, nein, natürlich nicht! Aber ich würde viel lieber erst einmal ein Haus für die Kinder kaufen ...*

Siegfried: *Und für uns ein schönes, großes, neues Auto, oder auch zwei, wo wir jetzt ja so viel Geld haben, und ...*

| Hildegard: | Oh Siggi, nun beruhige dich doch. Sonst kriegst du noch einen Herzschlag wegen des ganzen Geldes. Das wäre ja auch nicht der Sinn der Sache! |
| Siegfried: | Vielleicht hast du Recht. Ach, ich gehe jetzt die Zeitung holen. Hast du nicht ein paar Mark für mich? Ich bin nämlich im Augenblick etwas knapp bei Kasse ... |

So, jetzt hören Sie bitte noch einmal zu!

Siegfried:	2 – 7 – 11 – 18 – 23 – 29 und 34! Ich habe nur noch diese Zahlen im Kopf, Hilde. Es ist einfach unglaublich!
Hildegard:	Sind das auch wirklich unsere Zahlen? Wo ist der Lottoschein überhaupt? Hast du denn schon die Lottogesellschaft und das Fernsehen angerufen?
Siegfried:	Zum hundertsten Male: Ja doch! Ich habe während der ganzen Nacht kein Auge zugetan. Bestimmt zwanzigmal bin ich aufgestanden, um zu sehen, ob die Zahlen auch wirklich stimmen. Freu dich, Hilde! Ich habe mir schon alles ausgemalt: Von heute an wird alles anders!

Antworten Sie!

Woran denkt Siegfried, an sein Essen oder an seine Gewinnzahlen?	Er denkt an seine Gewinnzahlen.
Hat er in der Nacht gut geschlafen?	Nein, er hat in der Nacht nicht gut geschlafen.
Er sagt, er hätte die ganze Nacht kein Auge zugetan, stimmt's?	Ja, er sagt, er hätte die ganze Nacht kein Auge zugetan.
Wieso? Hat er feststellen wollen, ob seine Zahlen stimmen?	Ja, er hat feststellen wollen, ob seine Zahlen stimmen.
Er ist dauernd aufgestanden, um festzustellen, ob seine Zahlen stimmen, richtig?	Richtig! Er ist dauernd aufgestanden, um festzustellen, ob seine Zahlen stimmen.

Gut! Hören wir jetzt weiter zu!

Hildegard:	Ach, Siggi, ich weiß nicht, aber manch einer hat sich mit so viel Geld schon unglücklich gemacht. Letzten Endes bin ich doch ziemlich zufrieden mit unserem Leben, so wie es ist. Trotz aller kleinen Sorgen.
Siegfried:	Ich ja auch, Hildchen, aber du willst doch deshalb das Geld nicht ablehnen, oder? Sobald es auf unserem Konto ist, fangen wir an zu reisen: nach Rio und Acapulco, auf die Kanarischen Inseln, nach Florida ...
Hildegard:	Nun mal langsam! Statt solcher Weltreisen würde ich viel

lieber erst einmal in den Bayrischen Wald zu meinem Vetter
fahren. Der wartet schon seit zwei Jahren auf unseren Besuch.

Antworten Sie!

Was möchte Siegfried mit dem Geld tun?

Möchte er zu Hause bleiben oder reisen? — Er möchte reisen.

Und Hildegard, möchte sie auch reisen? — Nein, sie möchte nicht reisen.

Sie würde lieber zu ihrem Vetter
fahren, nicht? — Ja, richtig, sie würde lieber zu
ihrem Vetter fahren.

Wartet er schon lange auf ihren Besuch? — Ja, er wartet schon lange auf ihren
Besuch.

Wie lange wartet er schon, seit zwei
Wochen oder seit zwei Jahren? — Er wartet schon seit zwei Jahren.

Also, Hildegard würde lieber zu ihrem
Vetter fahren, weil er schon seit zwei
Jahren auf ihren Besuch wartet, oder? — Ja, sie würde lieber zu ihrem Vetter
fahren, weil er schon seit zwei
Jahren auf ihren Besuch wartet.

Gut! Hören Sie jetzt wieder zu!

Hildegard: *Statt solcher Weltreisen würde ich viel lieber erst einmal in den*
Bayrischen Wald zu meinem Vetter fahren. Der wartet schon seit
zwei Jahren auf unseren Besuch.

Siegfried: *Na gut, aber danach kaufen wir uns gleich ein Haus am*
Mittelmeer und ziehen dahin! Stell dir nur mal vor: Jeden Tag
segeln und in der Sonne liegen ...

Hildegard: *Segeln? Ich mag doch gar nicht segeln, Siggi! Und umziehen?*
Unsere Freunde und Kinder sind doch alle hier, und wir haben
doch immer hier gelebt ...

Siegfried: *Wart's nur ab! Wenn du erst das blaue Meer siehst, willst du*
nie mehr woanders leben. Dir wird doch unser neuer Reichtum
nicht peinlich sein?

Hildegard: *Nein, nein, natürlich nicht!*

Antworten Sie!

Möchte Siegfried am Mittelmeer Urlaub
machen, oder möchte er dorthin umziehen? — Er möchte dorthin umziehen.

Was möchte er dort kaufen, eine
Wohnung? — Nein, er möchte dort keine
Wohnung kaufen.

Er möchte dort ein Haus kaufen, oder? — Ja, er möchte dort ein Haus kaufen.

Also, Siegfried möchte am Mittelmeer
ein Haus kaufen und dorthin umziehen,
richtig? — Richtig! Er möchte am Mittelmeer
ein Haus kaufen und dorthin
umziehen.

Schön. Jetzt bitte noch einmal zuhören.

Hildegard: *Aber ich würde viel lieber erst einmal ein Haus für die Kinder kaufen ...*

Siegfried: *Und für uns ein schönes, großes, neues Auto, oder auch zwei, wo wir jetzt ja so viel Geld haben, und ...*

Hildegard: *Oh Siggi, nun beruhige dich doch. Sonst kriegst du noch einen Herzschlag wegen des ganzen Geldes. Das wäre ja auch nicht der Sinn der Sache!*

Siegfried: *Vielleicht hast du Recht. Ach, ich gehe jetzt die Zeitung holen. Hast du nicht ein paar Mark für mich? Ich bin nämlich im Augenblick etwas knapp bei Kasse ...*

Antworten Sie!
Was möchte Siegfried noch kaufen.
ein Auto?

Ja, er möchte ein Auto kaufen.

Wie bitte, nur eins? Oder möchte er gleich zwei neue Autos kaufen?

Er möchte gleich zwei neue Autos kaufen.

Rät Hildegard ihrem Mann, er solle sich beruhigen?

Ja, sie rät ihm, er solle sich beruhigen.

Warum? Ist er aufgeregt?

Ja, er ist aufgeregt.

Ist er aufgeregt wegen der Arbeit oder wegen des Geldes?

Er ist aufgeregt wegen des Geldes.

Na sehr gut! Wiederholen Sie!
Er denkt an das Geld.
Er ist aufgeregt wegen des Geldes.

Er denkt an die Reise.
Er ist aufgeregt wegen der ...

Er ist aufgeregt wegen der Reise.

Er denkt an den Lottoschein.
Er ist aufgeregt wegen ...

Er ist aufgeregt wegen des Lottoscheins.

Er denkt an die Zahlen.
Er ist aufgeregt ...

Er ist aufgeregt wegen der Zahlen.

Er denkt an den neuen Wagen.
Er ...

Er ist aufgeregt wegen des neuen Wagens.

Er denkt an die vielen Ferien.
Er ...

Er ist aufgeregt wegen der vielen Ferien.

Er denkt an das große Haus.
Er ...

Er ist aufgeregt wegen des großen Hauses.

Er denkt an die goldene Zukunft.
Er ...

Er ist aufgeregt wegen der goldenen Zukunft.

TONBANDTEXTE

Gut! Zum Schluss hören wir noch einmal die ganze Unterhaltung. Diesmal bitte zuhören ... und wiederholen!

– *2 – 7 – 11 – 18 – 23 – 29 und 34!*
  Ich habe nur noch diese Zahlen im Kopf, Hilde.
– *Ach, Siggi, ich weiß nicht,*
  aber manch einer hat sich mit so viel Geld schon unglücklich gemacht.
– *Sobald es auf unserem Konto ist, fangen wir an zu reisen:*
  nach Rio und Acapulco, auf die Kanarischen Inseln, nach Florida ...
– *Aber ich würde lieber erst einmal ein Haus für die Kinder kaufen ...*
– *Und für uns ein schönes, großes, neues Auto, oder auch zwei,*
  wo wir jetzt ja so viel Geld haben ...
– *Oh Siggi, nun beruhige dich doch.*

Ausgezeichnet! So, die Unterhaltung zwischen Siggi und Hilde Treppmann ist zu Ende, und das einundzwanzigste Kapitel ist hier auch zu Ende. Tja, hier endet Band 21. Vielen Dank ... und auf Wiederhören.

BAND 22   VIEL ZUVIEL ÜBERSTUNDEN

Beate Köhler, Herrn Sieberts Sekretärin, muss vorübergehend die Arbeit einer abwesenden Kollegin miterledigen und macht deshalb seit einiger Zeit ständig Überstunden. Ihr Freund Jürgen will sie zum Essen abholen und ruft sie deshalb an. Aber sie sagt, sie habe keine Zeit.

Jürgen: *Hör mal, Beate, ich finde, dass du in letzter Zeit sehr blass aussiehst. Es ist auch kein Wunder. Du arbeitest ja wirklich Tag und Nacht!*

Beate: *Was soll ich denn machen? Bis Frau Schaar von ihrer Kur in der Schweiz zurück ist, muss ich noch durchhalten. Du hast ja keine Ahnung, wie viel Arbeit ich im Augenblick habe! Mit viel Glück werde ich die Unterlagen für die ULTRASPORT-Kampagne bis übermorgen fertig bearbeitet haben, und dann geht es gleich mit Frau Schaars Sachen weiter.*

Jürgen: *Wann kommt denn Frau Schaar endlich zurück? Es sind ja schon fast zwei Wochen ...*

Beate: *In zehn Tagen, voraussichtlich. Bis dahin wird sie sich hoffentlich dank ihrer Kur bestens erholt haben. Sobald sie wieder im Büro ist, kann ich dann endlich meinen Urlaub nehmen.*

Jürgen: *So gefällst du mir schon besser! Nur, wie willst du die Doppelbelastung noch so lange aushalten? Man sieht dir schon von weitem an, dass du überarbeitet bist. Vielleicht solltest du wenigstens mal ein paar Vitamintabletten nehmen.*

Beate: Oh, ja! *Vitamine sind immer gut! Am besten, du besorgst mir gleich ein ganzes Kilo aus der Apotheke!*

Jürgen: *Moment mal! Du willst mich nur loswerden, damit du noch ein Stündchen in Ruhe arbeiten kannst! Es ist doch nicht zu glauben! Ich mache mir Sorgen um dich, und du machst dich über mich lustig! So kann das nicht weitergehen. Es ist schließlich Freitagabend! Du wirst dich heute Abend mal ausruhen! Wie wär's, wenn wir erst etwas essen und uns dann zusammen den Krimi im Fernsehen ansehen?*

Beate: *Na gut, vielleicht hast du Recht. Ich kann mich sowieso nicht mehr konzentrieren. Da ist Fernsehen genau das Richtige! Lass uns doch eine Pizza bestellen!*

Jürgen: *Gute Idee! Wir treffen uns in einer halben Stunde bei dir. Während ich bei Cimino Pizza besorge, wirst du es dir dann hoffentlich schon auf dem Sofa bequem gemacht haben.*

Beate: *Gut, Jürgen, aber jetzt muss ich Schluss machen. Ich habe noch zu tun. Spätestens Montagmorgen müssen die fertigen Werbeunterlagen auf Sieberts Schreibtisch liegen! Das habe ich ihm fest versprochen ...*

So, jetzt hören Sie bitte noch einmal zu!

Jürgen: *Hör mal, Beate, ich finde, dass du in letzter Zeit sehr blass aussiehst. Es ist auch kein Wunder. Du arbeitest ja wirklich Tag und Nacht!*

Beate: *Was soll ich denn machen? Bis Frau Schaar von ihrer Kur in der Schweiz zurück ist, muss ich noch durchhalten. Du hast ja keine Ahnung, wie viel Arbeit ich im Augenblick habe! Mit viel Glück werde ich die Unterlagen für die ULTRASPORT-Kampagne bis übermorgen fertig bearbeitet haben, und dann geht es gleich mit Frau Schaars Sachen weiter.*

Antworten Sie!

Findet Jürgen, dass Beate in letzter Zeit blass aussieht?	Ja, er findet, dass sie in letzter Zeit blass aussieht.
Woran liegt das? Hat sie zu viel oder zu wenig gearbeitet?	Sie hat zu viel gearbeitet.
Warum? Ist ihre Kollegin Frau Schaar im Urlaub?	Nein, sie ist nicht im Urlaub.
Frau Schaar ist in Kur, nicht?	Ja, richtig, sie ist in Kur.
Was bearbeitet Beate gerade, Unterlagen für die BERLITZ-Kampagne?	Nein, sie bearbeitet keine Unterlagen für die BERLITZ-Kampagne.
Sie bearbeitet Unterlagen für die ULTRASPORT-Kampagne, stimmt's?	Ja, sie bearbeitet Unterlagen für die ULTRASPORT-Kampagne.

Bis wann müssen die Unterlagen fertig
bearbeitet sein, bis nächste Woche
oder bis übermorgen?

Sie müssen bis übermorgen fertig
bearbeitet sein.

Gut! Hören wir jetzt weiter zu!

Jürgen: *Wann kommt denn Frau Schaar endlich zurück? Es sind ja schon fast
zwei Wochen ...*

Beate: *In zehn Tagen, voraussichtlich. Bis dahin wird sie sich hoffentlich dank
ihrer Kur bestens erholt haben. Sobald sie wieder im Büro ist, kann ich
dann endlich meinen Urlaub nehmen.*

Jürgen: *So gefällst du mir schon besser! Nur, wie willst du die Doppelbelastung
noch so lange aushalten? Man sieht dir schon von weitem an, dass du
überabeitet bist.*

Antworten Sie!
Wie lange ist Frau Schaar schon in Kur,
zwei Tage oder zwei Wochen?

Sie ist schon zwei Wochen
in Kur.

Wird sie in zwei Tagen zurückkommen?

Nein, sie wird nicht in zwei Tagen
zurückkommen.

Sie Wird in zehn Tagen zurückkommen,
nicht?

Ja, richtig, sie wird in zehn Tagen
zurückkommen.

Wird sie sich erholen?

Ja, sie wird sich erholen.

In zehn Tagen wird sie sich gut erholt
haben, richtig?

Ja, in zehn Tagen wird sie sich gut
erholt haben.

Sehr gut! Wiederholen Sie!
Sie wird sich erholen.
In zehn Tagen wird sie sich erholt haben.

Sie wird morgen mit ihrem Arzt sprechen.
Bis übermorgen wird sie mit ihrem Arzt
gesprochen ...

Bis übermorgen wird sie mit ihrem
Arzt gesprochen haben.

Heute Mittag wird sie mich anrufen.
Bis heute Abend wird sie ...

Bis heute Abend wird sie mich
angerufen haben.

Anfang der Woche wird sie Sport treiben.
Bis Ende der Woche wird ...

Bis Ende der Woche wird sie Sport
getrieben haben.

Um zwei Uhr wird sie spazierengehen.

Bis um vier Uhr wird ...
Anfang nächster Woche wird sie sich
melden.

Bis um vier Uhr wird sie

spazieren gegangen sein.

Bis Mitte nächster Woche ...

Bis Mitte nächster Woche wird sie
sich gemeldet haben.

Gut! Hören Sie jetzt wieder zu!

Jürgen: Man sieht dir schon von weitem an, dass du überarbeitet bist. Vielleicht solltest du wenigstens mal ein paar Vitamintabletten nehmen.

Beate: Oh, ja! Vitamine sind immer gut! Am besten, du besorgst mir gleich ein ganzes Kilo aus der Apotheke!

Jürgen: Moment mal! Du willst mich nur loswerden, damit du noch ein Stündchen in Ruhe arbeiten kannst! Es ist doch nicht zu glauben! Ich mache mir Sorgen um dich, und du machst dich über mich lustig! So kann das nicht weitergehen. Es ist schließlich Freitagabend! Du wirst dich heute Abend mal ausruhen! Wie wär's, wenn wir erst etwas essen und uns dann zusammen den Krimi im Fernsehen ansehen?

Beate: Na gut, vielleicht hast du Recht.

Antworten Sie!

Findet Jürgen, dass Beate überarbeitet ist?	Ja, er findet, dass sie überarbeitet ist.
Was schlägt er ihr vor: dass sie einen Schnaps oder Vitamine nehmen soll?	Er schlägt ihr vor, dass sie Vitamine nehmen soll.
Möchte Jürgen heute Abend ausgehen?	Nein, er möchte heute Abend nicht ausgehen.
Er würde lieber fernsehen, oder?	Ja, er würde lieber fernsehen.
Und was würde er sich gern ansehen, die Nachrichten oder einen Krimi?	Er würde sich gern einen Krimi ansehen.

Schön. Jetzt bitte noch einmal zuhören.

Beate: Na gut, vielleicht hast du Recht. Ich kann mich sowieso nicht mehr konzentrieren. Da ist Fernsehen genau das Richtige! Lass uns doch eine Pizza bestellen!

Jürgen: Gute Idee! Wir treffen uns in einer halben Stunde bei dir. Während ich bei Cimino Pizza besorge, wirst du es dir dann hoffentlich schon auf dem Sofa bequem gemacht haben.

Beate: Gut, Jürgen, aber jetzt muss ich Schluss machen. Ich habe noch zu tun. Spätestens Montagmorgen müssen die fertigen. Werbeunterlagen auf Sieberts Schreibtisch liegen! Das habe ich ihm fest versprochen ...

Antworten Sie!

Hat Beate Lust, heute Abend fernzusehen?	Ja, sie hat Lust, heute Abend fernzusehen.
Sie meint, dass Fernsehen heute Abend genau das Richtige sei, stimmt's?	Stimmt! Sie meint, dass Fernsehen heute Abend genau das Richtige sei.
Wo werden sich die beiden treffen,. in der Berlitz-Schule?	Nein, sie werden sich nicht in der Berlitz-Schule treffen.

Sie werden sich bei Beate treffen, oder?	Ja, sie werden sich bei Beate treffen.
Was werden sie bestellen, Spagetti oder eine Pizza?	Sie werden eine Pizza bestellen.
Und wer wird die Pizza besorgen, Jürgen oder Beate?	Jürgen wird die Pizza besorgen.
Wird Beate es sich bis dahin bequem gemacht haben?	Ja, sie wird es sich bis dahin bequem gemacht haben.
Also, Beate wird es sich bequem gemacht haben, bis Jürgen die Pizza besorgt hat, richtig?	Richtig! Beate wird es sich bequem gemacht haben, bis Jürgen die Pizza besorgt hat.

Gut! Zum Schluss hören wir noch einmal die ganze Unterhaltung. Aber diesmal bitte zuhören ... und wiederholen!

– *Hör mal, Beate, ich finde, dass du in letzter Zeit sehr blass aussiehst. Du arbeitest ja wirklich Tag und Nacht!*

– *Bis Frau Schaar von ihrer Kur in der Schweiz zurück ist, muss ich noch durchhalten.*

– *Du wirst dich heute Abend mal ausruhen!*

– *Na gut, vielleicht hast du Recht.*

– *Wir treffen uns in einer halben Stunde bei dir.*

– *Gut, Jürgen, aber jetzt muss ich Schluss machen. Spätestens Montagmorgen müssen die fertigen Werbeunterlagen auf Sieberts Schreibtisch liegen!*

Schön, sehr schön! Tja, Beate beendet hier ihr Telefonat mit Jürgen. Und hier endet auch dieses Band, Band 22. So, das ist das Ende des zweiundzwanzigsten Kapitels. Vielen Dank ... und auf Wiederhören.

BAND 23   BERUFSBERATUNG

Herr Siebert bekommt im Büro Besuch von seiner Nichte Heike. Sie ist 19 Jahre alt und steht kurz vor dem Abitur.

Heike: *Hallo, Onkel Helmut! Ich war gerade hier in der Nähe, und da dachte ich mir, ich schaue mal kurz bei dir im Büro vorbei! Stör' ich? Eigentlich hatte ich vorher anrufen wollen, aber ...*

Herr Siebert: *Nein, nein, überhaupt nicht, Heike. Ich wollte sowieso gerade gehen. Wie wär's? Sollen wir nicht kurz um die Ecke einen Kaffee trinken gehen? Dort können wir uns auch in Ruhe ein bisschen unterhalten.*

(Sie gehen zusammen ins Café Edelhagen.)
Was gibt es denn Neues in der Schule?

Heike: *Ach, in drei Wochen geht es mit den Abiturprüfungen los, und ich bin schon ziemlich nervös! Gesten bekamen wir die genauen Termine gesagt, und danach habe ich vor Aufregung kaum schlafen können. Aber wenn alles glatt geht, bin ich Ende Juni endgültig mit der Schule fertig, und dann geht's erstmal in die Ferien.*

Herr Siebert: *Ich drücke dir auf jeden Fall die Daumen! Hast du dich inzwischen entschieden, was du nach dem Abitur machen willst? Du willst doch bestimmt studieren, oder?*

Heike: *Tja, das ist so eine Sache. Mutter meint, ich solle unbedingt Betriebswirtschaft studieren. Seit Monaten liegt sie mir damit in den Ohren. Sie zählt mir ständig die vielen Vorteile eines Universitätsstudiums auf, aber mich hat sie noch gar nicht richtig zu Wort kommen lassen.*

Herr Siebert: *Nun, was ist denn deine Meinung? Wie ich dich kenne, hast du doch bestimmt deine eigenen Vorstellungen.*

Heike: *Klar, ich möchte lieber eine kaufmännische Lehre machen. Dann kann ich erst einmal praktische Erfahrungen sammeln. Es wird sich dann zeigen, ob ich mich für einen Beruf in der Wirtschaft überhaupt werde begeistern können.*

Herr Siebert: *Guter Gedanke! Die Erfahrung der Praxis würde dir dann vielleicht helfen, die Theorie an der Universität besser zu verstehen. Tja, aber bevor du dich endgültig entscheidest, solltest du wirklich noch einmal mit deinen Eltern reden!*

Heike: *Das habe ich ja auch noch vor. Leider ist es nur sehr schwierig, einen guten Ausbildungsplatz zu finden.*

Herr Siebert: *Mal sehen, möglicherweise kann ich dir bei der Suche helfen. Ich habe erst vor kurzem einen Bekannten sagen hören, dass er einen Auszubildenden für die Bank suche.*

Heike: *Tatsächlich? Toll, eine Banklehre stelle ich mir sehr interessant vor. Vielleicht sollte ich mich mal dort bewerben.*

Herr Siebert: *Ich werde meinen Bekannten noch einmal darauf ansprechen und dir dann sagen, wie du bei der Bewerbung vorgehen sollst.*

So, jetzt hören wir noch einmal zu!

Heike: *Hallo, Onkel Günter! Ich war gerade hier in der Nähe, und da dachte ich mir, ich schaue mal kurz bei dir im Büro vorbei! Stör ich? Eigentlich hatte ich vorher anrufen wollen, aber ...*

Herr Siebert:	Nein, nein, überhaupt nicht, Heike. Ich wollte sowieso gerade gehen. Wir wär's? Sollen wir nicht kurz um die Ecke einen Kaffee trinken gehen? Dort können wir uns auch in Ruhe ein bisschen unterhalten.

(Sie gehen zusammen ins Café Edelhagen.)

Was gibt es denn Neues in der Schule?

Heike:	Ach, in drei Wochen geht es mit den Abiturprüfungen los, und ich bin schon ziemlich nervös!

Antworten Sie!

Hat Heike ihren Onkel im Büro besucht?	Ja, sie hat ihn im Büro besucht.
Hatte sie ihn vorher angerufen?	Nein, sie hatte ihn nicht vorher angerufen.
Sie hatte ihn aber eigentlich vorher anrufen wollen, nicht?	Ja, sie hatte ihn eigentlich vorher anrufen wollen.
Haben beide sich dann über Sport unterhalten?	Nein, sie haben sich nicht über Sport unterhalten.
Sie haben sich über Heikes Berufspläne unterhalten, nicht?	Ja, richtig, sie haben sich über Heikes Berufspläne unterhalten.

Gut! Hören Sie jetzt weiter zu!

Heike:	Ach, in drei Wochen geht es mit den Abiturprüfungen los, und ich bin schon ziemlich nervös! Gestern bekamen wir die genauen Termine gesagt, und danach habe ich vor Aufregung kaum schlafen können. Aber wenn alles glatt geht, bin ich Ende Juni endgültig mit der Schule fertig, und dann geht's erstmal in die Ferien.
Herr Siebert:	Ich drücke dir auf jeden Fall die Daumen! Hast du dich inzwischen entschieden, was du nach dem Abitur machen willst? Du willst doch bestimmt studieren, oder?
Heike:	Tja, das ist so eine Sache. Mutter meint, ich solle unbedingt Betriebswirtschaft studieren. Seit Monaten liegt sie mir damit in den Ohren. Sie zählt mir ständig die vielen Vorteile eines Universitätsstudiums auf, aber mich hat sie noch gar nicht richtig zu Wort kommen lassen.

Antworten Sie!

Wann bekam Heike die Prüfungstermine gesagt, heute oder gestern?	Sie bekam sie gestern gesagt.
Und danach hat sie kaum schlafen können, was?	Ja, danach hat sie kaum schlafen können.

Weiß sie schon, was sie nach dem Abitur machen will?	Nein, sie weiß noch nicht, was sie nach dem Abitur machen will.
Meint ihre Mutter, sie solle arbeiten oder studieren?	Sie meint, sie solle studieren.
Und hat die Mutter Heikes Meinung dazu gehört?	Nein, sie hat ihre Meinung dazu nicht gehört.
Sie hat Heike gar nicht zu Wort kommen lassen, richtig?	Richtig! Sie hat Heike gar nicht zu Wort kommen lassen.

Sehr gut! Wiederholen Sie!
Sie lässt Heike nicht zu Wort kommen.
Sie hat Heike nicht zu Wort kommen lassen.

Heike muss ihrer Mutter zuhören. Sie hat ihrer Mutter zuhören ...	Sie hat ihrer Mutter zuhören müssen.
Sie kann ihren Onkel im Büro besuchen. Sie hat ihren Onkel im Büro ...	Sie hat ihren Onkel im Büro besuchen können.
Sie lässt sich von ihm beraten. Sie hat sich von ihm ...	Sie hat sich von ihm beraten lassen.
Sie will von den Prüfungen erzählen. Sie hat von ...	Sie hat von den Prüfungen erzählen wollen.
Sie soll im Gymnasium fleißig arbeiten. Sie hat ...	Sie hat im Gymnasium fleißig arbeiten sollen.
Sie muss sich bei der Bank vorstellen. Sie ...	Sie hat sich bei der Bank vorstellen müssen.

Gut! Hören Sie jetzt wieder zu!

Herr Siebert:	*Nun, was ist denn deine Meinung? Wie ich dich kenne, hast du doch bestimmt deine eigenen Vorstellungen.*
Heike:	*Klar, ich möchte lieber eine kaufmännische Lehre machen. Dann kann ich erst einmal praktische Erfahrungen sammeln. Es wird sich dann zeigen, ob ich mich für eine Beruf in der Wirtschaft überhaupt werde begeistern können.*
Herr Siebert:	*Guter Gedanke! Die Erfahrung der Praxis würde dir dann vielleicht helfen, die Theorie an der Universität besser zu verstehen. Tja, aber bevor du dich endgültig entscheidest, solltest du wirklich noch einmal mit deinen Eltern reden!*
Heike:	*Das habe ich ja auch noch vor. Leider ist es nur sehr schwierig, einen guten Ausbildungsplatz zu finden.*

Antworten Sie!

Würde Heike lieber eine kaufmännische Ausbildung machen?	Ja, sie würde lieber eine kaufmännische Ausbildung machen.

Weiß sie schon, ob sie sich für einen Beruf in der Wirtschaft begeistern kann?

Nein, sie weiß noch nicht, ob sie sich für einen Beruf in der Wirtschaft begeistern kann.

Sie macht lieber eine kaufmännische Lehre, um zu sehen, ob sie sich für einen Beruf in der Wirtschaft begeistern kann, oder?

Ja, sie macht lieber eine kaufmännische Lehre, um zu sehen, ob sie sich für einen Beruf in der Wirtschaft begeistern kann.

Schön. Jetzt bitte noch einmal zuhören.

Heike:	*Leider ist es nur sehr schwierig, einen guten Ausbildungsplatz zu finden.*
Herr Siebert:	*Mal sehen, möglicherweise kann ich dir bei der Suche helfen. Ich habe erst vor kurzem einen Bekannten sagen hören, dass er einen Auszubildenden für die Bank suche.*
Heike:	*Tatsächlich? Toll, eine Banklehre stelle ich mir sehr interessant vor. Vielleicht sollte ich mich mal dort bewerben.*
Herr Siebert:	*Ich werde meinen Bekannten noch einmal darauf ansprechen und dir dann sagen, wie du bei der Bewerbung vorgehen solllst.*

Antworten Sie!

Wird Herr Siebert Beate helfen, eine Stelle bei einer Bank zu finden?

Ja, er wird ihr helfen, eine Stelle bei einer Bank zu finden.

Kennt er jemanden, der bei einer Bank arbeitet?

Ja, er kennt jemanden, der bei einer Bank arbeitet.

Hat er ihn sagen hören, dass er eine Sekretärin oder einen Auszubildenden suche?

Er hat ihn sagen hören, dass er einen Auszubildenden suche.

Wie stellt sich Heike eine Banklehre vor, interessant?

Ja, sie stellt sich eine Banklehre interessant vor.

Gut! Zum Schluss hören wir noch einmal die ganze Unterhaltung. Aber diesmal bitte zuhören ... und wiederholen!

– *Hallo, Onkel Helmut!*

– *Hast du dich inzwischen entschieden, was du nach dem Abitur machen willst?*

– *Mutter meint, ich solle unbedingt Betriebswirtschaft studieren.*

– *Wie ich dich kenne, hast du doch bestimmt deine eigenen Vorstellungen.*

– *Klar, ich möchte lieber eine kaufmännische Lehre machen.*

– *Ich habe erst vor kurzem einen Bekannten sagen hören, dass er einen Auszubildenden für die Bank suche.*

– *Toll, eine Banklehre stelle ich mir sehr interessant vor.*

Sehr schön! So, hoffen wir, dass wirklich alles glatt geht und Heikes Schulzeit bald erfolgreich zu Ende geht. Und hier geht auch Band 23 zu Ende. Tja, das ist das Ende des dreiundzwanzigsten Kapitels. Vielen Dank ... und auf Wiederhören.

BAND 24   SEKT IM BÜRO

Herr Siebert, Marketingmanager der Firma ULTRASPORT, ist aus Salzburg zurück, wo er zusammen mit Herrn Meinrat einen neuen Kunden geworben hat. Deswegen hat er eine kleine Feier im Büro vorbereiten lassen. Es gibt Sekt und ein kaltes Buffet. In lockerer Atmosphäre berichtet er seinen Mitarbeitern von dem erfolgreichen Geschäftsabschluss.

Herr Siebert:	*Wie Sie wissen, haben Herr Meinrat und ich in Salzburg ein Verkaufsgespräch geführt, und zwar mit Herrn Fürstner, dem Leiter einer großen Sportgeschäftskette in Österreich. Was meinen Sie wohl, was sich daraus ergeben hat?*
Frau Köhler:	*Sie machen es aber spannend! Wie fand Herr Fürstner denn unsere Sportartikel? Haben sie ihm gefallen?*
Herr Treppmann:	*Heraus mit der Sprache! Wir wollen wissen, was es zu feiern gibt! Schließlich steht der Sekt doch bestimmt nicht grundlos im Kühlschrank!*
Herr Siebert:	*Sie haben es erfasst! Wir haben in der Tat einen Grund zum Feiern: Herr Fürstner hatte gestern bei unserem Verkaufsgespräch bereits eine stattliche Bestellung angekündigt, und soeben ist die Bestätigung per Fax eingetroffen. Er will ab sofort unsere gesamte Kollektion in allen seinen Geschäften führen! Das heißt, es wird in Kürze alle unsere Artikel in den elegantesten Sportgeschäften von Salzburg, Innsbruck, Wien und Graz zu kaufen geben!*
Herr Treppmann:	*Na, großartig! Der hat sich aber schnell entschlossen! Wir haben ihm die Muster doch erst vor ein paar Wochen geschickt! Er hat sie wohl gleich in seinen Urlaub mitgenommen.*
Frau Köhler:	*Das ist es ja eben! Wenn Herr Fürstner unsere Wanderausrüstung nicht selber ausprobiert hätte, wäre das Geschäft bestimmt nicht so schnell zu Stande gekommen.*
Herr Siebert:	*Sie hätten hören sollen, wie er von unseren Wanderschuhen schwärmte! Sogar bei der Besprechung hatte er sie noch an, und das zum Anzug!*
Herr Treppmann:	*Das ist doch nicht Ihr Ernst, Herr Siebert?*
Herr Siebert:	*Wirklich, Sie hätten sich bestimmt auch amüsiert, wenn Sie ihn mit den Wanderschuhen im Konferenzzimmer gesehen hätten!*

Frau Köhler:	So einen begeisterten Kunden haben wir nicht alle Tage!
Herr Siebert:	Ein begeisterter Kunde und ein geschätzter Geschäftsmann! Darauf wollen wir anstoßen! Und auf den guten Verkaufsabschluss natürlich! (Alle erheben ihr Glas.) Und dabei möchte ich Ihnen allen danken. Wenn Sie nicht so gute Vorarbeit geleistet hätten, hätte es keinen Anlass zum Sekttrinken gegeben!

So, jetzt hören Sie bitte noch einmal zu!

Herr Siebert:	Wie Sie wissen, haben Herr Meinrat und ich in Salzburg ein Verkaufsgespräch geführt, und zwar mit Herrn Fürstner, dem Leiter einer großen Sportgeschäftskette in Österreich. Was meinen Sie wohl, was sich daraus ergeben hat?
Frau Köhler:	Sie machen es aber spannend! Wie fand Herr Fürstner denn unsere Sportartikel? Haben sie ihm gefallen?
Herr Treppmann:	Heraus mit der Sprache! Wir wollen wissen, was es zu feiern gibt!

Antworten Sie!

Haben Herr Meinrat und Herr Siebert in Salzburg ein Verkaufsgespräch geführt?	Ja, sie haben dort ein Verkaufsgespräch geführt.
Mit wem haben sie verhandelt, mit Kollegen oder mit Herrn Fürstner?	Sie haben mit Herrn Fürstner verhandelt.
Wer ist Herr Fürstner? Ist er Leiter einer Musikgeschäftskette?	Nein, er ist nicht Leiter einer Musikgeschäftskette.
Er ist Leiter einer Sportgeschäftskette in Österreich, oder?	Ja, er ist Leiter einer Sportgeschäftskette in Österreich.
Waren die Herren in Österreich, um ihm die Sportartikel zu zeigen?	Ja, sie waren in Österreich, um ihm die Sportartikel zu zeigen.
Entschuldigung, warum waren sie in Österreich?	Sie waren in Österreich, um Herrn Fürstner die Sportartikel zu zeigen.

Gut! Hören Sie jetzt weiter zu!

Herr Treppmann:	Wir wollen wissen, was es zu feiern gibt! Schließlich steht der Sekt doch bestimmt nicht grundlos im Kühlschrank!
Herr Siebert:	Sie haben es erfasst! Wir haben in der Tat einen Grund zum Feiern: Herr Fürstner hatte gestern bei unserem Verkaufsgespräch bereits eine stattliche Bestellung angekündigt, und soeben ist die Bestätigung per Fax eingetroffen. Er will ab sofort unsere gesamte Kollektion in allen seinen Geschäften führen! Das heißt, es wird in Kürze alle unsere Artikel in den elegantesten Sportgeschäften von Salzburg, Innsbruck, Wien und Graz zu kaufen geben!

Antworten Sie!

Hat Herr Fürstner eine Bestellung angekündigt?	Ja, er hat eine Bestellung angekündigt.
Ist die Bestätigung per Brief eingetroffen?	Nein, sie ist nicht per Brief eingetroffen.
Wie ist sie eingetroffen, telefonisch oder per Fax?	Sie ist per Fax eingetroffen.
Herr Fürstner wird die ganze Kollektion in allen seinen Geschäften führen, stimmt's?	Ja, er wird die ganze Kollektion in allen seinen Geschäften führen.

Gut! Hören Sie jetzt wieder zu!

Herr Treppmann: *Na, großartig! Der hat sich aber schnell entschlossen. Wir haben ihm die Muster doch erst vor ein paar Wochen geschickt! Er hat sie wohl gleich in seinen Urlaub mitgenommen.*

Frau Köhler: *Das ist es ja eben! Wenn Herr Fürstner unsere Wanderausrüstung nicht selber ausprobiert hätte, wäre das Geschäft bestimmt nicht so schnell zu Stande gekommen.*

Herr Siebert: *Sie hätten hören sollen, wie er von unseren Wanderschuhen schwärmte! Sogar bei der Besprechung hatte er sie noch an, und das zum Anzug!*

Herr Treppmann: *Das ist doch nicht Ihr Ernst, Herr Siebert?*

Antworten Sie!

Wer hat die Ausrüstung ausprobiert, Frau Köhler?	Nein, Frau Köhler hat sie nicht ausprobiert.
Herr Fürstner hat sie ausprobiert, richtig?	Richtig! Herr Fürstner hat sie ausprobiert.
Ist deshalb das Geschäft so schnell zu Stande gekommen?	Ja, deshalb ist das Geschäft so schnell zu Stande gekommen.
Sonst wäre das Geschäft nicht so schnell zu Stande gekommen, stimmt's?	Stimmt, sonst wäre das Geschäft nicht so schnell zu Stande gekommen.
Also, wenn Herr Fürstner die Ausrüstung nicht ausprobiert hätte, wäre das Geschäft nicht so schnell zu Stande gekommen, oder?	Ja, wenn Herr Fürstner die Ausrüstung nicht ausprobiert hätte, wäre das Geschäft nicht so schnell zu Stande gekommen.

Schön. Jetzt bitte noch einmal zuhören.

Herr Treppmann: *Das ist doch nicht Ihr Ernst, Herr Siebert?*

Herr Siebert: *Wirklich, Sie hätten sich bestimmt auch amüsiert, wenn Sie ihn mit den Wanderschuhen im Konferenzzimmer gesehen hätten!*

Frau Köhler:	*So einen begeisterten Kunden haben wir nicht alle Tage!*
Herr Siebert:	*Ein begeisterter Kunde und ein geschätzter Geschäftsmann! Darauf wollen wir anstoßen! Und auf den guten Verkaufsabschluss natürlich! (Alle erheben ihr Glas.) Und dabei möchte ich Ihnen allen danken. Wenn Sie nicht so gute Vorarbeit geleistet hätten, hätte es keinen Anlass zum Sekttrinken gegeben!*

Antworten Sie!

Was hat es zu trinken gegeben, Wein oder Sekt?	Es hat Sekt zu trinken gegeben.
Hat sich Herr Siebert am Schluss bei jemandem bedankt?	Ja, er hat sich am Schluss bei jemandem bedankt.
Bei wem hat er sich bedankt, bei seinen Eltern oder bei seinen Mitarbeitern?	Er hat sich bei seinen Mitarbeitern bedankt.
Hat er sich dafür bedankt, dass sie viel geleistet haben?	Ja, er hat sich dafür bedankt, dass sie viel geleistet haben.
Aha, wenn die Mitarbeiter nicht viel geleistet hätten, hätte es keinen Sekt gegeben, stimmt's?	Stimmt! Wenn sie nicht viel geleistet hätten, hätte es keinen Sekt gegeben.

Sehr gut! Wiederholen Sie!
Sie haben viel geleistet.
Es hat Sekt gegeben.
Wenn sie nicht viel geleistet hätten, hätte es keinen Sekt gegeben.

Sie haben gefeiert. Wenn sie nicht viel geleistet hätten, hätten sie nicht ...	Wenn sie nicht viel geleistet hätten, hätten sie nicht gefeiert.
Sie haben die Bestellung erhalten. Wenn sie nicht viel geleistet hätten, hätten sie ...	Wenn sie nicht viel geleistet hätten, hätten sie die Bestellung nicht erhalten.
Die Artikel sind verkauft worden. Wenn sie nicht viel geleistet hätten, wären ...	Wenn sie nicht viel geleistet hätten, wären die Artikel nicht verkauft worden.
Das Geschäft ist abgeschlossen worden. Wenn sie nicht viel geleistet ...	Wenn sie nicht viel geleistet hätten, wäre das Geschäft nicht abgeschlossen worden.
Es hat einen Anlass zum Sekttrinken gegeben. Wenn ...	Wenn sie nicht viel geleistet hätten, hätte es keinen Anlaß zum Sekttrinken gegeben.

Gut! Zum Schluss hören wir noch einmal die ganze Unterhaltung. Diesmal bitte zuhören ... und wiederholen!

- *Wie sie wissen, haben Herr Meinrat und ich in Salzburg ein Verkaufsgespräch geführt,*
  und zwar mit Herrn Fürstner, dem Leiter einer großen Sportgeschäftskette in Österreich.
- *Wir wollen wissen, was es zu feiern gibt!*
- *Er will ab sofort unsere gesamte Kollektion in allen seinen Geschäften führen!*
- *Wir haben ihm die Muster doch erst vor ein paar Wochen geschickt.*
- *Wenn Herr Fürstner unsere Wanderausrüstung nicht selber ausprobiert hätte, wäre das Geschäft bestimmt nicht so schnell zu Stande gekommen.*

Sehr schön! So, die Bürofeier ist hier zu Ende, und Band 24 ist hier auch zu Ende. Tja, das ist das Ende des vierundzwanzigsten und letzten Kapitels. Vielen Dank ... und auf Wiedersehen.